孟　芳　郭红燕　陶海洋◎主　编
解瑞红◎副主编

公共关系基础理论与实务

GONGGONG GUANXI JICHU LILUN YU SHIWU

合肥工业大学出版社

前 言

公共关系学是19世纪末至20世纪初兴起的一门新兴学科，是在商品经济大潮和政治民主化进程中伴随现代传播技术而产生的一门极具边缘性和实用性的学科。公共关系学在20世纪80年代进入中国后，首先在广东等沿海地区开始兴起，借改革开放之势迅速吹遍神州大地，尤其是近些年公共关系在社会实践领域的运用日益广泛。虽然由于各种原因，公共关系实践的发展始终缠绕着赞扬与蔑视、成功与失败、理想与庸俗等多重矛盾和困难，但仍然取得了长足的发展，并得到越来越多的社会认同。在不断发展的社会实践中，公共关系日益成为社会组织塑造和提升自我形象的重要手段。

从过去三十年的进程可见，中国的公关人与理论工作者，不懈地为公关事业以及中国特色的公关理论而努力，不仅许多社会组织努力运用公共关系学相关知识去洞开一扇又一扇现实中的困惑之门，而且出现宣传、学习和研究公共关系的热潮。很多高校开设了这门课程，有的设置了公共关系专业。从本书编写组成员十多年的教学经验来看，公共关系学课程内容新颖，具有很强的说服性和实践性，尤其是公共关系学课程的案例教学更是深受广大学生的好评。

单从企业技术创新的角度看，大学生要成为技术创新的人才，必须具备全面发展的强烈意识和多方面的知识素养。技术创新是企业根据市场、行业、技术等方面的情况变化，从中寻找机会，以获取利润最大化为目的，以推进技术向生产力转化为途径的系统过程。显然技术创新绝不仅仅是单元技术活动本身，它涉及到R&D、实验、工艺、生产、市场等多方面。企业技术创新的成功固然离不开某个单元技术的突破，但仅此不足以构成经济行为的利润最大化，如我国最早发现VCD的厂家，并没有成为制造中心，更没能成为最大的赢家。因此，大学生要使自己的事业获得发展，争取成为能打造“航空母舰”式工业产品的企业领导人，必须具备技术创新过程中涉及的多方面人文素质。

大学生，尤其是理工类专业的大学生在具备专业知识素养的同时，必须具备一定的人文知识基础，后者往往对其今后的事业发展起关键作用。大学生不仅应成为某一领域的技术能手、行业专家，还应从中产生领导某一行业、企业的统帅式的人才，这样的人才应同时具备技术素养和人文素养。培养这样的人才，首要的课题是如何使他们具备开阔的视野、处理复杂问题的能力。公共关系学课程实用性强，社会应用广泛，通过该门课程的学习，有助于提高大学生的人文素养，也有助于加深其对于社会的认识，进而提高自己的社会适应能力。

本书编写组在第一版《公共关系基础理论和实践》的基础上进行了改编，主要继承了《公共关系基础理论和实践》的主要构架，将本书分为四编，重点是第二编和第四编，在内容上对本书进行了再完善。本书的改编主要从基本理论和基本技能的角度，力求讲清道理、启发学生，为大学生提供公共关系知识的学习和训练。本书的改编是在学习和参考相关专家的教材和著作的基础上，总结教学经验，对公共关系学这门课程的内容与案例进行一定的梳理，尤其是加入更多的新案例。我们期望通过本书的编写为公共关系知识和技能的普及尽点绵薄之力，努力在公共关系的具体内容上做些探索，为相关的教学和研究提供一定的借鉴，也为提高大学生人文社会科学素养，形成学校办学特色做点努力。

本书内容主要包括四编，共十三章。第一编介绍了公共关系基础理论，主要包括公共关系与公共关系学、公共关系学的产生与发展两章；第二编介绍了公共关系的基本构成要素，主要包括公共关系主体、公共关系客体、公共关系传播三章；第三编介绍了公共关系工作人员及公共关系机构，主要包括公共关系工作人员的基本素养、基本技能和公共关系机构三章；第四编介绍了公共关系实践活动，主要包括社会组织的形象塑造、公共关系工作程序、公共关系专题活动、公共关系危机管理、新媒体时代的公共关系等五章。

由于水平所限，本书的编写难免存在不足之处，敬请同行专家批评指正。

本书编写组

2018 年 12 月于江苏科技大学

目录 MULU

第三编　公共关系工作人员及公共关系机构

第四编　公共关系实践

第一编

公共关系基础理论

公共关系是一种科学的管理方法，是协调和处理现代社会组织和公众之间的各种信息关系，保证事业成功的一门不可缺少的学问。国外学者是这么评价公共关系在现代经济活动中的重要性的：“20 世纪以来，西方国家的工商企业凡能渡过危机获得发展的，无不依靠公共关系。”尼克松对“水门事件”导致他下台的原因，做了如下总结：“这是公共关系的失策！”美国石油大王洛克菲勒感慨：“处事待人的本领是无价之宝，我愿意牺牲太阳底下任何财物去攫取它。”

当今世界，尤其是发达国家和地区，都在积极地研讨和运用这门新兴学科。那么，什么是公共关系？什么是公共关系学？学习它的方法和意义是什么？公共关系又能给现代大学生提供什么样的帮助呢？

第一章　公共关系与公共关系学

本章概要：

基本理论是一门学科的基础，学好基本理论才能高屋建瓴地从整体上把握这门学科的基本框架，同时又能掌握本学科的本质及特点。本章主要介绍了公共关系的基本理论，包括公共关系的含义、公共关系的构成要素、公共关系的基本特征，并阐述了公共关系学这门学科的研究对象、研究方法。

通过本章的学习，需要深刻认识公共关系的概念，理解公共关系对社会发展和生活的意义和作用，掌握公共关系学的基本理论。

第一节　公共关系的基本理论

理论是一门学科之所以成为学科的根本，也是学科体系建构的前提假设。只有高屋建瓴地从整体上把握学科的基本框架，才能领会学科的本质及规律。公共关系是协调和处理现代社会组织和公众之间的各种信息关系，保证事业成功的一门不可缺少的学科。

一、关系、社会关系与公共关系

人从出生开始就生活在各种“关系”中，人们活动的过程就是要和各种各样的关系打交道。关系像空气，看不见、摸不着，但却时时刻刻影响人们生活的方方面面。公共关系学就是通过对关系的探讨来分析人们行为、态度的学科。

（一）关系

在社会生活中，人与人、人与物以及物与物之间总是通过各种各样的联系来运行的，这种联系就是关系。因此，可以说联系产生关系，联系是关系的基础。

从哲学的角度分析，联系有两方面的含义：一是世界上的一切事物、现象、过程之间的相互影响、相互制约和相互作用；二是各种事物、现象、过程内部诸要素之间的相互影响、相互制约的作用。

关系就是人与人、人与物、物与物之间在联系过程中形成的互相影响、互相依赖、互相制约、互相作用、互相融合、互相转化、互相渗透的一种或几种状态。

（二）社会关系

人从出生开始就处于一定的关系中。这种关系包括人与周围环境的关系，确切地说是人与自然的关系以及人与人的关系。人作为自然中的一部分，他们必然与自然产生联系，如生产和生存资料的获得大多数来源于自然，因此形成了人与自然的关系。除此以外，人在改造自然的活动中还会形成人与人的协作和交换的关系，只有通过与他人的协作和交换，人们才能获得所需要的生存资料，这就构成了社会关系存在的基础。

人与人之间的联系构成了人际关系。社会是人与人之间关系的综合，因此，广义上的人际关系又可以称之为社会关系。社会关系包括个人与个人之间、个人与群体之间、群体与群体之间以及群体与组织之间、组织与组织之间的相互关系。

社会关系是社会系统人与人相互交往过程中所形成的关系。

（三）公共关系

公共关系是20世纪80年代中后期在我国被广泛使用的概念，特指具有公共属性的社会组织与相关公众结成的关系。这里的“公共属性”是与“私人属性”对应的，私人属性强调的是个人属性，如血缘关系、地缘关系、学缘关系，而公共属性则强调“公众的”和“公共的”，与公共属性相联系的组织包括政府、企业、社会团体等公共组织。

关于公共关系的定义，学界不同学者纷纷从各自的领域和学科视角进行界定，从所查阅到的资料显示，同类出版物关于公共关系的图书有1000多种，关于公共关系的定义也众口不一，但从整体上看，主要包括以下几方面具有代表性的观点。

1. 国外对公共关系的代表性定义

1976年出版的《韦伯斯特20世纪新辞典》写道：公共关系是通过宣

传与一般公众建立的关系；是公司、组织或军事机构向公众报告它的活动、政策等情况，企图建立有利的公众舆论的职能。

美国博雅公关公司的创始人夏博新（Harold Burson）被誉为“现代公共关系之父”，基于长达近40年的丰富从业经验，夏博新提出了对公共关系的理解：公关是认知管理；公关公司即“认知管理公司”；公关人士即“认知管理者”。

1976年，美国的社会科学家莱克斯·哈洛博士（Rex Harlow）通过对他收集的472个定义分析提出：公共关系是一种独特的管理职能，它帮助一个组织和它的公众之间建立交流、理解、认可和合作关系；它参与各种问题和事件的处理；它帮助管理部门了解公众舆论，并对之做出反应；它明确并强调管理部门为公众利益服务的责任；它帮助管理部门掌握情况的变化，并监视这些变化，预测变化的趋势，以使组织与社会变化同步发展；它以良好的、符合职业道德的传播技术和研究方法作为基本的工具。

1981年出版的《不列颠百科全书》将公共关系定义为：旨在传递关于个人、公司、政府机构或者其他组织的信息，以改善公众对他们的态度的一种政策和活动。公共关系部或公共关系公司的主要任务是发布新闻，安排记者招待会，回答公众的投诉，规划对社区活动的参与，准备电影宣传资料、雇员刊物，给股东的报告以及标准信件，规划广告项目，筹划展览会和参观访问，调查公共舆论。

国际公共关系协会曾给公共关系作过如下定义：公共关系是一种管理功能，它具有连续性和计划性。通过公共关系，公立的和私人的组织、机构试图赢得同他们有关的人们的理解、同情和支持——借助对舆论的估价，以尽可能地协调他们自己的政策和做法，依靠有计划的、广泛的信息传播，赢得更有效的合作，更好地实现他们的共同利益。

美国公共关系协会征询了2000多位专家的意见后认为，公共关系是企业管理机构经过自我检讨与改进后，将其态度公诸社会，借此获得顾客、员工及社会好感和了解的工作。主要包括四方面的内容：第一，公共关系是个人或组织为了获取大众的信任和好感，通过各种活动以达到此种目的的活动；第二，公共关系中包含着对大众或公众的解释和说明，以便获得他们的支持和欢迎；第三，公共关系需要涉及具体的方法和策略，借助这些方法和策略能够激发公众对个人或组织的信任；第四，公共关系中涉及公众态度的检验，通过公众态度的指向性，表明个人或组织是否得到公众的了解与欢迎。

英国公共关系学会把公共关系定义为：公共关系的实施是一种积极的、有计划的以及持久的努力，以建立及维护一个机构与其公众之间的相互了解。

现代公共关系工作的先驱之一、美国著名的公共关系顾问爱德华·博内斯认为："公共关系是处理一个团体与公众（决定该团体活力的公众）之间的关系的职业。"

美国著名公共关系学者詹姆斯·格鲁尼格将公共关系定义为："公共关系是一个组织与它的相关公众之间的传播关系。"

美国著名的公共关系研究权威卡特利浦和森特在《有效公共关系》中把公共关系定义为："公共关系是一种管理职能，它确定、建立和维持一个组织与决定其成败的各类公众之间的互利的关系。"

艾吉在《大众传播学导论》一书中，把公共关系定义为："公共关系是一个公司或者机构为与它的各类公众建立有利于双方关系而采取的有计划、有组织的行为。"

美国《公共关系新闻》杂志把公共关系定义为："公共关系是一种管理职能，它评估公众的态度，检验个人或组织的政策、活动是否与公众的利益相一致，并负责设计与执行旨在争取公众理解与认可的行动计划。"

日本电通广告公司把公共关系定义为："所谓公共关系，就是与社会保持良好关系的技术。"

英国人弗兰克·杰夫金斯（Frank Jerkins）在他的《公共关系学》一书中认为："公共关系是由为达到与相互理解有关的特定目标而进行的各种有计划的沟通联络所组成的，这种沟通联络处于组织与公众之间，既是向内的，也是向外的。"

2. 国内对公共关系的代表性定义

王乐夫等编著的《公共关系学》中将公共关系定义为："公共关系是一种内求团结、外求发展的经营管理艺术。它运用合理的原则和方法，通过有计划而持久的努力，协调和改善组织机构的内外关系，使本组织机构的各项政策和活动符合于广大公众的需求，在公众中树立起良好形象，以谋求公众对本组织机构的了解、信任、好感和合作，并获得共同利益。"

余明阳在《公共关系学》中认为："公共关系是塑造组织形象，通过传播、沟通手段来影响公众的科学和艺术。"

毛经权主编的《公共关系学》中公共关系定义是："公共关系是一个组织运用各种传播手段，在组织与社会公众之间建立相互了解和信赖的关系，并通过双向的信息交流，在社会公众中树立起良好的形象和声誉，以取得理解、支持和合作，从而有利于促进组织本身目标的实现。"

居延安主编的《公共关系学导论》中公共关系定义是："公共关系是一个社会组织用传播的手段使自己与公众相互了解和相互适应的一种活动

或职能。”

明安香在《塑造形象的艺术——公共关系学概论》中认为：“所谓公共关系，就是一个企业或组织为了增加内部及社会公众的信任与支持，为自身事业发展创造最佳的社会环境，在分析和处理自身面临的各种内部外部各项关系时，采取的一系列政策与行动。”

翟向东在《中国公共关系教程》中，对公共关系这样阐释：“如果把中国公共关系的含义做一个广义的概括，即中国的公共关系是在中国特色的社会主义理论指导下，社会组织（党的组织、政府、企业和事业单位、团体等）通过沟通信息、协调利益、化解矛盾，理顺和改善人际、社际、国际间在经济、政治、文化、科技等方面的关系，调动一切积极因素，促进社会主义物质文明和精神文明建设的一门科学。”

台湾学者祝振华指出：“五伦以外的人类关系，谓之公共关系。”

从以上定义可以看出，国内外学者分别从各自学科的角度对公共关系进行界定，这些概念或繁或简、或长或短地从不同角度来描述公共关系，它们都是对公共关系进行总结和概括的结果，各自有不同的立足点，都有一定的合理性。因此，只纠结某一个公共关系的概念是没有意义的，需要寻找公共关系概念中具有共性的特点。

公共关系定义之所以难下，主要由其丰富的含义和特征所规定，既要能抓住公关要旨，又要简单明晰。国内外学者提供的诸多定义，为我们了解公共关系提供了多个角度。显然，公共关系的定义尚需进一步通过实践而发展和完善。我们赞成熊源伟教授这样的观点：“不必强求有一个统一定义。公共关系学的研究对象相对来说是比较确定的，只要我们从总体上把握住公共关系的实质，形成共识，就能对学科理论作深入研究。”

学习以上种种定义，从交流的角度，我们试图总结如下：公共关系是社会组织为了自身发展和社会效益，主动通过多种持续的双向信息交流，不断调整自身内外环境，从而与社会公众形成的关系。

其一，公共关系包含人际关系，无论是社会组织，还是公众，都通过具体的人与人之间的交往表现出来。尽管学术界对这一关系在社会中的地位和角色认识不一，但都承认公共关系是关系中的一种，这样认识才能使研究有一个确定的逻辑起点；其二，公共关系目的是为了双方利益，不仅是社会组织单方面发展，还有公共利益（包括社会组织内部员工和组织之外公众的利益）的实现，双方互为条件；其三，公共关系一般要由社会组织采取主动，以启动双向的信息交流；其四，公共关系活动应该是持续的；其五，公共关系必须借助多种传播方式以达到双向交流的目的；其六，公共关系包含社会组织与内外公众的关系，只有通过不断调整内外环境，公共关系的管理职能才能体现，这一调整过程本身是公共关系的管理职能的具体体现。这一职能由于主要通过与对象公众信息交流，与传统管理方式不完全一样，故采用“调整”二字。

二、公共关系的含义

公共关系这个概念不是中国传统文化里原有的，而是从西方现代社会引进的，其英文是 Public Relations。Public 作为形容词，可译为“公开的”“公共的”“社会的”，作为名词则译为“公众”。这说明公共关系针对的是社会组织内外部特定利益群体。Relations 是复数，说明它不是一种关系，而是众多的关系。

大凡“关系”总指事物之间的联系，公共关系指的正是社会组织和社会公众相互之间的联系。从形态上看，这一关系可分为静态与动态两种。静态关系和动态关系是辩证统一的，本身都不能独立存在。比如，我们每天要刷牙，和“中华牌”牙膏（这是中国百姓几十年来欢迎的品牌）打交道，如果您一直使用它，您和这种牙膏的生产和销售商之间就形成一种静态关系；但假如您喜欢时常变换牙膏品种，而“中华”牌牙膏的种类又不能满足这种多变的需求，您这一市场份额必将被其他品牌所取代，这种取代的过程又使您与“中华”形成动态关系。而事实上，随着社会的发展，公共关系常常都表现为动态关系，而追求一种良好、和谐的静态关系，只能成为经济类社会组织孜孜以求的理想。动态是永恒的，而静态是相对的，作为经济类社会组织只有不断适应这种变化、不断推陈出新，才能赢得越来越多的、比较稳定的消费者。从当今世界经济发展趋势看，随着经济一体化进程，不同的国家之间、人民之间的交往日益频繁，由此形成了不同文化传统的交流和碰撞、社会信息量叠加的总体趋势，决定了人们不得不去思考、去研究不同文化背景下的人们如何和平共处、互相促进而共同发展。也正因此，著名学者费孝通教授认为，处理当今世界关系用“Public Relations”还不够，而必须进一步研究“Cross - cultural communication”（指不同文化的交流、信息流通）。基于对“Public Relations”的这些理解，我们可以大致得出公共关系的基本含义。

1. 公共关系的主体是社会组织。这一规定性说明，公共关系主要研究组织与组织内外公众建立的各种关系，包括组织与个人、组织与群众、组织与组织之间的关系，但不含私人关系。

2. 公共关系的目的是“内求团结，外求发展”，即谋求组织与公众之间建立良好的关系，一个良好的社会关系环境，可推动组织事业的发展。

3. 公共关系对社会组织而言有两层意思：一是社会组织与公众关系的

现状；二是为搞好与各类公众的关系而采取的方针、策略的行为，这一行为说明公关具有管理职能。

4. 公共关系要求社会组织搞好与公众关系的手段是唯一的，即双向的、持续的信息交流，而不能用别的手段，如行政命令、经济制裁、物质引诱等。

综上所述，本书认为，公共关系是社会组织为了更好地生存和发展，通过一定的传播手段对公众施加影响，从而促进组织的知名度、美誉度与和谐度的提升，进而达到推动组织发展目标的一项综合性的具体职能。

三、公共关系的三大构成要素

（一）公共关系主体

公共关系主体是公共关系的构建者和承担者，是指那些相对独立地存在于社会之中的各种社会组织。一般说来，社会组织是指按一定宗旨建立起来的系统，它有一定的人员构成和规章制度，如工商企事业单位、政府机关、事业单位和社会团体等，它们可以主动发起和从事公共关系活动。公共关系主体处于公共关系的核心地位，其经营理念和行为对公共关系的形成与发展起至关重要的作用。不同社会组织，其公共关系的对象也会有所不同；处于不同发展时期或公共关系环境下的社会组织，其公共关系的目标、策略和方法也会有所不同。

社会组织有明确的目标和确定的职能，内部成员有明确分工和特定结构，是人类社会的组织方式，是社会关系有组织有秩序的体现。在人类社会生活中，个人通过一定的社会活动进行交往，由此建立一定的联系和组合，这种通过社会活动形成的联系与组合，本质上是社会关系的体现，形式上便表现为社会组织。社会组织的发展是现代公共关系产生的基础。随着社会发展，社会组织必须与外部环境相适应，必须得到外部公众的支持，才能更好地生存和发展。因此，社会组织必须与外部环境实现互动，相互依赖、相互作用，公共关系就在社会组织与公众之间产生了。

社会组织处于复杂的环境中，其存在和发展必然要受到环境的制约及影响。社会组织的环境系统包括内部环境和外部环境，其正常运行需要同一定的社会环境相适应。社会组织要通过对其所处的内外环境监测和把握来选择、确定组织的运行方式和管理方法，同时必须设法创造有利的内外部环境以实现组织的目标。因此，社会组织对所处环境的调节与控制，成为公共关系工作的一项重要的内容。作为公共关系活动的主体，社会组织为数众多，形式多样，很难确定出一个统一的分类标准。在进行社会组织的公共关系工作时，不同的社会组织有着不同的关系对象，而不同的公共关系对象对组织的发展又有着不同的要求。

（二）公共关系客体——公众

公共关系的客体是指公共关系活动的工作对象，即社会组织内外部的有关公众。公共关系的公众是个特定的概念，它是指一些由公共关系主体，即社会组织所执行的政策、行动影响而形成的有特定利益的个人、群体和社会组织。随着公共关系学在西方国家的兴起，公众一词也日益被人们所关注。公众对社会组织目标实现及对社会组织的生存和发展，具有相当的利益关系和影响力。因此，公众是公共关系的客体，是社会组织开展公共关系必须进行信息传播与沟通的对象。公共关系学中所说的公众，并不是广泛意义上的民众，而是针对公共关系主体社会组织而言的公众，是与社会组织的运行发生一定关系的个人、群体和社会组织。

公众分类是公共关系理论中的重要组成部分。以企业组织为例，一个企业在运营过程各个环节上的公众可以划分为24种类型：（1）股东投资者；（2）员工；（3）员工家庭；（4）顾客；（5）社区；（6）消费者；（7）竞争者；（8）原料供应商；（9）批发商；（10）代销商；（11）经销商；（12）公务员；（13）金融机构；（14）新闻媒介；（15）慈善团体；（16）宗教团体；（17）上级主管；（18）工会；（19）学校；（20）政治团体；（21）政府机构；（22）公共事业团体；（23）行业团体；（24）合作协同者。社会组织公共关系政策的制定和公共关系方法的运用，需要科学地区别不同的公众，对不同公众进行分析，分清公众的行为倾向，开展有针对性的公共关系活动。

（三）公共关系传播手段——信息传播

控制论的创始人诺伯特·维纳曾经说过："传播是社会的黏合剂。"确实如此，没有了信息传播，也就没有了社会，因为是传播将人联系在一起形成了社会。信息传播是沟通公共关系主体与客体之间联系的唯一媒介，它包括多种种类，不同于行政手段、经济手段和法律手段等。公共关系就是利用信息传播手段，通过组织与公众之间双向的信息交流，达到塑造组织形象的目的。公共关系活动是利用信息传播这一特有功能达到社会组织的目的，公共关系参与社会组织管理活动的过程，实际上就是运用信息传播手段的过程。公共关系本质上是一种信息传播活动。

现代社会的发展，对公共关系提出许多特别的要求。由于公众需求的多样性，社会组织为了自身的发展，必须不断调整、充实自己。在信息交流上，随着信息时代的到来，信息交流除了传统的广告外，又增加了许多全新的内容。但不管公关活动如何变化，都必须涉及到这三个基本要素，而公共关系这三个基本要素又规定了公共关系的走向，它决定了公共关系是一个充满挑战和不断更新的学科。公共关系在现代社会已不是单纯的商品宣传手段，它所包含的东西日益丰富，要求社会组织必须具备准确把握政治、经济乃至外交等多方面信息的能力，具备在信息储备基础上的分析和判断能力，具备充分运用信息的能力等，目的在于抓住一切良机，使用各种最恰当的手段，以达到社会组织企求的目标。公共关系的传播手段主要包括人际传播、群体传播和大众传播。

四、公共关系的基本特征

（一）公共关系是社会组织与公众之间的关系

公共关系主要包括三个构成要素：社会组织、公众及传播手段。从本质上讲，公共关系活动是社会组织与公众之间建立良好关系的活动。某一社会组织的公共关系工作人员进行公关活动时可以与自己熟悉的人群，即通过原有私人关系基础来开展活动。但与私人间关系不同的是，代表社会组织的个人不仅仅要与熟悉的人打交道，公共关系工作人员更要面对未与自己组织发生关系的社会公众。为了宣传自己的组织，公共关系工作人员必须大力在公众中（大多数是原先不认识的）进行活动，使那些不熟悉自己组织的人尽快知道，并尽可能使其与组织发生关系，如推销保险、商品等。公共关系的直接目的就是建立社会组织与公众之间的良好关系，促进二者之间的互动交流，增进二者之间的互信理解，促进二者的互惠互利。

（二）公共关系是一种双向信息交流的传播活动

公共关系不可能靠请客送礼、拉关系、走后门等发展私人关系可能用的方式来进行。从本质上说，公共关系应杜绝这类形式，不仅要通过多种传播方式（广播、电视、报纸、网络等）收集社会公众信息，同时也要及时、准确地向公众传播社会组织的信息，这种双向交流忽视或破坏任何一个方面，都会给社会组织带来损害，如虚假广告导致的恶果是最好的证明。社会组织与公众的关系在本质上是互动的，二者相互需要、相互交流、相互沟通。在这个过程中，通过传播活动创造互动机会，互动的频率、范围、广度、深度等都深刻地影响到公共关系的范畴、水平和层次。这种经常性的双向互动有利于构建良好的公共关系。

（三）公共关系是一种塑造和提升社会组织形象的活动

社会组织形象是社会公众对组织综合评价后所形成的总体印象，包括组织精神、价值观念、行为规范、道德准则、经营作风、管理水平、人才实力、经济效益、福利待遇等。组织形象是这些要素的综合反映。在公众中塑造和提升组织的良好形象是公共关系活动的根本目的，而这种形象既与社会组织有关，也与公众有关。这需要社会组织必须有正确的经营理念、合理的经营决策机制，根据消费者需求及时调整和修正自己的商品和服务，以便在公众面前树立良好的形象。

良好的形象是社会组织最大的财富，是社会组织生存和发展的出发点和归宿，社会组织的一切工作都是为了公众展开，失去了公众的支持和理解，社会组织就失去了存在的必要条件。公共关系能为组织树立形象，提高组织的信誉、知名度和美誉度，为组织和公众之间搭起沟通的桥梁，同时也能增强组织内部凝聚力，使决策者、职能部门及员工在共同的理念和目标下和谐合作。因此，公共关系在现代社会组织运行过程中具有特殊的管理职能。

（四）公共关系的目标是追求自身效益和社会效益的一致

公共关系和私人关系不同，私人关系中自身效益和他人效益或社会效益往往有不统一的情况，如亲友之间的帮助，可以形成不对等的关系，但公共关系却必须注意组织与公共利益一致，特别是不能损害公共利益，这种利益又包含多个方面，如经济效益、生态效益、精神文明效益等。社会组织应该追求自身利益的最大化，但很多社会组织在这一过程中片面追求自身利益，甚至不顾及他人及社会利益。利益从来都是相互的，从来没有一厢情愿的利益，与人方便就是与己方便。社会组织只有在追求自身效益和社会效益的情况下，才能真正达到自身利益的最大化。社会组织的公共关系工作之所以有成效、之所以必要，恰恰在于它能协调双方的利益，通过公共关系实现双方利益的最大化，这也是具备公关意识的组织和不具备公关意识的组织的最大区别。

（五）公共关系是一种战略性的活动

由于社会公众的多样性和多变性，社会组织为了发展，必须不断调整自身内外环境以适应公众，这就决定了任何社会组织都必须把公共关系作为长期的战略，并以其指导自觉的行动。社会组织的公共关系活动可能在短期内不会产生实际效果，但是从长远来看却能给社会组织带来综合的效益。公共关系是协调沟通、树立组织形象、建立互惠互利关系的过程，这个过程不是一朝一夕就能完成的，必须经过长期艰苦的努力。因此，在公共关系工作中，公共关系组织和公关人员不应计较一时或部分之得失，而要着眼于长远利益，只有持续地努力，才能不断提升社会组织形象，促进社会组织和公众的利益。

五、公共关系与人际关系、庸俗关系

从以上公共关系含义、要素中可知，公共关系是社会组织与公众之间发生的关系，但问题是，在这种关系实施过程中，人是其中各个环节的承受者，社会组织也好，公众也好，在现实中又表现为人与人之间关系，而人与人之间关系又很复杂，什么样的关系能被称为公共关系呢？即公共关系必须有什么规定性特征？

（一）公共关系与人际关系

按照人际关系形成的基础来划分，个体交往有三个交际圈。对个体而言，在三个交际圈内的公共活动，其目的和方式各有差异。

第一交际圈是家庭，由血缘、姻缘关系形成，交往对象是亲人、亲戚、家族等。个体在第一交际圈中的活动，主要采取互相帮助、分担义务、互敬互爱、和睦相处的方式，来保持和加强家庭关系。这一交际圈的人际关系，一般是稳定的、亲密融洽的、不可替代的，它是个体成长的摇篮和迈入社会的基石。

第二交际圈是由地缘、业缘关系形成的，交往对象多是同事、朋友。在这个圈里，人们都希望能互惠互利，和平共处，各有所求，各取所需，尊重社会利益，遵守公共道德，与人为善，和睦共处，沟通感情，以达到共同发展的目的。事实表明，第二交际圈的交往活动若不成功，就表明个体在交往态度和行为上有严重的缺陷。

第三交际圈是不受地域和职业的限制而更广泛、更复杂的交往。对许多人来讲，他们已不满足于第二交际圈的活动而向第三交际圈发展，如全国性的集邮活动、信鸽协会等。这实质上是人类进步的一种表现。人们希望有更多的朋友，被更多的人所了解，以体验更加丰富的人生。

个体交往是多方面、多层次的。个体在交往时，必须拥有一定的价值观念、行为规范，以适应个体在不同的场合与不同的需求中的交往行为。它的目的有两个：一是维护和巩固已有的人际关系；二是积极地寻求新的人际交往，以谋求支持和合作，使个人在良好的人际环境中，发挥自己的才干。这同公共关系“内求团结、外求发展”的活动目标是相一致的。在人类社会发展的历史长河中，是先有人际关系，而后出现了公共关系。这两者的不同之处集中地表现为：基点不同、活动方式不同、心理因素不同、传播手段不同、产生的影响不同。

第一，两者的基点不同。从表面看，人际关系和公共关系都可以通过具体的人与人之间的交往进行，但人际关系往往是以个人为主体而展开活动的，通过这种活动而形成复杂的人际网络；公共关系是以社会组织为主体展开活动的，这一活动可以由公关人员去执行，但公关人员是作为社会组织利益的代表出现的。公关部门和公关人员通过各种活动而形成复杂的公共关系网络，这种公共关系网络维系的时间，一般比人际关系的时间长，它包括必要的交际应酬、开展信息交流、提供决策咨询、为社会组织建立信誉、协调和社会公众的关系以及增进效益等方面的内容。

第二，两者的活动方式不同。人际关系的活动方式大都以血缘、地缘、业缘为纽带，以人的天性与自然组合的方式开展活动并形成网络，这些关系的近远、疏密程度，往往受到时间和空间的制约，表现为交往中的直接接触和间接接触过程中的感情因素差异；公共关系活动所形成的网络，是以传播媒介为纽带，以参与该活动的各方实际利益为基础，它的亲远、疏密程度，取决于彼此利益的关联程度，所以公共关系活动受时间和空间的制约较弱，感情因素也较淡。

第三，两者的心理因素和目的不同。人际关系活动的目的，是为缩短人与人之间的心理距离，达到沟通、和谐的境界，从而通过活动去寻找彼此间的共同点、互补点、诱发点，并促使其实现。公共关系是依据彼此真诚合作的愿望，互相追求恰如其值的利益交换，来达到利益均衡，最终缩短各利益方的心理距离，塑造合作的形象，和谐彼此的关系。公共关系更多代表的是社会组织的根本和长远的利益，这是市场经济条件下的公共关系活动显著特征之一。

第四，两者的传播手段不同。人际关系的传播手段体现在人与人的直接或间接接触；公共关系的传播手段则更强调充分运用传播媒介，如电台、电视台、报刊、录音录像、网络等各类媒介。公共关系通过传播，渴望社会组织广为人知，而人际关系则不一定都欲让人所知。

第五，两者产生的影响不一样。从表面看，两者都可以影响人与人之间的关系，但人际交往可以根据个人爱好和性格等因素形成人际网络，这种人际网络随着交往个人的基点变化而变化，旧的网络消亡了，很快又会出现新的网络。因为人际关系所织成的网络，多半是以单一的目的而展开的社交活动，达到了目的则可以终止其活动。个人的行为过错往往可以得到这一网络中的成员的理解，至多是私人关系出现暂时的曲折。而公共关系则以社会组织的发展为主要基点，客观上不以个人的意志为转移，而且这一过程是持续的，个体代表组织所从事的信息交流行为必须服从社会组织发展要求和相关规范，主观随意，乃至由于客观因素导致的任何过错，都会对社会组织的形象产生影响，这是主要的；这一影响当然也涉及到公关人员个人，但这是次要的。

从以上内容可见，公共关系与人际关系尽管有一定共同性，私人间的人际关系在特定场合也会变为公共关系，同时为公共关系提供一些必要的参考，但人际关系并不一定都是公共关系。

（二）公共关系与庸俗关系

公共关系与庸俗关系的主要区别有如下几点：

第一，目的不同。公共关系要实现的目的是社会和组织的利益；庸俗关系追求的是个人的私利或小集团的私利。

第二，思想基础不同。公共关系的核心思想是塑造社会形象和组织形象，追求合法的、恰如其分的利益均衡；庸俗关系则以个人或小集团的利益为出发点，不择手段地去达到目的。

第三，影响不同。公共关系讲究、注重社会效益和组织效益，它可以通过联络感情、广结人缘而开展工作；庸俗关系则是人类灵魂的毒化剂，其表现形式多为溜须拍马、吃喝收买，有权者以权谋私、无权者凭借金钱或人情关系来达到吃小亏、占大便宜的目的，他们都不惜违纪违法，干伤天害理的事、获取不该获取的利益，往往只能使人们的心理发生变态。

六、公共关系的功能与地位

（一）公共关系的功能

公共关系的功能是指公共关系对社会组织所发挥的积极作用和影响。公共关系的根本价值在于促进社会组织与公众的交流与合作。在公共关系主体和客体发生联系的过程中，公共关系可以起到建立联系、沟通信息、增进了解、化解危机、相互协调、提高效率等作用。公共关系的功能可以从社会、组织和个人三个维度进行分析。

1. 对社会

（1）促进社会生产力的发展

生产力是人和物在生产过程中有机结合的能力。恰当的公共关系活动能够促进生产过程中社会组织各要素合理组合和最佳功能发挥。社会组织可以充分利用公共关系沟通协调的作用，促进社会组织和公众之间互相合作交流，增进互信和了解，为社会组织的发展创造良好的内外部环境，从而促进社会生产力的发展。

（2）推动社会关系的变革

“社会关系是人们在共同的物质和精神活动过程中所结成的相互关系的总称，即人与人之间的一切关系。”社会关系的涉及面众多，主要的关系有经济关系、政治关系、法律关系。经济关系即生产关系。此外，宗教、军事等也是社会关系体现的重要领域。公共关系活动是连接和沟通各种社会关系的关键所在，它能促进信息、物质和能量等在社会组织和公众之间的互相补充、互相交流和重新整合，促进或巩固有利的社会关系。公共关系活动可以协调社会中各种社会群体的目标、利益、态度和行动，促成了各个社会部门之间的合作和交流，促进社会互动，使社会中各种环境能够相互沟通、有序运转。

(3) 促进科学、文化的进步

科学、文化持续发展是一个社会发展的强大推动力。生产力和生产关系的发展和科学、文化发展息息相关，公共关系发展既可以促使已有的科学文化成果得到传承和创新，又可以在构成公共关系的各种因素相互作用中推动科学和文化的提高与进步。

2. 对组织

公共关系是社会组织倡导和发展起来的，其对社会组织的作用主要表现在以下几个方面：

(1) 搜集信息的功能

社会组织的顺利运行必须建立在对自己和环境充分了解的基础之上。通过公共关系活动可以搜集大量信息，帮助了解自己与环境的关系。一个社会组织的环境信息主要包括：政府决策信息、公众需求信息、公众对组织形象评价的信息及其他社会信息。这些信息可以为社会组织的发展起到环境监测器的作用。公共关系收集信息的功能，可以给社会组织起到预警的作用。公共关系调查运用各种调查研究分析的方法，收集信息、监视环境、预测趋势，帮助社会组织应对复杂多变的公众环境，对环境保持高度敏感性，努力维持社会组织与整个社会之间的动态平衡。

(2) 传递信息的功能

不管是政府组织、企业组织还是其他类型的组织，要想生存和发展必须让内部公众和外部公众了解自己。社会组织要获得公众的了解、理解和信任，赢得公众的喜爱，取得公众的支持与合作，就要不断地向公众进行宣传。为了让公众更好地了解社会组织，社会组织的公共关系部门必须要通过恰当的形式对内对外传递对自己有利的信息，努力提高组织的知名度和美誉度。公共关系部门是社会组织的“喉舌”。公共关系活动本质上就是一种传递信息的活动，通过信息的传递促进社会组织和公众直接的良好关系的建立。社会组织的发展不仅需要社会组织提供优质的产品和服务，而且需要社会组织做好对内和对外的宣传工作，争取公众的了解、信任和支持。

(3) 协调沟通的功能

公共关系是一门“内求团结、外求发展”的艺术。公共关系活动可以帮助社会组织运用各种协调、沟通的手段，对内使一个社会组织中所有部门的活动和谐化，使社会组织与内部环境相适应；对外为自己疏通渠道、广交朋友、减少摩擦、调解冲突，成为社会组织运作的润滑剂、缓冲器。公共关系的协调功能就是通过协商和调和的方式，坚持互利互惠的原则，寻得各方利益的一致。

（4）决策咨询的功能

任何社会组织的正常运行都离不开科学的决策，而决策的合理性取决于对信息量的掌握程度。公共关系部门可以利用各种渠道和网络搜集与社会组织发展有关的一切信息，为社会组织科学化提供强有力的保证，将信息有选择、有分析地传递给组织的决策者，为决策者的选择提供服务。公共关系部门虽然不是社会组织的最高决策层，但却是社会组织不可或缺的“智囊团”“思想库”，是环境监测中心和趋势预报中心，负责提供成套可供选择的决策方案，协助组织进行决策。对企业而言，搜集信息功能体现在对企业战略环境信息、产品声誉信息及企业形象信息等的搜集。

（5）塑造形象的功能

社会组织形象是指在一定的环境背景下，公众对社会组织的总体评价，是社会组织的内在精神与外显特征在公众的感知中相对稳定的整体印象。组织形象主要由组织理念形象、组织行为形象、组织视觉形象和组织的知名度与美誉度等要素组成。社会组织的形象塑造是公共关系工作中最为重要的环节，直接关系到社会组织的生存与发展。公共关系工作可以通过大众传播、人际传播、群体传播、符号传播等方式为社会组织进行形象的定位与设计、组织形象的建立与推广、组织形象的巩固与矫正，帮助社会组织建立、巩固良好的形象，进而为社会组织的发展创造有利的条件。

（6）危机管理的功能

随着市场经济的发展，社会组织对外交往日益密切，组织与环境之间的各种摩擦和纠纷也日益增多，需要进行协调，在这方面，公共关系部门就是社会组织的“外交部”。社会组织的发展会不可避免地遇到一些影响组织正常运行的突发事件，这类事件具有突然性、变化快、影响大、处理难度大等特点，因此，社会组织的管理者必须要有危机管理意识，要努力做到以下几点：事先预报，避免发生；提前准备，减少损失；紧急关头，稳定人心；做好善后，挽回损失。公共关系部门在社会组织的危机管理中起着重要的事前预警和事后处理的作用。

3. 对个人

公共关系有助于个人的社会化。社会化（Socialization）是个体在特定的社会文化环境中，学习和掌握知识、技能、语言、规范、价值观等社会行为方式和人格特征，适应社会并积极作用于社会、创造新文化的过程，是人和社会相互作用的结果。通过社会化，个体学习社会中的标准、规范、价值和所期望的行为。人的社会化过程，就是人接触社会、了解社会、融入社会的过程。在这个过程中，人要学会与他人打交道，学会在各种社会关系中如何自处自立。对公共关系相关知识的学习可以给个人建立良好的社会关系以启发。善于处理社会关系的人，会拥有更多社会资源，使学业、事业等不断获得成功。良好的社会关系可以使人生活在一个和谐的环境中，有助于人的身心健康，也有助于人产生幸福感。反之，社会关系不和谐的人，很难融入社会和得到他人帮助。因此，社会关系的建立是个人社会化的重要形式，通过社会关系，使人从“自然人”变成“社会人”，这样能更好地融入到社会环境中。

（二）公共关系的地位

公共关系是社会组织与公众相互联系、相互作用的关系，这种关系的功能和作用越来越被人们所关注和重视。科学地认识公共关系的地位、正确地把握与社会关系的相关定位，是公共关系理论研究的重要方向。

1. 公共关系职能决定了公共关系的地位不可忽视

客观性、普遍性、多样性、互利性是公共关系的基本属性，这些属性决定了公共关系在社会的运行中是客观存在的，它不以人的意志为转移。同时，公共关系具有沟通信息、增加了解、化解矛盾、促进协调等方面的功能，对社会、组织和个人的发展都有着重要的推动作用，这些作用都表明公共关系在社会生活中所处的位置是不可忽视的。

2. 社会发展的需要为公共关系地位的提高提供了可能

改革开放以后，现代意义上的公共关系在我国大陆蓬勃兴起。特别是进入21世纪后，随着国家社会经济、政治、科技、文化等各个领域的深入持续发展，对公共关系的需求越来越强烈。尤其在市场经济条件下，社会组织成为独立的市场主体后对公众的依赖性愈加强烈。公众的信任和支持已经成为社会组织生存发展的重要条件。政府机构的各项改革也需要迫切引入公共关系的意识和方式展开工作。社会领域中各项活动交流合作的增强也需要公共关系承担联系和纽带的作用。随着信息化社会的发展，社会组织的一举一动都会迅速而广泛地影响到公众，也使社会组织更加关注在公众面前的形象，这些都需社会关系的维系。

在国际交流合作中，公共关系同样发挥着重要的作用。20世纪90年代以后，世界已经进入全球化时代，世界市场的形成和信息社会条件下，跨国公司建构的公共关系已经成为其实施全球化的重要工具。各国政府都开始积极参与世界市场，扩大对外贸易、推销本国产品、扩展资源领域，公共关系活动已经从国内扩展到了国际，公共关系的领域在逐渐扩大，在这种形势下，公共关系的作用必然因为整体社会需要的增强而不断提高和强化。

3. 公共关系已经成为社会组织发展的重要战略

公共关系的属性、职能和作用决定了公共关系在当今市场经济条件下，已经成为组织发展的重要战略。这主要表现为以下几点：第一，公共关系对社会组织的影响是全局式、方向式的。公共关系不仅在微观上影响组织内部的各种关系和运行，而且对组织的发展方向、战略目标具有重要作用。社会组织与周围环境的和睦关系有利于提高组织的效益、优化组织的环境、促进组织内外部的有机运转，这些能为组织的生存和发展奠定坚实的基础。第二，公共关系已经成为一种重要的社会资源。当前在人、财、物、技术等传统资源模式下，又把公共关系称为新资源形式。公共关系不仅能统领传统资源，并能在此基础上开发出新的资源，它已经成为社会组织战略资源的重要组成部分。第三，公共关系还是一种重要的社会实践活动。当今社会，公共关系已经被公众和社会组织高度重视，在市场经济条件下，社会主体间的互动是市场运行模式的主要方式，而公共关系也成为社会生活的一种形式，是人们参与社会实践的主要活动方式。第四，公共关系是企业战略管理的主要方式。有一位企业家说过，我每天主要思考的是企业的发展方向和公共关系问题，这些都是关系组织全局和未来发展的大问题。社会组织的领导人必须把公共关系看成事关组织成败的重要战略，通过相应的管理方式，对公共关系进行有效的控制。只有理顺了社会组织所处的内外部环境关系，社会组织才能良性运转，才能获得更好的发展。

七、公共关系的分类

公共关系按横向可分为五种：宣传性公共关系、交际性公共关系、服务性公共关系、社会性公共关系、征询性公共关系；按纵向社会组织发展不同时期公共关系工作的方式和特点，大致可分为建设性公共关系、维系性公共关系、防御性公共关系、矫正性公共关系、进攻性公共关系。

（一）横向分类

1. 宣传性公共关系

宣传性公共关系是运用大众传媒和内部沟通方法，开展宣传工作，树立良好组织形象的公共关系活动模式。主要做法是：利用各种传播媒介和交流方式，进行内外传播，让各类公众充分了解组织、支持组织，进而形成有利于组织发展的社会舆论，使组织获得更多的支持者与合作者，以此达到促进组织发展的目的。其特点是：主导性强、时效性强、传播面广、推广组织形象效果快。

根据宣传对象的不同，又可具体的分为向内部宣传和向外部宣传。

内部宣传是公共关系人员最经常进行的工作之一。它的主要对象是组织的内部公众，如员工、股东等。宣传的目的是让内部公众及时、准确地了解与组织有关的各方面信息，如组织的现行方针和决策、组织各部门的工作情况、组织的发展成就或困难和挫折、组织正在采取的行动和措施、外界公众对组织的评价以及外部社会环境的变化对组织的影响等，以便鼓舞士气，取得内部谅解和支持。常用的宣传媒介有企业报纸、职工手册、黑板报、照片、宣传窗、闭路电路、电影、座谈会、演讲会、讨论会等形式。对于企业内部的特殊公众——股东，采用年终总结报告、季度报告、股东刊物、股东通讯、财务状况通告等形式。

外部宣传的对象包括与组织机构有关的一切外部公众，目的是让他们迅速获得对本组织有利的信息，形成良好的舆论。向外部宣传主要运用大众传播媒介，有两种表现形式，一种是公关广告，一种是新闻报道。此外，也还可以综合运用各种传播方式，如记者招待会、新产品展览会、经验或技术交流会、印发公共关系类刊物、制作视听资料等，也可以根据需要选用不同的传播媒介，如报纸、杂志、电台、电视、网络等，还可以组织一些活动，利用一些事件来进行宣传。

宣传性公共关系适用于各类组织，是各类组织实施公共关系计划时经常采用的模式。开展公共关系宣传，应该把握以下原则：第一，真实性。宣传的事实或信息应客观真实。应把真实性放在第一位，绝不能出现浮夸不实之词。第二，双向性。一般宣传是一种单向的传播，但公共关系传播是双向的。我们既要将组织的信息通过各种途径传播给各类公众，又要把公众的信息传至组织，以沟通公众的意见。所以，公共关系工作人员不但应学会向外传播信息的本领，而且应掌握收集、反馈信息的技能。第三，技巧性。宣传工作要主题明确，安排及时迅速，方式方法恰当适宜。公共关系工作人员一定要掌握住宣传的要领，把握“火候”，应避免过分宣传，不要给公众留下“王婆卖瓜”的印象，力求做到既宣传了自己的组织，又给公众留下了良好的印象。

2. 交际性公共关系

交际性公共关系是指社会组织不借助于任何媒体，而是以人际接触为手段，与公众进行协调沟通，为组织广结良缘的公共关系活动。它的特点是：（1）快节奏，节省人力、物力；（2）有灵活性，即利用面对面交流的有利时机，充分施展公关人员的交际才能，达到有效沟通和广结良缘的目的；（3）人情味强，以“感情输出”的方式，加强与沟通对象之间的情感交流。

近年来，许多大城市纷纷成立了企业家俱乐部、企业家联谊会等企业家的交往组织。企业家们利用周末、假期等闲暇时间，在一起聚会，建立关系，交换多种信息，这也是企业家开展交际性公共关系的具体生动的好形式。公共关系工作人员则可以充分利用这些活动机会，协助组织建立起良好的社会关系网络。在各类企业中，交际性公共关系的作用特别明显地体现在第三产业中。例如：商业服务业大量的公共关系活动渗透在人际沟通过程中，服务员一个甜甜的微笑、一声热情的问候，就可能诱导顾客产生购买欲望，增加对组织的好感，促成购买行为；组织的良好形象也就在交往中逐渐树立。

交际性公共关系的具体方式有团体交往和个人交往。团体交往包括各式各样的招待会、座谈会、工作午餐会、宴会、茶话会、慰问、舞会等。个人交往方式有交谈、拜访、祝贺、个人署名信件来往等多种。

进行交际活动应遵循以下原则：

第一，广泛交友，构架信息网络。多个朋友多条路、多个冤家多堵墙。交友要广，否则，孤家寡人，无法得到外界较多的帮助和支持。在交际性公共关系活动中，要主动地向公众介绍组织的有关情况，提高组织的透明度，使公众尽快认识组织并加深对组织的了解。

第二，经常来往，交际一定要勤。交际性公共关系活动不仅要广结良缘，还要善于巩固和发展与公众建立的联系和友谊。不可人一走茶就凉，或交了新朋友，忘了老朋友。若不善于巩固和发展友谊，则会使组织在公众中造成朝秦暮楚、待人不诚的印象。巩固和发展友谊，可采取建立社交活动记录、公众档案等办法，使交际性公共关系活动经常化。

第三，礼貌待人，注意礼节辞令。礼仪、礼节是开展交际性公共关系活动的重要组成部分，是公共关系人员的基本功，尤其是在开展团体的交际活动中，应按照当地的风俗习惯和礼节，让对方感到他们是受到重视的。在同时与多方打交道时，不要厚此薄彼，使某一方产生不快。公共关系工作人员要讲文明、懂礼貌，要在仪表、言语、行动和精神风貌上都要给公众留下深刻的良好印象。

第四，以真诚为基础。交际性公共关系活动要真诚，即无论是对其他组织，还是对于个人，都要实事求是，讲真话，坦诚相待，不说假话，以取得公众的信任。提供情况应真实确切，开展的活动应是友好行为。在服务行业要真诚友好地待人接物，解释误会和清除疑虑，耐心、善意地处理好公众的投诉。“精诚所至，金石为开”，在广泛的社交活动中树立起组织的良好形象。

交际性公共关系是一种极有效的公共关系模式。不过，千万要记住：开展交际工作时，应该坚持公共关系实务的原则，绝不能使用不正当的手段，如欺骗、行贿等；还要明确社会交际只是公共关系的一种手段，绝不是公共关系的目的，也不要把私人间的一切交际活动都混同于公共关系。

3. 服务性公共关系

服务性公共关系是社会组织向公众提供各种优质服务，以实际行动获取公众的理解和好评，建立组织良好形象的公共关系活动。对于一个企业或者社会组织来说，要想获得良好的社会形象，宣传固然重要，但更重要的还是在于自己的工作，在于自己为公众服务的程度和水平。所谓“公共关系就是百分之九十要靠自己做得好”，其含义即在于此。离开了优良的服务，再能干的宣传家也必将一事无成。

服务性公共关系活动具有以下特点。第一是实在性，和其他活动相比，实在性是服务性公共关系最显著的特征，组织以特殊的媒介，即服务来密切组织与公众之间的关系，使公众得到实惠；第二是隐蔽性，服务性公共关系的效果如何，取决于公众得到实惠的多少。

开展服务性公共关系活动，应把握以下原则：

第一，提高自觉性。向公众提供优质服务，是与建立良好组织形象联系在一起的社会行为。公众往往把组织提供的服务视为组织形象的缩影，从组织提供的服务上形成对组织的直观印象。因此，必须自觉把服务工作放在重要位置上，自觉开展服务工作。我们不要只着眼于经济利益，更要关注社会价值，着眼于通过服务来塑造良好形象。

第二，注重实在性。以实际行动向公众证明组织的诚意，用实际行动去说话，每个组织应对自身的服务行为提出具体的目标，让组织对公众的一切诚意和善意，都变成看得见、摸得着的实在东西。对公众做的事情越实在越具体，越可能对公众产生吸引力。

第三，提倡特色。服务性公关活动已逐渐成为企业普遍的经营管理策略，要提倡人无我有、人有我优，形成特色。

第四，确立规范性。在许多情况下，尤其对于商业服务业等窗口行业而言，服务性公共关系活动是由全体员工实施的。为了保证提供优质、实在、便利的服务，有必要建立合理的制度，确立活动的规范，从而使公共关系工作有条不紊、坚持不懈地开展下去。

4. 社会性公共关系

社会性公共关系是组织利用举办各种社会性、公益性、赞助性活动塑造组织形象的模式。其目的是通过积极的社会活动，扩大组织的社会影响，提高其社会声誉，赢得公众的支持。其特征是公益性、文化性、量力性、宣传性。实践证明，经过精心策划的社会性公共关系活动，往往可以在较长的时间内发挥作用，具有潜移默化地加深公众对组织美好印象的功能，可以取得比单纯商业广告好得多的效果。

社会性公共关系活动的形式有三种：一是以组织机构本身的重要活动

为中心而开展的活动，比如，利用公司的开业剪彩或周年纪念的机会，邀请各界嘉宾光临，渲染喜庆气氛，借此播下友谊的种子；二是以赞助社会福利事业为中心开展的公共关系活动，比如赞助社会福利、慈善事业，资助公共服务设施的建设等，通过这些活动，在社会公众心中树立本组织注重社会责任的形象，提高组织的美誉度；三是资助大众传播媒介举办各种活动，提高组织的知名度。

社会性公共关系应把握的原则有以下几点：

第一，富有公益性。突出回报社会、承担社会责任的良好形象。组织不应对受益方提任何条件，但可以事前对受益方进行认真选择。通过方式恰当、对象恰当的社会性公共关系活动，强化组织良好形象。

第二，注重文化性。如果说公益性体现一种“乐善好施”的精神，那文化性则充分展示对真善美的和谐追求。因此，尽量与资助社会文化事业联系起来，提高文化形象，促进信息交流，提高员工素质等。

第三，量力而行。社会性公共关系活动，从近期看，不但不会给组织带来直接的经济效益，而且会使组织付出额外的费用。从长远来看，它却为组织树立了较完备的社会形象，使公众对组织产生好感，为组织创造了一个良好的发展环境。因此，社会组织要兼顾长远利益与近期利益，做到投入适当、收益显著。

第四，具备宣传性。社会性公共关系活动应与宣传结合，使公关向更高水准、更高档次迈进。

公共关系工作人员策划社会性公关活动时应谨慎行事，三思而行。防止出现两种倾向：一是贪多求大，毫无节制地涉猎各种社会活动，很容易陷入不可自拔的境地，反而使自己的形象受损；二是只顾眼前得失，斤斤计较，甚至借公益性来促销，使公益活动染上强烈的功利性，损害自身形象。

5. 征询性公共关系

征询性公共关系是指社会组织为自我生存与发展而收集社会的舆情民意，掌握社会发展趋势的公共关系活动方式，其目的是为组织的经营管理决策提供依据，使自己的行为尽可能地与国家的发展目标和市场的总体趋势相一致。征询性公共关系活动适用于任何组织的公共关系活动。因为任何组织的公共关系活动都需要检验效果，都具有征询的色彩。否则，非但组织公共关系活动的绩效无法衡量，甚至连其目的也不明确，徒有为活动而活动的热热闹闹的形式。

具体的实施过程是：当组织进行一项工作后，就要想办法去了解社会公众对这项工作的反应。经过征询，将了解到的公众意见进行分类整理，并加以分析研究，然后提出改进工作的方案，直至满足公众的愿望为止。

征询性公共关系的特点具有长期性、复杂性、艰巨性。它要求从事这项工作的公共关系工作人员具有智慧、耐力和诚意，能通过各种方法获得公众的配合，不断向组织提供有价值的信息，使组织机构成为“千里眼”“顺风耳”，能根据公众要求，随时调整组织的行为，不断改进组织的服务和产品，保证组织与社会环境的协调、平衡，促进组织的发展。

征询性公共关系工作方式有组织市场调查、产品调查、访问重要用户、征询使用意见、开展各种咨询业务、建立信访制度和相应的接待机构、设立监督电话、处理举报和投诉等。

开展征询性公共关系是各类组织的公共关系部门的一项分内的职责。具体而言应遵循以下原则：

第一，态度公正。在活动中，公共关系工作人员不但应是组织的耳目，更重要的是要站在中间人的角度，广泛、及时、公正地采集一切有关组织形象的意见和建议，起到组织机构与社会公众的中介者的作用。

第二，广泛收集信息。收集信息视野要宽广，不能局限在某些领域和方面而将有价值的信息漏掉。我们既要善于从报纸、广播、网络等大众传播媒介或专家、名人的采访调查中，收集“大趋势”的信息，也不要忽视其他渠道获得的“小消息”。“大趋势”的信息固然重要，通过它的分析研究，可以了解到社会环境的发展变化，提高预见能力，而“小消息”也绝不可忽视，它对改善组织的服务，树立组织的形象，沟通与公众的关系，也起着重要的作用。

第三，注重预测。预测工作是征询性公共关系的重要内容。公共关系工作人员应以敏锐的眼光和洞察力，对组织发展的社会环境、市场前景、原材料及能源供应等进行全面的预测分析，为决策服务。

我们知道，任何社会组织的发展都必须与周围环境相适应。组织在发展的不同时期，都必须适应不断变化的环境。因此，组织中的公共关系工作人员必须掌握组织发展不同时期公共关系工作的特点，适时适度地开展工作。

（二）纵向分类

1. 建设性公共关系

这是社会组织初创时期或新产品、新服务首次推出时期，为开创新局面进行的公共关系活动模式。建设性公共关系活动的重点是宣传和交际，目的是提高知名度，主动向公众介绍自己，主动接近各方朋友，尽量地使更多的公众知道、理解和接近自己，以取得公众的信任和支持。

可采用的方法很多，主要有开业广告、开业庆典、新产品展销、新服务介绍、免费试用、免费招待参观、开业折价酬宾、赠送宣传品、主动参加社区活动等。

开展建设性公共关系活动应把握以下原则：首先，选择有利时机。对于建设性公共关系来说，选择时机十分重要，公司挂牌、商场开业、产品上市，这些都需要注意研究公众的需要，选择有利时机，使公众形成良好的“第一印象”。第二，练好内功。不管是为了一炮打响来个开门红，还是为了开创组织新局面、赢得新市场，都必须首先在产品规格、产品质量、花色品种、外观设计等方面的建设和改进上下功夫。这是组织建立新形象的基础工作，这个工作做不好，开创新局面将成为一句空话。第三，要掌握分寸，为了让组织迅速获得公众的认同，或者让新产品和新服务迅速占领市场，必须通过各种传播媒介大力宣传组织的新情况、新进展、新产品、新服务，以便让公众了解组织、理解组织。但是又不能露出过多宣传的痕迹，更不可胡吹乱捧，以免引起公众的反感。因此，在宣传策略上，建设性公共关系的重点应放在“新”上，以崭新的姿态，崭新的形象出现在公众面前，给人以新鲜感、新奇感，以新取胜，以新博得公众的好感。

2. 维系性公共关系

维系性公共关系是组织在稳定发展之际，用以巩固良好形象的公共关系模式，其做法是通过各种渠道和采用各种方式持续不断地向公众传递组织的各种信息，使公众在不知不觉中增强对组织的好感，成为组织的顺意公众。一方面通过各种传播媒介和传播活动，以较低的姿态把组织的各种信息持续不断地传递给各类公众，使组织的良好形象始终保留在公众的记忆中，一旦有需要，公众就可能首先想到你，接受你的产品和服务，与你合作，为你带来利润和好处；另一方面，开展各种优惠服务吸引公众再次合作。

维系性公共关系是针对公众心理特征而精心设计的，它具体分为“硬维系”和“软维系”两种形式。“硬维系”是指那些维系目的明确，主客双方都能理解意图的维系活动。“硬维系”一般适用于已经建立了购买关系或业务往来的组织和个人。通过优惠服务和感情联络来维系同公众的关系，具体方式灵活多样，可利用各种传媒进行一般的宣传，如定期刊发有关组织情况的新闻、播出广告、提供组织的新闻图片等。“软维系”的对象和意图不太具体和明确，在不知不觉中实现使公众不忘记自己组织的目的，一般是对广泛的公众开展的公共关系活动，具体方法有定期广告、组织报道、提供组织的新闻图片等。

维系性公共关系是以渐进而持久的方式，针对公众心理精心设计的活动，潜移默化地在公众中产生作用，为实现组织的公共关系目标铺平道路，追求水到渠成的效果。搞好维系性公共关系活动应把握以下原则：

第一，抓住公众心理。一个组织与其公众已经发生并建立了良好的公共关系之后，随着时间的推移，这种公共关系状态会向好的方向进一步发展，也可能向不好的方向转化。此时，社会组织公共关系目标就是要维系良好的公共关系状态，防止逆转。实现这样目标的公共关系活动，实质上是使公众对组织产生有利的心理定式。因此，研究公众的心理需求，是工作的重点。

第二，渐进性。维系性公共关系活动目的是在公众中造成对社会组织有利的心理定式，即公众在不知不觉中形成对社会组织的好感。有关组织形象的信息对公众的刺激强度不够、过弱，或者刺激强度过大、过猛，都不利于形成这种心理定式。最有助于形成这种心理定式的是通过渐进性的积累，保持适中的信息刺激度。对这个“度”的把握，是维系性公共关系的艺术。因此，开展维系性公共关系活动，在方法上必须注重“细水长流”，而不是大张旗鼓地活动，不是集中人力、物力、财力去打歼灭战、追求一举成功。它争取公众的主要手段是通过传播媒介不断向公众“吹风”，让组织有关信息不时传到公众的“耳朵”，使组织的形象经常呈现在公众的面前。

第三，保持超脱姿态。从侧面看，维系性公共关系活动要让公众在不知不觉中形成对组织的好感，因此开展维系性公关活动要在“超脱”二字上下功夫，不论是硬维系，还是软维系，都要表现出一种高姿态，表现出“醉翁之意不在酒”的味道，使公众在心理上乐于接受。如北京印象广告公司为了维系自己的知名度和美誉度，于1993年母亲节前夕在北京地铁站推出了题为“回家”的公益广告。“回家”以夕阳余晖中母亲孤独的形象为视觉主体，鹅黄色的背景充满了温馨慈爱，表达出母亲对子女的挂念和期盼。红色标题“回家”相当醒目。广告词诗意动人：“曾几何时，我们因为奔波事业，陶醉爱情，照顾子女，而冷落了终生操劳的母亲。回家！看看母亲最欣慰的笑容吧，哪怕只是打个电话！”这一句广告，没有任何说教，以其不可抗拒的情感力量令无数旁观者怦然心动。没有宣传自己的企业的画面和文字，公众心目中却产生了对广告公司的良好印象。

3. 防御性公共关系

防御性公共关系是组织为防止自身同公众关系失调而预先采取的各种公关手段或活动。对于组织管理系统来说，建立预警系统是重要的，也是必要的。国外许多管理学权威，对企业组织的衰败原因进行了认真的考察和研究，提出了许多见解，其中英国管理顾问马洛归纳的企业衰败的原因中的第一条就是企业不能及时发现环境变化，采取适时的防御性措施。由此可见，防御性公共关系是企业公共关系部门最常采用的一种公共关系模式，它的效果如何，将直接影响到组织的生存与发展。

防御性公共关系有以下特点：一是居安思危，有备无患。当组织处于稳定发展的状态时，及早制定出防范措施，建立预警系统，达到未雨绸缪的目的。二是洞察一切，见微知著。当组织机构与周围客观环境出现某些失调时，能及时发现，迅速采取措施，予以防治。三是积极防御，加强疏导。防御与引导相结合，一方面应及时发现各种危机苗头，通过及时调整组织的结构、产品、方针政策或经营方式等，适应环境的变化，适应公众的要求，防患于未然；另一方面还要通过自身的努力工作，积极引导，利用不利的时机开创有利的局面。

由于可能出现的问题多种多样，导致问题的原因也多种多样，解决问题的方法也多种多样。一般的工作方法可概括为三步：第一步发现问题，通过调查、监测和预测，及时发现组织发展中存在的问题和潜在危机；第二步分析问题，运用研究和预测方法来分析问题；第三步解决问题，制定和采取相应的调整措施来解决问题。

开展防御性公关活动，应把握以下原则：首先，具备危机意识，将问题扼杀在摇篮之中，忌麻痹大意。第二，形成预警系统。即有专人或专门机构来捕捉各种问题或危机苗头，使组织能及时调整自身的结构、产品、方针、政策或经营方式，以适应环境的要求。第三，主动采取措施。一旦发现问题就不能不闻不问，而必须及时采取对策，主动进行调整与引导，在公众尚未意识到问题的情况下就把问题解决好。第四，要增加透明度。一个组织愈增加透明度就愈能减少与外部公众发生摩擦的可能性，即使出现了摩擦也能及时得到解决。

4. 矫正性公共关系

矫正性公共关系是组织遇到风险时所采用的一种公共关系模式。这种模式适用于组织的公共关系严重失调，从而导致组织形象发生严重损害的时候，其特点是“及时”——及时发现问题，及时纠正错误，及时改善不良形象。

在组织形象受到损害时，公共关系工作人员应立即采取有效措施，尽量减轻损害造成的后果，做好善后工作，配合组织的其他部门，重新建立起组织的新形象，挽回组织的声誉。

组织形象受损一般有两种情况：一是由于外在的原因，如误解、谣言，甚至人为的破坏，致使组织的形象受到损害。这时，公共关系工作人员应及时、准确地查明原因，迅速制定对策，采取行动，纠正或消除损害组织形象的行为和因素。公共关系工作人员对于损害组织形象的误解和谣言绝不能掉以轻心，稍有疏忽就将给组织造成不必要的损失。

组织形象受损的另一种情况，是由于组织内在的原因，如产品质量、服务态度、环境保护、管理政策、经营方针等方面发生了问题，而导致公共关系严重失调。此时，公共关系部门应迅速查清原因，采取行动，尽快与新闻界取得联系，控制影响面，并及时把外界的舆论准确地反馈给决策层和有关部门，提出消除危机的办法和纠正错误的措施。与此同时，公共关系工作人员还需运用各种公共关系手段和技巧开展公共关系活动，消除不良影响，并通过新闻界向广大公众公布纠正的措施和进展情况，求得公众的谅解，平息风波，恢复信任，重新树立良好形象。

5. 进攻性公共关系

进攻性公共关系是在组织与环境之间发生严重不协调时，以攻为守，以积极主动的方式去改造环境，从而树立和维护良好形象的公共关系活动模式。这种模式适应于组织与外部环境的矛盾冲突已成为现实，而实际条件有利于组织的时候，采用这种模式的最大特点是“主动”，以一种进攻的姿态开展工作。

组织与环境的关系，除了积极适应之外，还应主动改造。一个组织要顺利发展，主动改造环境是一项必不可少的工作。改造环境，组织可以采用以下战略：其一，改变战略。改变组织对环境的依赖关系，组织可以通过不断研制新的产品、开拓新的市场、吸引更多的顾客、建立新的合作关系等方法，改变对原有环境的过分依赖。其二，交流战略。组织通过与环境的交流协商，如加入同业协会、商定协作交流协议等，减少与竞争者的冲突和摩擦。其三，回避战略。组织为避免受过多环境消极因素的影响，可以采用回避战略。所处环境发生冲突时，要及时抓住时机，调整决策和行动，积极主动地去改造环境，逐步减少直至消除冲突的因素，以保证预定目标的实现。在当前市场竞争十分激烈的时候，一个企业更需要运用进攻性公共关系来取胜。

在开展进攻性公共关系时，应把握以下原则。

第一，研究环境变化，把握有利时机。进攻性公关活动很讲究实际条件，并不是任何组织一旦与环境发生了矛盾冲突就能采用这种活动方式，在缺乏一定的社会气候、环境气候，尤其是在组织的内在应变能力本来就不强时，不能开展这种活动。如果实际条件没有把握好，盲目出击，不仅伤了组织的元气，还会加剧组织与环境的冲突。

第二，以“创”为主，发挥主观能动性。如通过选择新的顾客群，改换合作伙伴，减少社会关系；调整组织在社会上的位置去减少组织与环境的摩擦冲突；通过制造新闻去形成支持组织的社会舆论；通过争取政府制定有利于组织发展的新政策等。

第三，适可而止，把握进攻分寸。组织可以通过积极主动的行为改变环境，使环境适合于自己，但这种改变是有限度的，这个限度就是合理运用环境中有利于组织的实际条件。倘若改变环境的努力超出环境承受力，就出现“搬起石头砸自己的脚”乃至“玩火自焚”的局面，使组织“赔了夫人又折兵”，陷入更大的困境，所以应把握好尺寸。

第四，注重公众利益，讲究道德原则。组织主动出击应本着组织和公众双赢的指导思想。任何违背职业道德，有悖公众利益的公关活动只能损害组织形象。

采用进攻性公共关系模式要注意以下几点：一要避免环境的消极影响。需要避免参加过多的纵向关系的组织和不必要的社会活动，避免过多地承担社会义务，以免受过多的规章制度和社会关系的牵制。二要不断开创新局面。如建立分公司，研制新产品，开辟新市场，创造新环境。三要协调社会关系，以减少与竞争者之间的矛盾和冲突，团结更多的支持者和协作者。

第二节　公共关系学的研究及学习

一、公共关系学的研究

（一）公共关系学的研究对象

作为新兴学科，公共关系学以经营管理学和信息传播学为主要理论基础，吸取了现代心理学、行为科学、社会学、市场营销学、广告学等多种学科的原理在管理科学上的应用，又概括了经营管理学和行政管理的一些重要思想、原则、方法与技巧，形成具有特殊管理职能的崭新的应用科学。它有如下特点和性质：其一，学科内容的多科性和综合性；其二，它是独立的科学；其三，这一学科以管理学为核心、传播学的理论为工具和手段，具有独特的管理职能，不同于传统的行政管理。公共关系学的研究对象是社会组织与公众之间的传播沟通。也就是说，公共关系是指组织与公众之间的传播与沟通的关系，公共关系是以树立组织良好形象为任务的一种传播沟通活动。

（二）公共关系学的研究内容

公共关系学是一门古老而又新兴的交叉科学，是建立在传播学、管理学、行为科学三大学科基础之上的。公共关系学由公共关系历史、公共关系理论和公共关系应用三大部分组成。因此，公共关系学的研究内容主要包括三个部分。

1. 公共关系历史

公共关系历史包括公共关系的实践发展史、公共关系的理论发展史。公共关系起源于18世纪美国的政治宣传，在20世纪初形成一种新的产业。随后，公共关系行业进入快速稳定发展时期，并且逐渐成为一个具有相当规模的成熟行业。

2. 公共关系理论

（1）公共关系的基本原理

公共关系的基本原理主要包括公共关系的基本概念，公共关系的由来和历史沿革，公共关系的职能，公共关系活动的基本原则，公共关系的三大要素，社会组织、公众和传播的概念和类型，不同类型公共关系工作机构的工作内容等。

（2）公共关系的基本原则

公共关系的基本原则主要包括公共关系活动中的原则和方法，它是指公共关系实际工作的有关规定、标准和程序、方法、技巧等。具体包括相互沟通、相互联系、平等互助、互惠互利等。

（3）公共关系工作程序与方法

公共关系工作的主要程序包括调查、设计、实施、评估、反馈等五个方面。

公共关系工作的主要方法是公共关系的沟通管理、公共关系的协调、社会组织形象的塑造等。

3. 公共关系应用

公共关系应用研究主要通过公共关系案例来体现。公共关系案例是对公共关系具体工作实例的叙述、分析与总结。公共关系是一门实践性很强的应用学科，十分重视对具体实践案例的推导、总结和实践。由于公共关系的实践性特征，在公共关系学的建构中，案例分析是主要的分析方法。

（三）公共关系学的学科特点

1. 应用性

公共关系学是一门技术多于理论，操作性、应用性很强的学科。公共关系学很强的应用性推动了公共关系的快速发展和传播。公共关系具有管理、传播沟通、社会交往等多种功能，这些都是社会活动的表现。公共关系被广泛应用于企业组织、商业组织、政府组织、事业单位和社会团体等组织，是这些组织提高知名度和美誉度的重要途径。公共关系是社会组织参加社会竞争的一门艺术和手段。公共关系学在教学过程中也会大量地使用案例，因此，公共关系学是一门应用性很强的学科。

2. 边缘性

公共关系学具有广阔的外延，学科本身的知识并不多；公共关系学的发展和价值主要来源于多种学科交互影响，多种理论相互渗透。公共关系学的研究方法中涉及多种学科的知识和方法的综合运用。这些是由公共关系学的特点所决定的，而边缘性也恰恰是公共关系应用广泛、有更多发展空间的重要原因所在。

3. 多维性

公共关系的多维性主要表现在以下几个方面：第一，功能的多维性。公共关系有沟通功能、管理功能、社交功能等。第二，要求的多维性。从事公关工作的人员不同，其所在组织的类别和性质也不同，对公关人员的要求不同。第三，研究方向及方法上的多维性。不同的研究者根据自身的经验与见解，对公共关系有着不同的切入口，用自己认为恰当的体系来构建公共关系学。

4. 综合性

公共关系学的一个重要特征就是外延大。所谓“外延大”是指，公共关系学广泛借助管理学、传播学、社会学、心理学、逻辑学、语言学、政治学、法学、历史学、民俗学、礼仪学和哲学等学科的理论方法，所以专业基础理论范围广泛。

二、公共关系学的学习

（一）公共关系学的学习方法

作为新兴的学科，公共关系学是从实践中总结出来的，目前尚待在实践中继续完善，其强烈的实践性，要求学习这门课可以综合应用以下几种主要方法：

1. 实践实验法。在一定范围内可结合周围环境，开展一些公关活动，并在实践中加以总结、检验公关原理和理论。

2. 社会调查法。可采用观察、统计、专题答卷访问、座谈等形式，了解收集公关材料并进行分析，以求得公关活动规律，提出新观点，这实际上是一种间接实践。

3. 情境表演法。可根据一定公关活动的要求，进行模拟表演。对于公关工作人员必须掌握的具体技能来说，尤其需要这一方法进行训练。

4. 案例分析法。对已经发生的公关活动进行评析，从中学会思考，进一步认识公共关系学的本质。

5. 学科比较法。对同一理论和现实问题，通过不同学科的比较，寻找认识方法的相同点和不同点，以期更好地掌握公共关系学自身的本质和规律。

公共关系学的研究路径是双向的，即从理论到实践，再从实践到理论的过程，包含着演绎推理和归纳概括，也包含着推论、推导、案例分析等方法。由于公共关系学实践性学科的特点，在研究过程中还要借鉴其他学科的方法。

（二）公共关系学的学习意义

尽管公共关系学传播到我国已经是20世纪80年代的事情了，但中国人发展“公关”的热情让人瞠目结舌，“公关事业”可谓“繁荣”！因此有人用“遍地公关下夕烟”来形容这一情景。潘光迥博士1989年在北大社会学系、社会学研究所和香港中文大学举办的“公众关系学”讲习班演讲中感慨：“我讲几句粗话，我说现在公关很不幸。变成了‘三招主义’，第一招，‘招待’……，第二招，‘招摇’……，第三招，‘招徕’……今天所有这些混乱，都因为搞了‘三招主义’。”因此，我们必须以历史的眼光正视现实中公关活动存在的误区与危机，从而做到自觉地去伪存真，这是我们学习公共关系学意义之一。

就在中国大地出现光怪陆离的“公关”活动之时，不少学者开始以理性的眼光去看待、研究公共关系，并借鉴西方公关理论，开始努力探索中国的公关理论；同时，不少企业单位，乃至于各级政府，也尝试着运用公关理论解决了一个又一个难题。这些展示了我国的公关事业发展光明的一面。了解现实公关活动的成就，并从中总结经验和理论，这是学习公共关系学课程意义之二。正如友好人士、美国哥伦比亚大学教授、美中文化交流基金会会长苏张之丙女士指出：“公关大厦需要高层次公关人才支撑。”

再次，公共关系学作为新兴的社会应用科学，其现实意义最大莫过于它是“人学”。从社会科学发展现状和大学现有的社会科学门类上看，真正具有独立意义上的“人学”似乎不多，较为接近的是哲学、文学、社会学、历史学等，但这些学科又似乎与具体人的社会行为缺乏一种直接联系。哲学从思辨角度探讨人在宇宙中的地位；文学把人放回到历史舞台去触摸过去时光；社会学关注社会现存格局和人行为之间的冲突与变化；历史学则与古人对话，以试图使今人有所借鉴……这些的确给现实中具体的人，包括青年大学生不少启迪。但它们都不像公共关系学那样直接教导我们，即面对社会、面对他人时，我们该做什么？怎么做？每做一件事如何评价？行为的后果是什么？因此，有人将公共关系学称为“临床社会学”。在开放的社会中，学习公关基础理论和方法，有助于准确定位自己，使个人在社会、人生的大舞台上真正发挥更多、更好的作用，这是学习意义之三。我们相信，作为“人学”的公共关系学，一定会使每个人在未来社会中更好地定位。

（三）公共关系学对个体交往的指导作用

在错综复杂、各色各样的人际关系面前，判断和理解个体交往活动的意义和效果，明确交往的目标和方向，往往是困难的和难以把握的。而在这些方面，公共关系学可以说是具有积极指导意义的。

首先是参谋作用。个体为保持和建立良好的人际关系，就应当不断参照自己的需求和对方的利益，灵活适时地变换自己的交往方式，以实现交往目标。在确认交往对象、决定交往方式方面，公共关系原则就发挥了它的参谋作用。它往往可以从交往的社会效果、个人可能获得的利益这个角度来考虑交往的意义。

其次是传播作用。个体欲寻求良好的人际关系，则需具有良好的个人信誉。而个人信誉的产生，不但要求个体有良好的交往行为，并且要凭借良好的传播媒介，将有关自己的信息传播到不同的群体中去。如个体声誉发生危机时，就应当有可靠的传播媒介，把对己有益、有效的信息，传播到相关群体中去，以影响舆论，改善人事环境。这一点与公共关系活动中的危机处理最为相似，而且也是公共关系功能的体现。

再次是控制作用。个体在交往中若想得到他人的承认和尊重，必须始终如一地保持统一的交往态度和习惯，以加强个体形象。同时，那种现用现交的暂时性的交往活动，也不能构成良好、持久的人际关系，而必须采取始终如一的连续交往行为，才能达到交往目的。对于这些，公共关系的平等、互利、连贯原则，却能使人们在交往活动中，有效控制自己的行为，以防人际关系交恶。

阅读资料1.1　韩国：政府主导的系统公关

韩国的国家形象公关是由政府主导并直接参与实施的。2002年韩日世界杯以后，为了进行更系统、更有效的国家形象公关，韩国政府成立了国家形象委员会，由总理直接负责，委员由财政经济、教育人力、外交文化等部门长官组成。此外，还有学术、媒体和文化等方面的10名民间委员参与。委员会还设立了专门的实务委员会负责具体事务的实施。韩国在1998年亚洲金融危机肆虐时，也坚持扬言道：“即使韩国国库里所剩最后一笔钱，也要聘请一家国际公关公司来游说世界金融界并让世界相信韩国。”

一直以来，韩国在世界的形象是个封闭的以农耕文化为主的半岛国家，人们总会将其与朝鲜战争、国土分裂、军政府独裁、劳资对抗激烈、国民性格内向且倔强等一些负面特征联系起来。为了扭转这一认知，韩国进行了全国性的动员和精心的准备，举全国之力保证了首尔奥运会的圆满成功。通过奥运会，韩国给世界留下的印象是整洁的城市、清新的环境、井然的社会秩序和谦虚热情、彬彬有礼的人民，从而让世界重新认识了韩国，全面提升了韩国的国际地位和国际形象。2002 年韩日世界杯足球赛的成功举办则更是其提升国家形象的升华之举。在世界杯赛举行期间，韩国通过周密的准备和各种公关活动，成功展现了“活力韩国”“IT 韩国”“文化韩国”的形象，为提高韩国整体国家形象写下了浓重的一笔。

阅读资料 1.2　美国：携手博雅公关，顺利发行新美钞

美国作为公关的发源地，自始至终都将专业公关力量看作是美国国家建设和发展的战略智囊。美国财政部从 2002 年起聘请博雅专业公关公司，由博雅牵头携手在各传播细分领域的姊妹公司一道为新美钞的发布和公众认知提升工作提供策略咨询、项目策划和项目执行的服务，精心策划和细致翔实的传播项目极大提升了核心受众识别新钞特征的能力，提前协助商户和美元现金经手人了解如何辨别新钞真伪，保证了新钞发行流通的顺利，成为在全球 50 多个主要市场开展整合性传播的典范案例。

阅读资料 1.3　中国香港：聘请专业公司，打造“亚洲国际都会”

中国香港也在形象塑造和重大活动中，聘请公关公司提供策略和执行服务。香港特区政府聘用了博雅公关公司、国际知名品牌设计和咨询公司——朗涛以及国际认知调研公司 Worthlin Worldwide，策划实施全面的香港重新定位计划，与香港特区政府和社会各界密切合作，确立和推广一个与众不同、生气勃勃的“亚洲国际都会”品牌形象。如今，诸如博雅、罗德、福莱、伟达等世界知名公关公司的客户名单中，都有丰富的政府公关和国际传播经验。

阅读资料 1.4　中国：借助“第四种力量”，为申奥整体包装

从 2003 年 SARS 肆虐到 2008 年汶川地震，中国的国家高层领导也逐渐意识到施行中国国家形象战略自然也少不了国内外专业公关公司作为政府智囊团体的“第四种力量”来推波助澜。在北京申请 2008 年奥运会的历程中，北京奥申委早在 20 世纪 90 年代就聘请了爱德曼、伟达、奥美、弗莱克灵、万博宣伟等国际公关公司为北京申奥进行整体形象包装，国家更是出资 2400 万美元专门用于申奥公关。专业公关公司进入政府活动，既是中国因国家崛起而不得不在意国家形象的一种选择，更是政府全能主义的一种姿态转变，由包办一切转而对专业分工、专业价值的认可和引入。但在中国政府与公关公司接触和合作中，也难免会遇到诸如对商业道德风险、信息保密、签约国际知名公关公司、扶持国内新兴公关企业等问题。但总体上的趋势是：中国在推行国家形象公关战略的过程，也是国内外各方专业公关力量渐行渐多、共同参与的过程。

阅读资料 1.5　中国的媒体公关

对比垄断着各大国际强势媒体的美国，我们既是世界上的传媒大国，又是传媒弱国。中国目前媒体数量虽然众多，但在国际传播实力方面仍处于绝对弱势地位。对比美国海外发行的 400 多家报纸杂志，中国海外发行的报纸只有《人民日报》等少数几家，中央电视台仅第 4 套、第 9 套节目实现了全球覆盖，这和美国的卫星电视节目已经占到全世界卫星电视节目的 50% 以上相比还相距甚远。这样的一个传播地位与中国在国际舞台上的硬实力是极为不符的，同时这样的一个传播境况对于培育和提升国家软实力也是极其不利的。当西方媒体纷纷收缩甚至关闭之际，中国正在着力延伸其媒体的国际触角，耗资 450 亿元人民币打造“CNN”式的中国媒体，着力推动我国主要媒体机构向国际扩张，以改善中国在国际上的形象。其三大媒体——中央电视台、新华通讯社及《人民日报》，各自获得 150 亿元人民币，用于可扩大中国国际影响的有意义的项目。作为中国电视行业“官方喉舌”的中央电视台，目前已实现 7 种语言 11 个频道的国际化战略。正如中国人民大学公共传播研究所常务副所长胡百精所说：“中国国家公关要竞夺和建构的正是国际话语权。”借助传媒力的极大提升来突破中国国家形象建构的瓶颈，在当今看来显得无比重要。

阅读资料 1.6　俄罗斯、法国和日本的媒体战略

俄罗斯：斥资打造俄罗斯的“CNN”和“BBC”

2005 年 12 月 10 日，俄罗斯政府就耗资数亿设立了“今日俄罗斯”英语电视台。其主要创办者——颇具实力的俄罗斯新闻社获得了克里姆林宫的直接支持，目标是要成为俄罗斯的“CNN”和“BBC”。该电视台拥有几千万美元预算资金和数百名新闻工作者，向北美、欧洲、亚洲和非洲用英语 24 小时滚动播报新闻，向英语国家传播俄罗斯的声音。

法国：创立全球首个英法双语新闻频道

2006 年 12 月 6 日，在法国政府支持下创办的首个全天候播报国际新闻的电视台“法国 24 小时”也正式开播。这是全球第一个同时用法英双语播报时事新闻的电视台，旨在向全世界传达法国的世界观和对文化多样性的重视，并与 CNN 和 BBC 展开竞争。

日本：NHK向海外开设24小时英文频道

日本领导人也深刻认识到本国没有吸引足够的国际关注。2006年，时任外务大臣的麻生太郎呼吁日本开设英语国际频道，在向海外推广日本文化方面更加积极。2009年2月2日起，日本广播协会电视台（NHK）正式推出面向海外观众24小时播出的英文电视频道。日本广播协会电视台表示，“建立这个英文频道是为了让全世界更好地了解日本”。

（资料来源　张寅孜：《从各国公关战略中探寻中国国家公关之路——提升国家政府形象与公信力研究》，载《改革与开放》2010年第16期）

思考题：

1. 如何认识公共关系的定义？
2. 公共关系的主体主要包括哪些？
3. 怎么认识公共关系是一种战略性的活动？
4. 交际性公共关系所遵循的基本原则是怎样的？
5. 如何理解公共关系是一种双向信息交流的传播活动？
6. 公共关系与人际关系的区别是怎样的？
7. 公共关系传播手段有哪些？
8. 怎样才能学好公共关系学这门课？

第二章　公共关系学的产生与发展

本章概要：

公共关系是人类社会进步发展的必然产物。公共关系不是凭空产生的，它的产生离不开近代市场经济、民主政治和传播技术的推动。公共关系越来越成为现代社会的一种普遍现象。本章介绍了公共关系学的形成条件、公共关系学的起源与发展、古代中国的公共关系思想。通过本章的内容，可以让我们了解到公共关系学形成的条件，公共关系的简史，公共关系的研究对象、研究内容、研究方法、学科特点。

第一节　公共关系学的形成条件

公共关系发展至今，不仅已为许多国家重视，被许多社会组织采用，而且已经初步形成独特的理论体系，从而形成一门独特而独立的学科。那么，什么是公共关系学？它如何发展演变而来？在我国，它的发展现状如何？

现代公共关系学是以现代社会为基础，在商品经济的大潮中兴起的一门学科。所谓“学科”，就是区别学问的科目，供教学或研究。公共关系这一实践活动，经过历史长河的冲刷、积淀，到 19 世纪末至 20 世纪初才具备了从感性认识到理性认识升华的特定政治、经济等条件。人作为生命的存在物，必然需要同外部环境进行物质、能量、信息的交换。人消耗自身能量从外界获取生命必需的资源，主要途径是劳动，劳动又不是孤立进行的，必须在一定的生产关系中进行，只有人与人结成一定的生产关系，人们才能生存和生活，才能获取劳动成果。关系发生的两个条件是，存在互动的需要和具有共同的时间和空间。因此，公共关系的产生不是凭空的，它具有深刻的社会基础。

一、民主政治取代封建专制为公共关系学产生提供了政治前提

相对于资本主义社会而言，封建古代社会的统治格局，决定了一般社会公众常是受压迫、被愚弄的对象，古罗马统治者自封“dictator”，即“独裁者”；法国路易十四声称“朕即国家”等。显然，在经济发展落后、政治制度专制的历史时期和特定的地域，公共关系不可能得到重视和发展。

只有到资产阶级革命之后，民主观念日益深入人心，尽管资本主义社会仍然有不平等现象，但作为自然人，人格上已不再是受奴役的主体，君主主权不可侵犯成为历史神话，工人阶级至少有出卖劳动力的自由，特别在工人运动中，工人阶级还不断显示出自身的力量。与封建、奴隶时代相比，社会一般公众也成为受尊敬的对象。尽管资产阶级政府表面上不得不打着“平等”的幌子，推行“普选权”，实行所谓“全民政治”，但这种体制客观上促成社会各方面有必要形成相互依赖、彼此合作的关系。特别是社会经济现代化的今天，各类社会组织成倍地出现，大多数人都加入到一定的组织之中，任何组织都不可能漠视任何一个其他的组织，包括个人。

民主化是当代社会政治生活发展的主要特点，也是当代公共关系产生和发展的主要社会政治条件。随着民主化程度的加深，公众被认可，公众权益被尊重。公众在社会政治生活中的地位大大提高。公众参与政治活动的意识增强，参与途径的增多对社会组织产生了重要影响。公众的信任和支持已经成为社会组织存在和发展的重要条件。

二、商品经济的高度发展为公共关系学产生提供了现实土壤

古代社会尽管也有商品经济，但其程度不高，在社会中占绝对优势的是自然经济。自然经济是自给自足的封闭性经济，以此为据，人际关系仅局限于“血缘”与“地缘”的经纬之中，社会天地狭小，“鸡犬之声相闻，老死不相往来”即是对这一社会状况的生动写照。当社会发展到一定阶段后，过去那种组织程度比较低的初级社会群体已经不能适应群体交往的需求，比较正式的多样化的社会组织应运而生。社会组织产生的基础是社会分工。分工使社会组织只有从外界环境中取得支持，才能生存和发

展，社会组织必须与环境互动，这样公共关系就产生了。所以，社会组织的建立与分化，社会分工以及在分工基础上产生的人类组织的相互依赖是公共关系产生的基础。

商品经济建立在社会化大生产基础上，通过市场与分工两个支点，由竞争杠杆进行调节，市场交换在经济上实现了各类经济主体之间的平等关系，社会化大生产使分工更细、交往更为必要，从而形成极为活跃的开放性关系网络。由于社会机制的作用，支配这个网络的法则只有一个：平等交换、互惠互利。以这种法则为中心，公共关系才找到自己大显身手的广阔天地。特别是生产力的发展，在商品流通和交换中出现了由卖方市场向买方市场的重大转变，经济类社会组织为最大限度地争取消费者和社会公众的理解、信任、支持和合作，需要树立自己的良好形象，从而在日益激烈的竞争中立于不败之地，这为公共关系及其理论的发展提供了更为有力的环境保障。

社会组织与公众之间建立联系的根本原因在于利益上的互补。企业用产品或服务从消费者那里获取利润，消费者用货币在市场上获得自己所需要的产品和服务，如果没有各自利益的实现和满足，双方就不会形成互动，建立联系。各自利益需求的驱动，使社会组织与公众之间发生互动，形成协作，建立联系，最终构成公共关系。利益的互补、合作的需要是公共关系形成的内在机制。

三、现代传播的长足进步为大规模开展公共关系提供了技术支持

古人传递信息主要靠舟楫车马，这样的手段必然造成社会的闭塞，古希腊人跑步送信到雅典，可见联系与沟通之难。所以，中国古人常比喻边远地区为“山高皇帝远”“世外桃源”。随着现代交通、电信等工具和技术的出现，人类进入“地球村”时代，信息传播的技术问题得以较好地解决。传播媒体的发达和通信技术手段的现代化是公共关系产生和发展的重要物质技术条件，尤其是互联网技术、移动通信技术的发展，使我们当今社会的联系更加紧密。社会组织的信息可以通过网络传播到世界各地，迅速而广泛地影响公众。物质技术条件的现代化使联系打破了地域和时间的限制，传播的速度和广度空前加深，尤其是新媒体传播产生后，以技术为导向的传统线性传播向以关系为导向的对话式全面传播转变。

四、企业经营管理思想的转变为公共关系发展提供了社会文化条件

20 世纪初，随着工业化进程的推进，在社会政治领域，资产阶级民主

政治已基本确立，统治阶级和集团的统治思想和管理思想也随之发生了重大的转变，即开始从过去的强权压制转向争取民众的信任与支持。在社会经济领域，科学技术的进步和生产力的高度发展，使得劳动开始从体力密集型向智能密集型转化，这迫使企业主不得不考虑公众和员工的态度和心理因素，从而最大限度地调动他们的生产积极性。因此，导致了企业经营管理思想的重大转变。一些有识之士开始认识到，顺应民众的社会文化心理，满足他们更加广泛的物质需求和精神需求，比采取以往的对抗手段来压制他们，更有利于消除社会组织与公众之间，以及劳资之间的隔阂与冲突，所以，必须在社会组织和公众之间建立一种类似于人际情感的良好关系。正如美国电话电报公司董事长韦尔所说："我们已经发现，大众的最好利益也就是我们的最好利益，我们相信我们能有如此成就，是由于我们的经营方针一直遵循这一原则。"人们的经营管理思想和观念的这种深刻的转变，为现代公共关系的产生和发展奠定了思想基础。

第二节　公共关系学的起源与发展

现代公共关系学，作为全新的思想和系统的学科，最早兴起于19世纪末至20世纪初的美国。首先是在废奴运动、立宪运动和总统竞选等重大政治活动中得以运用和发展，随着19世纪下半叶社会化大生产的商品经济的蓬勃发展，公共关系开始为许多工业和商业企业重视。

一、"公共关系"一词的提出

近代公共关系萌芽于美国。在美国的独立战争中，独立运动的领导人利用集会、游行、展览、庆祝等机会，以诗歌、漫画、雕像等手段，宣传自己的政见，号召人民起来赶走英国殖民者。在美国获得独立后的总统竞选活动中，现代公共关系中常见的一些手法已经被普遍采用，如利用报刊、小册子宣传自己的政治主张，利用与选民见面、握手等机会与民众联络感情，最终达到拉选票的目的。

美国自独立战争后，又经南北战争，经过一百多年发展，到19世纪末，经济十分发达。为争夺市场，许多公司、工厂雇佣专门人员，编造新闻、广告，进行自我宣传，引起公众注意，以谋取自身利益，掀起一场

“报刊宣传活动”，其代表人物是巴纳姆。巴纳姆的信条是“凡宣传皆好事”，不论其内容的真伪，使这一时期报纸发行量猛增。但由于充斥神话般的假新闻，广大公众受到愚弄。物极必反，与它相对的主张脱颖而出，大量严厉谴责和抨击不法资本家、奸商劣迹的文章充斥报刊，这类文章在 1903 年至 1912 年间有 2000 多篇，这就是美国近代史上著名的“扒粪运动”。

困惑引起思考，一些颇具远见的企业家开始意识到改善企业与公众关系的重要性，现代公共关系学因此开始。1882 年，美国律师多尔曼·伊顿在耶鲁大学作《公共关系与法律职业的责任》的演讲，将“公共关系”解释为“大众利益”，当时引起了振聋发聩之效。

二、创造公共关系实务的艾维·李（Ivy. Lee）时期

艾维·李 1903 年成立第一个公共关系事务机构——宣传顾问事务所，成为第一位向客户提供公关服务的公关从业者。他在向报界发表的著名的《原则宣言》中声称：“这不是一个秘密的新闻机构。我们所做的一切都是公开的，我们旨在提供新闻，但不是一个广告事务所。……简而言之，我们的计划是坦白和公开地供给大众及时而准确的消息。”艾维·李与巴纳姆相反，反对愚弄公众，而提倡“公众应被告知”，其信条是“说真话”。从而第一次提出现代公关的基本原则，此外，他还多次成功在实践中创造了公共关系的经验与技巧，使公共关系产生很大影响，也使公关成为一门新兴职业。因此，他被称为“现代公关之父”。

19 世纪末至 20 世纪初，以美国为首的西方资本主义国家相继进入了垄断阶段。以美国为例，占人口 1% 的资本家却控制了国家全部财富的 54%。垄断资本家的强取豪夺极大地激化了劳资关系和社会矛盾，社会危机日益加深。一方面表现为一浪高过一浪的工人运动，另一方面则是引起了大批具有社会良知的知识分子利用新闻媒介对垄断资本家进行强烈的抨击，掀起了一场旷日持久的“揭丑运动”。1906 年，艾维·李有机会将他的新思想付诸实现。被公众称为“强盗大王”的洛克菲勒财团正被罢工闹得一筹莫展，向艾维·李求救。艾维·李为此设计了三项措施：首先聘用有威望的劳资关系专家来调查、核实导致罢工的煤矿事故的具体原因，并公布于众；其次邀请工人领袖协商并参与解决这次劳资纠纷；其三，他建议洛克菲勒增加职工工资、给儿童度假的时间，并向慈善事业捐款，救济贫困，开办医院、学校，建立研究机构、博物馆等。果然，罢工很快平息，洛克菲勒也摆脱了“强盗大王”的臭名声，开始在社会上树立了好形象。艾维·李的这些措施，取得了良好效果，从此，他成为蜚声社会的公

共关系专家。

艾维·李是现代公共关系的创始人，但他的公共关系实践却被认为“只有艺术而无科学”。艾维·李的公共关系咨询工作还存在许多不足，比如，他从未进行过公众舆论的科学调查，而只是凭经验、凭直觉来进行工作。尽管如此，他在公共关系发展史上仍占据着重要的地位。正是由于他的努力，公共关系不仅成为一种独立的社会职业，而且也朝着科学化的方向迅速发展。

三、将公共关系理论化的爱德华·伯内斯（Edward. Bernays）时期

艾维·李虽然有丰富的公共关系实践经验，但没有提出系统而科学的公共关系理论。真正为公共关系奠定理论基础，使现代公共关系科学化的，是另一位现代公共关系的先驱，美国著名的公共关系顾问爱德华·伯内斯。伯内斯与艾维·李的不同在于他更注重理论研究，尤其注重社会科学在公共关系中的应用，使之从新闻界分离出来，成为较系统的理论，为公共关系发展成独立的学科奠定了基础。

爱德华·伯内斯1891年生于维也纳，次年随父母移居美国，是著名心理学家弗洛伊德的外甥。艾维·李之后，美国的公共关系事业得到长足发展。1913年，伯内斯受聘于美国福特汽车公司，担任该公司的公共关系经理。第一次世界大战期间，他又在威尔逊总统成立的官方公共关系机构“克里尔委员会”担任委员，专门负责向国外的新闻媒介提供有关美国参战情况的背景和解释性材料。第一次世界大战结束后，他和夫人在纽约开办了公共关系公司。1923年，他出版了论述公共关系理论的著作《舆论明鉴》，成为公共关系学的第一部经典性著作。同年，他在纽约大学首次讲授公共关系课程；之后，又于1925年写了教科书《公共关系学》，1928年写了《舆论》，从而使公共关系的基本理论和方法形成一个较为完整的体系。

伯内斯对于公共关系的职业化和科学化都做出了极为突出的贡献。他不仅撰写了第一本关于公共关系的专著，并率先在大学开设了公共关系课程，而且还以其理论上的阐释提高了公共关系的实践和理论水平。他在《舆论明鉴》一书中第一次提出了“公共关系咨询”的概念，并对它的作用做了详细的解释。在他看来，“公共关系咨询有两种作用：其一是向工商业组织推荐它们应采纳的政策，这种政策的实施可以保证工商业组织的行为符合社会利益；其二是把工商业组织执行的合理政策、采取的有益社会行为向社会广为宣传，帮助工商企业组织赢得公众的好感、信任和支

持”。实质上，伯内斯的这一思想和主张，肯定了公共关系的重要职责之一是要向组织提供政策咨询，而不是仅仅向社会做宣传。正是基于这一思想，他提出公共关系的整个活动过程，应当包括从计划到反馈，最后再到重新评估等八个基本程序。

伯内斯公共关系思想的一个重要组成部分就是他提出的“投公众所好”的主张。他认为，在一定科学理论指导下的劝说活动有着巨大的威力，因而他非常注重运用各门社会科学的研究成果。总之，伯内斯在理论上做出的贡献，对于公共关系学科的形成和进一步发展具有划时代的意义和里程碑的作用。此后，公共关系才作为一门科学得到蓬勃发展。

此外，在1924年，美国的《芝加哥论坛报》发表社论强调指出，公共关系已成为一种专门职业，它既是一种管理艺术，也是一门科学，社会各界都必须重视公共关系。因此，有人认为，这一社论的发表既是公共关系科学化的标志，也是现代公共关系理论和实践系统化的标志。

四、公共关系的实践和理论研究进入现代发展时期

1955年，国际公共关系协会（简称IPRA）在英国伦敦成立，现总部在瑞士日内瓦，有会员逾千人，遍布欧、美、亚、非各大洲60多个国家和地区。国际公共关系协会的诞生标志着公共关系作为一门世界性的行业而独立存在。

这一时期，以斯科特·卡特利普、艾伦·森特、詹姆斯·格鲁尼格和萨姆·布莱克为代表的一大批公共关系专家和大师，通过对半个多世纪公共关系实践和理论探索的总结，把公共关系这门学科推向了一个新的历史发展阶段。

美国著名公共关系专家斯科特·卡特利普和艾伦·森特合著的《有效公共关系》，是这一时期出现的一部集公共关系理论研究成果大成的代表作。它首版于1952年，其后30多年中，共出过五个修订版，1985年第六版增加了一位新的作者格伦·布鲁姆，1994年问世了最新的第七版。不断充实新的研究成果、完善已有的理论体系和修订有关的事实及数据，使这本书保持了永久的生命力，有“公关圣经”之称。卡特利普和森特在该书首版和二版中首次完整地概括和描述的公共关系“四步工作法”，现已为广大公共关系理论和实践工作者认可和接受，这是他们对公共关系研究的一大贡献。该书第六版由于布鲁姆的加盟，增加了重要的一章，即第八章《调整与适应——公共关系的理论模式》。在这一章里，布鲁姆沿用和扩展了该书首版作者采用的“生态学”概念，从系统论的角度提出了“调整与适应”这一面向开放系统的公共关系理论模式，从而促使人们更深刻地理

解组织与其公众在开放的社会环境中的动态关系，以及公共关系在协调这种关系时的积极主动作用。国外学者在评价这一理论模式价值时指出，这一模式对公共关系主动性的描述，为公共关系发挥它在帮助实现组织总体目标作用方面，提供了更广阔的空间。另外，这一模式提出了公共关系实践的系统论研究方法，揭示了未来公共关系研究的方向。该书对公共关系职业化问题也有着精彩的论述，作者概括了公共关系职业化的主要标志，明确指出公共关系是一个发展中的职业。

格鲁尼格是另一位美国公关界的大师级人物，作为研究公共关系学和传播学的著名学者，1984 年出版的《公共关系管理》是他的代表作。在该书中，作者提出了不少独到和新颖的观点，其中最有影响的就是公共关系实践的四种模式。作者通过对公共关系实践历史的细心观察和深入研究，发现了这样四种模式：第一种，新闻代理型模式，这种模式旨在通过新闻宣传制造轰动效应，以吸引公众的注意力，传播性质为单向；第二种，公共信息型模式，它偏重于经常性地对外发布信息，传播组织的真实情况，以便公众了解组织，传播性质也为单向；第三种，双向非对称型模式，这种模式目的在于通过科学方法，诱导和劝服公众接受组织的有关观点，并进而支持组织的行为方式，此模式传播性质虽为双向，但其在组织和公众之间的效果并不平衡，它相对来说只有利于组织，公共关系工作人员作为信息提供者吸收公众的反馈意见仅为提高诱导劝服工作的有效性；第四种，双向对称型模式，它强调对话，注重坦诚、完整、准确的双向交流，目的是促进相互理解，其传播性质属双向性的，且在组织和公众之间的传播效果是平衡的，因为公众能够像组织改变公众的态度和行为一样，促使组织改变其行为。国外学者的评论指出，虽然这四种模式在当今公共关系实践中都不同程度存在着，但双向对称型模式的提出，展示了公共关系实践发展的方向，这一模式真正体现了公共关系的本质。

布莱克教授是英国公关界的杰出代表人物，作为英国公共关系协会和国际公共关系协会的创始人之一，他一生致力于公共关系事业的发展。伯内斯曾评价他说："萨姆·布莱克这个名字是对公共关系职业深刻理解的同义词。"在长达半个多世纪的公共关系生涯中，他先后主编过英国公共关系协会的《公共关系》杂志和国际公共关系协会的《国际公共关系评论》，撰写过 10 多本公共关系著作，其中较有影响的有《展览与会议指南》《基础公共关系学》和《国际公共关系案例研究》。1982 年，他在就任国际公共关系协会主席期间，主持编写了国际公共关系协会第四号"金皮书"——《职业公共关系教育的模式》，对全球公共关系教育的发展起到了导向性的重要作用。

弗兰克·杰夫金斯是英国著名的公共关系专家，他是英国公共关系协会顾问、英国公共关系学院教授。他早年主攻经济学，曾在伦托基尔公司从事公共关系工作，主要负责处理科技公共关系。自1968年后，他在英国开办了公共关系学校，讲授公共关系、广告和市场等方面的课程，从而成为一位出色的公共关系教育家。他著述甚丰，主要有《广告学》《广告学概论》《市场学广告学和公共关系学词典》《有效的市场战略》《有效的公共关系设计》《市场学和公共关系媒介设计》《公共关系学》《公共关系与市场管理》《公共关系与成功企业管理》等。他的思想丰富和发展了公共关系学的理论，促进了当代公共关系事业的发展。

与此同时，公共关系的实务活动在全世界不同国家和地区也得到突飞猛进的发展。各种公共关系协会、顾问公司等雨后春笋般地蓬勃生长起来。各国公共关系事业的不断发展，也促进了国际公共关系事业的繁荣。

第二次世界大战以后，国际间的经济、技术和劳务合作日趋频繁和紧密。但由于不同民族和国家之间在交往过程中存在语言文字、思想文化、社会制度和风俗习惯等方面的障碍，客观上要求必须有一批国际公共关系的专业人员从中进行有效的沟通与协调。正如美国的一本《公共关系手册》指出的："打算进入外国市场的美国商人发现，他们的当务之急是公共关系问题。"因为"对外关系的交恶，十有八九不是出于利益的冲突，而是语言、文化、传统等方面的隔阂"。于是，以美国为总部的各跨国公司纷纷增设国际公共关系机构。之后，其他西方国家也相继仿效。

随着事业的发展，公共关系也逐渐引进和运用了最新科学技术手段，在工作方法上有了新的变化。比如大型电子计算机、通信卫星等，都为公共关系工作提供了现代化的有效手段和方法。公共关系也开始吸收传播学、行为科学和心理学等学科的知识，研究公众心理和公众舆论，策划公共关系工程，协调组织的内外部关系，使公共关系日益发挥出更加重要的社会作用。

这期间，公共关系教育事业也有了蓬勃发展。随着公共关系向广度和纵深发展，社会不仅对公共关系人员量的需求急剧增加，而且对其专业水平和素质的要求也越来越高。迄今为止，全美已有300多所大学开设公共关系课程，其中有几十所大学培养具有博士、硕士、学士学位的公共关系专业人才。

显然，公共关系之所以能在美国开花结果，并广泛应用于经济、政治等多领域，与美国独特社会状况有关。其一，相对其他资本主义国家，美国的政治体制更为民主，至20世纪初，三权分立的政治体制已稳固建立；其二，美国是由许多民族移民组成，客观上，这批人绝大多数有较强的平等意识，在新天地中建立了家园，谁也不愿任人宰割、奴役，同时，由于民族不同，自然又形成一种独特群体观念；其三，南北战争后，美国的资本主义获得快速发展，至19世纪末，进入垄断阶段，其经济活动已从生产为中心转到以市场为中心，因此，争取广大消费者或社会舆论成为企业走向成功的关键。

第三节　古代中国的公共关系思想

公共关系的萌芽几乎与人类社会形成同时出现，随着生产力的发展，社会分工的出现，社会的组织化程度得到进一步的提高。从一定意义上说，社会发展的这些变化造成了人与人之间的疏远与隔离，同时也使人们之间的相互沟通与协调更加迫切与必要。因此，生产力发展等客观环境的变化不仅引起人们经济关系和政治关系的复杂化，而且也为公共关系的活动创造了基本条件。了解和对比古今公共关系活动，有助于进一步认识什么是公共关系，从而更好把握作为一种科学的公共关系学。

要准确地说出公共关系活动的“开端”是困难的，正如黑格尔在总结哲学的“开端”时所说：“那个造成开端的东西，因为它在那里还是未发展的、无内容的东西，在开端中将不会真正被认识到，只有在完全发展了的科学中，才有对它的完成了的，有内容的认识，并且那才是真正有了根据的认识。”在古代社会，尽管有公共关系活动，乃至出现了类似现代公共关系理论的论述，但古代人始终未能形成独立的学科，更未形成系统的科学理论，而更多的只是凭某种需要，按照一般道德观等要求去从事的不自觉的活动。

严格意义上的公共关系虽然是在20纪初才出现的，但像任何事物都有其胚胎、雏形一样，具有公关意识的思想、活动在古代社会中便出现了。不过，那时的人们并未认识到公共关系的意义，也不会采用科学、系统的方法为自己开展塑造形象的活动，所以都属于公共关系的自发状态。

作为文明古国，中国在古代社会已出现协调人际关系的思想和行动，就其性质而言，尽管没有出现现代意义上的、系统的公共关系学，但许多思想和行动却无意中契合现代公关思想。

在中国古代，自发的公关活动也是广泛存在的。传说在尧舜时期，政府在宫廷外树立"诽谤木"，鼓励世人向政府进谏。《后汉书·杨震传》载："臣闻尧舜之时，谏鼓谤木，立之于朝。"这可能是古代政府征求民意的最初设施。

从调处人际关系的思想看，中国统治思想中，历来有"王道"和"霸道"之分。"王道"即对内"施仁政"，让民众安居乐业，"谨庠序之教"，对外，则以"仁义布于天下"，招致八方归顺；"霸道"即对内以暴服众，对外威力扩张，掠夺子女玉帛，直至兼并邻国、称霸天下。中国历代统治者，基本沿用这两种模式，或兼而有之。但成功的统治者往往必须以"王道"为主。

在反映人际关系中，春秋战国时，诸子百家从各自学说和立场出发，对处理一些人文关系进行论述，如：

老子"小国寡民"思想："鸡犬之声相闻，老死不相往来"；

墨子主张"兼爱""非攻"，即与人为善的交往原则；

兵家主张"攻城为下，攻心为上"，推崇不战而胜，不迷信暴力；

法家以"性恶论"为根据，向帝王宣扬"法""术""权""势"的治民之道；

纵横家鼓吹"远交近攻""纵横捭阖"的政治、外交思想等。

各种观点中，又以儒家的论述较显系统、成熟。代表人物是孔子、孟子。孔子曾对其宣扬的"仁"作过高度概括："仁者，人也"。即认为"仁"是人际交往的最高道德原则，且与人际交往俱生的。此外，孔子还主张"己所不欲、勿施于人"，"己欲立而立人，己欲达而达人"的忠恕之道；"三人行，必有我师焉"，"有朋自远方来，不亦乐乎!"主要指从人际交往中增长知识；强调人际交往中应讲求信谊，"人无信不立"，"人而无信，不知其可也"。这种君子人格的思想集中在《论语》一书中。

孟子亦有不少论述，最著者莫过于他提出的"君轻民重"的观点。"桀纣之失天下也，失其民也；失其民者，失其心也。"关于君臣关系，他说："君之视臣如手足，则臣视其如心腹；君之视臣如犬马，则臣视其如路人；君之视臣如土芥，则臣视其如寇仇。"又如"天时不如地利，地利不如人和"，这种追求"人和"，强调人际关系协调的思想与现代公共关系的基本原则是相通的，因此有人把公共关系学称为"人和"学。

除以上传统文化中人际交往方面的精辟论述，古代中国无意识体现现代公关思想的行动很多，可谓俯拾皆是，例如：

（1）"纳言"：《尚书·尧典》有这样的记载："帝曰：龙，朕疾谗说殄行，震惊朕师，命汝作纳言，夙夜出纳朕命，惟允!""纳言"即上古时代的信息收集活动，也是从事这一活动的专门人员的称谓，即纳言官。

"允"即公正，这一要求实质上符合现代信息传播中的真实原则。

（2）王官采诗：周王派官员深入民间采集民谣，一是为了娱乐，一是为了"观民俗""察民情"，经过挑选后汇编成集，即《诗经》中的"风"。

（3）不毁乡校：即让公众有发表意见、议论国政的合法场所。《左传·襄公三十一年》记载，郑相子产极力主张保留民众聚议乡校之处，并以公众的好恶作为确定自己施政方针的重要参考，使郑这个处于晋、楚两个大国胁迫下的小邦能长期生存。

（4）狡兔三窟：这是成功的公关活动策划，见《史记·孟尝君列传》。孟尝君（战国著名四公子之一）在齐国任相时，策士冯谖为他作了三次成功策划。第一次是冯谖到薛城收债，却以孟尝君的名义当众烧毁全部债据，为其收回当地民众的"人心"；第二次是孟尝君遭齐王之忌免职回家乡薛城，受到家乡人的隆重礼遇，为政治上东山再起，冯谖去说动魏王，使魏王派车队、重宝三往聘请孟尝君，孟尝君又固辞不受，齐人皆知，齐王只得再命孟为相；第三次说服齐王在薛城立先王宗庙（孟与齐王同宗），进一步加固了孟尝君在齐国和自己社区的地位。太史公因此赞叹："孟尝君为齐相二十余年而无纤芥之祸者，冯谖之功也。"

（5）文书：如《汤誓》《盘庚》等，主要为宣布重大行动、争取民众支持的文书。《盘庚》是商第七代君主盘庚为动员迁都河南信阳而发表三次讲话，颇有生动之处，如："若火之燎于原，不可向迩，其犹可扑乎？""若网在纲，有条而不紊。若农服田力穑，乃亦有秋。"又如刘邦入关告谕的"约法三章"等。

（6）茶牌、酒旗等：商业广告之雏形

由上可知，我国古代对人——关系主体及关系的处理，提出过较深的见解。这些见解，经过历史长河的冲刷、洗涤，其精华已溶入优秀的历史传统，成为中华民族文化的深层内核的积淀。特别是儒家，其许多认识甚为深刻，其倡导以"和"为中心的人文关系处理观念体系，诸如"和为贵""两和皆友，两斗皆仇""一团和气"等观念几乎深入人心。但是，中国古人的认识和行动，尽管在意识形态上有较发达、完备的理性观念，却缺乏规范化的技术和方法，而且他们多偏重政治、道德范畴，对经济活动几乎从不涉及，故不可能形成系统的公共关系学。

与中国不同的是，古代西方人（古希腊、罗马）对人文关系的处理在观念上不是很重视，而是注意现实问题的处理，出现一些为"劝服"他人的专门性技术和方法，如演讲、修辞、逻辑等专门学问。著名的有亚里士多德的《工具论》（逻辑学）、《修辞学》；苏格拉底的诡辩术；古罗马西塞罗的演说词；统治者（如恺撒的《高卢战记》）的文告、战记等。亚里士多德的《修辞学》强调传播者的可信性，认为要使用动感情的呼吁影响听众，并把修辞看作是争取和影响听众思想与行为的艺术，因此，西方的一些学者甚至视《修辞学》为人类历史最早的公共关系学著作。

无论中、西方古代的认识成果，还是类似的公共关系活动，都带有功利性、自发性，有时还带有一种骗人的神秘性等，与现代公共关系不是一回事。

通观古代中外自发的公共关系，统治者并没有真正认识公众的意义，他们的活动也都是出于一时之需，并不是自觉的行为。古代的公关活动缺乏系统理论的指导，人们只是根据常识或直觉去做。由于缺乏先进的传播手段，古代的公关活动主要形式是人际传播，影响的层次低、范围小。因此，中国古代的"公共关系"只能算是一种"准公关"。

阅读资料1.1　当前中国公共关系的十大主要任务

新的历史时期，国际关系的复杂化和国内关系的多元化产生了对公共关系越来越多的需求。面临新的发展机遇，中国公共关系协会和公共关系工作者当前的主要任务有如下几个方面。

第一，深化公共关系理论研究，形成相对独立的理论体系和学科框架。构建中国特色公共关系理论体系，首先要坚持以马克思主义和中国特色社会主义理论体系为指导，注意理论体系内在的科学性和逻辑性，要阐明公共关系的基本概念、历史发展、角色定位、职能分工、工作目标、运行规则与程序、策略、方法等内容。同时要结合当下的社会环境，就如何建立有效的公关关系展开深入研究。

第二，拓展公共关系实践，努力服务于国家治理和社会发展。公共关系实践要把握中心、服务大局，努力推动改革开放，服务于人民的利益、国家的发展和中华民族的复兴大业。要把传播国家形象作为公共关系的一项重要工作，汇聚国内外多方面的力量，展开系统研究并开展实践工作。要探索国际公关的新实践，发挥公关在国际传播过程中的特殊作用。

第三，提升公共关系的科学性和专业性，突出公共关系的公共性。公共关系不是搞关系，也不是宣传与操纵，基于公共利益进行沟通，才能获得认同与合作，并且改善组织形象及其与公众的关系。

第四，以社会信任为基础增进理解，建立有效的公共关系。当前，公众的主体性意识日益增强，公民的价值观日益多元，互联网和新媒体的出现又为公众表达意见提供了充分的空间。在利益群体分化、社会矛盾复杂的背景下，多元意见的表达只可尊重而不可简单压制。"公关为对话而生"，公关倡导的是平等对话、双向沟通的原则，是一种民主的沟通方式。

第五，推动建设性的公共关系广泛应用。现代公共关系要建立广阔的对话空间与平台，不能单一固守某个模式。既要重视政府与社会的关系，也要重视不同群体之间的关系；既要加强危机公关的能力，又要加强平时公共关系的协调。

第六，增强政府的公共关系意识。新的时代背景下，全球处于一个庞大的公共关系网中，改善公共关系已成为时代的需求。中国公共关系要推动各级官员以民为本，增强为人民利益服务的意识，改变其只关注与上级关系的维护、只关注政府自身权利。

第七，提高行业的道德意识和行为自律能力。在目前的社会公共关系中，突出的问题是诚信体系缺失，相互之间缺乏信任感。任何事件中只有讲真话、报实情才能有助于赢得信任。要思考如何通过公共关系工作，加强政府与公众的联系和沟通，在联系中加深了解，在沟通中增加共识，建立起双方的信任关系。

第八，积极推动高素质公共关系人才培养工作。训练有素的高素质公共关系人才极为缺乏，是公共关系事业发展的瓶颈。除了要在高等教育方面扩大招生、提高层次、造就高素质人才外，还要做好培训工作，建立完善的公关职业培训体系。

第九，加强公共关系组织和机制建设。我们在公共关系组织建设研究方面还不够，也缺乏整体的思考。总体上说，中国社会组织发育还不充分、不平衡，尤其是公共关系组织，当前同样面临建设、提高、发育、发展任务。

第十，做好参与国际公关工作的准备。在全球化的进程中，很多关系调节是很难区分国内、国际的。不少国际关系处理引起国内关系的波动，需要政府、民间、外交、文化、社团、媒体、企业、学校一起努力，推动其关系变化于我有利。

（资料来源　作者柳斌杰：《当前中国公共关系的十大主要任务》，《中国青年报》，2016 年 12 月 23 日）

阅读资料 1.2　中国公共关系事业的发展

1984 年，广州白云山制药厂率先设立公共关系部，成为中国大陆第一家设立公共关系部的国有企业。同年 10 月，世界上第二大公共关系公司“希尔—诺顿”公司在北京设立了办事处。

1985 年 1 月，深圳市总工会举办了国内第一个公共关系讲座。4 月，北京师范大学开设公共关系讲座。6 月，北京大学研究生院举办公共关系讲座。下半年，广州中山大学成立了国内第一个公共关系研究会，该会与广州青年经济协会、广州财贸管理干部学院联合举办了三期公共关系讲习班。8 月 31 日，世界上最大的公共关系公司——博雅公司与中国新华社中国新闻发展公司签订协议，共同为在中国从事贸易的外国机构提供公共关系服务。

1986 年 1 月，中山大学公关研究会、广州青年经济研究会和广州财贸管理干部学院共同发起成立了我国大陆第一个公共关系民间团体——广东地区公关俱乐部。1986 年 11 月 6 日，我国第一个公关机构——上海市公关协会成立。

1987 年 5 月，我国第一届面向全国招生的公关专业函授班由上海复旦大学等单位联合举办。6 月，中国公共关系协会在北京成立。紧接着，浙江，天津、江苏、陕西等地公关协会、研究会先后成立。现在全国各地公关协会、研究会等机构已逾百家。

1988 年 1 月，我国第一家公共关系专业报纸——《公共关系报》在杭州创刊，向全国发行。1988 年 10 月，我国第一家公共关系学专业学术团体——中国公共关系专业委员会在西安成立。

此外，各种公共关系译著也陆续出版。全国相当一批大中专学校也陆续开设公关选修课或必修课。继深圳大学开设公共关系专业后，至 1989 年底，全国已有 26 所各类高校设立公关专业，现在尚有一批大学正在筹办公关专业。

思考题：

1. 现代公共关系学兴起的条件有哪些？
2. 为什么商品经济的高度发展为公共关系学产生提供了现实土壤？
3. 结合中国公共关系的现状，谈谈如何发展中国特色的公关实践与理论。
4. 中国古代有哪些协调人际关系的思想？请结合著名的思想家说明。
5. 为什么说古人协调人际关系的有些活动是“类似的公共关系活动”？请举例说明。

第二编

公共关系的基本构成要素

和其他学科一样，公共关系学之所以能成为一门单独的社会应用学科，不仅在于它有其独特的研究对象，更在于这一研究对象的独特之处。公共关系有着自身特定的基本要素——社会组织、公众和信息传播，这三者使得公共关系学与一般的社会应用学科有了严格的区别。

作为公共关系主体的社会组织，因其具有自觉的能动性、活动的主动性，它在公共关系中必然发挥着主导和支配的作用。不对这一主体共性进行研究，则不能弄清公共关系学和其他学科的联系，也会在公共关系学中形成不应有的空白；不对公共关系学视野下的社会组织这一主体的具体要求进行研究，则难以弄清公共关系学和其他学科的区别，也不利于看清公共关系学的价值所在。公共关系主体的工作对象是具有认识和实践能力的各类公众，公共关系发挥的作用是对公共关系客体的影响，所以必须对各类公众进行多角度的研究。公共关系实践的成功，离不开社会组织对各类信息传播手段灵活高效的运用，因此，研究信息传播是研究公共关系活动的重要理论基础。

第三章　公共关系主体

本章概要：

公共关系主体是公共关系活动的组织者和实施者。公共关系主体是各类社会组织，主要包括：政府组织、企业组织、商业组织和饭店等。本章主要介绍了社会组织的含义、类型、构成要素、环境等。另外，还逐一介绍了不同社会组织的公共关系活动的特点、形式等。通过本章的学习，特别需要掌握不同社会组织公共关系活动的具体形式与特点。

第一节　社会组织概述

公共关系作为社会组织与公众之间的关系，既有社会关系的一般属性，同时又有独特的属性，只不过，调节社会关系的手段有多种，如刚性手段（经济、行政、法律、政治等），柔性手段（道德、心理、礼仪等），而公共关系调节社会关系时，又有自己独特的原则和手段。这些特殊的原则和手段是由公共关系的基本要素所决定的。公共关系活动是社会组织与各类公众之间的合作、支持或互动，因此，必须准确定义在公共关系活动中扮演主角的社会组织。公共关系主体主要是指社会组织，包括政府组织、企业组织、商业组织和饭店等。

一、社会组织的含义和构成要素

（一）社会组织的含义

公共关系学之所以产生，在于人类社会经过社会形态的变迁、政治经济等因素出现的变化。产生公共关系学的社会时代，既不同于一般社会的产生，即人类进化之初，又不同于商品经济不发达的小农社会，而是随着近代资产阶级革命之后、近代商品经济充分发展、社会化大生产和社会分工进一步发展基础上才逐步形成的。所以，现代意义上的公共关系与社会组织的发展是密不可分的。

“组织”一词来源于英文 organization，原义是自成系统的具有特定功能的细胞结构，后来逐渐演变为人群集合体。在我国，对组织一词解释有多种含义，作动词解释，指安排分散的人或事物，使之具有一定的系统性或整体性；作名词解释，可指纺织品经纬纱线的结构，可指机体中构成器官的单位，也可指按照一定的宗旨和系统建立起来的集体。最后一种名词性的解释，显然是讲社会组织。社会组织是由人群结成的共同体，但并非所有由人群结成的共同体都是社会组织。例如，车站里的人群、商店里的人群，一般并不构成社会组织。只有按一定的组织原则、利益关系、结构层次以及共同的目标组成的有机整体才是社会组织。

在通常的意义上，“组织”一词有三种不同的含义。一是行为学意义上的组织，它是指某种活动，如组织某项工程、组织参观、组织旅游等；二是在政治学意义上指某种特定团体，如党组织、团组织；三是在社会学意义上指根据某种共同的利益目标和组织原则、结构层次组成的社会团体。作为公共关系主体的社会组织，就是指这种社会学意义上的社会组织。如党政机关、社会团体、企事业单位等。

公共关系视野中的社会组织属于社会学中所探讨的社会群体范畴，因此，它亦具有社会群体的一般特征：

1. 它是由一群人组成的社会群体，构成这个社会群体的人，具有共同的利益和共同的目标，并具有相互合作的愿望；

2. 它具有严密的组织性，在内部有明确的分工，有隶属关系和领导体系；

3. 它具有规范的章程和严密的组织纪律，以保证组织成员之间的协调合作和整个组织的正常运作；

4. 它具有一定的物质基础，如资金、活动场地、办公用房、生产设备等；

5. 它是一个开放的社会系统，与外界有着多种多样的联系，并且随外界环境的变化而不断发展；

6. 在现代社会中，一个独立的社会组织应该是独立地承担民事责任的法人实体。

作为公共关系主体的社会组织，其含义是什么？应该说，各种不同学科对社会组织的定义，因为角度不同而说法不同，社会学主要探讨社会组织的一般属性和一般类型；行为学主要探讨社会组织的一般行为及其规律等。

根据《辞海》的表述，所谓主体指事物的主要部分和为属性所依附的实体。在这两种含义中，前一种主要指主体，是指物，是指事，也是指人，它是和整体相联系的，是整体的主要部分，表示主体是相对于非主要部分而言的。含义中后一种主要指人，也指动物，它是与活动相关系的，是活动中的主要方面，表示的主体是相对于活动而言的。这两种含义是完全不相同的，不能混为一谈。作为公共关系主体的社会组织含义，说法也很多。

教育部高等教育司组编的《公共关系学》一书中写道："社会组织团体是指人们为了实现自己的目标，按照一定的系统有计划、有组织地建立起来的一种社会群体。"

袁维国在其编的《公共关系学》一书中写道："社会组织即社会上按照一定宗旨和系统建立起来的各种群体。"

居延安在其编的《公共关系学》一书中写道："社会组织是人们有组织、有计划建立起来的一种社会机构，它有领导、有目标、成员间又有明确的分工和职责范围，还有一套工作制度。"

毛恒才在其编的《现代公共关系学教程》一书中写道："所谓社会组织，是指若干人通过相互影响和相互作用，为实现共同的目标，遵循法定程序组成的活动集体或活动单位。"

诸多定义为我们认识公共关系视野中的社会组织提供了很好的帮助。我们以为，定义社会组织，既要把公共关系目的融进论述之中，还可以增加公共关系的特色，如公关活动常由专业人员有意识地通过信息传播的手段去开展等。鉴于此，我们以为，社会组织是旨在达到内求团结、外求发展的目的，以双向的信息传播作为实现自己目标的重要手段之一的社会群体。

（二）社会组织的构成要素

社会组织的构成要素可以分为有形要素和无形要素两个方面。

有形要素就是人和物。人的要素就是结合为组织的各个成员；物的要素就是组织赖以存在的各种物质条件，如资金、设备等。在这两者之中，人的要素是最重要、最基本的。一个社会组织的状况如何，它在社会中的地位、价值如何，对社会的作用如何，归根到底取决于构成该组织的人员的素质如何。尤其在现代社会中，社会文明日新月异，科学技术突飞猛进，人员素质问题显得越来越重要。当代社会的竞争，归根到底是人才的竞争，是人的素质的竞争。

除了有形的要素以外，还有无形的要素，这主要是指组织内部的人际关系、规章制度、管理水平、文化环境、人员的精神状态等。如果我们把有形要素称之为组织的硬件，各种无形要素就是组织的软件。这些软件对于各种硬件的作用发挥，具有决定性的意义。同样的人，同样的物，其内部的人际关系、管理水平等不同，会使一个社会组织的面目显现出很大的差异性来。因此，重视组织内部的软件的开发和建设，已经成为当代社会组织发展中重要的，甚至是首要的问题。

公共关系主体对客体的影响作用主要是通过一定的社会组织来开展的，在社会组织内部，有一定的组织成员，明确的组织目标，适当的分工和职责以及一套完整的工作制度等结构。从系统论的观点看，“所谓结构，也叫做一个整体，一个系统，一个集合”。因此，任何一个现代社会组织，都可看成一个开放的社会技术系统，其中的硬件系统和软件系统均处于一定的关联中，并与环境保持密切的联系。这就要求从整体而非从部分去看待一个组织，这个整体具有能动的调整和运行功能，组织结构与功能相辅相成，不可或缺。

二、社会组织的环境

中国的公共关系事业起步较迟。值得庆幸的是，作为先驱者的欧美国家同行向我们提供了许多可供参考、借鉴的理论、经验和方法。但是，中国公共关系所面临的环境与欧美国家存在巨大的差异，除了公共关系指导思想的不同之外，环境差异也是一个十分重要的因素。公共关系活动与环境之间的依赖关系，是随社会发展而日趋复杂的。深入的研究表明，作用于社会组织的环境要素，几乎都是通过某类公众产生影响的。一起重大的交通事故发生后，受害人及其亲属立即成为交通运输部门的主要公众。所以，认清社会组织所处的环境是公共关系活动的前提和基础。

（一）社会组织环境概述

1. 环境及其特征

通常，人们将环境定义为“周围的地方”或“周围的情况和条件”，也有人更精练地将环境归结为“周围的情况”。由此出发，可以从“周围”和“情况”两个方面界定社会组织环境。公共关系意义上的环境，指社会组织面临的各类公众和各种社会条件。社会组织环境具有以下特征：

（1）客观性。任何一个社会组织，其存在和发展离不开内外环境，这是不以人的意志为转移的。这就要求社会组织及其公共关系工作人员必须在面对一切问题时，既要有能不回避、不惧怕的信心，更要保持冷静、客观的态度。

（2）可变性。环境的可变性是指环境及环境中的诸因素将要或已经朝着某个方向发生变化，以及这种变化的程度和速度。由于环境处于不断的变化之中，变化中的环境和组织目标实现之间的矛盾就产生了公共关系的需要，公共关系就有了自身存在的理由。

（3）复杂性。环境的复杂性是指环境因素的数量多少，以及这些因素之间的差异程度。由于一个组织要同社会中的多种因素相互影响、相互作用，因而决定了公共关系部门在沟通、协调内外关系方面的广泛性与多样性。

（4）不确定性。环境的不确定性是指组织或组织的决策者很难确定环境中的哪些因素将对组织产生影响，产生何种影响，并在何种程度上影响决策的成败。由于环境的不确定性，便决定了公共关系工作的长期性和艰巨性。

2. 认知环境的必要性

国外的一些公共关系学者认为，在正式展开工作之前，公共关系工作人员必须对以下问题具有十分清醒的认识：（1）利害关系产生的原因是什么？（2）这是一个什么地方的问题？（3）这是一个什么时间的问题？（4）谁被卷入或谁受到影响？（5）他们是怎样被卷入的或怎样受到影响的？（6）为什么这是组织与其公众之间的利害关系问题？

社会组织的发展，归根到底取决于其为环境所容纳的程度。社会组织之所以应用公共关系的手段谋求发展，是因为这一手段在帮助社会组织了解和适应不同环境方面能起到独特的作用，从公共关系这一视角来认知公关环境的必要性由此而产生。这种必要性主要由公关环境的特征所决定的，主要表现为两方面：一方面，环境的客观性使环境成为任何社会组织只有面对、无法回避的事实；另一方面是人的主观认识水平，总是局限于一定的时空范围，特别是环境的可变性等特征，使人们不可能一劳永逸地去对环境作主观的“规定”，从而在完全清晰的条件下“征服”环境。事实上，不能正确认识社会组织与环境的关系，公共关系便无从谈起，所谓的公共关系活动也只能是盲目的、被动的活动。总之，社会组织谋求发展的要求与环境的容纳程度之间的矛盾是认识公共关系环境必要性的前提。

显而易见，多数公共关系学著作所倡导的，多数公共关系机构所实施的都是“被动、反作用”。人类活动与环境的互动关系也无例外地、十分明显地表现在现代公共关系活动中。无论在公共关系理论研究，还是在实际操作过程中，我们都无法摆脱环境的制约，即便是那些对环境问题一无所知的公共关系工作人员，在制定计划、实施方案和追求效果的时候，也会注意留有余地。从本质上说，“余地”就是对环境影响的一种容忍。

当然，人们在环境面前并非总是处于被动地位。通常，在公共关系计划制定完毕，准备策动实施之前，还存在一个捕捉最佳时机的潜在环节。这里的“时机”就是有助于既定公共关系活动取得最佳效果的环境。一些重大的公共关系活动展开之前，组织者们甚至不惜工本创造某种有利环境或环境氛围。

3. 环境的种类

从影响社会组织环境的内外部角度看，社会组织环境可分为外部环境和内部环境；从影响社会组织环境的发展质量角度看，社会组织环境可分为有利的环境因素和不利的环境因素等等。这里主要从范围的角度，把社会组织环境分为宏观环境、中观环境和微观环境。

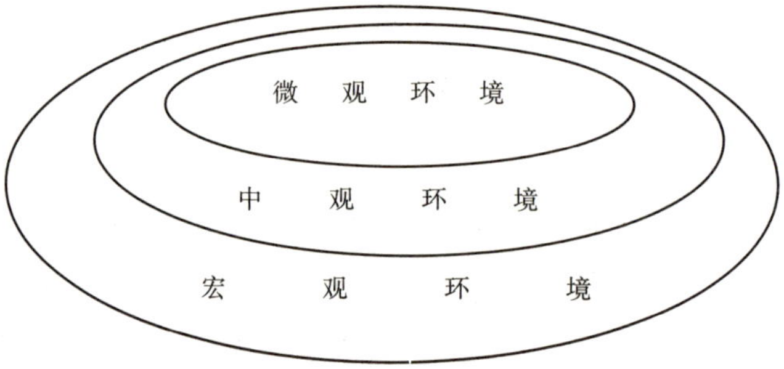

宏观环境是社会组织资源的来源，也是社会组织能量输出的场所；宏观环境中的各类公众不一定都必然与社会组织发生联系。中观环境指与社会组织发生直接关系的各类公众。微观环境主要指社会组织内部公众。

社会组织接受外部各种资源，经过自身特有的转换过程的加工，从而对外界形成能量输出的影响。转换过程是在组织内部进行的，“投入”和“产出”则是组织与环境间的交流，因此，组织能量摄入与能量输出的最大空间就是该组织宏观环境的界线，主要包括以下几个方面：

（1）经济因素。经济因素包括基本经济形态、经济成分和经济结构。特别值得关注的是商品经济发展的水平，这是因为与集权制下的计划经济相比较，成熟的商品经济使组织间的横向联系增强、社会关系复杂，名声、信誉成为组织发展的重要动因。所以，商品经济更加需要和适应于公共关系的发展（计划经济下，各种社会关系通常依靠行政力量加以调整和干预）。

（2）政治法律因素。政治法律因素包括社会政治制度、政治气氛和法律的健全程度。公共关系要求民主政治的持久与稳定。民主政治的基本特征是，官员为政公正、廉洁，政府机构运行透明度高，民众拥有参政、议政的权利；政府与公众间的对话已形成制度，所有这一切又受到健全法律的保护。以公开、平等为要旨的公共关系形成于政治民主化的环境，又促进民主政治更加成熟，这是一种良性循环。

（3）历史文化因素。历史文化因素包括形成于一定历史背景的，在社会中占主导地位的价值观念、意识形态、行为规范、现实的领导体制、人际关系、风俗习惯、伦理道德等。

（4）教育因素。公众平均的文化水平，这是衡量人口质量的重要指标。与之相关的还有人口中受过各层次教育者所占比例、教育经费与社会总投入的比例、教育机构的发展水平。

（5）自然资源因素。人类生存环境中物质要素的总和，主要包括地域、自然资源、气候和其他有机体。严格地讲，公共关系环境并不关注自然因素，只是当自然资源影响、作用于经济、政治法律等前述因素，进而间接作用于公共关系时，它才被列入研究对象。

在以上因素中，经济和政治法律因素规定着公共关系是否形成、发生，制约着它的发展、传播，这是关键因素，其他因素则限制着开展公共关系工作的方式、方法，所谓公共关系的特色主要受制于这些因素。宏观环境确定的意义在于向组织明示了公共关系可能发生的范围。某一次公共关系活动所要影响、作用的区域往往小于该组织的宏观环境范围，一次公共关系活动所涉及的中观环境或微观环境是大环境的子集。一般说来，面临某一公共关系问题时，宏观环境是搜寻问题症结和背景的最大范围，中观环境或微观环境是组织向周围提供情报性产出、施加良好影响的最有效范围，这个范围过大会形成人力、财力的浪费，反过来则降低工作的有效性程度。

（二）公共关系需要注意环境的发展趋势

由于社会发展进程的加速，社会组织必须注意公共关系环境的发展趋势，主要表现有以下几点：

1. 环境与活动的相互制约、依赖增强

事实上，这是社会化大生产发展的必然结果，每个组织、每种政策和每一次行动都与其他组织、政策、行为互为环境关系。比如，旅游和航空部门为开放某城市的风景资源，准备在市郊修建一座大型机场，遭到了来自市民的反对，这是环境。于是，航空公司聘请了公共关系专家来劝说市民放弃原先的立场，专家获得了成功。若干年后，由于游客纷至沓来，旅游收入很快成为该城市最重要的财政收入和建设资金来源，这是公共关系活动对环境的间接影响。所以，公共关系工作人员不仅要注意环境的制约作用，又必须时刻牢记，相对于别的社会组织，自己便是环境的构成部分，公共关系目标的实现，势必在一定程度上导致环境变动。

2. 公众舆论的作用日益强大

首先，这种作用日益强大的原因首先是经济生活中的联系使社会整体性提高，一个重大的决策、事件，往往直接或间接地影响到许多方面，舆论代表的人数越来越可观；其次，社会集体性的另一个影响是，各个组织、阶层和个人都更加关注自己的权益，许多人就重大问题、决策发表意见，促使舆论形成、强大起来；再次，政治民主化程度提高后，政府和各类社会组织更加善于倾听舆论，并用以指导工作。

3. 争取公众的竞争加剧

公众舆论的强大作用，使明智的各层次领导人、公共关系工作人员将相当多的精力转向争取更多的顺意公众。从公共关系角度分析，“顺意公众”就等于“有利舆论”。

4. 社会组织信任危机加剧

各种社会组织对公众激烈争夺，导致的一个直接的后果是，公众比较易于接受一个新的社会组织，而放弃对另一些组织的信任。第二次世界大战后，一直稳坐世界“无酒精饮料”第一把交椅的可口可乐公司，就由于百事可乐的崛起，而失去了不少老主顾，而深感“信任危机”之痛。严格地说，社会组织信任周期缩短，既是公共关系工作的压力，也是机会。

5. 社会专业化水平提高与沟通困难加剧

无论从环境的哪一个角度观察社会，人们都会发现，各个部门、行业、社会组织的专业化程度不断提高。由于缺乏共同的语言，使不同专业领域间的沟通发生困难，至少有两个问题需要公共关系人员正视：(1) 由于缺乏沟通导致的公众疏远组织；(2) 公众对组织的误解（如香港居民对在大亚湾建设核电站的疑义、反对）。

（三）公共关系适应环境的策略和要求

公共关系策略的功能，在于谋求组织行为和环境的适应性和最小不确定性。这种策略针对多变的环境而必须保持相应的动态性；由于环境是错综复杂的，需要公共关系工作人员以敏锐的感觉、渊博的知识和敢于创新的魄力，赋予这一策略以艺术性；同时要求在实际的公关过程中，运用各种具体策略时能保持整体性。

在实际的公共关系过程中，社会组织所采用的策略只有“环境适应”策略和“环境抗衡”策略两大类。前者实施的结果是“被动反作用”，后者实施的结果是“主动反作用”。

“环境适应”策略的要点，是以灵活的组织结构、功能，按照环境提供的条件及需要，策划公共关系活动。采用“环境适应”策略时，对公共关系人员的基本要求是，特别熟悉有关的环境要素和相应的组织能力，并适时地调度组织力量去满足环境需要。

“环境抗衡”策略是作为“环境适应”策略的补充提出来的。在实际活动过程中，公共关系机构有时会发现他们无法适应于环境中有关要素的需要。于是，“环境适应”策略无法再适用了。新的出路在于设法改变或创造某种环境要素，在此基础上，策动公共关系活动，这就是“环境抗衡”策略的要点。值得注意的是，采用这一策略的社会组织应具备相当的实力，同时由于这一策略的风险度高，社会组织应清楚采用这一策略可能带来的严重后果。

正是社会组织环境客观上存在的压力，无论是营利性组织，还是非营利性组织的公共关系机构，都必须努力实践以下义务：

1. 承担组织本职之外的、但是有益于公众的公共责任；
2. 努力与最广大的公众进行沟通；
3. 努力将公众利益和组织利益融为一个有机整体。

同意生态公共关系学观点的学者们认为，公共关系机构渐进地履行以上义务的过程，实际上是社会组织适应其环境的有效途径。这是因为，环境要素通过公众作用于社会组织。友好、和谐的公众能够强化有利环境要素的影响，弱化不利环境要素的冲击；对立的公众则会抵消有利环境要素的作用，扩大不利环境要素的干扰。

社会组织主动反作用于环境，并非完全是凭借组织领导人或公共关系工作人员的主观意愿，而必须以一定的组织能力为前提条件：

1. 具有洞察全局、预测未来的能力；
2. 具有与环境及时交换信息的能力；
3. 具有维持组织内部团结和激励成员工作热情的能力；
4. 具有自行调整组织机构，使组织功能与目标保持一致的能力。

其中尤其最后一点并非所有社会组织都能具备。例如，美国 NCR 公司一度曾以生产、销售现金出纳机闻名世界，后来，由于外部的技术环境急剧变化，电子技术的地位日益显赫，公司预感到经营压力，于是他们果断改进生产、销售、技术结构，转向经营电子计算机设备，并获得了用户青睐。

第二节 企业公共关系

企业公共关系是公共关系最主要的研究内容，也是公共关系实务运用最广泛的社会组织类型。

一、企业公共关系及其构成要素

企业公共关系是企业发展中，通过公共关系手段塑造企业良好的整体形象，建立企业和各类公众交往中的和谐关系。企业公共关系的核心是建立本企业的良好形象和声誉。企业经营战略理论开始于20世纪50至60年代。随着市场经济的不断深入发展，企业已顺利完成了“单纯生产型”向“经营开拓型”的转变，企业家用于战略思考的时间和精力也越来越多。据国外企业管理研究专家统计，成功企业的最高层领导常以40%的时间用于研究经营战略问题。然而，由于企业家时间和精力的限制，不可能全面完成经营战略的规划与研究。于是，聘请策划人员，帮助企业进行总体的经营战略形象规划，成为现代企业界的一种新时尚。

公共关系工作人员为企业策划经营战略形象，其根本性的任务就是在认真调查的基础上，为企业规划系统化、整体化的经营发展战略，使企业在一个较长的时期内朝着理想化的发展目标和市场目标奋然前进。企业形象是具体的、复杂的，公共关系工作人员为企业塑造形象的任何一项活动都离不开特定的主体和环境，这些因素构成支持系统。企业及其公共关系工作人员定位企业的发展战略时，必须考虑企业公共关系的宏观环境、中观环境和微观环境主要三个方面的因素，由于后两者涉及到企业公共关系的具体操作，因此我们将其作为企业公共关系的策略放在下一个问题中具体介绍，这里主要介绍构成企业宏观公共关系环境的因素。

企业存在于社会环境之中，其经营战略就必然受制于社会环境。对于企业而言，环境是一个整合性概念，既指自然环境（包括自然资源、气候条件、土地、森林、河流、海洋、工业污染、水文状态、生物、能源等），又指人文环境（包括政治、经济、文化、社会心理、法律、人口现象、科学技术环境、民族构成以及竞争环境等）。相对于自然环境，人文环境对于企业更加重要。如果说自然环境具有相对稳定性的话，人文环境时时刻刻都呈现出动态特征，并随时随地都能影响企业的生存与发展。所以，为企业策划经营策略、竞争策略和发展策略时，必须对企业所处的环境进行全方位的准确调查，了解企业的环境特性，勾画出企业环境的基本状况。这样策划人员才能“站得高，看得远”，从社会与人类发展的角度找出企业的发展方向与机会。企业的宏观公关环境，主要有以下四个方面。

（一）制度

市场经济体制使企业成为生产和经营的主体，企业能够按照现代企业制度的要求，成为技术创新、投资、研究开发和利益分配的主体。我国目前正在逐步完善社会主义市场经济体制，社会生产和利益分配的规则正在发生巨大的改变，企业只有融入社会环境中才能谈得上生存和发展，不适应社会宏观的制度文明，企业不可能正确定位自身在社会中的位置和发展方向。

（二）企业家素质

企业家是领导企业生产经营活动的主角，应该具有以下意识：一是不断创新的意识；二是成就意识；三是机会意识；四是善于用人的意识。企业家在生产经营中的作用主要有三：一是决策，即及时抓住各种机会，包括技术机会、市场机会等在内的各类政治、经济、文化、自然机会；二是选择，即决定具体项目的规划及实施的策略；三是组织，即组合企业内外各类资源。

（三）企业发展战略

在策划企业的经营战略时，企业公共关系工作人员应根据环境的特性和发展趋势，提出企业的总体发展构想。在这个方面，SWOT 模型理论对我们颇有启发意义。该理论的模式见下图所示。

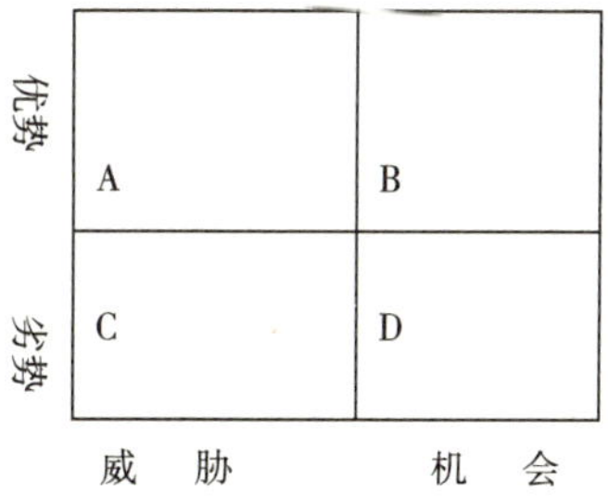

SWOT 模型

这一理论认为策划企业的经营策略，关键在于找出市场环境中所蕴含的相关发展机会（Opportunities）与威胁（Threats），根据企业自身的基本优势（Strengths）与客观劣势（Weakness），从其象限中寻找出基本的发展方向。在 A 状态中，企业面临环境的巨大威胁，同时又拥有较大的发展优势，企业经营战略的重点是制定周密的防范措施，以消除来自环境方面的危机，清除发展障碍。在 B 状态中，外部环境出现了良好的发展机会（如公众产生了某种需求），而企业正好拥有这方面的优势，企业经营战略的重点就是制定可行的行动措施，尽快推出产品，迅速占领市场，建立自己的技术领先者形象和市场霸主形象。在C状态中，环境给某种行业设置了障碍，而企业在这方面也正好处于劣势，一切迹象表明，企业没有发展前途。在D状态中，虽然环境为某种行业的发展提供了良好的机遇，但是企业在这方面尚存在不足，企业经营战略应是着眼未来，积蓄实力。这个理论有利于我们根据市场环境和公众的需求，制定适合企业自身特点的发展策略。

（四）政府支持

倡导建立市场经济体制是政府责无旁贷的，更重要的是软件的建设，政府要真正从改善环境入手，从提升区域经济发展质量出发，为企业提供必要的财政和政策的指导和支持。从总体上看，现代企业制度要求政企分开，真正发挥企业和企业家的主动性，制定适合本企业的发展战略，并在竞争中磨炼企业和企业家。各级政府作为国家利益的代表，作为不同区域内整体的管理者，应对整体利益负责，应对事关区域发展的大事负责。市场经济体制要求，政府的作用要体现在为企业构筑良好的政策法律环境和基础设施上。从企业角度看，企业在策划公共关系活动时，必须关注政府的法律、法规和具体政策，从某种程度上说，企业能否为环境容纳及其扩张能力，主要取决于其行为与政府各项举措的契合程度，如能否充分利用政府各项优惠政策等。

二、企业公共关系的主要内容

企业公共关系在操作上是一个多层次管理问题，提高绩效是管理的直接目的，增强企业核心竞争力是企业管理的战略意图，企业公关的核心是建立本企业组织的良好形象和声誉。现代企业不同于传统自然经济状态的小作坊，实质在于它必须对企业内人力流、物质流、信息流进行综合控制，其理想状态是能通过公共关系的信息管理功能把企业的凝聚力、高质量的产品等形象要素传向公众，并及时反馈、改进尚不足的地方。由于建立组织的良好形象和声誉关系企业的全局，因而是企业决策中最令决策者兴奋，又是最具挑战色彩的活动之一。这一活动的复杂性要求决策者及其公共关系工作人员必须对企业内外环境，特别是中观环境和微观环境作详尽的调查研究，因为这两种环境直接影响企业具体生产经营活动。企业与社会公众的联系纽带是产品，产品形象往往代表着企业的形象，这就要求企业家和公共关系工作人员，必须了解企业生产和经营产品过程中必须涉及的、对理想的产品形象作出的具体选择与管理，主要是方向性层次和项目性层次上的具体选择与管理。所谓方向性层次的管理主要是就涉及到的企业总体和长远发展问题做出决策，它主要包括对产品的市场定位、技术定位和行业定位三个方面。所谓项目性层次管理主要是生产和经营产品的具体项目的功能、可行性、经济性和风险等方面进行权衡。

（一）企业公共关系与方向性层次管理

1. 市场定位

市场定位可理解为企业公共关系工作人员根据市场环境和自身实力，为所选择的技术、生产的产品等选择一个合适的目标市场。定位市场目标关系着企业的市场形象，为了定位市场目标，企业一般采取如下技术性选择：（1）改进老产品或开发、设计新产品；（2）改进工艺；（3）改进包装；（4）降低成本；（5）改变营销技术等。营销概念与公共关系中的市场定位有相同之处，两者在基本要素上是一致的，都必须从市场环境、企业能力等方面进行测评，然后才能做好市场定位决策。而且，从公共关系角度看，营销概念和手段是对传统的市场推销的创新。

（1）市场环境研究是市场定位的前提

市场环境研究包括企业所选择的产品可能具备理想的市场规模和发展前景，但就盈利而言，却可能缺乏优势，所以要确认以下几个方面：第一，市场中是否有强大的竞争者？同类产品利润变化情况分析，即市场结构优势分析。第二，市场中是否有许多替代产品或潜在的替代产品？所选择的产品是供大于求还是供不应求（买方市场还是卖方市场）？所选择的产品市场规模大小、市场增长率估计。第三，市场中购买者的实力及结构如何？其中包括一般用户、集团购买者、机构购买者、政府购买者、国际购买者的分布和比例；他们的文化、经济、生活方式、喜好情况。第四，主要原料及供应商情况及变化趋势。企业只有弄清以上情况，才能确定重点目标市场，才能开发相关产品适应市场、细分市场。细分市场可从用户需求出发确定横向细分市场目标、从产品的交易和生产链条确定纵向细分市场，这样，企业在进行具体生产和经营活动时，才有针对性，或开拓新市场，或巩固已有市场，或扩大原有市场（使滞销产品找到畅销途径）。

（2）企业的市场适应能力研究分析是市场定位的基础

企业的市场适应能力包括以下内容：第一，企业的公众形象及品牌信誉情况分析；第二，企业对市场的占有率分布情况研究；第三，企业占有的最具优势的市场及最具扩张力的市场、最陌生的市场分析；第四，企业拥有的和潜在的客户群分析，包括人口分布趋势，收入、储蓄、信用等发展趋势，文化程度、生活方式、偏好特点变化趋势；第五，企业维护原市场的优势及威胁分析；第六，企业进入市场的能力及障碍分析；第七，企业开发新市场的能力分析，包括新市场的不确定性因素分析（用户、市场需求、市场成长速度等），防范潜在竞争者的组织、技术、营销能力分析，一是价格差别化、产品差别化的技术支撑情况，二是营销组织情况、营销队伍的特点及能力分析、服务差别化的支撑能力，三是营销部门与技术、研发、人力资源等部门的合作情况研究；第八，与新技术、新产品相关的政治、经济、文化、法律、标准等对企业的影响和带来的变化等情况分析。

避免或减少市场风险、取得市场定位的成功，是企业市场定位选择的理想。故此，企业必须从自身适应市场能力优势出发，选择合适的市场定位的切入点，一方面要从市场变化的实际出发，合理投放资源，不能过分强调市场创新的强度，做力所不及的市场创新，其结果只会分散注意力、分散有限的创新资源；另一方面，企业又要量力而行，及时抓住机遇，以产品开发和技术储备为基础，力求依靠市场，又不能走得太远，真正加强自身市场竞争优势。

（3）确定市场的类型是市场定位的主要内容

确定市场的类型包含诸多要素，如产品、价格、顾客、服务、营销方式等。从市场创新角度看，借用技术创新的类型，将之分为自主创新型、模仿创新型和改进型三种主要的形式。

第一，自主创新型的市场创新。这一市场创新是风险性最大、创新程度最高、涉及面最广、潜在利润最大的市场创新方式。如率先推出全新的产品、开辟新的市场销售渠道、采用新的广告媒介、推出全新的销售服务、采用新的交易方式和促销方式、进行全新的价格定位等。

这一市场创新模式一般要求企业有强大的实力，同时必须做好大量的市场环境研究，尽管一个企业不能做到其中的全部环节的完全创新，但可以根据自身情况，确定、选择其中的一个方面作为市场创新的突破口。比如企业产品的价格定位，从理论上说，处于导入期的新产品，高价位可使企业在短期内取得较多盈利，低价位则可获得最高的销售额和最大的市场占有率。但对于不同实力的企业，还必须考虑该产品本身质量、市场前景、市场同类产品情况、消费者心理、企业产品信誉度等，只有在综合的市场调查和分析基础上才能得出合理的价格定位。

第二，模仿创新型的市场创新。这一市场创新模式指利用已有的自主创新的市场（包括企业自身的和别人的）进行再创新的方式。模仿创新型的市场创新也具有一定的风险性，但由于其承担的市场创新成本较少、风险小，相应所获得的市场创新收益却可能比自主创新多。从理论上说，这一模式可以为实力较强的企业（产品处于市场寿命处于成长期，为扩大市场份额）、实力中等的企业（产品处于市场寿命的幼年和成长期，为扩大企业实力）、实力较低的小型企业（产品处于市场寿命的幼年期，为扩大企业实力）所采用。

这一模式基本特征在于其模仿性，模仿者可以通过多种途径细分市场、发展自己。由于社会需求的多样性和情况的复杂性，决定了市场细分的可能性。模仿创新型的市场创新不仅可以直接从用户出发，在对用户的需求、购买力以及对产品和购买方式的要求进行详尽分析之后，再确定重点目标市场，开发产品适应市场，而且可以从产品市场寿命和自然寿命的角度，从某个中间环节选择进入市场的突破口，以参加到该产品分配中共享市场利润。

第三，改进型的市场创新。这一市场创新模式是一种市场扩散的市场创新方式。这一方式所要求的创新程度低、风险小，其特点是“拿来主义”，既不需要做出产品、服务、市场定位、包装等方面的创新，也不需要在市场的组织、营销等方面的创新，只要在产品和技术首创者的许可下，“大树底下好乘凉”，配合特别是自主创新型的企业，扩张市场占有份额，以从中获取市场利润的分成。这一方式可以作为实力不强的企业参与激烈的市场竞争的一种策略选择。

2. 技术定位

（1）技术定位的含义与作用

技术定位主要指企业为尽可能地节约成本、开拓市场，根据内外环境确定自己主产品的技术含量，以及选择进行技术创新的模式。从我国对外技术交流情况看，尽管软技术引进方面的金额逐年增长，但成套设备和关键设备的引进的金额占很大比例，这也是我国技术贸易中逆差来源的主要原因。

从引进的技术结构看，日本和德国在过去半个世纪中也都注重引进技术，但多注重引进专利、技术许可证等软技术，并特别注重技术的开发。这一点应引起我国企业在进行技术定位时注意。

技术定位的作用，一可以决定产品生命周期，当一个企业的主产品的技术含量处于市场强竞争态势时，即产品处于导入期，这时该产品的市场销量增长缓慢；当处于一般和弱竞争态势时，产品则处于成熟至衰退期。企业需要根据内外环境确定技术选择。二可以决定产品生命周期能否延长，当企业主产品的市场竞争力减退时，即消费者对该产品逐渐失去兴趣，则产品势必急速退出市场，为延长其市场生命周期，企业可以通过工艺创新、营销创新等手段，尽可能地获取利润。

（2）技术定位的类型和方法

清华大学吴贵生教授把技术定位的战略选择模式从四个角度进行划分，从技术来源分为自主开发战略、合作开发战略、引进消化吸收创新战略、模仿战略；从技术竞争态势分为领先战略、跟随和模仿战略；从市场竞争策略分为市场最大化战略、市场细分化战略、成本最小化战略；从行为方式分为进攻战略、防御战略、游击战略。

创新是企业的生命，是可持续发展的动力源。技术创新是企业规模扩展的技术基础，集群创新是企业纵向一体化和横向扩展的核心能力。企业可以根据自身的资源优势选择不同的创新战略或组合创新战略。在具有优势技术的领域，企业一般选择自主创新战略，劣势技术方面选择合作创新，合作对象通常是科研院所或大学。自主创新与合作创新两者并不排斥，企业可同时在不同的技术领域选择它们。对于领先创新和模仿创新，重大创新和渐进创新也是这样。

对于大型企业集团来讲，领先创新具有特别重大的意义，可以而且必须在可预见的、有市场需求的技术发展方向上，带头实施并力求实现领先创新战略，并且在技术周期和产品周期的关系上使之相互匹配起来，形成技术与产品的循环演进，交叉替代关系，这是企业可持续发展的要求。不管是大型、中型企业，在不同的技术领域，一个产业通常由若干个技术群构成不同的制造领域或不同的产品市场，可以同时实施领先创新和模仿创新的战略。

我们认为，没有必要担心外购、合作或发包可能使企业丧失其核心生产技术，企业核心能力不等于核心技术能力。核心能力是组织中群体学习，特别是如何协调各种不同生产技能以及整合不同技术流的能力。海尔认为它的核心能力是一种市场与技术的整合能力。而长虹认为其在劳动力成本、核心技术、市场开拓方面的优势是其核心能力。核心能力与企业规模发展密切相关，而核心技术如果不与企业组织、经营、管理和市场营销相结合的话，就不能形成企业的核心能力。核心技术只是企业生产技术群体中的关键技术。虽然它对企业的规模经营有一定的影响作用，但它本身并不就是企业的核心能力。许多发展中国家有一定规模的企业，其核心技术都是外购引进的。交易是市场经济的中枢神经，核心技术不是不可交易的。通过交易获得核心技术同样可以创造企业的规模效益。因此，中小企业可采用市场交易或技术发包或合作创新的战略来实现自己技术创新的愿望，以此来达到规模经营的目的。

对第一产业和第二产业的企业来讲，重大创新和渐进创新在企业经营中具有完全不同的意义。产品的重大创新和工艺的重大创新常常创造一个新的市场、新的行业，唯其如此，那些拥有技术优势、研发能力强的企业领导着行业技术发展的方向，他们采用的战略通常是重大创新战略，而广大的中小企业则紧跟其后采用渐进创新战略。渐进创新是组织学习和个人学习的最好途径，因为该种学习方式成本代价小、风险低，发展中国家和中国中小企业应当优先采用这一策略。

必须指出的是，技术创新在实践中绝不是一件孤立的创新事件，而往往是一个创新集群。集群创新有两种基本情况：一种是在技术上没有相互关联的创新，称为M型；另一种是各个创新之间有密切关联的创新事件，称为T型。现代制造业研制开发是高、中、低技术集群创新的组合，孤立的创新事件尽管可能引发行业技术革命，但如果没有其他相关技术创新的支持，它不能给创新企业带来明显的创新收益。集群创新的另一优势是，它为企业创造或更好地满足市场需求提供了技术源。“市场是导向，技术是保障”，这是现代企业经营的基本理念。企业家决策的基本焦点就是技术与市场的结合点，有市场需求的技术就是企业的生存基础。集群创新为企业家在技术与市场的结合点上提供了更宽广的选择。选择面越宽，企业的可持续发展就更加有保障，并由此实现规模经济，提高企业竞争力。

3. 行业定位

行业定位可指企业根据产品的市场竞争态势和企业实力，确定企业产品创新的对策。当一项技术创新涉及的不仅是几个企业，而是整个行业时，创新与否就关系到企业的命运。这样，企业公共关系管理过程中，必须注重行业定位。

企业进行行业定位时，可以参考企业实力、产品的市场竞争力两个参数，把企业要开发的产品划分为九个象限，每种产品都可以找到其象限位置，从而决定其发展的策略。具体如下表所列。

企业实力、产品的市场竞争力象限图

企业实力 / 产品竞争力大小	大	中	小
大	1	4	7
中	2	5	8
小	3	6	9

第1象限：产品市场竞争力和企业实力都最大，应当采取大力发展，提高市场占有率的对策，否则同样会失去原有优势。第2象限：产品市场竞争力中等而企业实力大，应根据市场调查和预测，对有前途的产品采取改进和提高的对策；对需求稳定的产品，采取维持现状的对策。第3象限：企业实力大而产品的市场竞争力小，如不能开辟新市场，应采取减产和淘汰的对策，把实力转向市场引力大的产品。第4象限：企业实力中等而产品的市场竞争力大，应采取增加投资、增加实力、大力发展的对策。第5

象限：企业实力和产品的市场竞争力都为中等，应维持现状。第6象限：企业实力中等而产品的市场竞争力小，应采取收缩和淘汰的对策。第7象限：产品的市场竞争力大而企业实力小，企业应尽量提高实力、采取积极发展的对策。第8象限：产品的市场竞争力中等而企业实力小，应采取维持现状、尽量获利的对策。第9象限：产品的市场竞争力和企业实力都小，应采取停产淘汰的对策。

进行企业的行业定位时必须对竞争者进行分析和评估，以期了解企业所处的市场竞争态势。主要可从以下几方面分析：第一，潜在的主要竞争者和目前的份额分析；第二，竞争者的技术能力、技术专家情况分析；第三，竞争者的制造能力、成本结构、生产能力分析；第四，竞争者新产品开发周期、产品上市的历史情况分析；第五，竞争者的组织创新倾向分析；第六，竞争者财务状况研究；第七，竞争者管理资源分析；第八，竞争者营销能力分析等。

值得关注的是，随着近年国际竞争的加剧，企业通过联合的途径，特别是强强联合，谋求双赢和多赢的结果，不能不说是行业定位中带有革命性色彩的创新举措，通过联合谋求程度不同的合作创新。

（二）企业公共关系与项目性层次管理

企业的项目性层次决策管理，可从企业具体活动涉及到的战略管理、政策管理、网络管理、界面管理、人力资源管理、信息管理、项目管理等七个方面进行。

1. 战略管理

战略管理是企业根据其资源与环境的关系而做出的具体项目的战略选择。其要点是：本企业在产业中的竞争地位、企业的优势与劣势、竞争伙伴的状况、企业远景、市场机会、技术方向、企业自身资源状况等。这些是企业公共关系部门必须始终关注的信息。战略管理的决策思想是：根据企业远景，分析企业与竞争伙伴可能选择的策略空间，识别市场机会与技术方向，再根据企业自身的核心能力和组织网络，按博弈论的规则，分配企业中用于具体项目的资源，确定项目方向。具体项目战略管理的主导思想是：这一战略选择服从企业发展总战略；资源分配旨在以加强具体项目的核心技术能力为基础，其他相关能力相互配合，形成和培育出超越竞争伙伴的核心能力，最终提升或改善企业在整个产业和相关行业中的竞争地位。这样，企业的公共关系部门必须始终保持各部门的协调与配合，为实现战略目标做好各项信息监测工作。

2. 政策管理

对企业来讲，政策管理的主要内容有以下几个方面：首先是充分利用好国家的优惠政策，尤其是对具体项目的扶持，包括税收、贷款、中试生产的风险投资及专利保护等优惠政策。其次是在企业自身的运行层次上，要培育出针对从事具体项目人员的激励机制，比如对从事技术创新的科技和管理人员，应有专利生产的利益分割、专利产权保护等方面的规定。改革开放以来的实践证明，企业的股权结构及治理结构的制度安排与企业的成长和持续技术创新有密切的关系。再次，政策也包括企业制度创新与可持续发展的关系。任何一个企业，搞一个具体的项目并不难，难的是持续发展。企业的可持续发展与政策的持续性是密不可分的。不能把企业命运系于特定的企业家、特定的技术能人和特定产品的专有生产营销上。制度创新是政策管理的一项崭新内容，这也是当前国有企业制度变革极为迫切的现实问题，必须尽快建立“法治优于人治”型的企业制度。企业公共关系部门的主要任务就是协助企业领导和相关部门构造一套制度、形成一种机制，摆脱对特定个人的依赖，形成依赖集体智慧办企业，走可持续发展的道路。

3. 网络管理

首先，企业在社会网络中生存演化，这些网络有商业网、产业网、技术网、产学研网、人才网、信息网等。网络管理的任务是，从企业的各种网络联系寻求成本最低的创新源、技术源、信息源，发现和识别市场机会，正确分辨有利于本企业发展的资源，借助网络来提高自身能力。比如，利用产学研网开展合作创新比自主创新更具优势。其次，可借助政府提供的免费信息网寻求创新信息、发现新市场、招揽人才等。再次，可借助上游产业的技术资源来促进本企业产品的升级换代，也可借助下游产业的技术资源来引导本企业的生产经营行为，确定具体发展方向。第四，可同时利用信息网、技术网、产业网（上、下游和中间产品生产者）、市场营销网做好针对具体项目的技术监测和预测，及时准确地引导具体项目的选择和配套技术的管理。

4. 界面管理

所谓界面，就是指具体项目实施的界面。企业家和公共关系工作人员应认识到具体项目的实施不是孤立的事件，任何一项活动都要以市场为导向，需要有一定的技术平台。例如，产品创新必须与工艺创新相结合才能创造效益。为了节省资源、提高效率，具体项目活动一开始就要把市场需求、用户和顾客的偏好纳入视野中。界面管理的核心问题是解决人员和所从事的具体子项目的相互衔接问题。比如技术创新中产品研制、工艺创新研制、生产、市场营销等部门所涉及的社会公众的协商与合作机制。应该看到，具体项目界面所涉及的任何一个环节，对整体都会产生影响。不止如此，营造自由、民主和宽松的企业氛围和企业文化，是企业核心竞争力的一部分。因为，科学需要民主，技术需要市场，创新需要自由，企业需要顾客和用户，企业家需要包容、大度。只有这样，才能正确处理好各部门以及其所涉及的社会公众之间的关系。

5. 人力资源管理

从事具体项目的人才的选拔、培训、激励、人员配置、职业发展和组织结构调整等是人力资源管理的基本要素。竞争选拔，是中国许多绩效优良的公司总结出来的一条重要经验。海尔公司实施的“赛马不相马”的人员选拔机制，康佳公司对科技人员实施的年度评审、末位淘汰制，均体现了“适者生存”的竞争淘汰理念。知识经济时代，人才需要不断“充电”，需要丰富的创新理念。培训是人力资源开发的重要手段。人力资源理念是指个人与组织一同成长，以个人成长促进组织的成长。现代企业文化理念不赞成把员工当作工具来使用，而是把个人成长、追求成功的愿望与企业的成长和企业追求卓越的愿望有机地统一协调在企业制度体系中。激励需要拥有一套员工广为接受的薪酬体系和奖励系统。人员配置：每一个具体项目依赖于一定的技术平台，各个层次人员的合理配置是人力资源管理的一项重要内容。职业发展：把个人的职业生涯设计与组织发展统一起来，为每个人员做好其本人首肯的职业设计是现代人力资源管理中不可缺少的战略决策，是保持企业竞争力的客观需要。组织结构的战略调整和战术调配是人力资源管理的一项重要内容。按技术、市场、行业结构的变动及根据企业发展战略，调配企业人力资源，使每个员工的个人才能得到充分有效地发挥，是企业实现战略构想的必要条件之一。绩效评价、选拔、培训、激励、人员流动等均依赖于一个科学公正的评价体系。绩效评价理论与操作设计，对企业来讲是一套非常现实而又有效的管理方法。评价系统各项要素的科学性、公正性，操作程序的公平、公正关乎企业内部员工之间、员工与上级领导之间人际关系的和谐与融洽。绩效评价直接关乎个人利益，关乎个人的职业生涯和职业成长。科学与公正是绩效评价体系的首要目标。

6. 信息管理

信息包括行业内的信息、市场信息、文化信息等。信息积累、信息分类、信息传递、信息分享、信息开发是信息管理的主要内容。信息积累像生物物种的变异一样，物种变异是生物信息累积的结果，技术创新是技术信息累积的结果。在大型企业或巨型公司里，信息的分类对技术人员是非常重要的。就此而言，信息管理的实质就是为从事具体项目的人员做好信息服务，这实际上是大学、科研院所的常规工作。信息传递，是从事具体项目的人才的生命。信息不灵，意味着科技人员耳目不通、五官失灵，信息传递系统的配备，业已成为科技人员基本的工作条件之一。在合作创新和企业的战略联盟中，信息分享制度是创造和营造集群创新的必要手段。信息开发是现代科技体系中的重要内容之一，为了加速具体项目的实施，及时传达各类信息，信息服务系统将各类信息加工处理后向相关人员进行直接推销或直接传递，由此可节省信息搜索时间和搜寻成本，提高项目的效率。

7. 项目管理

项目管理包括项目选择、过程管理及产权管理三个方面。项目选择的实质是企业资源的分配。项目选择的两难困境是具体项目与市场二者难以兼顾。从理论上讲，企业必须将其资源用于最能给企业带来市场前景的项目上，企业必须按市场需求来选择项目，以市场需求为导向的项目选择是最理想的情况。但在操作层次上有两大困难：一方面，市场需求本身是不确定的，顾客现实的需求未必代表将来的需求，即某一项目是否存在需求不是一个未卜先知的问题。在项目选择之时，难以用当下的直觉判断去确定该项目的未来需求。另一方面，具体项目的论证普遍采用的是行业专家的遴选机制，由于专家们均可能受制于其个人技术视野，特别是专家们常常忽视市场，忽视企业的承受能力，其选择将可能压制那些他们个人无法预知或在其视野之外的新项目。这样，企业将可能失去重大的发展机遇。企业公共关系部门应发挥收集、利用信息的功能，当好企业领导决策的好参谋。当然，很多不能达到产业化的项目对企业发展来讲，起着一项技术储备的作用。这对企业来讲，也是非常重要的。

过程管理，国际上通行的方式是弹性工作制，分段考核，结果鉴定及项目责任制，资金预算管理和以绩效评价为基础的奖励系统。过程管理主要考虑的是专款专用、方向控制。如果研制偏离项目原定方向和资金挪用，应立即中止项目研究，收回资金。

产权管理是结果管理，主要内容是具体项目的技术密级程度及保密措施，研制人员个人的守密责任，收益分配的比例和技术服务，技术咨询，技术转让，生产许可，技术中介等方面的内容。

第三节　政府公共关系

研究社会组织的公共关系，除企业等营利性组织外，还须注意非营利性组织。非营利性组织是上层建筑的重要组成部分，在整个社会中起着管理、协调等多项功能，主要包括政府机构、军事单位、事业团体（学校、医院、体育、图书馆等）、各类团体（如专业学术团体、少数民族团体、宗教团体、残疾人团体、妇女团体等）。各类非营利性组织的公共关系与营利性组织的公共关系有共通之处，但又有自己的独特之处。这里主要以政府公共关系为例进行探讨。

一、政府公共关系的含义与构成

政府即国家行政机关，是国家权力的执行机构，包括行政、立法、司法以及代表国家管理的各级权力机构，它对国家各方面事务行使着指导、管理、监督、协调、保卫和服务等基本职能。所谓政府公共关系，是指以政府作为公共关系活动的主体，利用各种信息传播手段与民众进行双向的信息沟通，以争取民众的支持、信任与合作，从而树立政府良好形象的各类活动。

公共关系的构成要素包括公共关系主体、公共关系客体（公众）及传播手段。政府是政府公共关系的主体，是政府公共关系活动的组织者和发动者。政府公共关系活动的开展状况和效果依赖于政府行为，又影响着政府行为。政府公共关系的客体是政府的公众，是与政府有一定利益联系的个人、群体、社会组织等。传播手段是联系政府公共关系主体与客体的桥梁和纽带。公共关系主体所采取的传播沟通的内容、形式及技巧决定了政府公共关系的状态和效果。因此，政府公共关系主体的传播沟通活动必须适应社会发展规律，顺应民心，才能够促进政府公共关系主体和客体之间的相互沟通和了解，形成双向信息沟通网络，从而增进相互信任，加强相互合作。

二、政府公共关系与行政管理的区别

政府公共关系有其特定的内涵和体系，它与其他的行政管理思想有着明显的区别。

首先，它把政府视为社会管理机关，而不是社会某部分人的权力机关。换言之，政府是社会的代表，而不是社会某些成员的代表。因此，政府代表和谋取的利益是全社会的利益、整体的利益和长远的利益，而不是自身的利益或部分人的利益，不是个别利益和眼前利益。

其次，它强调政府的沟通职能、协调职能和服务职能，而不是政府的领导职能。这也就是说，政府不是“官府”而是“民府”，政府不是凌驾于社会之上的权力象征而是置身于民众之中的社会象征。因此，政府的工作也就是为全民办事。

再次，它寻求名实相符的良好政府形象，重视和追求顺民心、合民意的自我完善，而不是政体僵硬、官官相护、名实不符。政府应该真正是人民的政府，受公众的监督，并且有机制保障公众知晓、评价和选择的权利。因此，政府真正是向公众负责的政府。

由此可以看出，自在的政府公共关系与自为的政府公共关系是不同的。前者是一种不自觉的、隐含在政府与公众中的、不明朗的政府公共关系；后者则是一种自觉的、主动展示和完善政府与公众关系的、明朗的政府公共关系。现代公共关系学中所说的政府公共关系，专指后一种意义上的政府公共关系。

三、政府公共关系的特点

政府公共关系工作一方面具有一般组织公共关系的基本属性，另一方面又具有自身独有的特点。我们可以从以下几个方面来解析。

（一）权威性

同一个国家或地区，不可能有几个政府并存，政府是唯一的，处于独一无二的特殊地位。政府是国家权力的执行机关和管理机关，掌握着军队、监狱和法庭等国家机器，在它所辖的国域、区域内享有宪法和法律规定的充分的行政权力，因而政府的公共关系行为就具有了权威性的特点。任何社会组织、群体和个人都必须服从政府的领导和管理，一旦违背政府意志，就一定会受到政府的强制制裁。

（二）导向性

政府的导向性表现为政府的立场、意图、行为等，一经显露，总会有相应的舆论紧随其后，总会有支持者和鼓吹者。分析和影响公众舆论是公共关系的重要工作。政府公共关系工作一旦开展，通常会受到舆论的关注，而这种关注有利于为政府公共关系工作创造有利的舆论环境，同时也给社会舆论监督政府公共关系工作提供了契机。政府有必要在开展公共关系工作过程中正确引导社会舆论，努力塑造积极向上的、健康的、充满正能量的社会舆论环境。政府公共关系工作要通过有说服力的宣传来影响和引导公众的评价和意见。

（三）复杂性

一国政府事务往往涉及到政治、经济、社会、文化、外交等各个领域，政府所面对的问题也是错综复杂，在整个社会关系网络中，政府机构处于核心地位，无时无刻不处于层层叠叠、方方面面、错综复杂的关系中。政府的公众包括社会的各个阶层、各个民族、各个党派、各种社会组织、各种利益团体等，而且这不仅仅只是针对国内公众，还包括国际公众。不同群体的经济状况、政治地位、文化素质、生活方式、价值观念、民族思想等差异极大，这些因素成为公众对政府的不同看法、不同态度的重要基础，他们各自的利益需求也是千差万别的，这些都决定了政府公共关系的复杂性。

（四）公共性

政府的公共性，即政府产生、存在和发展的目的是为了公共利益、公共目标、公共服务以及创造具有公益精神的意识形态等。公共性是政府的根本属性，政府的公共性意味着政府将公民的意志作为公共行政的首要原则。在现代政治理念中，政府公共性是政府合法性的基础。政府的存在是老百姓权利的让渡，是由民众授权并代替民众行使相关权利，是为了维护民众基本的生命和财产安全，因此，政府的利益就是老百姓的利益。政府公共关系要实现和维护的是绝大多数人的合理正当利益，而不是少数人的利益。政府公共关系的基本着眼点是对公共利益的追求，以便实现人民群众的根本利益和长远利益。

（五）政治性

公共关系是政治民主化的产物。政府公共关系是国家政治生活的一部分，二者水乳交融，密不可分。政府公共关系涉及每个社会公民的切身权益，涉及国家政治生活，涉及整个社会的稳定、繁荣与发展等问题。政府公共关系不是简单的广告和宣传，也不是简单的协商对话，是有着独特属性和规律的政府管理活动。政府公共关系工作的开展需要实施“全员公关”，我国政府所有的公务员都要求必须树立“公仆”意识，用人民赋予的权力全心全意为人民服务，加强政府与人民群众的血肉联系，这是政府公共关系区别于其他社会组织公共关系的重要特点。

总之，政府的特殊地位决定了其在开展公共关系活动时，具有其他社会组织所不具备的优势。但由于缺少有效竞争，官僚思想、命令式、主观主义客观存在，影响着政府公共关系工作的有效开展。

四、政府公共关系的职能

著名公共关系专家斯科特·卡特李普等人将政府公共关系工作的必要性归纳为两条：其一，政府有义务向它的人民报告自己的决策与行为；其二，有效的行政管理需要公众的参与支持。白宫的政府官员们更是一语中的，他们认为，政府公共关系“是进行宣传和推动实现政府目标、计划以及政府部门负责或感兴趣的事务的活动”。莫盖特·李进一步认为这种活动具有以下重大作用：第一，执行公共政策；第二，帮助大众媒介传播政府新闻；第三，向公众报告政府活动；第四，强化政府部门内部的协调；

第五，增强政府对公众情绪的敏感性；第六，为政府赢得公众的支持。

（一）搜集信息

现代社会是一个错综复杂的、快速发展的社会。政府工作也处于多变的环境中。政府公共关系部门和公共关系工作人员在开展公共关系活动中，应注意广泛收集有关社会、政治、经济、文化等各方面的信息，及时监测内外部环境的变化，分析和预测发展趋势，及时向政府决策层反映和反馈有关情况。

国家出台的政策是为了维持社会的有序发展。政府的公共关系工作必须有效搜集政府政策方面的信息。在政策制定方面，通过各地人民代表，在充分收集社会政治、经济、文化等方面的问题信息及调查研究的基础上，以提案方式提交给人民代表大会，经过详细调查研究、讨论，听取各方面的反馈信息后，做出是否予以采纳的决议，政策制定和实施的每一个阶段都离不开信息交流。早在 2001 年，为解决国有股一股独大，对股份制企业的经营和管理干涉过重，政府尝试进行国有股减持，但在实际操作中，由于减持的意义、措施未能得到广大股民的理解和支持，在具体操作中没有找到最佳解决办法，致使上证指数狂跌，直接造成了企业股份制改造和融资的困难。政府在充分征求广大股民的意见，在与有关专家、学者讨论和研究之后，终于在 2002 年 6 月 14 日出台了停止国有股减持的政策，结果当日绝大部分股票以涨停报收，投资者的行动对此政策投了赞成票。由此可见，政府的政策不是一成不变的，必须以发展的眼光来看待政策，以实事求是的态度来收集政策形象信息，这样才能真正实现政策形象信息的交流。

政府领导者的形象一定程度上影响政府形象的好坏。因此，政府公共关系搜集信息的内容还应该包括政府领导者的领导能力、运筹决策能力、协调交往能力和管理水平、创新精神、工作作风等方面。要了解外界公众对政府领导者的评价，也要了解社会公众对政府领导者形象的期望，这样才能更好地塑造政府领导者的形象。另外，社会公众会关注政府机构的办事效率，并形成这样或那样的议论。因此，还应该搜集有关政府办事效率方面的信息，并客观地反映到政府决策层，以便政府精简组织机构设置，更好完善相关职能，提高办事效率。

（二）增进沟通

公共关系是一种“内求团结、外求发展”的管理艺术。政府公共关系的基本任务是处理和协调政府与公众的关系。政府机构代表国家行使社会管理，其管理对象不仅包括内部工作人员，更包括全社会各个领域及全体公众。政府处于利益错综复杂的社会关系网络中，而且处于核心的、主动的地位，想要推进社会经济、政治、文化全面发展的使命，必须处理好这些全方位的关系，因此，有必要在政府与民众之间建立起畅通的信息交流和沟通机制，密切党群关系和政民关系，推动社会的良性运行。政府与社会公众之间的关系影响着政府管理的有效性和政府形象。政府可以通过它特有的沟通手段，把政府的决策和措施向社会公众传播，从而形成有利于决策制定和实施的良好环境，以便获取社会各界的理解、拥护和支持。

（三）决策咨询

政府公共关系的重要特点是复杂性。政府所面临的工作纷繁复杂，作为政府领导者和管理者，单凭个人的经验、能力和才智是很难有效地实施领导和管理的，这需要组织各方面的专业人员为政府的决策提供咨询，其中包括政府内部公共关系工作人员提供的公共关系方面的咨询。政府公共关系部门是名副其实的"智囊机构"，起着为政府决策"参谋"的作用。政府公共关系人员向决策层和各管理部门提供的咨询建议，主要包括政府形象咨询和公众心理咨询。政府形象是一个整体概念，它由组织人员、目标、政策、效率等构成，反映着政府工作人员素质和政策有效性等各方面的状况。政府在不同公众心目中的形象往往是不完全一致的，政府公共关系工作人员要在广泛搜集社会公众对政府形象期望和评价信息的基础上，对有关政府形象的信息进行认真的、客观的分析和整理，为政府形象提供咨询。政府公共关系人员要塑造好政府形象，必须了解自己的工作对象——公众，要科学预测社会公众对政府政策的制定和实施的心理需要和心理承受能力，密切关注社会公众的态度和意向的变化。为此，政府公共关系人员应分析和研究不同类型社会公众的心理需要，及时为政府领导者和职能部门提供公众心理需要的咨询，从而为政府领导者和有关职能部门制定和完善政策提供可靠、准确的依据。

（四）塑造形象

任何社会组织开展公共关系工作的基本出发点都是为了塑造良好的形象，政府开展公共关系工作也是为了塑造和提升政府的良好形象。政府形象主要是指政府及工作人员在社会公众心目中的美誉度和可信度的大小，是政府获得公众欢迎、接纳、信任的程度。政府形象直接关系到党和政府的威信及其工作的成败。政府工作的权威性和政策性必须建立在社会公众对政府信任的基础之上。因此，塑造和提升政府的良好形象是政府公共关系工作的出发点。政府能否塑造和提升自身良好形象，关系到政府的生死存亡。政府公共关系的目标首先必须是树立"人民公仆"的政府形象，把人民满意作为政府公共关系的工作目标，努力增强政府工作人员的公仆意识和人民群众的主人翁意识。政府的公共关系工作立足于满足人民群众的需求，倾听他们的呼声，帮助他们解决实际问题。只有这样，政府的政策、措施才能得以有效实施，政府工作才能得到人民群众的广泛认可和有力支持。

五、政府形象塑造和提升的途径

政府形象的好坏，特别是政府美誉度和可信度的高低，直接影响着公众对政府的接受、亲近和支持的程度，对各级政府基本职能的充分发挥至关重要，是政府公共关系活动乃至全部行政活动的前提和基础。显然，由于我国政府面临的环境与西方国家的政府有明显差异，中国政府开展公共关系活动主要可以有以下几个方面。

1. 多办实事，造福于民

全心全意为人民服务，这是我国任何一级政府工作的出发点，也应该成为所有政府公共关系活动的根本宗旨。政府形象的好坏，往往不在于它“说”了什么，而在于它“做”了什么，即取决于它能否为人民群众切实解决一些困难和问题。开展政府公共关系的着眼点首先应从办实事、办好事入手，加快经济建设步伐，发展社会公益事业和群众福利事业，切实提高人民群众的物质与文化生活水平，真正做到造福于民。只有这样，政府才能得到广大人民群众真心实意地拥护和支持，良好的政府形象才能得以维持和巩固。

不遗余力地为人民群众办实事、办好事，既是提高政府声誉的基础，也是政府公共关系落到实处的具体表现。要做好这项工作，需要政府工作人员牢固树立“全心全意为人民服务”的思想，时刻想到群众，心中装着群众，甘做人民的公仆。与此同时，要善于选准开展工作的突破口，把群众意见最大、最需要解决的问题，作为政府办实事的重点。

2. 清廉自洁，勤政为民

勤政与廉洁是构成政府形象的一个重要方面。由于政府工作人员代表政府机构行使权力，因而在公众心目中，政府工作人员是政府形象的具体体现，他们的一言一行都关系到政府的声誉。尤其是政府领导干部是否廉洁，他们的思想品德、工作作风、办事能力如何，直接影响政府工作的效果和政府声誉的好坏。加强廉政建设，清除腐败现象，是新形势下政府塑造自身形象的又一途径。

联系实际，有效纠正不正之风，使政府机构勤政与廉洁，当务之急是把各项廉政措施经常化、规范化、制度化。例如，政府领导干部及其工作人员的有关情况必须公开，充分发挥群众监督的作用；定期公布政府工作人员的政绩，把廉洁与否作为考评、升迁的一条重要标准；向社会各界公布政府工作人员尤其是领导干部享有的经济待遇、住房分配、福利收入等；实行公开办事制度，把政府公务活动直接置于群众的监督之下。

需要指出的是，勤政与廉洁是相互联系、相辅相成的。在政府日常工作中，既要为政清廉，又要勤政为民。清除腐败现象，纠正不正之风，加强廉政建设的目的是为了提高办事效率，改变工作作风，更有效地发挥政府机构的职能和作用。在保持廉洁的前提下，政府领导干部和工作人员应保持高度的责任感与强烈的事业心，踏踏实实为群众做好事、办实事，提高人民“当家作主”的意识，并使广大群众自觉服从政府的领导，主动地配合政府的各项工作。

3. 上情下达，引导舆论

政府机关可以利用现有的或新开发的信息传播渠道和媒介，将政府各项方针、政策、法规、决定和其他活动安排告知社会各界，向广大人民群众进行说服、解释、宣传和教育，以取得他们的信任、理解支持、配合。近年来，我国各级政府实行的新闻发言人制度、社会协商对话制度和各类听证会，就是政府公共关系活动的有效尝试。新闻媒介是大众关注的对象，一方面政府机构需要借助新闻传媒向社会公众传达政府各项重大活动情况、大政方针及本地区发生的重大事件，并将社会各界的意见、建议和评论及时反馈回来；另一方面可以利用新闻媒介的舆论监督作用，促进办事效率的提高和工作作风的改善。

政府公共关系的目的是谋求社会各界公众的信任与支持。通过协商对话制度，有利于政府管理的民主化和决策的科学化，使政府机构能够集思广益，吸收广大群众的智慧与力量，尽量避免和减少决策上的失误。协商对话制度既可以使政府机构与国内外公众形成双向沟通活动，又可以因此利用各种信息传播媒介和渠道，将与政府活动有关的信息向社会各界及其他国家与政府公布，并给予适当的解释，尤其是政府在处理社会突发事件时，要充分运用各种手段引导舆论。与政府活动有关的信息还涉及到各级政府领导人的选举、法律的制定与修改、法院的审判、国家预算等重大事件以及具体实施情况。在现代社会中，政府有义务利用各种新闻媒介与传播渠道向人民报告他们所关心的各种问题，使政府的决策与行为得到人民的理解与支持，也使人民群众及其代表有可能参与各级政府的各种活动。

政府的公共关系在信息的发布与解释方面通常采用的工作方式有如下几个方面：（1）记者招待会。这是目前各国政府通用的一种信息发布形式。美国政府的记者招待会有总统记者招待会和新闻发言人的记者招待会两种主要方式。总统记者招待会的创始人是富兰克林·罗斯福。我国政府自党的十一届三中全会以后也制定了新闻发言人制度，目前最主要的是国务院和其所属的外交部的新闻发言人，他们就有关内政外交的重大问题回答记者提问，发布有关信息。(2) 运用新闻媒介。这是政府有关机构发布日常信息的主要方式。在平时，政府有关机构可以向新闻单位提供有关信息，再由新闻媒介告知公众，在举行重大会议和活动期间，可以让新闻记者采访、报道，也可以定期将政府有关政策、计划法令的执行情况和数字资料通过新闻媒介向人民群众公布。(3) 政府广告。这是一种向公民宣传政府的政策、方针以期影响其言行的大众传播技术。美国政府的广告费每年达二亿美元，其中国防部和邮政总局花费最多。政府广告主要鼓励人民购买公债，号召青年入伍，提醒人们不要酒后驾车，告诉人们要注意防止森林火灾等，这类广告一般没有营利目的，故具有较浓的公共关系色彩。目前，我国这类广告也越来越多。

第四节　商业公共关系

随着社会的发展和广大群众生活水平的不断提高，第三产业发展水平成为衡量一个国家或地区经济和社会发展质量的一个重要指标。大力发展第三产业是我国今后产业结构调整和优化的一个大方向，因此，重视第三产业部门的生产和管理，成为社会所关心的重点话题。第三产业包括的部门越来越繁杂，主要包括商业、饭店业、旅游业、邮电、运输、金融等行业。从总体上看，第三产业的公共关系，主要旨在以优质的服务树立自己的形象，所以在具体要求上有许多共同点。

商业企业是在商品经济的条件下发展起来的一种专门从事商品交换的独立的经济组织。按照商业企业在商品流通中不同的地位和作用，可划分为：批发商业企业和零售商业企业。批发商业企业包括；产业批发企业、口岸批发企业、中转批发企业和消费地区批发企业。零售商业企业包括：综合商店、联合商店、专业商店、百货商店和超级市场。商业企业最基本的职能是从事商品购销活动，组织商品流通，因而在产品由生产者到消费者的转移过程中起到桥梁和纽带的作用。商业企业经营的目的就是以最佳的服务、最高的效率、最低的费用实现产品的这一转移过程。随着商品市场的日益繁荣和人民消费水平的日益提高，商业企业间的信誉竞争已成为现代市场竞争的主要方面。因此，以塑造形象、提高企业信誉为主要内容的商业企业公共关系已成为现代商业企业谋求生存和发展的重要途径。

一、商业公共关系的特点

（一）主体的多样性

商业企业直接向消费者提供消费品，但这些消费品又来源于生产性企业。由此，商业企业的公共关系便有了双重身份。一方面，它作为公共关系主体对消费者公众开展公共关系活动，以吸引消费者公众的购买力。另一方面，它作为生产性企业公共关系的客体公众，又必须以对象公众身份接受其公共关系宣传和信息交流。这种双重身份使得商业企业必须以积极的姿态，主动加强与消费者公众和货源公众的联系，使其在经营中占据主导地位。

（二）客体的广泛性

商业企业所面临的公众对象相当广泛，上至国家领导人，下至普通群众，几乎所有的社会群体、组织与个人都可能与其发生直接或间接的利益关系。公众对象的广泛性，既为商业企业建立广泛的社会关系网络提供了良好的社会条件，也为商业企业的公共关系加大了协调沟通的难度，提出了更高的要求。因此，商业公共关系活动必须根据各种不同公众及公共关系目标的要求，选择公共关系手段，以便切实有效地开展不同方式的公共关系活动。

（三）信息交流的中介性

公共关系通过双向信息交流，达到组织与公众之间的感情交流。商业企业公共关系除了自身与公众（消费者、顾客）之间的双向信息交流外，还有一个显著的特点，就是信息交流中的“卫星转播”功能，或者叫做“通信员”功能。一方面，商业企业公共关系要把自己所能供给的商品信息及时地传播给消费者公众，以供消费者选择购买，同时还要把生产性企业的产品信息，特别是新产品或换代产品的信息及时地向公众宣传，包括回答用户的提问、介绍产品的性能特点等，还有必要的调试、实验等。这里，商业企业公共关系实际上起到了生产性企业通讯员的作用。在现实中，消费者对生产性企业的意见、建议和要求大多是先反映给经销生产性企业产品的商业企业，然后，由商业企业传递给生产性企业。

（四）公共关系活动的时效性

商业企业和利润是在完成产品由生产者到消费者的转移过程中实现的，转移速度的快慢会直接影响商业企业利润的多少，促销就成为它们的最主要任务。在商品经济不断发展，市场竞争日益激烈的条件下，商业企业所面临的市场环境瞬息万变。经济越发展，竞争越激烈，市场环境变化也越快。能否在变化无穷的市场信息中捕捉对本企业有利的信息，抓住最佳的销售机会，将直接决定一个商业企业的经济效益。因此，商业企业要善于捕捉市场信息，特别是那些具有先兆性的市场信息，然后向社会公众开展公关活动，促成销售机会的到来。一年中形形色色的节日，一些较大的政治事件和社会事件，都有可能制造出一个销售机会。能否把这些可能的销售机会变成现实，关键在于商业企业能否巧妙地利用这些因素及时地成功地向社会公众展开公共关系活动，引导顾客掀起一股消费热潮。因此，商业企业公共关系工作人员一定要具有敏锐的思维，对信息具有敏感的反应，善于利用各种因素来制造销售机会。

二、商业公共关系的主要内容

（一）处理好与顾客的关系

在市场经济条件下，顾客就是市场，有了顾客就有了市场；有了市场，企业的经济效益才有可能实现。所以，顾客关系是商业企业经营的生命线。所谓市场导向，实际上就是顾客导向。因此，从商业企业的政策和行为的基本导向来说，应该把顾客放在第一位。

1. 向顾客提供优质的商品和服务，是建立良好的顾客关系的基础。顾客关系是由顾客对商品的购买行为产生的。所以，没有货真价实的商品，绝不可能有稳固、良好的顾客关系。商业企业与顾客关系的建立不能单靠宣传，而要靠优质的商品和服务来维系。在这方面，公共关系所倡导的“百分之九十做得好和百分之十说得好”的原则，应作为商业企业建立良好的顾客关系的基本依据。商业企业只有为顾客提供优质的商品，才能赢得顾客的信任和支持。松下幸之助提出：“在扩张业务同时，也应该有这种责任的自觉”，“如果每个人都乐于接受而吝于支付，则整个社会将渐次衰败。无论任何人，自己对别人服务的总分，一定要比接受服务的部分高，这应当成为个人以及公司的原则”。对于商业企业而言，提供优质服务包含两个方面，一个是准确定位服务对象，二是准确定位服务的方式，当然以服务方式的最优化为归宿。

2. 及时、妥善地处理好顾客各种意见是关键。企业是人的组合而不是“神”的组合，因此，最优秀的商业企业也难免出现个别的形象事故，再好的顾客关系也难免出现差错和顾客纠纷，问题在于如何做好善后工作。在这方面，公共关系的沟通理论要求主体组织应该认真、严肃、迅速、准确地答复顾客的任何投诉或质询，积极、慎重、耐心、诚恳地解释和解决实际问题，以便平息顾客的不满，稳定顾客的情绪，缩小纠纷引起的不良影响。

3. 加强顾客管理、科学地引导消费是保障。公共关系沟通不仅要顺从民意，还要引导民意。加强顾客管理，就可以使商业企业在处理顾客关系方面掌握主动权。加强顾客管理可以采取多种多样的形式，例如：利用各种宣传媒介开展消费者教育活动，免费为顾客提供产品资料和信息咨询服务，建立消费者俱乐部，举办消费者培训班等。科学地引导消费，要求积极研究顾客的消费心理，善于满足顾客多样化的消费需求。不同类型的顾客具有不同层次的消费需求，作为商业经营来说，不但要考虑自身经营效益的需要，更要善于满足顾客多样化的消费需求。当组织利益和顾客利益发生矛盾时，要坚定不移地把顾客利益放在首位，用实际行动来体现“顾客至上”的公共关系原则。一方面不应回避和掩饰组织与公众之间所实际存在着的矛盾与冲突；另一方面，在处理这种矛盾时要充分考虑公众的实际利益，并尽可能地予以满足，既要对组织负责，又要对公众负责。

（二）处理好与货源公众的关系

货源公众主要指提供商品的企业，它们是商业企业经营伙伴，是商业企业在现代化分工条件下生存必要依靠。同货源公众公共关系，主要注意以下三个方面。

1. 加强联系。商业企业与工业企业不同，一般的工业企业产品品种有限，而商业企业经营的商品种类繁多，有的可达几万种。因此，商业企业必然要同众多的货源公众打交道。商业企业要保持稳定、充足和适销对路的货源，更需要与货源公众保持良好的关系。一方面，通过事实和传播沟通，使货源公众了解并认识到，本企业是最优秀和可靠的合作者，有经销其产品必需的设备、知识、经验和技术，有必要的服务能力，讲究信誉，付款准时，积极热心经营其产品；另一方面，主动向货源公众介绍企业发展方针和战略计划，使其了解自己的优势所在，提供市场信息，帮助货源公众销售适销对路的产品，并在自己的职责范围内协助货源公众妥善处理与消费者的矛盾。

2. 化解矛盾。应当说，商业企业与货源公众保持良好的关系，是有一定基础的。商业企业作为货源公众的销售渠道，双方之间物质利益关系紧密，一荣俱荣、一损俱损。商业企业的正常经营和健康发展，会给货源公众带来希望。但是，双方之间也容易产生矛盾，处理不当很可能反目为仇。例如：货源公众希望商业企业大量进货，商业企业一般只愿意勤进快销；商业企业要求物美价廉、适销对路，货源公众则更关心供应价格、批量生产。这就要求商业企业在经济手段、法律手段、行政手段和商业关系之外，通过公共关系加以处理，共同认识双方的共同利益所在，从长远着想，结成命运共同体，一道开拓市场；经常交换意见，增进了解，互尊互谅，互帮互学，共同提高经营管理水平。

3. 提供信息。由于商业企业与生产企业之间的紧密联系，要求两者在信息沟通方面必须保持良好的合作。生产企业是满足消费者各类需求的出发点，而企业生产所必需的信息，除了来自内部公共关系部门外，商业组织和消费者是生产企业进行技术创新的最好创新源。现代公共关系强调组织在所有的决策及行动上，均应以满足公众的需要为前提，而公众的需要是多层次的，满足需要的方法也是多种多样的。在实际工作中，以公众利益为出发点，不仅可以实现商业组织的经营目标，而且在与消费者交往中可以及时把握各种需求信息。

（三）处理好内部公共关系

商业企业内部的公共关系，是指商业企业组织与内部员工及部门之间的协调沟通。搞好商业企业内部的公共关系，创造和谐融洽的商业企业的“家园气氛”，是实现商业企业外在发展的前提条件。

商业企业内部的公共关系，与其他组织内部的公共关系相比较既有共性，又有个性。例如，对任何社会组织来说，其员工的言谈举止，所属部门的每个行动，往往直接关系到组织在社会和公众心目中的形象。这属于社会组织内部公共关系的共性特征。但其他行业组织的内部员工并非人人都与外部的对象公众直接接触，社会公众对组织员工的认识也并非直接地形成视觉印象。而商业企业则不同，他们在其经营过程中，要与顾客及货源公众直接接触，这些公众的要求又十分复杂，如顾客公众按年龄、性别、职业、收入、爱好、习惯、风俗、民族、地区、教育程度等划分，常有不同的购买和消费特点，同时其需求又具有多样性、发展性、伸缩性、层次性和情感性等特征。这些会给商业企业员工及各部门的服务工作带来更多的困难，稍不留意便可能引起矛盾。这不仅会影响员工与顾客、货源公众之间的关系，还会直接影响企业的声誉。这就要求商业企业通过各种方式方法，使每个员工、每个部门都树立起很强的公关意识，自觉维护企业形象，提高自身的思想道德修养和业务技术水平；讲究职业道德，热情耐心和细致周到地接待来客；尊重顾客的要求和意见，以赢得顾客的信任。同时，应用公共关系的方法、手段，协调内部各部门之间的关系，使组织各部门之间树立“一盘棋”的思想意识。

第五节　饭店业公共关系

饭店在我国有许多不同的称呼。较大的饭店通常也叫宾馆，其设施完善，服务项目齐全，除食宿外还提供洗衣、理发、医疗、娱乐等服务项目，并出租车辆、代办邮电、代购车船机票，经销一些日用商品和旅游纪念品。中等规模的饭店除了提供住宿，还有餐厅，并兼营其他生活服务。较小的饭店多叫旅店、旅社和客栈，通常只能提供住宿。

由于社会成员的消费层次的不断变化，饭店对广大顾客来说，绝不仅仅是填饱肚皮的地方，而是人与人之间情感交流的场所，是弘扬祖国灿烂的饮食文化的好地方。因此，饭店的每一个管理环节、每一项服务，都应是人际关系更高层次的体现。

一、饭店等服务行业公共关系的特点

饭店等服务行业是营利性的服务行业，又是具有高度依托性的行业。因此，它们的公共关系不仅具有营利性，同时还具有以下显著特点。

（一）服务性

饭店等服务行业向社会提供的，主要是各种非实物形态商品——服务。这是它们经济效益的源泉。因此，它们的公共关系工作必然注意以下两个方面：

1. 千方百计使顾客满足和满意。服务的无形性，使公众在评价其商品质量时，往往依据由服务过程和服务结果产生的满足感、满意度。满足、满意即为上乘；未满足、不满意则为质量低劣。所以，它们公共关系的立足点，是使顾客满足，创造满意的服务。

2. 主要依靠有形因素树立形象。饭店等服务行业给顾客和其他公众留下印象的，不仅有服务质量的好坏，服务项目的特色，还有建筑物的外观、设施和员工的精神风貌、言谈仪表等。它是由一件件、一桩桩公众承认、接受的事实逐渐汇聚而成的。“打铁先要自身硬”，要扎扎实实做好基础工作：一抓卫生，餐厅里里外外要始终保持干净，创造一个整洁、优雅的环境，给顾客舒适感；二抓服务、顾客上门要亲切周到，不放弃每项细小的服务，如备好食品袋，让顾客“吃不了，兜着走”，给顾客一种实惠感；三抓质量，认认真真烧好每一盘菜，凡属质量问题就应重烧，甚至再赔一个菜，使顾客不再抱怨。这样坚持不懈、日积月累地工作，就能使顾客产生好感，树立起饭店的良好形象。

（二）直接性

饭店、旅游业的服务性特点，决定其商品服务的提供，必须通过员工与顾客的直接接触进行。服务的提供者和提供服务时间的不同，都可能使服务出现质量差异。在许多服务过程中，顾客的参与又发挥着重要作用。顾客要得到满足，必须依靠员工的帮助；员工要满意地完成任务，又要顾客的配合。在这种状态下作业，员工的一举一动都是所属企业形象的公开亮相或"曝光"。因此，饭店、旅游业需要特别注重对全体员工公共关系意识的培养和公共关系方法的训练。

（三）复杂性

饭店等服务行业的兴旺，离不开工农业、运输业、邮电业、商业和城市基础建设的发展。作为旅游市场的供给一方，饭店业提供的是食宿服务，旅游业提供的是游览服务；而作为需求一方的旅游者，他们需要的不只是孤立的一个饭店床位或一处景点，而是从离家开始到返回为止的整个旅游过程都有良好的感受。所以，饭店等服务行业必须与其他有关部门互相配合，保持协调。其中一个环节出了问题，就会影响这根链条上其他环节的质量。饭店等服务行业的这种高度依托性，使其公共关系更为复杂。

1. 公众的复杂性。饭店等服务行业的兴旺发达，必须有充足的客源。影响客源多寡的直接因素，不仅有饭店等服务行业自身的形象，还要看旅游地吸引力的大小，运输业、邮电业和商业的发展水平等。因此，饭店等服务行业面对的公众不仅有内部员工、旅游者、政府和新闻媒介等，还有许多其他必须高度依靠的经营伙伴。

2. 关系的复杂性。公众的复杂性，必然导致彼此关系的相应复杂。以饭店等服务行业与其经营伙伴之间关系而言，大家都是为旅游提供服务，因此利益上具有一致性：饭店等服务行业其中一个得到发展，可以刺激运输、邮电和商业等其他行业的发展；这些行业发展了，又能促使饭店等服务行业的兴旺，彼此形成相互依存的协作关系。但是，它们利益上又存在着互斥性：旅游者把相对有限的收入更多用于食宿、游览时，往往要减少其他方面的开支；反之，旅游过程中其他开支增多，又必然会减少饭店等服务行业的收入，彼此之间又有竞争关系。即使是饭店等服务行业之间，也是既有竞争又有合作。

二、饭店业公共关系的主要内容

（一）树立形象

1. 树立享有盛誉的饭店形象。设计饭店形象，这是树立形象的基础。一个好的饭店形象，设计时至少要综合考虑两个方面：公众对饭店的要求；饭店的条件和优势。有人以为，饭店坐落的位置对其经营影响很大，其实不尽然。换言之，要在公众希望饭店怎样、饭店又擅长为公众做什么之间，找到饭店形象的落脚点，并引申出个性特征。我国北京的香格里拉饭店，其形象便是：一座在阳光下闪闪发光的、东方的景致和西方的舒适珠联璧合的24层大楼。

2. 推广饭店形象。设计出来的饭店形象，要通过各种方式和媒介，比如画片、模型、录像、宣传材料及各种社交活动，推广出去，使广大公众了解和熟悉，提高饭店的知名度。

3. 检测饭店形象。要通过广泛的调查、了解、检测饭店的实际形象与期望的形象有否差异，分析差异产生的原因，并报告给饭店决策者，采取相应的措施。

4. 调整饭店形象。在必要的时候，饭店还要根据形势的变化，对形象进行调整，重新定位。例如，我国上海的锦江饭店，长期由政府直接经营，服务对象的级别高。在一般公众的心目中，锦江饭店的形象是庄严有余、亲切不足。在新的形势下，这家饭店认识到，原有的形象对扩大业务、提高经济效益不利。要根据公众心理及消费结构的变化，在保持锦江原有高贵豪华形象的同时，再赋予亲切平和的情调色彩。在其公共关系部的建议下，这家饭店打破森严的壁垒，开门迎客。锦江园内许多昔日令普通市民望而却步的地方，今日成了人们喜欢去的场所，并通过广告，使“锦江是属于公众的”这一信息广为传播。

（二）联络感情，增进了解和友谊

公共关系要为饭店的生存和发展创造“人和”的环境，就要与各种公众进行联络。就饭店外部公众而言，尤其要保持与以下公众的沟通。

1. 宾客。要注意区分不同的宾客，采用不同的方式进行交流。例如，高档饭店的宾客大致有三类：一类是观光者，著名的饭店常被当作当地一大景观，经常有一些穿戴朴实、不愿多花钱的客人慕名而来，参观游览。他们希望饭店以礼相待，热情介绍；第二类是贵宾，他们人数不多，但作为社会名流、新闻人物，其影响之大是其他客人无法比拟的，接待贵宾要周密准备，贵宾到达时，可以举行欢迎仪式，并在适当的时候，陪同参观，介绍饭店成就，有的还要根据来宾个人生活特点，重新安排室内装饰，准备专门服务；第三类是常客、散客，他们有的常来常往，有的长期生活在饭店，甚至在饭店安家，饭店应当根据他们的文化背景和习惯、爱好，设置合适的娱乐场所，组织有感情色彩和纪念意义的活动。

2. 新闻媒介。饭店常常是重要事件发生的场所。名人贵宾下榻，重要活动举办，都会受到全社会瞩目，引起新闻界兴趣。因此，饭店公共关系部门要了解和熟悉新闻媒介，与其保持广泛联系，建立个人友谊，及时通报情况，为新闻单位工作提供各种便利。要善于借助重要新闻播发来宣传饭店，提高饭店知名度和美誉度。

3. 社区。社区是企业生存的根基。饭店的建设和发展，要有一个良好的社区环境。因此，饭店要注重睦邻之道，积极参加社区建设，支持社会公益事业，维护社区公众利益，争做合格的社区居民，使其能为社区公众接受、认同，并引以为荣。

4. 经营伙伴和竞争对手。饭店业，不仅要积极发展与经营伙伴的关系，还要十分注意和竞争对手的关系。同业之间不仅有竞争，还可以有合作。例如，异地的饭店之间，可以联合成一条龙式服务链条，共同得益。本地饭店之间也可以交流经验，互相取经，共同提高经营管理水平，还可以互相介绍客人，遇到特殊情况，也可以互相支援。协调好与同业者之间关系，是饭店业公共关系工作不可缺少内容。

（三）收集信息，参与决策

1. 分析评估饭店的知名度和美誉度，了解公众对饭店的意见和反映，整理之后报告决策部门，使领导及时知道不足。

2. 调查公众行为，分析公众态度，预测变化趋势，并提出解决问题的方案。

3. 从公共关系的角度评议饭店方针、政策和计划，研究是否符合公众利益和社会利益及其对饭店形象的潜在影响，并提出建议。

4. 协助营业部门增设服务项目，扩大饭店业务。市场份额固然与饭店等服务业提供的服务与商品的品种、质量等有密切关系，但如果能及时捕捉货源信息，并把新、奇、特品种首先推向市场，是饭店等服务业生存至要环节，“一招鲜，吃遍天”。

（四）教育和引导内部员工树立公关意识

1. 引导员工树立明确的公共关系意识，珍惜和爱护饭店的形象、声誉。要使饭店的公共关系工作得到全体员工的合作、支持，使他们在社会交往中，尤其是与顾客的接触中注意沟通饭店与公众的联系；树立“顾客至上，信誉第一”的思想，主动宣传企业，为树立企业形象做好外部公众的工作。人总是通情达理的，在服务过程中，有时会发生不愉快的插曲，这时，饭店的工作人员要学会“自控”。自控是一种涵养，也可以说是服务行业人员所必须具备的一种基本功，是驱散顾客心头的阴云，缓和与顾客矛盾的良方。设身处地替顾客着想，用笑容换来谅解，用礼貌换来顾客的理解，很多问题也就迎刃而解了。当然有时也需要应变，需要急智，也就是在各种突发事件面前能应付自如。

2. 教育员工从本职工作出发，在各自的岗位上支持和关心公共关系工作。饭店服务员要学会了解顾客心理和需求，学会“听言观色”。如果顾客匆匆进门问“能否快点？”那自然要赶时间，就帮他挑选简单、实惠的菜。如果顾客一开口，“有什么风味菜？”估计有外地来的客人要招待。如果顾客询问“有什么时令菜？”那肯定是富有经验的“食客”要享受一番。听顾客讲话，不仅要听“声”，还要听“音”，四川、广西、湖南、江西一带的客人，一定要帮助点上两道辣菜，不然会不过瘾；上海、江浙一带的顾客，菜要清淡、偏甜；北方客人口味要偏重，并送上一碟蒜头、一碟醋。老人的菜要“糯”，女人的菜要“酸”，孩子的菜要“甜”。总之，要因人而异，给顾客当参谋。餐厅的准则应该是：菜盆底朝天，是对厨师的最高奖赏；顾客微笑着出门，是对服务员的最高奖赏；顾客二次重来，是对餐厅的最高奖赏。

3. 培养员工的主人翁精神和责任感。这是激发员工做好公共关系工作的思想动力。要通过各种内部公共关系活动，增进员工之间的团结、友爱和理解，调动积极性。

（五）处理突发事件和宾客投诉

饭店是公共场所，容易发生一些突发事件，例如火灾、爆炸、自杀、重大失窃、食物中毒、自然灾害等。当这些的时候，饭店公共关系部门要立即行动起来，积极设法宽慰宾客和有关人员；与其他部门密切配合，投入善后工作。一旦饭店形象因此受到破坏，还要采取措施补救，改变公众看法，挽回影响。

接受和处理宾客投诉，是饭店公共关系部门的日常事务，也是饭店用以消除宾客疑虑、沟通双方意见的有效方式。这项工作要求耐心、细心，注意以下方面。第一，接待宾客投诉，态度要认真，语言要婉转，行动要迅速，处理要公正，多询问，少解释，决不能辩护和争论，要坚持“宾客总是对的”，把正确留给对方；第二，受理的投诉要及时转告有关部门，督促尽快改进，对重要的投诉，或超过公共关系部门职责范围的问题，要迅速报告饭店决策部门，请求领导指示、解决；第三，不能放过所谓的“细微小事”，有时宾客反映的问题，无非是开水不开、热水不热一类的小事，但这些都会直接影响饭店的声誉和形象，同样要认真对待；第四，定期将投诉内容、处理情况分类、整理和归档，供今后参考，也可在内部报刊上公布。

案例 3.1　王老吉发布首份社会责任报告

2018 年 11 月 29 日，广药集团王老吉 190 周年创新发展大会在广州举办。在品牌成立 190 周年之际，大会发布了王老吉首份社会责任报告——《190 周年王老吉社会责任报告》。报告由中国社会工作联合会企业公民工作委员会指导，广州王老吉大健康产业有限公司、南方周末联合编写出版，阐述了王老吉在产品、公益、供应商、环境、员工五个维度的建设成果及责任履行情况，展示了“济世利人”的经营理念和百年民族品牌的社会责任担当。

在产品以外，王老吉更发挥了企业优势与公益基因，致力全民福祉，履行公益责任。从报告中可以看到，王老吉成立“1.828亿爱心公益基金”，涵盖造血公益、校园公益、社会公益三方面。开展了王老吉“未来领袖”校园公益计划、“让爱吉时回家”、关爱“烈日英雄”等有代表性的公益项目。其中，在造血公益上，王老吉首创“输血+造血”的公益模式，投入约15亿成立雅安、梅州和兰州三大精准产业扶贫基地，成为行业精准扶贫标杆。在社会公益方面，自2013年起，王老吉连续开展“让爱吉时回家”春运公益活动，联手全国各地媒体与爱心企业，成立公益联盟，整合社会资源，经过6年的坚守，累计帮助近两万人春节返乡过年。

（资料来源 《奉献乐施，让世界更吉祥！190年王老吉发布首份社会责任报告》，中国网，2018年12年04日）

案例3.2 康师傅的体育营销

在大多数人的印象中，似乎方便面与体育完全不搭边，方便面是速食、垃圾食品，营养也不够丰富。但从2016年里约热内卢奥运会开始，康师傅就已经尝试在体育领域的跨界营销。运动员出国比赛的时候是离不开方便面的。康师傅不仅有方便面，还有康师傅面馆。在2016年里约热内卢奥运会时，康师傅把面馆开到了奥运村旁。当时很多中国选手在巴西吃不惯、吃不好，康师傅面条对于远在异国的运动员们来说是难得的美味。康师傅免费为中国运动员提供食物。运动员们纷纷拍照、发社交网络，大赞康师傅救他们于水深火热中。凭借2016年里约热内卢奥运会的营销，康师傅将自己的品牌形象完美确立起来。2017年，康师傅为远在土耳其打球的朱婷配备了专门的营养师，跟随朱婷在土耳其全程服务，确保朱婷在异国他乡能吃到可口的食物，生活没有后顾之忧。

（此案例改编自互联网相关新闻）

案例3.3 长城饭店征询性公关活动

北京长城饭店大量的公关工作正是由周密系统的征询性公关活动组成。

一、日调查。1. 日调查表。日调查表中32项内容涉及客人对饭店的总体评价，如：故地重游再住长城饭店的可能性有多大；是否加入喜来登俱乐部和客人的游历情况；等等。2. 接待投诉。几位客房经理24小时轮班在大厅内接待客人反映情况，随时随地帮助客人处理困难、受理投诉、解答各种问题。调查表和投诉意见，每天集中收回，由客房部与公关部进行统计整理，其结果当晚交饭店总经理，使决策层及时了解情况，次日早晨在各部门经理例会上通报情况。

二、月调查。1. 顾客态度调查。每天按等距抽样向客人发送喜来登集团在全球统一使用的调查问卷。每日收回，月底集中送到喜来登集团总部，进行全球性综合分析，并在国内进行季度评比。根据量化分析对全球最好的喜来登饭店和进步最快的饭店给以奖励。2. 市场调查。前台经理与在京各大饭店的前台经理每月交流一次游客情况，互通情报，共同分析本地区的形势。

三、半年调查。喜来登总部每半年召开一次世界范围内的全球旅游情形调研会，其所属的各饭店的销售经理从世界各地带来大量的信息，相互交流、研究，使每个饭店都能了解世界旅游形势，站在全球的角度商议经营方针。这种系统的全方位调研制度，宏观上可以使饭店决策者高瞻远瞩地了解全世界旅游业的形势，进而可以了解本地区的行情，微观上可以了解本店每个岗位、每项服务乃至每个员工工作的情况，从而使他们的决策有的放矢。

（此案例摘自《公共关系案例》，海南人民出版社，2015）

案例 3.4　首届中国大熊猫国际文化周

为了展示大熊猫文化魅力，传递人与自然和谐共生的理念，2018 年 8 月 23 日至 26 日，由国务院新闻办公室指导，国家林业和草原局、中国人民对外友好协会、四川省人民政府、陕西省人民政府和甘肃省人民政府，在北京中华世纪坛联合举办“首届中国大熊猫国际文化周”活动。

本次文化周活动以“熊猫文化　世界共享”为主题，推动以大熊猫文化为代表的中华文化走向国际舞台。文化周期间，将举办开幕式、主题展、“熊猫中国　系列主题日”等活动。开幕式上启动了“中国大熊猫国际形象设计”全球招募计划，发布“中国大熊猫国际文化周首日封”。主题展设有“大熊猫保护研究成果展”“大熊猫文化艺术展”“大熊猫文化彩灯展”。通过图片、视频、VR 虚拟现实、塑化标本、科研展品、艺术作品和中华彩灯等载体，多层面、多角度讲述熊猫故事，展示大熊猫的生态历史文化、保护研究文化、国际交流文化、公益关爱文化。主题展对公众免费开放。同时，“熊猫中国 · 四川主题日”“四川之夜”等活动，以展演和展示的形式，反映与大熊猫相关的、富有民俗风情的文化创意产品及美食等内容。

据悉，大熊猫国际文化周之后，今年至明年还将举办“熊猫中国 · 陕西主题日”“熊猫中国 · 甘肃主题日”“熊猫文化走进联合国宣传活动”“大熊猫文化全球行活动”“体验中国 · 大熊猫关爱文化活动”等活动。通过这些活动，向世界展示中国的国宝，并展现中国地方形象。

（资料来源　刘佩佩：《首届中国大熊猫国际文化周将于 23 日在北京开幕》，四川新闻网，2018 年 8 月 16 日）

思考题：

1. 社会组织的类型有哪些？
2. 为什么说市场环境研究是企业市场定位的前提？
3. 政府公共关系的职能是怎样的？
4. 政府形象该如何塑造和提升？
5. 商业组织公共关系的特点是什么？
6. 饭店业公共关系的主要内容是哪些？
7. 如何理解政府公共关系与行政管理的区别？

第四章　公共关系客体

本章概要：

社会组织的形象是由公共关系的客体——公众来评价和决定的。因此，社会组织面对的公众类型、特点等都与社会组织的形象能否按照预想目标塑造和提升有直接关系。换言之，这将对公共关系工作目标的实现有直接的影响。正是因为公众的这种重要性，不少公共关系理论把公共关系直接作为公众关系。本章主要介绍了公共关系客体的有关知识，尤其是对员工关系、顾客关系、政府关系、媒介关系等几种重要的公众类型进行了分析。

第一节　公众概述

一、公众及其特点

“公众”是公共关系学中的一个基本概念。随着公共关系学在西方国家的兴起，公众一词也日益被人们所关注。国内外学者对于公众的定义有很多，但差别不大。公众指因面临某个共同问题而形成的，与一个组织机构直接或间接利益关联的个人、群体或组织，是公共关系工作对象的总称。公共关系的主体必须是社会组织，但公共关系客体可以是社会组织、群体和个人。公众对社会组织目标实现及对社会组织的生存和发展，具有相当的利益关系和影响力。因此，公众是公共关系的客体，是社会组织开展公共关系必须进行信息传播与沟通的对象。公共关系学中的公众，与人民、群众、公民等概念区别明显。人民是政治范畴的概念，在不同时期，人民的内涵不同。群众主要是非中共党员、非民主党派人士、非领导人士。作为公共关系工作对象的公众，有以下基本特征。

（一）相关性

相关性是公众的最主要的特征，一个人、社会群体或组织之所以成为某一组织的公众，就是因为他们与该组织具有一定的相关性和互动性，也就是说，该组织的政策和行为对这些公众具有现实或潜在的影响。反之亦如此，这些公众的态度和言行同样也对该组织的发展具有现实或潜在的影响。双方存在的这种利益上的相关性，是组织与公众形成公共关系的关键链条。

（二）多样性

公众的多样性指的是公众存在形式的多样性。公众可以是以个体形式存在，也可以是以群体形式存在，还可以是以团体或组织的形式存在。即使都是群体公众，也有不同的类型。据国外公共关系专家统计，发达国家企业的公众，比较主要的就达 24 种之多。

（三）同质性

一般来讲，公众都具有某种内在的同质性，如某种共同利益、共同需求或共同问题等。这样一些共同点使原本没有任何联系的许多个人或群体，构成特定社会组织面临的一类公众。如购买某家企业的某种产品的许多个人、群体或组织，由于该产品的共同质量问题而具有共同性，从而形成该企业的一类公众。

（四）变化性

任何组织面临的公众都不是固定不变的。随着组织自身的发展和周围环境的变化，原来的公众可能成为非公众，原来的非公众也可能成为公众。有的原来是组织内部的公众，由于调动工作，可能成为组织的外部公众。反之，亦有可能。

以上是公众的四个基本特征。了解这些基本特征对于我们界定公众有很重要的意义。比如，我们了解了公众的相关性特征后，就能够明确地界定某个人或某个群体是不是本组织的公众。再比如，我们了解了公众的变化性特征后，就可以根据组织面临的公众环境的不断变化，不断修改、更新公共关系工作的目标、方法和手段。

此外，有人还从广泛性、层次性等角度对公众的特征进行分析。

二、公众的分类

开展公共关系活动就要懂得公众，更重要的是能从多个角度对其进行分类，公共关系工作人员只有“眼观六路”，才能在解决具体问题时，对自己的工作对象有多角度的广阔视野。由于不同的组织有不同的利益和目标，面临的公众对象也不尽相同。诸多国外公共关系专家认为，一般情况下，以企业组织为例，一个企业在运营过程各个环节上的公众可以划分为24种类型：（1）股东投资者；（2）员工；（3）员工家庭；（4）顾客；（5）社区；（6）消费者；（7）竞争者；（8）原料供应商；（9）批发商；（10）代销商；（11）经销商；（12）公务员；（13）金融机构；（14）新闻媒介；（15）慈善团体；（16）宗教团体；（17）上级主管；（18）工会；（19）学校；（20）政治团体；（21）政府机构；（22）公共事业团体；（23）行业团体；（24）合作协同者。企业公共关系工作人员必须充分地了解和熟悉他们，根据他们的问题、利益需求制定公共关系工作的具体目标和对策。

公众分类是公共关系理论中的重要组成部分。公共关系政策的制定和公共关系方法的运用，需要科学地区别不同的公众。根据不同的标准，按照常见的公众分类方法，可以把以上公众分为以下几种。

（一）内部公众与外部公众

这是根据组织机构的内外部来划分的，内部公众是指组织内部的全体成员，包括全体员工、股东、董事和内部各类公众，内部公众是一个社会组织最基本的公众，外部公众是指组织外部与组织的某些活动有关联的全体公众。例如，对一个企业来讲，其外部公众包括消费者、供应商、经销商、社区公众、政府有关部门人员、新闻媒介人员等。公共关系的政策需要内外有别。

（二）首要公众、次要公众与边缘公众

这是根据公众对组织的重要程度来划分的。首要公众是指对组织的生存、发展和形象的好坏有着举足轻重影响的公众。如企业内部的员工、企业产品的客户、政府有关部门和有关的新闻媒介等。次要公众是指那些对组织的生存、发展及组织的形象有一定影响，但没有决定性意义的公众，如竞争对手、职工家属等；边缘公众是指那些对于组织来讲，处于公众与非公众交界地带的公众。从公共关系实务投入和产出效益来考虑，应保证首要公众，兼顾次要公众和边缘公众。对于首要公众，公关工作往往要投入最多的人力、物力和财力；对于次要公众或边缘公众，在投入上就相对要少。但我们要认识到，三者的区分只是相对的，在一定条件下，他们之间还会转化。

（三）顺意公众、逆意公众与独立公众

这是根据公众对组织的态度来划分的。顺意公众是指对组织的政策、行为及组织的形象持支持和赞扬态度的公众；逆意公众是指对组织的政策、行为及组织的形象持否定或反对态度的公众；独立公众则是指对组织的政策、行为及组织的形象持中间态度或态度不明朗的公众。组织首先应维持并加强对顺意公众的关系；其次要积极做好逆意公众的转化工作，改变逆意公众的反对态度；再次，要针对大多数独立公众即“沉默的多数”做好沟通工作。美国学者罗杰斯研究发现，消费者购买新产品的类型比例是：革新者和早期接受者是16%，守旧者是16%，传播中期、后期接受者是64%。这也就是说，“沉默的大多数”是我们公共关系工作的主要对象，这部分公众的转化工作做好了，公共关系工作就成功了。

（四）非公众、潜在公众、知晓公众、行动公众

这是根据公众发展过程不同阶段的特点所作的划分。

非公众指在组织的影响范围中，不受组织各项政策和行为左右，同时，他们的行为和要求也不影响组织的个人、群体和社会组织，如婴儿是成人用品的非公众。非公众一般不是某一时期公关工作的主要对象，因此，将其排除在公共关系的工作范围之外，才能减少公共关系工作的盲目性，从而增强针对性，减少人力、物力和财力的浪费。但非公众也有可能发展成为潜在公众。

潜在公众指的是将来可能与某组织发生关系的群体，或者因为问题尚未显露，公众没有意识到有利害关系，但随着问题的逐步发展，迟早会成为该组织的现在公众的公众。据美国一家百货公司调查，进入商店的顾客，有明确购买欲望的占28%，其余都是潜在顾客。因此，组织要密切注意潜在公众的态度和意向，通过有效沟通引起注意、诱发兴趣、激发动机、促成行为。潜在公众进一步发展，就成为知晓公众。

知晓公众是指本身已经意识到他们所面临的与组织有共同问题的那类公众。他们迫切需要了解组织的信息，组织应刻不容缓地与之沟通，主动控制舆论，促使这一类公众对组织产生信赖感，并向积极的方向转化。

行动公众是指那些已经把意识转变为行动的公众。由知晓公众发展而来，包括组织所面临的所有现实公众，组织要保持和他们的良好关系，出现危机时将公众利益放在首位，求得公众的理解、支持和合作。

公众对象的分类还有其他的划分方法。按公众的分布，可划分为本地公众、地区性公众和全国性公众等。公共关系工作人员应该根据组织面临的各种类型问题与组织之间的各种利益关系，来确定公众对象。这对于编制公共关系计划，选择工作方法是很实用的。

三、公众心理分析

在公共关系活动中，明确公关对象（公众）的类型之后，分清公众的

行为倾向，是开展公关活动的又一重要内容。你面对的是什么样的公众？这些公众的需要有哪些？这就需要进行公众的心理分析。

（一）知觉与公众行为

知觉是人脑对直接作用于它的客观事物的整体反映，分为视觉、听觉、嗅觉和味觉等。这里所讲的知觉，主要指公众对社会组织的反映。事实表明，人与人之间的相互关系，或者人与团体组织机构的相互关系，往往是以知觉作为基础。因此，想要建立良好的人际关系和公共关系，就必须先有正确的知觉。作为一个公共关系工作人员，既要正确地知觉自己的组织，更要正确地知觉公众，还要了解公众对自己组织的看法，只有这样才能更好地开展公共关系工作。从公共关系角度看，主要包括对人的认识、人际知觉和自我知觉这三个方面。

1. 对人的认识。这是对他人的动机、意向、性格等的认识。认识一个人，除了从他的言行去了解外，更重要的是观察他的表情，表情不但是个体身心状态的一种指标，同时也是向他人传达心意的一种手段和途径。一个人的喜、怒、哀、乐等情绪不但以其脸部表情表达，同时也可以用动作语言表达。

2. 人际知觉。它是指人与人之间相互关系的认识。人际知觉的主要特点在于有明显的情感因素参与知觉过程。人们不仅相互感知，而且会形成一定的态度。例如，对某些人反感，对另一些人同情或喜爱等。在判断人际关系时，我们特别重视个人的性格、意见、态度等特征。一般来看，人们越是彼此接近，交往越频繁，有较多的相似之处，就越会产生友谊和好感。

3. 自我知觉。它是指一个人通过对自己行为的观察而对自己的心理状态的认识。当然，一个人观察别人与观察自己是有区别的。一是掌握自己的信息多于别人；二是熟悉与陌生之区别；三是自己既是观察者又是被观察者，但这并不意味着自我知觉一定比别人的知觉更正确。

在现实生活中，人们往往受各种偏见的影响，而造成歪曲的社会知觉，对别人的行为作出错误的判断，导致不妥当的处理方式，这会影响公共关系的效果。因此，公共关系工作人员必须注意以下几点。

1. 首因效应。首因效应，即第一印象的强烈影响。在人对人的知觉过程中，给人留下的第一印象是至关重要的因素，如果一个人在初次见面时给人留下一个良好印象，往往会影响人们对他一系列行为的理解，反之也一样。了解第一印象的作用对于公共关系工作具有很大价值。一方面，公共关系工作人员在观察和处理公众关系时，尽量避免受第一印象的影响，而对公众产生错误的看法；另一方面，公关人员也应注意自己要在公众中留下好的第一印象。

2. 晕轮效应。它是指人们在观察个人或社会组织时，对其中的某种品质或特征有清晰的知觉，由于这一特征品质从观察者的角度看非常突出，从而掩盖了对这个人或社会组织的其他特征和品质的知觉。

晕轮效应的产生，往往是在掌握有关知觉对象信息很少的情况下作出总体判断的结果。造成以偏概全、以点代面的片面知觉。因此，作为公共关系工作人员应尽可能全面掌握对象信息，以免产生这种偏见。

3. 优先效应和近因效应。优先效应是指一个人最先给人留下的印象有强烈影响，近因效应是指最后给人留下的印象有强烈影响。在实际公共关系活动中，对这两种效应的研究有重要意义。我们可以利用这两种效应来加强对人们的影响。比如，一项公共关系宣传活动中，一开始就搞得有声有色，别出心裁，利用优先效应加深对人们的影响，最后结束时，再次用新颖的形式，独特的做法，利用近因效应加深对人们的影响。这样，利用这两种效应的作用，必然能锦上添花，使效果更佳。

（二）价值观与公众行为

价值观是人们对客观事物的是非、善恶和重要性的看法或评价。价值观的内容，包括信仰、伦理、道德观念、生活目标、处世哲学等。价值观的最高层次是理想。某个事物对人有无价值？具有什么价值？这种价值有多大？这类问题的回答取决于人的需要、兴趣、信念和世界观等个性倾向，客观事物对人有无意义及意义大小，受人的个性倾向的制约。

人们对各种事物的评价，如对民主、自由、自尊、诚实、平等、服从等，在心目中各有轻重主次之分。这种轻重主次的排列，构成了一个人的“价值体系”。价值观和价值体系是决定人的态度和行为的心理基础。在同样的客观条件下，对同一客观事物由于价值观不同，人们会产生不同的态度和行为。在同一个系统、组织或企业的职工，有的注意工作成就；有的“向钱看”，重视物质利益；有的则重视权力地位。这是因个体的价值观不同而出现的差别。人的价值观决定于世界观。人的价值观、世界观的形成，都是同他的经济地位和阶级立场分不开的。人们的经济地位和阶级立场不同，其价值观和世界观也不同。

美国学者在对公众大量调查的基础上，把人的价值观分为七个等级：

第一级：反应型。这类人对事物是按照自己的生理本能作出反应，而不顾其他任何条件。

第二级：忠诚型。这种人依赖性强，服从于传统的习惯和权势。

第三级：自我中心型。这种人个人主义极重，自私自利，爱寻衅闹事，主要服从于权力。

第四级：坚持己见型。这种人难于接受别人意见和建议，难于接受不同的价值观，总希望别人接受自己的价值观。

第五级：玩弄权术型。这种人控制欲强烈，通过操纵别人达到自己的目的，实用主义严重，以各种方式争取地位和社会影响。

第六级：社会中心型。这种人重视被人喜欢和尊重，重视与人相交而不十分重视自己的发展。

第七级：存在主义型。这种人能高度容忍不成熟的意见和不同的观点，敢于批评制度的僵化、权力的强制作用、虚挂职务等有碍于效率的现象。

在公共关系活动中，价值观是影响人们动机和行为的一个主要因素。人们的价值观不同，常会使其行为发生很大的差别。因此，需要通过了解其价值观，进而来分析他们的行为，以此作为制定公共关系方针和策略的依据。

（三）态度与公众行为

态度是人对任何给定的客观对象所持的一种心理倾向。态度是由认识、感情和意向三个因素组成的。认识因素是指个体对客观对象的真假好坏等的笼统的认识；感情因素是指个体对客观对象喜欢或厌恶的情感倾向及具体程度；意向因素是指个体对客观对象的行为定向或行为的准备状态。态度是引起和指引人的行为的重要因素，对人的行为具有内在的影响力。研究分析公众的态度，影响和改变公众的态度是公共关系工作的重要内容。

公共关系工作从某种意义上讲，可以认为是做公众态度的转变工作。就公众而言，社会或组织产生的各种不稳定因素，都会直接影响公众态度的改变。公众对组织的态度变化，可分为两类，即积极态度和消极态度。消极态度包括：敌意、偏见、冷淡、无知；积极态度包括：同情、接受、兴趣、了解。公共关系工作人员的任务就是通过公共关系工作，把消极态度转变为积极态度。在编制计划阶段，一定要主要了解影响公众态度转化的因素，确定工作对象，制定相应的公关策略。

态度对公众的行为有以下几个方面的影响。

1. 态度通过公众的知觉的选择性和判断性，而影响公众的行为。一般说来，人的行为是由一定的外部或内部刺激引起的，但人并不是消极地接受这种刺激，而是要经过心理上的加工作用才能接受。人的态度一经形成，会使人对特定事物持有一套或强或弱的固定看法，这种“定型”的看法往往会影响他对人或事的感知与判断。

2. 态度预示着公众的行为方式。态度是一种内在的行为倾向，当这种行为倾向见之于实际活动时，就是完成的行为。因而，在通常情况下，个人的态度和行为是一致的。态度直接影响和决定个人的行为，具有预测行为的能力。

3. 态度决定人的行为效果的差异。不同人对同一人或事的态度不同，必然存在态度差异，态度差异又影响着人的行为。因此，各个人行为的效果是不同的。一般说来，积极的工作态度的结果是高效率，消极的工作态度会导致低效率。人的某种态度不是先天就有的，生活实践与学习过程对于态度的形成或转变起着重要作用。态度一经形成之后，比较牢固和持久，但并非一成不变，它会随着外界条件的变化形成新的态度。公共关系工作需要研究如何通过宣传、教育、引导来影响或转变公众的态度，使之对组织的发展有利。态度的转变一般包括下列两个方面：一是正向深化，即保持原方向，加大原有态度的强度，如由比较热情变成很热情，由略为赞成变成大加赞赏，仅在强度和程度上发生了变化；二是反向转变，即改变原有态度的方向和性质，如由消极变为积极，反对变为赞成。这两种变化，前一种变化比较容易，后一种变化难度大些。

从公共关系角度出发，需要根据具体情况，要求公共关系工作人员一方面要努力引导公众态度的形成，使公众的态度向有利于组织的方向发展；另一方面要改变公众的敌对态度，化干戈为玉帛。我们还应注意的是，态度具有的最大特性是隐藏性。一个人的态度时而显露，时而隐藏，有时甚至会有相反的表现。公共关系工作人员不能根据自己的一般观察去推测公众的情感、愿望、要求和目标，也不能只根据公众的表面态度而轻率地下结论，而要全面分析，透过现象抓住本质，找到公众真实的动机和想法，推断出真实的态度，从而制定有效的公共关系措施和手段。

（四）需要与公众行为

需要是人对特定目标的渴求与欲望，是推动行为的直接动力。任何组织与公众之间都是在需求与满足中形成互利互惠的关系。因此，就组织而言，每一类公众都对组织产生一定的需求。公共关系工作人员必须了解公众对组织的权利要求，在公众分类的基础上，列出各类公众对象的权利要求结构表。

下面是王乐夫等提出的“公众权利要求结构表”：

公众权利要求结构表

公司的权利要求者	权利要求的一般性质
员工	在社会地位上的人格尊重的心理满足；不受上级的专横对待；就业安全和适当的工作条件；合理的工资和分享福利；上进机会；工会活动自由；了解公司内情；有效的领导

（续表）

公司的权利要求者	权利要求的一般性质
股东	参加利润分配；增股报价；资产清理；股份表决；检查公司账册；股票转让；董事会选举；了解公司的发展状况；以及与公司的合同所确定的附加权利
政府	各项税收；公平竞争；遵守各项法律、政策；承担法律义务等
顾客	优良的服务态度；公平合理的价格；产品质量保证及适当的保用期；准确解释各种疑难或投诉；提供产品的售后维修服务；使用产品的技术资料服务；产品备用零配件的供应，产品改进的研究与开发；以及增进消费者信任的各项服务
竞争者	由社会和本行业确立竞争活动准则；平等的竞争机会和条件；竞争中互相协作；当代企业家的风度
社区	在当地社会提供生产性的，健康的就业机会；正规雇佣，公平竞争；就地采购当地社会产品的合理份额；保护社区环境；关心和支持当地政府；支持文化和慈善事业；赞助地方公益活动；公司负责人关心和参加社区事务
媒介	公平提供消息来源；尊重新闻界的职业尊严；参加公司重要庆典活动等社交活动；保证记者采访的独家新闻不被泄露；提供采访的方便条件

然后，对公众的各种权利要求进行分析与概括，我们需要注意两个方面。第一，分析各类公众对象的意图、观念、行动的同一性，概括出各种权利要求的相对共同点，作为制定公共关系一般目标和计划的基本内容。第二，评价公众对象的特殊权利要求。选定那些与组织的存在和发展休戚相关的权利要求，作为制定公共关系特殊目标的基本内容。

此外，对公众的性格、气质、能力以及从众心理、逆反心理等心理都需要一一分析。

第二节　公共关系的工作对象

公共关系学中所说的公众，并不是广泛意义上的民众，而是针对公共关系主体——社会组织而言的公众，是与社会组织的运行发生一定关系的个人、群体和社会组织。公众是公共关系的客体（对象），根据公众类别可以决定公共关系活动的不同内容，这里主要介绍社会组织的几种主要的公众对象关系，并加以简要分析。

一、员工关系

员工是组织内的基本单元，是影响组织发展的首要因素。组织内部员工是社会组织的首要公众，是整个公共关系活动的起点，是其他公众关系的基础和前提。内部公共关系主要包括内部员工关系和股东关系两大类，因股东不直接参与企业具体运作，因此组织内部公众关系主要是内部员工关系。

社会组织是一个相互联系、相互依存的系统，内部员工关系是否融洽、团结，决定着社会组织能否充满生机，能否具有竞争优势和发展潜力。良好的员工关系可以增强社会组织的凝聚力。社会组织的每一个成员都是社会组织不可缺少的重要组成部分，一个组织形象在取得社会的认可前，首先必须得到组织员工的认可，进而才能赢得对组织的配合与支持。良好的内部员工关系是公共关系工作的起点，要做好社会组织内部公共关系的工作，首先要增强组织员工对于组织的向心力和凝聚力，将全体成员组合成为一个对内对外的有机整体。为此，社会组织应该将本组织成员作为社会组织传播沟通的首要对象，在组织内部建立和完善沟通渠道，关注和协调员工的物质利益，尊重社会组织成员的知情权和参与权，重视和满足员工的精神需要，促进社会组织内部团结，增强员工的自豪感，争取他们的了解与理解，形成信任与和谐的气氛，增强组织成员的主人翁意识，将他们作为重要的公共关系对象。

社会组织需要通过员工公共关系来提升外部的知名度、美誉度和和谐度。一个组织对外的知名度、美誉度和和谐度的提升有赖于全体成员的努力与配合。每一个社会组织成员都是社会组织与外部公众接触的窗口，是社会组织对外公共关系的前沿。社会组织的良好形象必须通过他们在各自工作岗位上的良好行为体现，他们的一言一行都代表着社会组织的形象，如生产人员对于产品质量的把控，销售人员专业耐心的销售工作，服务台和问询处工作人员耐心的服务等。这些需要建立在社会组织成员对社会组织有较好的认同感和归属感的基础之上。一个社会组织只有认真诚恳地善待自己的员工，才会换来员工认真诚恳地对待自己的工作，进而提升社会组织的外部知名度、美誉度和和谐度。从某种角度上来说，公共关系是一门内求团结、外求发展的艺术。追求社会组织团体价值的公共关系工作，首先需要从尊重员工个体价值开始，必须将员工个体价值与社会组织团体价值有机结合。

现在有一种观点，那就是“员工第一、顾客第二、股东第三”。没有良好的内部员工关系，就没有良好的顾客关系，股东的利益也无从说起。社会只有最大限度挖掘员工的潜力，充分调动员工的积极性、主动性和创造性，才能生产出优质的产品，提供优质的服务，进而更好地满足顾客的要求，从而保障顾客的利益。企业要靠利润推动，利润实现必须依靠员工推动。一位著名的钢铁大王说：“你可以拿掉我的工厂，占有我的全部资产，但只要留下我的员工，我坚信不到五年时间我将又成一个钢铁大王。”这句话充分地表明了内部员工对社会组织发展的重要性。沃尔玛创始人山姆·沃尔顿有个特别重要的观点：公司领导是员工的公仆。领导和员工之间是一个“倒金字塔”的关系，领导是社会组织的最基层，领导为员工服务，员工为顾客服务。员工是直接与顾客发生联系的人，领导指导、支持、关心、服务员工，才能让员工更好地服务于顾客。

内部员工公共关系的主要手段包括：社会组织自办刊物、墙报或网络平台、员工手册、各类座谈会、合理的沟通渠道、集体活动、展览与陈列等方式。当然，不同岗位员工其需求不同，组织员工主要有管理人员、技术人员、操作人员三种，内部公共关系工作必须深入研究员工的需求，通过不断满足员工需求来激发员工的热情，塑造社会组织在员工心目中的良好形象。总之，内部公共关系的主要目标就是团结内部公众、凝聚内部公众、维护组织利益、不断创造效益。

二、顾客关系

顾客关系是指经济类社会组织与其产品、服务的购买者或消费者之间的关系。对顾客公众做好公共关系能够为组织带来直接的利益。顾客就是市场，有了顾客才有市场。一个组织的存在价值，很大程度上在于其产品或服务能够得到顾客的接受和欢迎。良好的顾客公共关系的确有利于企业组织的市场销售关系，能够给企业带来直接的利益。因此，顾客公众是企业组织公共关系对象中利益关系最直接、明显的外部公众。顾客关系是企业市场经营的生命线。

顾客关系在吸引顾客注意力、影响顾客消费选择和消费行为的市场信息传播中具有重要作用，日益成为企业青睐的市场传播手段。理顺关系、清除障碍、联络感情、吸引公众、争取人心，为产品的销售营造一个良好的气氛与和谐的环境。良好的顾客关系体现企业组织正确的经营观念和行为。顾客公共关系工作要求企业组织将顾客的利益和需求摆在首位，获得顾客的信任与好感，通过满足顾客的需求来换取组织利益。企业一切政策和行为都必须以顾客利益和需求为导向，在经营观念和行为上以消费者为先。这需要建立良好的顾客公共关系，即企业在市场公众心目中要具有良好的声誉和形象。

良好的顾客公共关系不仅维系着经济类社会组织的直接利益，而且可以为其形成稳定的消费者。在现代社会，顾客公共关系对经济类社会组织的生存和发展关系重大，它可以引导消费者认识、理解和运用自己的各类权利。20 世纪 60 年代初，美国前总统肯尼迪在给国会的报告中概括了消费者的四项基本权利：安全的权利、知晓的权利、陈述的权利、选择的权利。尊重和维护消费者的这些权利，应该成为顾客公共关系工作的任务。

企业组织的性质决定了它必然要通过经济活动去赢取利润。公共关系的经营思想认为，利润不应该是企业贪婪的追求，而应该是顾客接受、赞赏和欢迎企业的产品和服务所投的信任票。顾客公共关系的作用，比较突出地体现在“消费管理”这个概念上。所谓消费管理，就是对消费者进行消费教育、消费引导，组织消费者的系列化。与生产管理、技术管理、财务管理、内部人事管理相比，消费管理更加直接地面对消费者公众，更加强调运用信息沟通、传播的办法，更加强调管理的社会效益，因此应该划入公共关系的职责范围。

消费教育是消费管理的基本途径，比如：为顾客和公众编辑印发指导性的手册和刊物；举办操作表演会或实物展览会，帮助顾客认识和熟悉新产品的性能、技术等；举办培训班，让商品销售人员和顾客掌握使用、维修和保养某类产品的基本知识；开设陈列室、咨询台，回答公众的问题；向报纸、杂志、电台、电视台提供有关新产品的介绍性资料……总之，为公众提供免费的介绍、示范、指导、咨询、培训等，通过这些工作，满足公众的知晓欲望。

消费教育的目的在于消费引导。引导消费者接受新的消费意识，形成科学的消费行为。消费教育与引导是一种长期的公共关系战略，必须有耐心和长远的眼光。消费教育不一定是立竿见影、马上见效的，需要坚持不懈、锲而不舍。长期坚持消费教育和消费引导的结果便是形成消费者的系列化，也称为消费者的组织化。即在公众中培养起本企业产品和服务的爱用者、崇拜者，形成企业对消费者的凝聚力，表现为本企业产品在市场上有较高的“商标统一率”。

可以说，消费管理是顾客公共关系活动的较高层次。过去，“厂商便是皇帝”，企业生产什么，顾客就购买什么。现在，顾客需要什么，厂家便生产什么。将来，可能是“厂商与顾客同享繁荣”，企业扮演起消费者的教育者、引导者、组织者的角色，与“顾客皇帝”一起设计生活、美化生活，从而构成相互依赖、相互推动、互惠互利的亲密友好关系。

三、政府关系

政府即国家行政机关，是国家权力的执行机构，包括行政、立法、司法以及代表国家管理的各级权力机构，它对国家各方面事务行使着指导、管理、监督、协调、保卫和服务等基本职能。政府是国家权力的执行机关和管理机关，掌握着军队、监狱和法庭等国家机器，在它所辖的国域、区域内享有宪法和法律规定的充分的行政权力，因而政府的公共关系行为就具有了权威性的特点。任何社会组织、群体和个人都必须服从政府的领导和管理，一旦违背政府意志，就一定会受到政府的强制制裁。政府产生、存在和发展的目的是为了公共利益、公共目标、公共服务以及创造具有公益精神的意识形态等。

将政府作为“公众”来看，这是公共关系实践与理论一大发展。在我国，针对政府的公共关系起步较晚。政府关系是指社会组织与政府之间的沟通关系，其对象包括政府的各级官员、行政助理、各职能部门的工作人员。任何组织都必须面对和接受政府的管理和约束，需要与政府的各种管理职能部门打交道，这里所指的政府，与生活中的作为国家行政机构的政府有一定的区别，其范围比后者大，包括如工商、人事、财政、税收、审计、市政、交通、治安、法院、海关、商检、卫检、环保等行政机构，同时还包括党的各级机构，这些机构代表社会公众最普遍的、共同的利益来行使社会管理的权力。社会组织必须与政府各职能部门建立和保持良好的沟通，这是组织生存、发展的重要保障和条件。因此，政府关系对象是任何组织的公共关系对象中最具社会权威性的对象。

任何社会组织都必须无条件遵守政府法律与法规，服从政府以及各职能部门的管理。与政府保持良好沟通的目的，是争取政府及各职能部门对本组织的了解、信任和支持，从而为组织的生存和发展争取良好的政策环境、法律保障、行政支持和社会政治条件。政府公共关系的意义主要有以下两点。

1. 政府的认可和支持是具有高度权威性和影响力的认可和支持

政府掌握着制定政策、执行法律、管理社会等权力，具有强大的宏观调控力量，代表公众的意志来协调各种社会关系。政府的意见和态度会对整个社会舆论产生全面的影响。一个组织的政策、行为、人物或产品如果得到政府的关注、认可和支持，无疑会成为一种强有力的社会背景而引起整个社会的关注和重视，从而处于有利的社会位置。

为此，应该把握一切有利时机，扩大本组织在政府官方及有关部门中的影响和声誉，让政府及时了解本组织对社会、对国家的贡献和成就，争取获得官方的良好评价和支持。比如，企业可以利用新厂房落成、新生产线投产、新产品问世或企业庆典活动等机会，邀请政府主管部门的官员出席企业的重要活动，主持奠基仪式或落成剪彩，参观新设备、新产品，通过各种现场活动，增进政府官员对企业的了解和好感，提高政府部门对企业的信心和重视程度。

2. 良好的政府关系能够为组织赢得良好的政策条件、法律保障和社会管理环境

政府的政策、法律、管理条例是任何一个企事业单位和社会团体的决策和活动必须遵守的基本准则和规范，组织的一切行为都必须保持在政策法令许可的范围之内。良好的政策条件、法律保障和社会管理环境，是一个组织生存和发展不可缺少的条件。因此，与制定政策法规和实施管理的政府部门保持良好的沟通十分重要。

一方面，通过有效的政府沟通渠道，及时、准确地了解政府有关方针、政策的变化，随时按照这种变化去调整本组织的政策和活动，把握政策变化给组织带来的有利时机和避免政策变化给组织带来的不良影响；另一方面，通过良好的政府沟通关系，将本组织的实际状况和特殊问题上传政府主管部门和官员，主动地提出新的政策建议和方案，争取政策性的优惠和支持，或者通过适当的游说工作，在有关本组织的政策方案进入法律程序和决策之前充分地反映情况，表达意见，使制定出来的政策法规更加符合实际情况，更加有利于本组织的发展。通过这种双向沟通，使政府的有关政策信息和组织的有关情报信息能够及时地相互传递，并能良性循环、主动调整和相互适应。

此外，在与政府沟通的过程中，必须熟悉政府职能部门的内部分工、职责范围、办事层次和运作程序，并与各个主管部门不同层次的具体工作人员保持良好的工作关系，以避免因为不了解正确的工作程序或者越出规定的工作范围而摸错门、找错人，进而碰钉子、走弯路，要减少人为造成的“公文旅行”或“踢皮球”现象，也要减少人为造成的行政摩擦和行政纠纷。良好的政府公共关系能够提高行政效率和办事效率。

四、媒介关系

媒介关系也称作新闻界关系，即与新闻传播机构（包括报社、杂志社、广播电台和电视台）以及新闻界人士（记者、编辑等）的关系。新闻界公众是公共关系工作对象中最敏感、最重要的一部分。这种关系具有明显的两重性：一方面，新闻媒介是组织与公众实现广泛、有效沟通的必经

渠道，具有工具性；另一方面，新闻媒介人员又是组织必须特别重视的公众，具有对象性。媒介与公众的合一，决定了媒介关系是传播性质最强、公共关系操作意义最大的关系。

媒介关系的中介性质，决定了在实际工作中，公共关系人员与新闻界人士总是相互需要、互相依赖、互为中介的。一方面，公共关系人员需要通过记者、编辑将组织的信息传递给大众，因此，记者、编辑成为组织与大众沟通的中介；另一方面，新闻界人士需要通过公共关系人员了解有关组织的信息，请公共关系人员协助提供各种有新闻价值的材料，因此，公共关系工作人员也成为新闻界与组织之间的中介人。美国报纸头版新闻中有30%来自公共关系工作人员，此情况还有继续上升的趋势。没有公共关系工作人员的帮助，新闻工作人员的采访、编辑工作难以涵盖大量发生的事件和素材。可见，新闻界关系的这种中立性、公共关系效用性不是单向的，而是双向的。

新闻界人士与公共关系工作人员互为中介，打交道时，由于需要和角度不同，动机常常不一样。新闻界人士可能喜欢寻找问题和内幕，公共关系工作人员则倾向于提供好消息，这往往酝酿着相互间的对立和摩擦。许多记者热衷于报道事情的阴暗面，用“问题新闻”去吸引读者，美国著名企业家亚科卡在谈到这一点时幽默地说道：“当某一个人因某事遭到谴责时，新闻界立即予以公布。但当同一个人后来被澄清是无辜的时候，新闻界的报道很迟缓。对人们的起诉似乎总在头版见报，而对于他们被判无罪的消息却登在第26页上，仅仅排在寻人广告前面。”这说明新闻界人士与组织公共关系工作人员的立场、需要和动机是存在差异的。构建良好的新闻界关系应设法缩小或跨越这种差距。不缩小或跨越这种差距，公共关系工作人员就很难从正面的、积极的意义上去利用大众传播，或者根本不可能通过大众传播媒介向公众传递信息。

关于这一点，亚科卡有几点经验之谈：（1）善于与新闻界接近，无论是在顺境中还是在窘境中；（2）坚持每季度召开记者招待会公布生产经营结果，无论是好的结果还是坏的结果；（3）讲真话，坦率诚实地对待新闻界人士；（4）对于有意刁难的记者不必恼怒和驳斥，故意不理睬他就够了，比如，在记者招待会上，如果有谁故意找碴，就可以让他周围的其他人提各种问题，等轮到他提问题时，便适时地宣布会议到此为止；（5）当记者陷入困境需要帮助时，给他提供真心实意地帮助，如连夜为记者提供图片和新闻资料等。由于亚科卡善于处理媒介关系，因此，他总能赢得新闻界80%的好评。

总之，应该清醒地认识到，虽然公共关系工作人员与新闻界人士之间具有“血缘的”、内在的联系，但他们之间不可能总是融洽、一致的，也会有不愉快乃至对抗的时候。公共关系工作人员必须记住，其他关系对象可能是变动不定的，唯有新闻界关系是伴随终生的，除非不再从事公共关系工作。作为一个公共关系工作人员，与新闻界人士交恶是所有愚蠢行为中最愚蠢的。一个得不到新闻界“把关人”的信任与好感的公共关系工作人员，对任何组织都毫无用处，一个被新闻界人士讨厌的公共关系工作人员，对于组织来说就是有害的。如果能够得到记者、编辑的信赖，这将是一个公共关系工作人员所拥有的最重要的财富，是他的职业“本钱”。因为，只有新闻界关系才会给组织带来大众传播的机会和好处。

五、社区关系

社区是社会组织赖以生存发展的基本环境。社区关系就是一个社会组织的区域关系，社区关系对象指本组织所在地的区域关系对象，包括当地政府、地方团体组织、左邻右舍的居民百姓等，是社会组织发展的根基。社区关系也称作区域关系、地方关系、睦邻关系。社区关系涉及所在地的政治、经济、文化、教育等各个方面。社区在地理上与社会组织密不可分，是社会组织的生存空间和根基。社区公众与组织有着共同的生存背景，与组织的关系千丝万缕，是一种“准自家人”的关系。如果一个组织连社区关系都处理不好，那么它就很难在社会上获得良好的声誉。良好的社区关系会直接影响社会组织的生存环境，影响着社会组织的公众形象。良好的社区关系是社会组织发展的重要基石，正所谓“千里之行，始于足下”。

发展良好的社区关系是为了争取社区公众对组织的了解、理解和支持，为组织创造一个稳定的生存环境，同时体现组织对社区的责任和义务，通过社区关系扩大组织的区域性影响。特别是对于经济类社会组织，需要注意以下几个方面。

1. 社会组织与社区建立良好的关系的关键是了解社区需要，有的放矢地积极参与社区的建设和活动。早在1994年，三星集团就成立了专门的社团关系项目办公室，目的在于通过实际行动支持和参与解决当地的问题。每年，三星集团为社区公益活动的支出都高达数千万甚至上亿美元，为自己营造出了良好的社区关系，也为自己的发展创造了良好的社会舆论。

2. 社会组织应尽可能避免或减少自身活动对社区其他公众正常活动的影响，如“三废”（水、烟、气）、噪音、安全等，社区公众对组织的某一种评价和看法又极容易经过口头传播，形成区域性的影响。这种区域性影响一旦为社区的公众媒介机构关注和报道，又会远播到外地，形成更大范围的影响。

3. 社会组织的一切活动都应立足于本社区，然后扩及外地，比如社区公众对于商业机构来说是最稳定的顾客，双方利益息息相关，直接影响到商业机构的生存和发展，是商业企业所依赖的“衣食父母”。

4. 尽可能使社会组织内非生产性、专业性的文化、福利设施向社会适度开发，使社区公众都能分享，这些能够体现社会组织对社区的责任与义务，为社区造福，为社区公众作贡献，在社区扩大社会组织的影响。

5. 积极承担社区内的公共事务或公益活动，才能取得社区公众的好感。社会形象是社会组织形象的重要组成部分，营造自身良好的社会形象，才能更好地提升社会组织的知名度、美誉度和和谐度。

6. 解决所在社区一定人员的就业问题。一方面，帮助社区成员就业，提高收入；另一方面从当地社区中吸收部分职工，能满足企业的用工需求。这种做法使得被招聘的企业员工成为既代表所在社区利益，又体现企业利益的群体，如沃尔玛承诺，沃尔玛每开到一个社区，就解决这个社区若干残疾人的就业问题。

六、国际公共关系

国际公众主要指组织在国际性活动中面对的不同国度和不同文化背景的公众对象，包括对象国的政府、媒介、消费者等。国际公共关系是指社会组织为增进公众的信任和支持，利用各种传播手段树立社会组织的良好形象，协调与社会组织有关的各种关系的活动。国际公众是一种跨文化传播与沟通的对象，涉及到与公共关系主体所在国不同的语言、文字、历史、风俗、社会制度和公众心理。任何跨国组织的公共关系，都具有这种跨文化的特征，受到对象国的政治、经济、社会和文化各方面的影响。发展良好的国际公共关系是为了争取国际公众和国际舆论的了解、理解和支持，为组织的国际活动创造良好的国际声誉和国际环境。

首先，发展良好的国际公共关系，是我国对外开放政策的需要。实行对外开放政策就必须加强双向的国际沟通，一方面努力地了解外部世界，另一方面努力地使世界了解中国，使中国走向世界。我们在政治、经济、文化等领域与国际的交流与合作不断增加，无论官方或是民间，都必须十分重视国际公众关系的问题。比如，发展外向型经济，与国际市场接轨，参与国际竞争，就要求我们的企业掌握国际公共关系的手段，一方面及时、准确地了解国际市场动向，了解对象国的政治、经济、文化、社会的特征，了解国外投资者、合作者或客户的信息；另一方面有效地向国际市场、对象国的公众传递自己的信息，介绍自己的产品和服务，提高自己的国际知名度和国际声誉。对外开放，无论是请进来，还是走出去，都需要良好的公共关系。每一次的涉外接待或出访活动，都会在不同的层面给国外公众对象留下或好或坏的印象，因此，让参与国际交往活动的各类组织都充分重视和运用公共关系，对于全面促进对外开放的健康发展具有重要意义。

其次，只有做好国际公共关系工作，才可能赢得国际公众的理解和支持。无论参与哪个领域的国际活动，都应设法争取舆论、争取朋友，努力塑造在国际上受欢迎的良好形象。这就需要在国际公共关系工作中，注意研究有关对象国的社会文化差异，尊重对象国的社会制度和宗教信仰，适应对象国的文化传统和风俗习惯，在信息传播和对外交往方面注意与国际惯例接轨，尽可能采用对象国公众易于和乐于接受的方式去进行沟通与传播，从而使国际性的政治、经济、文化活动开展得更加顺利、成功。

总之，国际公共关系工作需要重视所在国的政治、经济、文化和社会特色，遵守国际惯例，同时要维护国家利益，我们要本着相互尊重和平等互利的原则，了解外国公众的态度，了解并善于运用外国公众经常接触的新闻传播媒介，通过跨文化传播手段，使自己的有关工作更符合外国公众习惯，从而被他们所接受。

七、其他关系

除以上关系外，还有其他一些关系同样值得重视，如竞争对手关系、股东关系、名流关系等。

（一）竞争对手关系

与自然界竞争性质类似，竞争对手关系实则是同行关系，其法则也是“优胜劣汰”“适者生存”。同一行业面临诸如原料、资金、信息、技术、设备及销售等共同的市场因素，彼此间存在着利害关系，很自然就形成了竞争关系。在经济和社会发展逐渐国际化的今天，同行关系往往不仅表现为你死我活的竞争，同时还有建立在双赢基础上的合作关系，这一点正为越来越多的有识之士所采纳。

中国俗语说“同行是冤家”，就典型地说明了同行间的竞争关系。在激烈的市场竞争中，应坚持公平正当的竞争秩序，否则企业为了自身利益相互交恶，不仅破坏了公平的竞争环境，而且也破坏了公众舆论环境，在这方面，荣事达公司推出《自律宣言》，从而彰显了企业良好形象的案例，很有借鉴意义。在处理竞争对象公共关系时，应立足于化“竞争”为“合作”，以“竞争”促“合作”。

（二）股东关系

股东关系就是组织与投资者关系，多存在于营利性组织，但事业团体组织与赞助者、基金会的关系也可归入此类，股东是组织的财政支持者，为组织的发展提供经济基础。为了使企业股票能够顺利发行，企业公共关系部门必须对代理发行机构开展公共关系宣传活动，在寻找到较好的股票代理发行机构后，就要重点对有可能购买本企业股票的社会公众进行宣传。通过开展大规模的公共关系活动，帮助那些手中聚集一定闲置资金并打算用于投资的社会公众了解企业，对企业建立信任并最终产生实际的购买行为。

一方面，股东是企业的投资者，是企业的主人，他们的切身利益与企业经营状况的好坏息息相关。因此，企业有义务定期向股东汇报企业的经营状况、企业面临和曾出现过的重大问题。企业要定期向股东通报企业经营状况，以密切企业同股东的联系，通报内容主要包括：企业的方针、政策、发展目标、发展规划、经营计划；企业的资金流转状况、经营状况；股利的分配政策；企业面临的内外部经济环境的变异情况；有关企业的各种详尽的统计数字等。需要注意的是，在向股东传达有关企业经营信息时，不论企业经营状况好坏，都必须如实向股东告知，切忌报喜不报忧。

另一方面，企业公共关系部门要收集来自股东方面的信息，报告给企业有关部门或主管领导，这些信息主要包括：股东本人对企业及其产品和服务的意见和建议；社会对本企业的反映等。股东关系必须稳定已有股东，吸引潜在投资者，因此，必须注意尊重股东的主人翁意识、吸引和激励股东参与组织经营活动、保证股东应有的经济权益等。股东为了自身利益也要监督企业的经营活动，维护自身的合法权益。

（三）名流关系

名流是指那些对公众舆论和社会生活具有较大影响的人物，如工商界、金融界首脑人物，科学界、教育界、学术界的权威人士，文化、艺术、影视、体育等方面的明星，新闻出版界的名记者、名编辑。这类关系对象能在舆论传播中迅速“聚集”，影响力很强。“名人效应”是一种特殊的公共关系效应，这种效应是建立在良好的名流关系的基础上的。一个组织与社会名流建立起良好的关系，就能借助于名流的知名度“光环”，利用公众崇拜名流的社会心理，扩大本组织的社会影响，强化本组织的公众形象。知名度的形成起码需要两个条件：一是本身能够引起公众关注、吸引公众兴趣的实际内容（如人的显赫成就、产品的突出功效等）；二是足够大的传播规模和积累，从而形成公众舆论的热点，大众传媒的焦点。名流公众的主要特点是有极高的影响力，但缺乏稳定性。

1. 借助名流的知识和专长。社会名流往往见多识广，或是某方面的权威，组织能在与他们交往的过程中获得广泛的社会信息或宝贵的专业信息，无形中使组织增添了宝贵的知识财富、信息财富。组织与社会名流建立良好关系，可以充分利用他们的见识、专长为组织的经营管理提供有益的意见咨询。

2. 借助于名流的关系网络。有些社会名流与社会各界有广泛的联系，或对某一方面有重大影响，组织便能通过他们与有关公众对象疏通关系，扩大社会交往范围。组织与社会名流建立良好关系，能通过他们良好的社会关系网络为组织广结善缘。

案例 4.1　联合利华的政府公关

联合利华公司是世界上最大的跨国公司之一。“本土化”是联合利华公司在中国发展的最终目标。联合利华在全球执行同样的准则，即成为一个“本土化的跨国公司”。基于强烈的“本土化”愿望，联合利华公司1998年在中国的各项工作都围绕这一主旨展开。中国环球公共关系公司接受联合利华公司的委托，为联合利华策划并执行以推进“本土化”为目的的系列公关活动。

首先，中国环球公共关系公司围绕“利用公关手段推进联合利华本土化进程”的命题，进行有针对性的调查、研究。他们在对国家主管部门、专家学者、资深新闻界人士及业内人士进行访谈后得出结论：在当时的条件下，联合利华实现“本土化”的核心问题在于政府支持。建议联合利华以协调政府关系为突破口，在短时间内进一步优化联合利华在华经营的政策环境，同时，围绕协调政府关系的公关活动，进行必要的媒介活动，形成有利于联合利华的社会舆论环境，开启“本土化”之门。

为此，中国环球公共关系公司为联合利华树立了公关目标：完成高层与中国政府有关主管领导的沟通，借此机会表达联合利华在华长期投资的信心，阐明联合利华“本土化”战略的立场，同时在“本土化”过程中的关键问题上（如合作发展民族品牌、在华资产重组等）获得必要的支持。1998年6月10日，时任国务院总理朱镕基及上海市市长徐匡迪接见了联合利华两位总裁。联合利华在人民大会堂宴会厅举办丰盛的晚宴，两位总裁宴请中国有关政府机构的负责人、中方合作单位代表及社会知名人士。同时，两位总裁借此机会宴请在联合利华的退休员工，表达关爱之情。同日，联合利华出资200万元人民币，资助125名贫困大学生的学习和生活费用，并成功举办了捐助仪式。此次公益活动引起了新闻界的关注，产生了良好的社会影响。新华社和《人民日报》《光明日报》《科技日报》《北京日报》《北京青年报》《新民晚报》《文汇报》《解放日报》等媒体均以较大的篇幅对活动进行了报道。42家文字媒介、3家电视台的集中报道使整个新闻活动达到了预期效果。

案例 4.2 雀巢公司险遭灭顶之灾

雀巢公司是巨大的跨国公司，经营许多产品，经常有宣传机构对其某个产品的攻击，这样攻击不值得大惊小怪，但20世纪70年代末至80年代初，雀巢公司却因为一种有争议的婴儿奶粉险遭灭顶之灾。在雀巢公司产品中，有一种是供6个月以下婴儿的母乳替代奶粉。二战后，1957年发达国家出生婴儿440万，公司的销售也创纪录，但到20世纪70年代，发达国家出生率下降，于是公司把产品开发与销售转向发展中国家。

但在第三世界国家，由于卫生条件差，不少母亲文化素养也差，看不懂产品说明而滥用这种奶粉。不少贫困母亲从被污染的河中取水，奶粉与不干净的水混合，再装进未经消毒的奶瓶，有些母亲为了节省，还在奶粉（炼乳）中加水，使4个月大的婴儿只有够吃4天的食品。由于细菌污染、营养不良等原因，婴儿死亡率增加。1973年，智利用奶瓶喂养的3个月以下的婴儿死亡率是用母乳喂养的3倍，到70年代中期，雀巢遭到来自多个国家的抗议。1974年，英国一个叫“向贫穷开战”的慈善机构还出版了一本28页的小册子——《杀害婴儿的凶手》。国际上，尤其是1974年世界卫生会议和1978年的世界卫生组织，在各地登记“违规”的婴儿食品。

在这一情况下，雀巢只得改变一味对抗的态度，不仅主动检查自身的确存在的卫生问题等，还主动与新闻界“坦诚相待”，成立一个10人专门小组，成员有医学家、教士、群众领袖和国际政策专家，专门对公司执行世界卫生组织的规定情况进行监督，至80年代初，公司才逐步赢得人们信任。在这场危机中，公司直接损失4000万美元，而涉及其他产品的损失则超过4000万美元！

（资料来源　张岩松等编著：《公共关系案例精选精析》，经济管理出版社，2016）

案例 4.3 一张新钞

一位陌生的顾客来到一家银行的营业大厅，仅仅要兑换一张100美元的新钞，以作礼品用。该银行是世界上最大的银行之一，每天营业额在数亿美元，十分繁忙，但接待这位顾客的职员微笑地听完要求，并立即在一沓沓钞票中寻找；在这位顾客表示可以等候的情况下，职员又拨了两次电话，15分钟后终于从金库中找来一张新钞，并把它放在一个小盒中，同时附上名片，上面写着“谢谢您想到了我们银行”。事后不久，这位偶然光顾的顾客又回来，这次来是开设账户，在以后的几个月中，他先后存入25万美元。

案例 4.4 日本的对外文化渗透

20世纪70年代以前，美国民众对日本的印象不佳，不少大学老师也不愿开设关于日本历史等方面的课程。20世纪70年代末，日本通过向美国老师提供旅游的机会，开始它的渗透计划，使美国人怀着对日本人的爱慕和对他们技能的赞叹而返回。通过这次活动，大大提高美国教师讲授日本课程的热情。“好莱坞”是美国文化的重要象征，日本公司以34亿美元买下那里最大的哥伦比亚影业公司时，“美国梦”变成了“日本梦”，近年许多美国影片人物中，大多表现日本人的正义、精明、顽强、友好的正面形象，并随之传递到其他国家，与文化渗透伴随的是，日本商品、企业、技术等不断涌入其他国家。

日本的动画、漫画、文学作品在中国具有巨大的市场。日本文化进入中国的途径多种多样。例如，日本商品进入中国时把日本人细致的生活态度也带入了中国。另外，在渡边淳一等日本小说家的作品中，通过文学性的表达方式，向中国读者宣传了日本的观光胜地。

案例4.5　波音和麦道的拥抱

最好的防御就是进攻，防止别人“做大”最好的方法就是自己做大。1996年世界经济界发生一次“强烈地震”，排名世界第一的美国波音飞机制造公司运用133亿美元，兼并了有75年历史，总资产达122亿美元，排名世界第三的麦道公司。第一，麦道虽然曾3年两度拒绝波音的合并提议，但面对波音、空中客车的竞争，麦道一路失城割地，在世界民用客机市场上，麦道的市场占有量已从22%跌到10%以下。第二，麦道是世界最大的军用飞机制造商，70%的利润来自军用机生产，当五角大楼推出美国新一代战机——“联合歼击机”计划后，麦道踌躇满志出马应征，却意外铩羽而归。由于没能争取到这一庞大订单，麦道的市场占有量陡然变小，使麦道独立生存变得艰难。

案例4.6　北京奥运会的媒体公关

北京奥运会的媒体公关工作，对象之广泛、工作之复杂、任务之艰巨，迄今罕见。北京奥运会的媒体公关工作坚持“及时准确、开放透明、有序开放、有效管理、正确引导”的工作方针，把握新闻传播规律，运用现代传播技术，努力提高媒体服务的专业化、国际化水平，实现了“有特色、高水平”的目标。

1. 开放境外记者采访，兑现申办承诺。能否开放境外媒体报道奥运会，是整个奥运媒体公关能否取得成功的关键。为兑现承诺，实现开放办奥运，党中央、国务院果断决策。2006年11月1日，国务院发布《北京奥运会及其筹备期间外国记者在华采访办法》（477号令），按照国际惯例，以开放的姿态欢迎外国记者采访北京奥运会，此举得到国际社会广泛好评。

2. 及时发布和提供权威信息，满足媒体需求。信息是新闻之源，也是媒体立身之本。北京奥运会向媒体提供信息的方式多种多样，新闻发布会、新闻吹风会、集体采访、个别采访，以及电视发布、网上发布等，通过多种形式满足媒体需求。北京奥运会主新闻中心和2008北京国际新闻中心在奥运期间共召开自主设计新闻发布会134场次，平均每天在两场以上，内容涉及与北京奥运会有关的各个领域。

3. 提供采访线索，帮助记者完成报道任务。围绕“绿色奥运、科技奥运、人文奥运”三大理念，以“新北京、新奥运”为主线，根据记者需求发布信息，精心推荐记者集体采访的路线。对外界关注的一些问题，如城市治安和恐怖主义威胁、奥运场馆质量、奥运与民生、环境和空气质量、兴奋剂等，及时组织权威发布，澄清事实，以正视听。

4. 增强服务意识，为媒体采访提供方便。本着“善待媒体”的原则，北京奥运会媒体服务在硬件和软件两方面均达到一个新的水平。北京奥运会主新闻中心、国际广播中心和2008北京国际新闻中心，以建设“记者之家”为工作目标，为中外记者提供了专业化、人性化的媒体服务，提供了功能齐全、快捷舒适、充满人性关怀的工作环境。如，为一揽子解决境外记者来华采访遇到的各类行政审批问题，中央和北京市17个管理部门成立了“一站式”服务机构，受理境外记者来华采访涉及的30多项行政审批事项。

5. 高效率受理采访申请，尽力满足记者个性化采访要求。记者的采访要求能否得到满足，是做好媒体公关的一个重要环节。为做好记者采访申请的受理工作，工作在一线的同志按照“有求必应、有应必备、有备必给、有给必快”和“不拒绝、不应付、不回避、不耽误”的原则，对所有的采访申请做到件件有答复，件件抓落实，实现“零拒绝”。

6. 加强做国际主流媒体工作，争取其发出更多客观报道。北京奥运会筹备期间，有计划地邀请西方主流媒体的负责人和名记者、专栏作家来华访问，精心组织接待工作。奥运会期间，邀请了86位外国主流媒体负责人参加开幕式，取得了良好效果。为了加强与境外媒体的项目合作，制作了中国国家形象广告在CNN、BBC等西方主流媒体上播出，并在《华盛顿邮政》上刊登宣传中国的广告，同时，加强与美国、欧洲、日本等国家和地区的著名电视机构的合作，与其联合制作一批反映我国经济发展、社会生活、历史文化和有关奥运筹备等内容的影视节目。奥运会前，还邀请英国、法国、意大利、伊朗等四国和中国香港地区的5名知名导演来京拍摄了5部城市宣传片。

（资料来源　王国庆：《北京奥运会媒体公关与城市形象塑造》，国务院新闻办公室网站，2009年8月7日）

案例 4.7　深圳大亚湾修建核电站

20 世纪 80 年代末期，中国政府经过科学的分析和调查，决定在深圳大亚湾修建一座核电站。然而建设之初，工程指挥部对外封锁消息，关起门来搞建设，未向大亚湾及周边社区（包括香港）的公众进行有关核电知识的介绍和宣传，公众被蒙在鼓里，处在潜在公众的位置。1986 年，苏联发生了切尔诺贝利核电站爆炸的事故，造成了严重后果，这一与人类生存攸关的重大问题引起了世界各国人民的广泛关注。我国在大亚湾建核电站之事也成为香港各界公众的热门话题，潜在公众发展成为知晓公众。然而我国政府这时仍未开展积极有效的公关活动向香港公众进行正确宣传，因此，反对在大亚湾修核电站逐渐成为一股社会舆论。香港公众组织了反核的专门机构，发起了香港各界 100 万人的签名活动，并派出请愿团赴京请愿，将签有 125 万香港公众的请愿名单送至北京。知晓公众发展成为行动公众。而这时核电站的工程建设已经开始，工期拖两天，就会给国家造成 100 万美元的损失。工程指挥部经过分析，认识到风波产生的原因在于我们对大亚湾核电站的修建缺乏宣传，香港公众不了解情况而产生了误解，处理此事应采取公关宣传软处理的方式，于是指挥部门采取如下对策：第一，立即组建核电站公关处，由一位高级工程师任处长，以增强公关宣传的针对性；第二，通过新华社、中新社等新闻媒介，如实报道苏联切尔诺贝利核电站核爆炸事故调查及救援工作开展的情况，并及时详尽报道了调查结果，并指出是由于操作人员操作不慎所造成的，而非技术问题；第三，由具有权威的核科学家和核电专家在香港举办关于核电知识的讲座；第四，组织香港人士参观大亚湾核电站基地和设施，增加工程的透明度。通过以上公关活动的开展，一场轩然大波终于平息了。

（资料来源　熊源伟主编：《公共关系学》，安徽人民出版社，2015）

案例 4.8　美国麦当劳公司的内部公共关系

美国的麦当劳公司现在是世界快餐业中最大的公司之一。自 1955 年创立以来，麦当劳苦心经营，不断发展。现在的麦当劳在美国汉堡系列食品市场上有 42% 的份额，品牌价值超过了 200 亿美元。麦当劳公司一直非常重视内部公共关系，为在企业内部创造一种积极向上、开拓进取的精神风尚，麦当劳不重学历、资历，重在表现。麦当劳连锁分店每年举办岗位明星大赛，全世界举行各地岗位明星比赛，经理必须从普通员工做起，这样，一方面增长了管理人员的真才实干，另一方面又给了最基层员工实现自身价值的机会。表现好的管理人员被送到芝加哥汉堡包大学，系统地学习作为一个经销商或餐厅经理经营餐厅的专门技术知识。

现在的竞争，说到底是人才的竞争。员工素质的不断提高、才干的不断增长是组织的巨大财富，它保证了组织的生机与活力。麦当劳除了给员工创造更多深造、晋升的机会外，还很重视在内部建立“麦当劳”大家庭的观念，创造和睦的大家庭气氛。在麦当劳无长幼尊卑之分，所有员工都互称名字；记住每个员工的生日，并根据员工的情况给予一定形式的祝贺。员工在麦当劳有一种不是家庭胜似家庭的归属感，其强大的凝聚力不言自明。另外，麦当劳很重视员工外观形象的塑造。为了吸引顾客，麦当劳让每一位员工都穿上有明显花纹的制服。员工的服务态度也是一流的，只要你推开麦当劳的大门，就会听到亲切的“欢迎光临麦当劳”的问候，笑容始终在员工的脸上，让你总有宾至如归的感觉。

（资料来源　中华文本库网站：《公共关系学案例》）

案例 4.9　《荣事达企业竞争自律宣言》

1997 年 5 月 18 日，荣事达集团曾在国内一些大报上以整版广告的形式推出了《荣事达企业竞争自律宣言》（以下简称《自律宣言》），据称这是中国第一部“自律宣言”。在广告刊出后，中国轻工总会和家电协会向全行业转发了这份宣言，并为此召开了一个专门会议，推广“自律宣言”；《经济日报》用了一个版面的篇幅，不惜浓墨重彩，为荣事达的“自律宣言”鼓掌欢呼；随后，中央电视台《焦点访谈》也做了跟踪报道。一时间，“自律”风吹遍大江南北。

当荣事达总经理被问及为什么会有《自律宣言》这个创意时，这位领导人开始推销其“和商理念”。在荣事达的企业文化中，“和商”是整个企业管理的精神基石。他们将此概括为四句话：“相互尊重，相互平等；互惠互利，共同发展；诚信至上，文明经营；以义生利，以德兴企。”荣事达副总经理说：“‘和商’是中国商人生意经的精髓，是所谓‘和气生财’‘买卖不成仁义在’‘义利并重、以义生利’。”一个“和”字，浸透了中国商业文化的原汁原味。把“和商”的理念延伸到今天的市场竞争，其实就是有序的良性竞争，这与现代“双赢”观念不谋而合。

同行交恶是引发“自律宣言”的直接原因。荣事达的副总是“自律宣言”的幕后策划人。他说触发他搞这次行动的灵感，缘于 1997 年家电业恶性竞争的多起案例，这些竞争对市场、对同行、对自身都伤害甚重，企业和社会都付出了较为沉重的代价。在许多恶性竞争事件中的主角都是如雷贯耳的国产名牌，他们的恶性竞争使“荣事达”认识到，当前最让企业感到痛苦的就是由卖方市场转向买方市场之后爆发的恶性竞争，如果发出一份“自律宣言”，一定会博得满堂喝彩，政府也会站出来支持这件事。“自律宣言”是一件很有意义的事情，轻工业进入市场比较早，绝大多数产品靠市场这只无形之手来调节。市场竞争的有序进行，需要与之相适应的道德秩序，需要企业的道德自律。荣事达公司恰逢其时之举，无疑是做了一次漂亮的形象宣传。

思考题：

1. 公众的特点有哪些？
2. 你是如何认识公众类别的？
3. 请结合案例分析公众心理与行为的关系。
4. 内部公共关系的目标有哪些？如何达到这些目标？
5. 对象公共关系的类别有哪些？你对什么样的类别最感兴趣？为什么？
6. 为什么员工关系是一个社会组织最基本的关系？
7. 企业如何与顾客建立良好的关系？
8. 如何利用名流公众提升社会组织的知名度？

第五章　公共关系传播

本章概要：

公共关系就是利用信息传播手段，通过组织与公众之间双向的信息交流，达到塑造组织形象的目的。公共关系活动是利用信息传播这一特有功能达到社会组织的目的。公共关系参与社会组织管理活动的过程，实际上就是运用信息传播手段的过程。公共关系本质上是一种信息传播活动。

本章主要介绍了信息传播的基本原理、公共关系信息传播的基本理论、公共关系信息传播的主要手段及其功能。

第一节　信息传播的基本原理

控制论的创始人诺伯特·维纳曾经说："传播是社会的黏合剂。"确实如此，没有了信息传播，也就没有了社会，因为传播将人联系在一起形成了社会。

一、信息传播的含义及其特性

（一）信息和传播

什么是信息？最浅显的解释：信息是指具有新内容、新知识的消息。事实上，信息原是自然科学的概念，由美国贝尔电话实验室工程师、狭义信息论的创始人申农在1948年出版的《通讯中的数学理论》一书首先提出，后广泛被应用到社会科学，成为与物质、意识等概念同等普通的范畴。作为自然科学范畴，信息是一个可以度量的概念，因此申农的定义是：信息是“两次不定性之差”。信息的含义，不同学科给予它不同的解释，但有一点是共同的，即信息必须通过传播才能实现。我们给信息做一个简单的描述：信息是构成世界的基本要素，其显示事物的存在状态与变化趋势，就人类而言它是消除事物中或事物间任何不确定性因素的东西，包括消息、资料、情报、数据、图像、知识、思想等。

“传播”一词来自英语，英文“Communication”即“传播”，传播是一种信息方法，即借助于信息的获取、传递、加工和处理揭示研究对象的性质和规律。传播的内涵很丰富，因此出现了众多传播的定义。从本质上讲，传播是传递、输送、沟通、交流信息的意思，同时，它还包含着一个分享信息的含义在内。信息的范围很广，包括人能感知和传达的一切，包括消息、意见、观念、知识、资料、数据等。这里的传播是社会的传播，自人类诞生以来就产生了传播行为，传播是人类社会赖以生存和发展的前提，凡是人类传递、接收、交流、分享信息活动的过程，都可以称之为传播。它泛指人类信息交流的关系和全部活动，包括三层含义。

1. 信息的传递，即传播者通过一定的方式和工具将传播内容传递给信息的接收者。

2. 双向互动，即受传者将收到信息后引起的反应，又以传播者的角度反馈给对方，以形成下一次传播过程，这样构成了双向交流、互传信息、相互传递和反馈的循环交流过程。

3. 信息的共享，由于双方的信息沟通使人类在传播的同时取得了一致的认识、理解和帮助，从而形成共识和行动。

（二）信息传播

经历了农业文明、工业文明后，人类进入了信息社会。信息作为标志生产力发展水平和驱动生产力发展的因素，越来越显示出它的决定性意义。在现代信息流动的社会中，人们面对大量的信息发送、接收和处理，其对象是庞大而无限的，所传送的信息也需要大量地复制，为此信息传播业飞速发展。因此，传播和信息这一对相辅相成、相互依存的两个概念，不仅有时代感，而且有决定性意义。这两个同等重要的概念是相互联系而存在的，信息必须进入交流过程才有价值，信息的交流过程就是传播；传播同时又必须依赖信息内容，没有内容的传播活动是不可思议的。所以，交流的信息和信息的交流，即信息和传播的关系就如同一张纸的两个面，无法分开，我们有理由把信息传播作为一个固定词来看待。当然，我们又常常将信息传播简称为传播。重视信息就必须强调传播，传播有着无比的重要性，对于任何一项工作，包括公共关系工作在内也是如此。

（三）信息传播的特性

信息传播作为人类社会生活的基本手段，自身所特有的属性主要表现在以下几个方面。

1. 综合性。信息传播是人的主观感受借助客观手段加以传递的一种活动，它既有传播者的主观愿望，又有其所借助的客观媒介，不管什么样的思想、哪一方面的信息，都须依赖一定的物质媒介，诸如有声或无声语言等。传播是人各种主观愿望和客观手段的结合体。

2. 普遍性。对于人而言，信息传播行为无处不在、无时不在，它是人类联系、历史传承的基本前提。没有它，社会、国家、群体的概念就不存在。

3. 社会性。信息传播是人与人联系的唯一方式，它是社会的黏合剂，因此它是人们为维持社会生活而进行的一种结合行为。它对人的价值在于建立社会联系、形成理解、完成团结和帮助。

4. 工具性。信息传播是人们联系的纽带，因而从本质上是为人的生存服务的。它用来监测、适应和改造社会，所有的传播内容和方式手段都是为人们具体目的服务的。

5. 互动性。信息传播活动始终伴随发出与反馈，反馈从逆向角度也是一种传播，因此传播是一种双向的、互动的、循环的作用过程。

6. 符号性。信息的传播是物质形式的，任何主观的思想，必须依托一定的客观形式，才能实现传播，因而使用各种符号，实现交流，就成了传播形成的必要条件，离开了符号，就没有传播。符号又称码，传播过程的符号选择、传递、还原为主观信息的过程，就是一个从编码到输送再到译码的过程。

二、信息传播的重要性

人类的生活包括物质需求和精神需求两个方面。衣食住行是我们的物质需要范畴，而交流和了解，则属于精神需求的部分。无论是交流还是理解、沟通，都必须依赖传播才能得以实现。因而，传播成为人类精神生活得以存在和发展不能回避的概念。信息传播的作用无疑是强大的，其重要性主要体现在以下几个方面。

（一）信息传播是生产力的标志

传播行为是人类与生俱来的，人来到世上的第一声啼哭、人们的交往以及脑中的自我对话都是传播的一种，传播随时随地存在。作为人类与生俱来的基本能力，传播在人类生活的各个阶段，都起着至关重要的作用。

传播与人类的生产劳动有着密不可分的关系，生产和交往、劳动和传播有着明显的主从关系。

历史唯物主义表明，劳动创造了人，人的最基本活动是劳动。生产劳动是第一性的，传播是由于生产劳动的需要而产生发展的，是第二性的，即所谓劳动创造了语言，劳动决定了交往。在生产和交流当中，传播与劳动的关系是人们物质关系的产物，思想、观念、意识与人的物质交往联系在一起，是物质活动的直接结果，由劳动产生交往、由交往产生语言，所有这些都是传播的前提。马克思在《资本论》中明确地提出在产业部门中，信息传播具有生产力的属性，是生产力的一种。

（二）信息传播发展推动社会进步

由于传播的生产力性质，传播就有了推动生产、促进社会进步的功能。事实证明，每一项传播工具的改进，都影响了人类文明的进程。语言的出现，是人类出现的标志之一；文字的产生、使人类能够超越时空，在更大范围、更多层次上实现交往和帮助；造纸术的产生，印刷术的出现，都决定和改变了文明进程，甚至改造了世界政治的格局。伴随传播的地理发现、环球贸易，更是带来了人类工业和现代文明。时至今日，信息交流的发展使全球一体化，人类生活在一个越来越清晰、明确的环境中，所有这一切都伴随传播的作用，并且以传播水平作为最明显的标志之一。一个国家和地区的传播水平，也就是这一地区文明和发达的基本程度。

（三）信息传播是教育的基本手段

中外学者一贯重视“传播”的教育功能。人类的文化、思想和认识成果，只有依靠传播才能加以继承和保存。传播可以“化性起伪”、形成人格。我国春秋时期的教育家、思想家孔子就认为传播不仅是传递知识的唯一手段，也是培养人的最重要方式，他说：“性相近也，习相远矣。”王夫之说：“性者天道，习者人道。”他们都强调了人先天本性的相近和后天传播不同造成的人在道德和知识上的重大差异。西方传播学者也认为，教育的基本方式，也是唯一的方式是传播。他们提出传播是人格与社会的建筑材料，它是区别人类社会与其他动物社会的标志。美国传播学者戴维森和费莱德里克就强调，传播在社会中不仅是个人与个人之间、个人与群体之间、集体与集体之间信息的传递和交流，同时也是人格和社会的建筑材料，即传播形成了人格、传播形成了社会、传播传承着人类的一切文明和成就。

三、传播的要素

传播的核心是信息，任何一个传播活动的形成，必须具备相应的必要条件，这些构成传播活动的必备条件，我们称之为要素。传播的要素究竟包括哪些，古往今来，许多学者对其进行了探索和分析。古希腊的亚里士多德在其《修辞学》里就通过分析，得出了传播的三个要素，他提出在演讲过程中，离不开三个方面，即演讲人（传播者）——演讲稿（讯息）——听讲人（受传者）。1926 年美国政治学家哈罗德·拉斯维尔在他著名的论文《社会传播的结构与功能》中提出了关于传播的五要素公式，即有名的“拉斯维尔公式”。这个公式认为任何一个传播过程都可以分解为五个部分，这五个部分他称为五种分析，它们包括：（1）针对传播主体的控制分析；（2）针对传播信息的内容分析；（3）针对传播媒介的工具分析；（4）针对传播对象的受众分析；（5）针对传播效果的效果分析。

根据以上五种分析，拉斯维尔得出至今为传播学公认的传播要素理论，即5W 理论：谁（Who）——传播主体；说什么（Says what）——传播内容；通过什么渠道（In which channel）——传播媒介；对谁说（To whom）——传播对象；产生什么效果（With what effect）——传播效果。因为这五个要素的英文表述各有一个以 W 打头的疑问词，因此，这个 5 要素理论也叫 5W 模式。通俗地讲，我们也可以将这 5 个 W 描述为：

（1）传播主体——信源——发出者——传播者；

（2）传播内容——信息——编码；

（3）传播媒介——渠道——工具；

（4）传播对象——受众——信宿；

（5）传播效果——反馈——影响。

除了以上一些要素外，事实上，传播还始终离不开一些其他因素，如译码、干扰、共同经验范围、环境等因素。

译码：它是指信宿找到信息后，将信息符号译成自己理解的内容。

干扰：干扰又称噪音。它是指传播过程中放大或缩小信息量使信息失真的因素，它常常无处不在。

共同经验范围：它是指传播者与受传者之间共同能理解的约定俗成的规则，即“共同语言”。毫无“共同语言”的人无法实现传播。

环境：它是指传播存在的时空条件、物质条件和社会条件。

四、信息传播的发展和演变

信息传播的发展就如同人类的发展一样，经历了漫长的历史演变过程，这个过程是伴随着传播技术的不断改进而发展起来的。我们把迄今为止的人类传播活动划分为四个历史阶段，即口语传播阶段、文字传播阶段、印刷传播阶段、电子传播阶段。

（一）口语传播阶段

口语是人类传播所使用的第一个媒介，也是人类传播史上的第一个发展阶段。口语传播的优势很明显，形象、生动、直观，但是它也有无法克服的局限性，由于声音稍纵即逝，使这一传播形式在时间上无法久远、空间上无法广远。

（二）文字传播阶段

文字是人类传播史上的第二个发展阶段。人类创造了文字以后，就使信息的内容打破时空限制能够异时异地保存。但是文字的使用有一定条件的限制，即传播者和受传者都要具备一定的文字识别能力，同时文字的使用还需要书写材料等物质条件。世界上不同的民族文字产生的时期不同，有的很早，大约在公元前六七千年，有的一直没有系统的文字。

（三）印刷传播阶段

印刷传播阶段是人类传播活动的第三个发展阶段。这个阶段以印刷术的发明为标志，以印刷技术的普及为展开。中国唐代就出现了雕版印刷，到了11世纪，中国宋代的毕昇发明了活字印刷术，这是人类信息传播方式的一次革命。15世纪德国工匠古腾堡改进了活字印刷，制造出金属活字，成为传播发展史上的里程碑。从此，书籍的大量印刷、报纸的出现、杂志的兴起成为可能。人类的传播在数量和速度上实现了飞跃。

（四）电子传播阶段

从20世纪初到现在，人类发现并掌握了电讯技术后，随着电报、电话、广播、电视、录音、录像等一系列电子传播媒介的使用和普及，人类信息传播速度空前迅速，范围空前广泛，内容空前丰富。信息的复制、扩散和保存能力也空前增强。迄今为止，电子传播媒介已经发生了三次飞跃：一是20世纪初的广播；二是20世纪中期的电视；三是20世纪末的网络。联合国教科文组织1998年已经正式将网络命名为“第四媒体”，即报刊、广播、电视、网络。在这四种媒体中，有三种是电子媒介。

五、信息传播的主要类别

人类传播的方式多种多样，按照不同的分类标准，可以将信息传播分为许多不同的类别。根据信息传播主体的不同，可以分为自身的、个体的和组织的；根据信息传播媒介的不同，又可分为人际的和大众的、实物的和行为的；根据信息传播效果的不同，又可分为正值的、负值的和零值的。无论哪一种分类，都可以将信息传播在不同条件下加以区分。通常使用最有效的分类手段是按照信息传播的范围进行分类，它将传播分为以下五种。

1. 内向传播，也称自身传播、自我传播。它是指人的自我信息活动，是一种发生在自身内部的传播过程，如由感性到理性的思维活动。

2. 人际传播是指个人之间的信息传递。人际传播又称人际沟通，具体地说，是个人与个人之间借助语言符号和非语言符号而彼此交流信息、沟通情感、协调行为的社会活动。一般地说，它有两种方式：一种是面对面的交谈，另一种是通过中介进行的信息沟通。

3. 群体传播是指社会群众之间的信息活动，它是在群体成员或群体之间发生的传播行为。整体上讲，群体传播专指一定数量的人按照某种聚合方式，在一定场合进行意见交流活动。

4. 组织传播，专指社会组织，如政党、机关、团体、企业、事业、军队等固定组织内部的信息交流活动。组织是一个通过协调活动来达到个人和集体目标的社会集合体，必须依赖其自身的交流，没有这种传播就没有组织存在。

5. 大众传播是指传播对象是无限范围的传播，具体地说就是利用大众传播工具（其中包括报纸、期刊、书籍等印刷传播媒介和广播、电视、电影、网络等电子传播媒介）的信息传播活动。大致上讲，它可以分为四层含义：（1）为数众多的传播者；（2）规模庞大的传播机构；（3）大批复制的传播内容；（4）人数众多的受传者。

六、信息传播的主要媒介

信息传播媒介有两种含义：首先是指传递信息的手段、方式或载体，如语言、文字、报纸、广播、电视、电话等；其次是指从事信息采集、加工、制作和传播的社会组织或传媒机构，如报社、出版社、电台、电视台。为了区别，我们把前者称为媒介，把后者称为媒体。

作为信息载体的媒介，主要有两大类：一类是视觉媒介（即作用于人眼睛的媒介，如文字、图像等）；一类是听觉媒介（即作用于人耳朵的媒介、如口语、广播等）。无论是视觉的，还是听觉的，它们都以不同的物质形式负载，用声音传递的是口语媒介，用印刷品传递的是印刷媒介。目前，在人际交往中最常用的是口语和文字媒介，在大众传播中使用最高，数量最大的是印刷和电子媒介。

（一）口语媒介

口语媒介是以人发出的生理语音为信息载体的符号体系。口语的出现是人类进化历程中的一大飞跃，也是人类传播活动的一次巨大变革。口语符号是人最基本、最实用的符号系统，人类的大部分日常交流借助口语完成。因为它是一套构成最为严密、表意最为准确、使用最为便利的符号系统，也是人最重要的交际工具。由于人的口语符号是声音，声音由发音器官自由控制，所以口语可以张口就说，这是它的优势，也是它成为最重要交际工具的原因。同时使用广泛的口语有约定俗成的全民性、社会性。对语言符号的含义，社会的每一个成员都有大致相同的理解，这是它作为全民交际、相互沟通所必须有的特性。

（二）文字媒介

文字媒介是以书面符号为信息传递工具的符号体系。口语的出现，使我们的远祖完成了从动物到人的转变。文字的发明，使人类由原始走向文明。文字使信息能够保存和广泛而久远地传递，使不同时代和地域的人进行交流和对话，由于它的存在和传播作用，人类才有了历史和发展，有了传统、教育、国家、文明等概念。

（三）印刷媒介

所谓印刷媒介有广义和狭义两种理解。广义的印刷媒介泛指一切印刷品；狭义的印刷媒介主要指报纸和书刊。它造价低廉，便于保存。

1. 报纸。报纸是以较短的定期间隔连续向公众发行的散页出版物。

2. 期刊。期刊指有固定刊名，以卷、期、号或年、月为序，定期或不定期连续出版的，汇编多篇作品的印刷读物。

3. 图书。图书是独立成册，单独出版的印刷物，也有以成套丛书形式出版发行的。

（四）电子媒介

所谓电子媒介，是指以电子技术和设备为信息传递手段的媒介。目前，被广泛使用并且影响巨大的电子媒介主要是广播和电视。

1. 广播。广播也有广义和狭义两种理解。广义的广播泛指向广大地区或人群传送声音与图像的大众传播手段，包括电台声音广播和电视图像广播两种；狭义的广播单指声音广播。我们目前把电视广播称为电视。

2. 电视。电视，即电视广播，它是通过无线电波或导线向广大地区或一定区域传送声像内容的大众传播媒介。

3. 互联网。互联网始于 1969 年美国的阿帕网，是网络与网络之间所串连成的庞大网络。这种将计算机网络互相连接在一起的方法称作“网络互联”，在这基础上发展出覆盖全世界的全球性互联网络称互联网。互联网的传播速度和内容大大超越了其他媒体。

电子媒介最显著的优势是传播速度快，传播范围广，拥有庞大的传播对象群体。但它最大的不足是线性播出，保留性和选择性都很差。

七、信息传播的基本方式

信息传播理论除了传播活动包含的基本要素和使用的主要媒介外，其核心内容还有信息传播的历史、研究方法、技巧等内容。然而，信息传播在社会中的具体运用是其价值体现的最直接形式。信息传播除了具体的媒介形式外，还体现为具体方式，主要包括三个方面，即舆论方式、广告方式和民意调查方式。

（一）舆论方式

社会传播的大量实施和多次重复，会造成一种直接的后果，即社会舆论的产生。所谓舆论是指广泛流行的，消除个人观念误差的多数人的共同意见。传播是社会舆论形成的渠道，又是社会舆论的载体。群体传播形成群体舆论，组织传播形成团体舆论和政党舆论，大众传播形成公共舆论和阶级舆论。

（二）广告方式

广告顾名思义，就是广而告之。广告也有广义和狭义两种理解。广义的广告是指广泛传播的内容，包括一切宣传、口号、照会、启示等；狭义的广告专指商品广告，也称为经济广告，这是推销企业产品的手段。传播的广告包括这二者。事实上，广告是一种特殊的大众传播形式，它是商品经济发展的产物，也是传播事业发展的催化剂。没有广告，商品不能扩大知名范围；没有广告的商业刺激，也不会有广告的飞速发展。广告是大众传播活动中一个重要的社会形态和组成部分。因此，广告的发展与传播媒介的发展和进步紧密联系在一起，现代广告随着传播的发展而繁荣。

（三）民意调查方式

民意调查也称民意测验。民意就是民心、公意，是社会上大多数成员对与其相关的公共事务或现象所持有的大体相近的意见、情感和行为倾向的总称。它是一切社会机制赖以运行的基础，它最多的呈现在政治管理和公共关系当中。民意可以决定一切、创造一切，也可以毁灭一切。它决定着社会规模，左右着社会性质，包括生产、流通、观念、意识。从本质上讲这些都是传播造成的。

第二节　公共关系信息传播的基本理论

公共关系信息传播是以实施公共关系行为，展开公共关系活动，达到良好公共关系状态而进行的信息传播活动。公共关系运作的每一个方面，都离不开信息传播活动。公共关系和信息传播二者存在着相辅相成、互为一体的密切关系。

一、公共关系与信息传播的关系

（一）信息传播是公共关系确立的基本前提

公共关系的实质就是社会组织运用各种信息传播手段，在其内部和外部形成双向的信息流通网络，从而不断地改善管理与经营，完善自身的形象，为自己所存在的社会传达和确立一种良好的、可信赖的形象，从而赢得公众的信任与支持，取得自身效益与社会整体效益完美统一的政策和行动。这种公共关系活动作为一个组织为提高自身的知名度和信誉度，争取公众舆论支持而有计划地开展的各类活动，其直接的手段是依赖信息传播，通过信息传播过程而完成。没有信息传播作用其中，任何公共关系都无法建立，更谈不上确立组织自身的形象。同时社会组织为了使建立的公共关系始终处于一个良性的状态中，就必须在信息传播的实施和手段上下功夫。因为一个组织所处的社会关系和社会舆论状态，也就是这个组织在内外公众心目中的现实形象，组织与其相关公众之间的关系是亲近，还是疏远；是融洽，还是紧张；是合作，还是对抗等等，这些都和在公共关系过程中传播使用的成功与否有直接关系，甚至可以认为，公共关系的实施过程，就是传播的实施过程。

（二）公共关系极大地丰富了信息传播的内容，加速了传播工具的发展

现代公共关系虽然借助信息传播展开，但在它产生和大规模兴起的近百年历史中，公共关系成为经济组织经营管理的重要组成部分，借助于经济的手段这种社会最强有力的基础力量，使传播手段得到前所未有的飞速发展，也使传播内容由原来的政治、意识形态和文化教育迅速扩展到以传递经济信息为主上来。早期公共关系活动的传播手段主要是新闻报刊。随着现代科学技术的发展，广播电视的推广和应用，特别是以企业为主的现代公共关系组织所进行的公共关系活动，大都使用先进的技术、现代化的传播手段作为传播工具。这不仅扩大了公共关系活动的范围，而且大大提高了活动效果。与此同时，公共关系使传播技术水平因它所依托的经济后盾而大幅提高，无论是制作和传播的技术、技巧、手段和方式都有了前所未有的变化。在内容方面，公共关系在不同国家又不断地同各民族的传统文化、价值观念、风俗习惯以及特殊的社会心理有机结合，构成了丰富、生动、新颖的传播内容体系。所有这些都使传播得到有力的推动和发展。

二、公共关系信息传播的作用和主要种类

（一）公共关系信息传播的作用

从社会组织借助公共关系的目的看，主要目的即获取社会组织的内外

信息、加工信息、传播信息，从而达到确立、巩固组织形象等作用。在特定条件下，公共关系还必须借助传播达到矫正形象的作用，具体说，信息传播对社会组织的作用与功能体现在以下几方面。

1. 信息传播可以使公共关系主体准确把握内外环境的真正情况

公共关系中的信息传播，首要任务就是搜集信息，以作为社会组织了解自己、了解公众的前提条件，只有这样，才能准确地确立组织形象。对于营利性社会组织，可以很好地为经营服务活动定位，同时包含对社会组织在公众中的形象等信息反馈，以便及时调整，特别是在社会组织出现意外情况时，信息可以使主体及时矫正形象。

2. 信息传播可使公共关系主体增强选择能力，从而提高决策的可行性

对一个社会组织而言，其目标实现程度往往取决于对信息的把握程度，但把握信息的过程，不是信息的简单叠加，而必须加以选择、整理。应该说，一个只能获取信息而不能加工信息的公关机构或人员，是不合格的，有不如无，因为无序的信息太多，反而不利于决策。合格的公共关系活动，应是把握信息、整理信息和根据信息进行归纳建议的过程。

3. 信息传播可以使公共关系主体的预定目标易于实现

通过各种传播媒介向内、外公众宣传信息，以达到“内求团结，外求发展”的目的，应是公共关系信息传播的应有之意，也是公共关系的主要内容。

（二）公共关系信息传播的主要种类

正如前面所述，传播的种类多种多样，在实施公共关系的活动中，公共关系的传播主要是在群体或组织之间的传播，因此公共关系的传播主要依赖人际传播、群体传播、组织传播和大众传播。

1. 人际传播

人际传播又称人际沟通，它是个人与个人之间的信息沟通。这是最常见、最普遍、渗透人类生活一切方面的最基本的传播方式。公共关系工作人员利用人际传播方式，并不意味着是一种私人性质的交往活动，而是作为一个社会角色和组织的代表来从事人际传播活动的。

人际传播具有以下一些明显的特征。

（1）随机性。人际传播通常是面对面的信息交流，传播者可以随时得到受传者的反应，及时调整传播的内容、态度和方式，并且随时明确自己的传播效果和直接影响。

（2）灵活性。人际传播是随时随地的传播，无论在时间和空间上，都有很大的自由度，可以及时调整、见机行事。

（3）针对性。人际传播因为是针对具体对象的，所以往往目标明确，

可以根据不同的具体的个人和具体的环境展开传播。

（4）情感性。这是就面对面的人际传播而言的。在这种情况下，人与人的传播可以察其颜、观其行，而且表现形式灵活多样，加之表情和动作，很富有人情味。对受传者而言有身临其境的感受，双方形成共鸣，产生共识，很容易被感化、被激发。

（5）快速性。这是就人际传播的反馈而言的，在这种传播中，每一个个体既是传播者，又是受传者，一方发出信息的同时也接收对方的反馈，反馈本身就是一种传播，反馈出现后，紧接着再形成下一轮传播与反馈，每一次互为传播与反馈的传递是双方的、及时的、连续而紧密的。

（6）局限性。人际传播具有个体性，人为控制很强，虽然个性突出了，但传播内容的容量变小，传播面十分有限，使传播的影响力也很有限。

另外，人际传播还具有参与的双向性（传播者和受传者互相传播）；传播符号的多样性（可使用口语、体语、服饰语等）；主观的制约性（个人之间进行传播受个体信息量少的制约）等。

2. 群体传播

群体传播是发生在社会群体中一种自发的传播活动。它主要包括小团体传播和公共传播两个基本类型。

（1）小团体传播

小团体传播也称小组传播，这种沟通主要是介于人际传播和组织传播之间的一种传播形式，即群体内的人际沟通活动。例如小组讨论、小组座谈、小组聊天、总结等，这种传播一般采用民主的方式，没有约束和强制性质。小团体传播具有以下明确的特点。

第一，沟通总是在特定的群体内进行。小团体的沟通活动是很有限的，范围也很具体。往往其活动的性质、内容、方式与团体本身的性质特点相一致，有与其他团体的明确界定。

第二，沟通的意见个性化。小团体的传播本质上是以人际传播为基础的。它方式灵活、手段多样、反馈迅速，相互比较容易交流。同时每一个传播者都传达着最原始、最本质的个人意见。公共关系工作人员常常要用这种小范围的传播形式，可以说这种小团体的传播是公共关系无法回避、必须依赖的基本传播形式。

（2）公共传播

公共传播也称公众传播，一般是指一个人对多数人的传播，也称之为公开传播。这种传播通常是一方发出信息，多方接收信息的传播过程，传播对象是一个相对大的有限传播范围，传播的内容一般是一些需要及时公布和公开的公共信息，这一形式的信息传播速度快、范围广。

作为公共关系传播主体向相对集中的、较大的公众群体所进行的传播，公共传播总是利用公众广泛参与的某种活动形式，对公众实现多媒体的现场沟通，例如，组织大型集会，进行公众演讲，组织大型演出活动、竞赛活动、展览活动、开放参观活动、各种专题和节目庆典活动等。这些都是公众传播，其特点如下。

第一，面对相对集中的、参与者是较大的公众群体。公众传播的范围远远超出一般人际传播和小团体传播，涉及比较广泛的公众层，但各部分公众又因参与同一活动而相对集中。

第二，传播者与公众的大规模现场参与。传播对象多是此种传播的最大特点，同时它还是双方直接参与和沟通的现场，其场面宏大、气氛热烈、有声有色，常常产生轰动效应。

第三，可以多种媒体综合使用，有立体感。在大型传播场合，往往是既有口号，又有文字、图片、音响、模型、幻灯、电影、实物展示、模拟表演等媒介形式。

由于公共传播具有范围较广、速度较快、反馈较直接的特点，所以在公共关系活动中，公共传播无论对宣传组织良好形象，还是经营组织的产品形象，以及扩大组织的知名度，使用频率都极高，同时也是很有效的方式。

3. 组织传播

组织传播是通过组织所控制的媒介与公众进行的信息传播活动。它是具体组织或社会固定机构所展开的信息活动。组织传播的对象也是群体或组织，它主要运用组织的媒介进行固定传播。对于公共关系中的组织传播，往往采用展览、庆典、广告、文体活动和具体宣传来开展公共关系专题活动。在公共关系范围内的组织传播往往是传播主体，即社会组织与其成员及环境之间的信息交流和沟通活动。公共关系概念与组织传播概念是基本一致的，公共关系是一种特殊的组织传播行为，它具有以下特点。

（1）传播主体的组织化。组织传播的行为者、实施者、承担者是组织机构而非个人。传播活动受组织目标和计划的制约，受组织的控制，为组织的利益服务，是组织经营管理的一种手段。组织传播的内容也是体现组织意志的信息。

（2）传播对象的具体化和大众化。组织传播的对象比人际传播更为复杂和庞大。它既有内部的沟通对象，又有外部的公众环境；既有近距离的沟通，又有远距离的沟通。无论哪一种沟通，无论规模有多大，都在具体目标制约下有选择地作用于对象。组织传播活动总是涉及特定范围内的公众，当然也包括大范围的公众，并对其产生舆论影响。

(3) 组织内部的传播活动具有双重性。公共关系组织在内部信息传播活动中，同时存在着正式的组织传播和非正式的人际沟通形式，正式沟通以正式方式达到主要目标，非正式沟通辅助正式沟通，以感情、兴趣为润滑剂，形成富有弹性的人际沟通，从而达到组织目的的最大实现。

(4) 组织外部的传播方法具有综合性。面对外部公众对象的多样性，组织在传播活动中必须综合运用人际传播、小团体传播、公众传播和大众传播等方式，集各种媒介的优势，广泛开展传播。

4. 大众传播

大众传播有广义和狭义两种理解。广义的大众传播专指使用大众传播媒介（书籍、报纸、杂志、广播、电影、电视）所进行的传播；狭义的大众传播是职业传播者通过现代传播媒介，向社会大众提供信息的传播形式。

大众传播是随着科学技术的发展而实现的远程通信与大批复制信息的技术。它使信息传递规模和速度空前发展，它一经产生就成为社会发展的强大动力。大众传播具有以下特点。

(1) 广泛性。大众传播的广泛性是指大众传播对象的高度大众化和传播内容的大众化。大众传播拥有大量的受众，涉及不同的地域和不同的阶层。由于面对整个大众，大众传播的内容一般要符合广大对象的各种要求，引起他们广泛的兴趣，所以信息量大是可想而知的。

(2) 间接性。大众传播的间接性是指这种传播的信息反馈困难。分散的、匿名的受众对大众传播者来说，他们之间是互相分离的。因此，大众传播的信息反馈迟钝。这种传播双方的互不联系，使大众传播的反馈渠道不畅，其过程长、速度慢、成本高、不准确。

(3) 专业性。大众传播的专业性特征是指传播机构的高度专业化和传播手段的技术化。现代大众传播是个专业化很强的行业。它由专业机构和专门人员从事，如报社、杂志社、电台、电视台和其中的记者编辑们。同时大众传播借助于现代印刷、摄影、电话、电传、无线电、激光等技术手段，机器复杂，操作难度和技术含量很高。

(4) 高效化。大众传播的高效化是指大众传播使用现代传媒，大量高速地复制和传递信息。网络和其他电子媒介同步传播已使所有信息瞬间即至，具有了强大的公众舆论影响力。因此，大众传播成为公共关系工作最有效的手段。

三、公共关系传播的主要媒介及其应用

不同传播方式之间的一个区别标志就是传播媒介的区别。人际传播一

般使用言语媒介；大众传播应当使用大众传播媒介，如印刷媒介和电子媒介；群体传播和组织传播也要根据场合的不同选取不同的媒介。公共关系实际操作中涉及各种不同的沟通技术和传播媒介，选取的标准主要取决于媒介的功能。在公共关系活动中所使用的传播媒介主要有言语媒介、印刷媒介、电子媒介和其他传播媒介。

（一）言语媒介

言语媒介也称语言媒介，主要指个人在人际传播中使用的各种信息传递方式。它包括有声语言和无声语言两大类。公关语言技巧是传播者在了解和认识传播规律的基础上，对言语的特点加以艺术性运用的一种方法，它是公共关系实务的基本传播手段，在日常接待、新闻发布、演讲、沟通性会议、公务谈判和演说等场合应用非常广泛。

（二）印刷媒介

印刷媒介就是印刷类传播媒介，它是借助大量复制、快速显现的印刷技术而进行的图形和文字传播手段。它可以用于小团体范围和人际传播，但主要属于依赖大规模印刷技术的大众传播手段。它是以文字、图片形式将信息印刷在纸张上所进行的传播。在公共关系实务活动中，以下几种形式的印刷媒介使用频率很高。

1. 报纸。它是以刊登新闻为主的定期出版物。其特点很明显：报纸是整张发排印刷的；通过版面空间的排列，将各种信息高度结合在一起；报纸的新闻资料一般是公布性和告知性的，时间性较强；报纸的发行是周期性的。以上特性使得报纸成为公关组织宣传自身形象时的一种有力、有效的手段。

报纸的优势是便于选择，便于保存，信息量大，经济实惠。报纸的这些优点使我们至今为止，仍然将其视为公关宣传工作的主要传播媒介。

报纸也有其自身的局限，它属于文字和图形的印刷物，对于一些直观的图形来说，也许会使人一目了然，但是报纸绝大部分的内容是文字符号和规范的图形符号，所以报纸受文化水平的限制，没有识字能力的文盲无法接受报纸媒介的传播。另外，报纸属于静止媒介，没有动感和变化，所以它的生动性和及时性不如广播和电视。在公共关系宣传中，如果是力求生动、逼真、传神的内容，就要考虑选择实物或电子媒介。

2. 杂志。它是以成册装订的形式刊出的定期出版物，杂志的内容含量大，分类排列的内容详尽、全面。杂志的特点也是很明显的，首先其内容分类清晰，专门性强，对某一方面的信息传播集中、深入，适合专门性研究和信息的获得。其次，杂志对于特殊的内容也可以深入分析、专门传播，目标性和指向性也较突出。最后是杂志的资料性、解释性和学术性比一般的媒介更强，更有史料价值。在公共关系工作中，如果侧重于深入宣传和进行公共关系理论研究工作，就要注意选择杂志。

杂志的优势十分明显，由于它成册装订、定期出版的传播方式，特别是专业化的信息传播方式使杂志种类繁多，形式多样，同时杂志对于专门的内容可以多方面、多角度传播，内容丰富，针对性强。另外，由于杂志的装订形式，也使它印刷精良，吸引力大。

杂志的局限性主要有两点：一是发行周期长、新闻性弱、时效性差；二是对读者的文化水平要求高，相对价格也较高，这是因为其成本比报纸高。在公共关系工作中如果是专业性强，要求一定的文化和艺术内容的信息传播，就要选择杂志；如果强调新闻性、快捷性，就应当选择报纸和电子媒介。

3. 传单、图片和招贴。公共关系工作还要用到一些其他印刷媒介，在印刷媒介中，还有诸如传单、招贴和图片等印刷品，它们具有不定期、不专业、偶然性强和针对性强的特点。

传单：传单属于单张性的宣传印刷品，内容单一，针对目标集中的内容进行传播，如企业简介、产品说明、产品目录、经营特色、促销宣传品和邮递广告等。

图片：它是通过平面构图传递形象信息的印刷品；它具有准确、客观、逼真的特点；它适合于直观、快速、醒目地传递公关信息。

招贴：招贴，即印刷后的图文单页资料、利用公共场所进行公开悬挂和张贴的传播形式；它是其他主要媒介的辅助手段，有醒目、明确的特点。

（三）电子媒介

电子媒介是需要运用专门的电子接收和发送设备来传播信息的传播媒介。它以电波的形式传播声音、文字、图像，运用专门的电器设备来发送和接收信息。电子媒介主要有广播、电视、电影、录音、录像、幻灯、多媒体电脑和网络。在这些媒介中，既有人际传播使用的录音、录像，也有小群体传播使用的影像和幻灯等。更有大众传播使用的广播、电影、电视。网络是一种特殊的媒体，既适合于人际，又适合群体，更适合大众。

1. 广播

广播是指通过无线电波或导线传送声音符号的传播媒介，是最先普及的大众电子传播媒介，它以声音为传送形式，作用于人的听觉器官。

广播的优势包括：传播迅速、覆盖面广；通过口语、音响传播，较生动，有现场感；机动性强、鼓动性大；成本低廉，普及率高。在公共关系及传播活动中，如果要追求短期内的轰动效应，优先选择的媒介应当是广播。

广播的局限性也很明显。首先是它只闻其声，不见其人；其次是稍纵即逝，不便保存；再次是无法选择，检索性差；最后是它顺序播出，无法捕捉重点。

2. 电视

电视是用电子技术传递声音和活动图像的传播媒介。电视第一次将人的视听结合在一起，在较以往任何传媒都真实的程度上传递信息，它既作用于人的听觉，又作用于人的视觉，是一种较全面的传播方式，比其他媒介更生动、传神、直观、迅速。公共关系实务活动的首选媒介总是电视。无论在哪一方面，它都是影响最大、效果最好、传播最快的信息传输方式。电视是大众传播的核心媒介。

电视的优势是除网络外其他媒介无法比拟的。首先，它真实感强，结合了图、文、声、色四种要素；其次，电视的娱乐性强，可以同步传送，使人有身临其境的参与感，再次，电视信息传播快速且真切，并有直观的艺术性；另外电视传媒前途广阔，尚待开发的领域很多，如数字化、立体化等。

电视的不足之处包括传播的内容稍纵即逝，无法保存；顺序传输，无法选择；更大的局限在于它制作的设备复杂，制作成本昂贵；特别是它不能依靠个人或少数人完成，往往是众多人形成的专门性组织共同协作的结果。这就造成在公共关系工作中选择电视传播媒介，不得不考虑其价格的问题。如果没有一定的资金，就无法选择电视传播媒介。

3. 多媒体电脑和网络

多媒体电脑是指通过增加配置而集印刷媒介和电子媒介功能于一身的电脑。具体说来，作用如下：它能够播放 CD 和 VCD；通过电视节目接收卡还能直接接收广播、电视节目；还能通过联网传播报纸、期刊、图书资料等内容，从而具有了印刷的功能；它还能直接传播网上广告、文字信息、图片；它还具有人际传播功能，在网上聊天谈生意、交流思想。总之，多媒体电脑具有计算机、文字处理机、报纸、广播、电视、电话、录音、录像、传真等多种媒介功能。

网络，又称电子网络，它是国际电子计算机互联网络的简称，又叫因特网。这种新媒介是报刊、广播、电视之后的“第四媒体”。它把一台台孤立的计算机联成网络，可以用于连续的电子信息传递，包括电子邮件、文件传递以及个人或计算机群之间的双向传播。它可以实现全球信息高速传递和共享，包括多媒体电脑在内的计算机只是提高了人类处理、存储信息的能力，而计算机的网络化却大大提高了人类交流信息的能力。它使人与人的联系实现真正意义上的交流，而不仅仅是传播。

国际互联网不仅具有报纸、广播、电视等传播媒体的一般特性，而且具有数字化、多媒体、适时性和交互式传递的独特优势。流动在互联网上的信息是有充实、多样、及时、全球、自由、交互的特点。总之，国际互联网是传播媒介的最终方向。对于公共关系传播来说，逐步地纳入互联网传输是一种必然。

4. 电影、录音、录像、幻灯

电影是使用摄影机摄制影像，并利用化学冲印手段将影像固定在胶片上，并利用电子放像设备传送的传播手段。由于电影制作手法比较复杂，因此这种传播媒介多用于文化、艺术作品的传播，在公共关系工作中，较少选用。如果要求制作艺术内涵深刻的公关节目，或者要求进行高清晰度、意境很强的信息内容传递时，才考虑使用电影手段。例如，许多制作精致、高档的广告节目是用胶片方式制作的。电影的优势包括：取材广泛，无所不包；内容形象、生动、具体；表现手法多样，可虚可实；老少皆宜；雅俗共赏。但其不足在于成本高、程序多、周期长、不便普及。

（四）其他传播媒介

在公共关系工作中，除了使用以上媒介，还要用到一些其他的媒介形式，事实上这些媒介和以上三种媒介都有密切的联系，甚至可以属于这三种媒介的组成部分，我们在这里一并做大致的介绍。

1. 小众化媒介。小众化媒介是指即在有限范围内的传输媒介，是专门用来针对小团体的，如有线电视、专业化频道、会员交流的内部信息资料等。

2. 个人传播工具。个人传播工具包括：公用电话、个人座机电话、移动电话；还有图文传真系统，即凭借电话线路，可将书信、文字资料、图像资料传真传输的传播系统；此外，还有私人信函、卡片，这些都是针对特定对象的。以上几种个人传播工具既有印刷的，也有电子的。

3. 公共关系宣传品。其主要有公共关系刊物，即组织编辑、发行的小报、杂志、通讯和内外传阅资料，它们定期发行，免费分发；还有书籍、小册子、配合特定主题内容编制的文案、影集、画册或宣传手册；另外，还有海报，主要是用来配合一些活动主题制作的宣传海报、横幅、彩旗、不干胶宣传品等。

4. 图像标识。图像标识主要有照片和图画以及标识系列，通过平面构图传递形象、信息。照片比图画更准确、客观、逼真，图画比照片更灵活、更富创造性、想象力和表现力。这些方式适用于公关橱窗展示和展览陈列活动。另外，还有标识系列，它是以特殊的文字、图形、色彩的设计、构成组织的形象标志，以区别于其他组织和产品，包括商标、徽标、品牌名称，以及印刷在包装、门面、办公用品、运输工具、环境装修、人员装束上的标识等。所有这些，都传播公关组织的各种信息。

5. 人体活动媒介。人体作为媒介主要指两个方面，一是人体语言，即人的表情、动作、姿态以及服饰等非语言传播，这些内容在前面已有所介绍，这里不再重复。二是人的活动，人的行为以及各种活动本身也是一种高效率的、感染力很强的传播手段，如以身作则的行动、诚恳的态度、认真的作风都会传达丰富的信息。在各种公共关系活动中人体活动传达的内容是生动的，必不可少的。

6. 实物媒体。实物本身也是信息载体，在公共关系活动中也大量使用。它具有与一般符号媒介所不同的特点。例如，产品及其劳务本身就是一种最实在、最可信赖的信息载体，它通过质量、款式传达出最原始的信息。因此，产品本身在公共关系活动中应当是主角，事实上它常常参与展览、赠送和赞助活动。另外，公关礼品作为带有本组织标识的实物宣传品，也是组织的传播工具，还有象征物和模型，作为传递组织各种观念、管理方式、产品信息的媒介也经常出现在大型的活动中和实物展览会上。

7. 特别活动媒体。在许多创意独特、形式特殊的公共关系活动中，形象生动的活动过程，也作为媒介传递公共关系信息。如风筝节中的“风筝”“锣鼓”节中的“锣鼓”等，作为特殊的媒介形式维系着公关活动的全过程。

四、公共关系信息传播的应用

公共关系工作人员要注意研究各种传播媒介的特点，正确选用传播媒介、完成信息传播的目的。下面分几个方面谈一谈如何在公共关系中正确使用传播及传播媒介。

（一）如何进行有效的公关信息传播

公共关系信息传播的媒介、手段、方式都不是最终目的，信息传播是围绕公共关系效果展开的，能否取得良好的公共关系效果，带来具体的经济和社会利益是公共关系实务的最高目标。那么如何才能做到有效传播呢？

1. 创造最好的信源条件

信源是传播行为的起点，是实现有效传播的首要条件。在公共关系传播活动中，传播者的良好形象和可信度是传播效果至关重要的因素，同时传播者信息源的专业性也起到至关重要的作用。除了权威性和专业性外，还有一个信源的知名度问题。

因此，为了提高传播者的有效传播条件，做好公共关系工作，首先要使传播者具有优秀的品德，较强的能力，美好的形象；其次公共关系工作人员作为传播者也要培养自己良好的内在和外在魅力，改善传播条件；最后要有选择地利用社会知名人士的影响和声誉开展公众传播，以实现最佳公共关系效果。

2. 建立良好的信息条件

如何建立良好的信息条件呢？首先，按信息内容选择合适的表现形式，利用不同形式的特点来表现不同的内容；其次，扩大与公众的沟通范围，使传播者按受传者的兴趣来传达信息，产生最大限度的共同语言；最后，要改进信息内容，针对传播者的特点，注意将信息和受传者的实际利益结合起来，以满足受传者的需求，激发其积极性。

3. 认真考察传播对象

所有的有效传播，最终的实现都是以公众是否接受为标志的。一般来说，公众对传播信息是有选择性的。他们往往根据自己的兴趣、思想、习惯、信仰来选取所传递的信息。正因为如此，传播者就要重视公众接受信息的规律，及时改变和调整自己的传播策略。根据公众的需求来确定自己的传播方法和传播内容，以此达到最好的传播效果。

4. 营造良好的传播氛围

传播所存在的场合、气氛对于传播有着极其重要的作用，有时甚至是决定作用。有效的传播之所以实现，一定有这些因素的辅助，我们把传播所依存的时间、地点、场合、气氛称之为传播环境。它包括物质环境和社会环境，还有特定的心理环境。在公共关系传播中应当刻意研究传播的人气和传播的时间、地点以及其他社会因素，否则就会因小失大。

5. 学会掌握传播技巧

了解传播和信息接受规律，熟练掌握传播技巧，对于公共关系工作人员的公关工作来说是很有效的。因为传播效果与传播技巧密切相关，能巧妙地利用传播的技巧和手段就能起到事半功倍的作用。

6. 要使传播具有感染力

传播感染力就是传播信息对受传者的吸引力，这种吸引力是很神奇的，它能使受传者和传播者达到情感上的沟通和心灵上的交融。要想实现有效传播，必须加强传播过程的感染力，使传播对象能够通过巨大的感染力来接受传播者的观点与劝说，从而在传播过程中以最短的时间取得最大的传播效果。

（二）准确地选用信息传播媒介

对于形形色色的信息传播媒介，公共关系工作者选择时要注意以下几点。

1. 要选择适合的传播媒介，要充分了解各类媒介的传播特点。从总体上看，应当考察各类传播媒介的覆盖域（传播发挥影响的区域范围）、触及率（触及到传播信息的人数比率）、时效性（传播信息的速度和有效性）、重复率（重复接受信息的次数）、连续性（信息连续传播后所产生的影响和效果）、权威性（媒介的影响力）、效益（传播带来的经济效益）等指标和因素。具体地看，各类传播媒介因性质、状态不同，传播方式、手段、功能也各不相同，公共关系工作应根据需要来选择。

2. 恰当地选择各类传播媒介。选择传播媒介要根据适用、有效、经济的原则进行。除了考虑传媒的特点和功能外，还应当考虑传播媒介的发行、影响范围、表现形式、传播对象的接受等因素，特别是不能不考虑费用，它往往起决定作用。

3. 精心组合各类媒介进行有效传播。一般的公共关系组织都拥有自己的某些或某种传播工具，至少也拥有语言媒介。对于组织来讲，媒介有自用和租用两种形式，这和组织的财力有直接的关系。为了有效、恰当地将各种媒介有机组合。在公共关系传播工作中，我们经常采用以下两种方法：首先是组合运用媒介，既可以在同类媒介中进行，也可以在不同类型的媒介中进行；其次是把自用媒介和租用媒介结合起来，也可以以租用媒介为主进行组合。以上这两种方法要根据情况充分发挥各类媒介的优势，争取好的传播效果，使传媒达到优化组合。由于各个公共关系组织的具体情况和要求各不相同，所以在精心运筹、恰当组合各类媒介时，要注意三个方面，即对同类媒介进行组合使用，如：各种不同电子媒介的配合；把不同类型的媒介组合使用，如印刷和电子媒介配合；把自用媒介和租用媒介组合使用，以求经济实用。对媒介组合应用时，要善于筹划，优化组合各种方案，以求少花钱、多办事，完善交流、树立形象。

（三）努力完善传播沟通的技巧和方法

良好的传播效果，不仅取决于传播的媒介和技术，还取决于传播者的主体条件、传播的技巧和与传播技巧相联系的其他因素，所以传播效果的好坏和传播技巧的掌握有着直接的关系。要完善传播技巧，才能获得明确的传播效果，才能准确的驾驭各种传播的手段，以此达到预期的目的。美国公共关系学者卡特利普和森特在其《有效公共关系》一书中，提出了作为决定公共关系有效传播的七大要素。

第一，可信度。它是指公共关系传播首先必须建立对传播者的信赖气氛。

第二，情境架构。它就是说传播计划必须与现实环境相一致、相协调。

第三，内容。传播的内容须与受众有关，必须能引起他们的兴趣，满足他们的需要。

第四，清晰。清晰，即要求信息的组织形式应该简洁明确、易于接受。

第五，持续和一贯。它是指传播是个不断循环往复的过程。

第六，通道。这要求我们正确选择传播媒介。

第七，受众的能力。受众的能力，即传播对象的研究，它要求任何传播行为都必须考虑受众的条件和能力。

公共关系传播的技巧是指传播者为达到传播目的，在加工信息、制作符号、传递信息的过程中所采用的策略、战术和手段。它是传播者获取效果、达到目的对策。这种策略主要体现在传播媒介所输送的信息内容的组织上。因为媒介本身没有技巧可言，只有对媒介使用的技巧，而这种使用又是围绕语言展开的，传播语言的技巧我们放在第四编论述。

第三节　公共关系信息传播的主要手段及其功能

公共关系以塑造社会组织的良好形象作为工作目标，围绕这一目标所开展的具体活动和工作便是它的功能。那么，公共关系如何才能成功地达到“内求团结、外求发展”这一关键目的？即以何种手段为社会组织的良好形象“添砖加瓦”？其主要功能及具体工作形态有哪些呢？

一、公共关系信息传播的主要手段

在公共关系的传播活动中，公共关系信息是内容，公共关系传播媒介是工具，利用公关传播媒介对公关信息按照一定的要求进行组织传达，以满足公共关系传播的某种具体要求的方法，我们称之为公共关系手段。公共关系传播的要求很多，因此传播手段也很丰富，但主要的方式有三种，那就是公共关系新闻传播、公共关系宣传和公共关系广告传播。这三种形式是公关组织对外传递自我信息、确立自身形象、争得公众理解和信赖的基本手段。

（一）公共关系新闻传播

公共关系传播担负着将组织的信息准确、及时、高效地传递给社会公众的基本任务。在完成这种任务的过程中，可以借助多种手段，例如人际传播、群体传播，但是最有影响力、最能大范围全面地传输信息的手段还是属于专业的大众传播手段，这种手段的核心就是新闻传播，可为公众提供信息，为组织制造声势，提高透明度和知名度，创造良好的舆论气氛，推广良好的社会形象服务，这是公共关系工作最常用的方式之一。

1. 公共关系新闻传播的概念及特点

（1）公共关系新闻的概念

新闻是对新近发生的有影响或有意义的事实的及时报道。这种新闻是站在媒体角度的定义。公共关系新闻则是社会组织对自身出现的有意义的和有影响的事件借助于媒体的发布。这种从组织自身确定的公关新闻还有两种含义，一种就是新闻发布，另一种是制造新闻。无论是新闻发布，还是制造新闻，都是社会组织公关新闻活动的主要内容。至于是用消息，还是用通讯的方式加以报道，则是新闻媒体的工作。尽管社会组织自身也可以参与报道和提供报道材料，甚至自己组织创办刊物和用内部资料进行报道，但和社会新闻机构，即新闻媒体的专业报道还是有区别的。因此，公共关系组织的新闻活动主要是新闻发布和制造新闻。

（2）新闻发布的概念和特点

新闻发布也称新闻发布会，它指组织为了向外界传送本组织有价值的消息和重要事件而组织的记者招待会，也就是集中邀请有关新闻媒介的记者，进行一种公布性的新闻发布活动。

新闻发布会有很突出的特点：首先是客观性强，组织将信息通过新闻界客观的立场地进行报道，由于媒体组织是专业机构，站在第三者立场，可信度高，传播效果好；其次是社会影响大，由于是各类媒体记者集中的聚会，因此对组织消息的报道是多方面、全方位、多角度的；再是传播成本低，比起组织采取的其他宣传形式和广告手段，新闻报道成本相对较少；最后是传播的主导控制差，由于是依托专业媒体进行传送，所以组织无法控制各家传播媒体的报道自由、报道重点和报与不报的选择，这也是新闻发布的局限性。

（3）制造新闻的概念和特点

制造新闻是公共关系传播中独有的一种传播手段。制造新闻也可以理解为策划新闻事件。它是指公共关系工作人员在真实的、不损害公众利益的前提下，有计划地策划、组织、举办具有新闻价值的活动、事件，以制造新闻热点，吸引新闻界和公众的注意与兴趣，争取被报道的机会，并使所报道的消息尽量产生轰动效应，以提高组织的知名度，扩大社会影响。例如邀请名人到访、进行专项活动、组织社会公众感兴趣的有奖竞赛等。

制造新闻有其独具的特点。首先是制造新闻不是捏造新闻，它是在客观事实的基础上，择其部分加以发挥，是策划和创意的结果。其次策划制造出的新闻总有独特之处，能引起社会公众的关注，它强调新鲜感、别致性和戏剧效果，这往往是为了制造轰动，吸引注意力而实施的。此外，制造出来的新闻由于是事实，又能吸引人，所以能明显地提高有关组织的社会知名度。制造新闻要围绕发挥新闻主体的能动性，力求增强新闻的新奇性以及提高新闻报道创意的有效性而展开。

2. 公共关系新闻传播的内容

作为社会组织进行公共关系新闻传播，其传播内容是围绕组织的所有活动展开的。一般说来主要有以下一些方面：

（1）向公众传播组织主要的产品，新的成就和组织最近获得的荣誉。

（2）向公众发布组织最新的改革动向和取得的最新收益，以及重要的突破和成果。

（3）向公众介绍组织独特的理念或独有的管理方式，以及服务社会的创新举措，特别是组织所独有的优势。

（4）向公众宣传组织将举行的重大活动，诸如庆典、参观、服务等活动。

（5）向公众宣布组织重大事件的发生以及结果，或重要的人事变动，以及重大的内部调整。

（6）向公众介绍组织将采取的有利于社会的重大举措。

（7）向公众介绍组织在社会中的地位和它为社会做出的贡献，或介绍组织涌现的突出个人。

（8）向公众报道组织的最新进展和可以预见的未来发展方向。

（9）向公众介绍组织所进行的社会公益事业或活动。

（10）向公众介绍组织的内部构成情况、经营情况和生产情况。

（11）当组织出现危机时，或危机过后，向公众解释危机的存在和发展以及处理过程与结果。

3. 公共关系新闻传播的方法和技巧

由于公共关系新闻传播主要包括新闻发布和制造新闻，所以在这里着重谈这两种新闻传播活动的方法和技巧。

（1）新闻传播的方法

在新闻发布活动中首先要明确的是与新闻界沟通的要点，它主要包括了解和熟识新闻界的联系对象，即新闻机构对所发布信息的责任部门和具体栏目的特点，诸如编辑方针、发布周期、发布日期、截稿日期、栏目安排、制作特点、组织手段、发行或播出范围、播出对象等。另外，就是要尊重新闻界人士，建立良好的合作关系。遵循真诚、平等、守信的原则，共同协作、讲求效率。

除了明确与新闻机构的协作方法外，还应当掌握新闻发布会的步骤和做法，一般说来有以下几点：

第一，认真准备新闻发布会所需的资料；

第二，落实出席的人员，如各领导人、发言人、组织人员，以及其他人员，各负其责；

第三，选择恰当的、各方都方便的时间；

第四，写好请柬或邀请函；

第五，准备好必须的物品；

第六，安排好各种服务；

第七，布置好会场；

第八，安排好活动线路、准备妥交通工具；

第九，如有宴请，要事先做好全面的接待工作；

第十，对于会后情况，也要事先有安排和计划。

（2）制造新闻的技巧

制造新闻由于是组织以健康合理的手段，有意识地采取既对自己有利，又对社会有利的双赢方式所进行的传播手段，所以对组织自身而言应当十分重视，对社会而言，也是受惠的。又由于它专为引起新闻单位和各界人士注意，同时又是人为策划的一种传播行为，因而有人称之为“媒介事件”。这种“制造”出来的新闻是专门针对组织形象的确立和美化而安排的，策划和事前安排是它的显著特点。因此，对制造新闻的技巧把握，也基本上围绕在它的策划阶级段展开，其具体的做法有：

第一，寻找公众关心的热点信息；

第二，联系有纪念意义的事件和日子，如节日、纪念日等；

第三，利用名人，发挥名人效应；

第四，有意识地和各种专门性活动联系在一起；

第五，与新闻机构结成和谐的联合体，共同发布；

第六，突出主题的“新”、形式的“奇”、内容的“特”、方法的“巧”、效果的“妙”；

第七，从公众的需求和组织的需要来策划新闻发布；

第八，要审时度势，找到最佳的新闻制造时机，做到出奇制胜。

4. 公共关系新闻传播的体裁

公共关系新闻的体裁是从媒体的角度而言的，但有的公共关系组织也有自己的媒体，或者组织自身也参与新闻报道，因此，公共关系新闻报道的体裁也成为组织应当了解的内容。一般而言，公共关系新闻的体裁应当有简讯、动态新闻、典型专题、综合报道和新闻评述。但是在公共关系新闻报道当中最常用的是消息，即动态新闻，因此这种体裁又被称作“公关新闻稿”。在这里，就简单介绍一下“公关新闻稿”的基本写法。

“公关新闻稿”一般包括以下五个部分。

（1）标题。即概括和提示新闻内容和简明语句，有揭示中心、吸引公众、先声夺人的作用。标题一共有三种形式：首先是三行标题，即前有引题、后有副题、居中有正题的标题；其次是引题和正题，或者是正题和副题构成的双行标题；最后还有只有正题的标题。

（2）导语。导语就是新闻的开头部分，它将最重要的、最吸引人的事实或片段提取概括出来，阐释标题、统领全篇、承上启下、引导正文。导语往往是新闻开篇的第一段。

（3）主体。主体是新闻的主要部分，是紧承导语、阐释、说明导语，具体、详尽地表述新闻内容的部分。

（4）背景。背景是与新闻事实的产生相联系的历史背景、现实环境及客观条件。

（5）结尾。结尾是新闻的最后一部分。它是对新闻事件结果和影响的陈述。

写作公关新闻稿要注意事实准确、导向正确、内容新颖、报道迅速。

（二）公共关系宣传

宣传和信息传播是两个具有从属联系的概念。信息传播是指人类所有的信息传递，而宣传则是传播范围内的一种具体的传播形式，也就是说信息传播包含宣传在内，宣传是传播方式的一种。

1. 公共关系宣传的概念

公共关系宣传是公共关系传播工作者在公关传播活动中，为了让社会公众了解本组织的有关信息而进行的各种对外公开的传播方式。

事实上，公共关系新闻和公共关系广告应当属于公共关系宣传的范畴，只因为这两种传播方式在公关传播中的特殊作用才将其进行专门的分析。因此，公关宣传这一概念有广义和狭义两种理解。广义的公关宣传是包含公共关系新闻、公共关系广告和其他宣传形式在内容的宣传体系；而狭义的公关宣传单指除公共关系新闻和广告外的一些其他专门的宣传形式，如各种公关报刊、小册子、书籍、其他印刷品和CI传播。

2. 公共关系宣传的几种主要方式

除了新闻传播和广告传播外，还有许多由组织直接制作、控制和实施的传播媒介和手段，其宣传功能往往能比较直接，方便、灵活地配合组织的需要完成传播活动，达到公共关系目的。公共关系宣传一共包括三种类型。

（1）公共关系报刊。公共关系报刊是组织直接控制的媒介，它包括组织自己拥有的报纸、杂志、快讯等。一般说来，分为内刊和外刊两类。

第一，内部刊物。它是组织内部沟通的媒介，其形式一般以小报和小型杂志为主，其发行量视本组织的需要人数而定，内容多是组织成员所关心、期待的事情。

第二，外部刊物。它是组织对外的传播媒介，一般是研究和针对某类公众的特点和需求，专门为他们编写的，提供组织某一方面内容的固定刊物。

另外，还有公共关系传播使用的小册子和专门性单行书籍。这些都是为配合特定的主题而专门编辑出版的宣传性出版物。有时，由于具体情况的需要，还要配合一些其他印刷品，如卡片、传单、海报和各种宣传活页、宣传单张等。

（2）公共关系 CI 传播。公共关系 CI 传播又称组织识别系统。CI 主要是一种视觉形象传播系统，即对组织机构的一切可视事物进行统筹设计、管理和传播。

另外，公共关系还有一些其他的宣传方式，如影视宣传、实物宣传、人员宣传，这些内容在前面已有所涉及，在这里就不再重复。

（三）公共关系广告传播

公共关系广告传播是以广告的形式开展公共关系传播的一种方法。它的目的是通过广告提高组织的声誉和知名度，建立良好的形象。

1. 公共关系广告的概念

公共关系广告是公共关系传播的主要形式之一，它通过花钱购买大众媒介或公众传播的机会，以及利用其他形式的公开宣传机会。它向大众传递公关信息，树立、维持、改变或强化组织的公众形象，从而建立起公众和组织之间的良好关系的传播方式。

2. 公共关系广告的特点

与我们已经很熟悉的商品广告相比，公共关系广告有许多显著的特点。它在传播内容方面主要是传递与组织形象有关的信息；在传播对象方面，针对的是公众和舆论；在传播目的方面，以树立组织形象为宗旨；在传播效果方面，强调的是社会影响和组织的良好声誉的建立。

3. 公共关系广告的原则

公共关系广告传播在实施的过程中必须遵循以下原则：首先是强调传播面和传播效果；其次是突出广告主题的一贯性和内容的创新性；最后是

要重视广告的社会性、公益性、公众性、文化性和思想性。

4. 公共关系广告的作用

公共关系广告的作用一共有两个主要方面：首先是及时反映组织的工作成就及贡献，扩大社会影响面，提高组织的知名度和美誉度；其次是消除公众对组织的无知、偏见和误解，促成公众和组织之间的相互谅解，倡导有利于组织发展的公众舆论，增进信任和联系。

5. 公共关系广告的类型

根据不同的分类标准，可以将公关广告分为不同的类型，但是从本质上看，给公关广告进行分类，还必须针对广告的内容来分。根据公关广告所传播的内容，可以将公关广告划分为以下一些类别。

（1）企业广告。它是用来介绍企业情况，以求社会大众支持的广告，其目的在于树立良好的企业形象。

（2）实力广告。它向公众展示组织在社会环境中的竞争实力，传达组织在技术、管理、人才等方面优势的广告。

（3）公益广告。它以倡导和维护公共生活秩序和公共道德准则为内容的广告。

（4）观念广告。它向社会宣传组织的宗旨、管理、价值、方针、政策、风格、作风、精神等方面内容，争取公众信任的广告。

（5）赞助广告。它是指社会组织凭借自己的实力、积极参与社会活动、推进社会公益事业发展的一种广告活动。

（6）创意广告。它表现新颖构思和新奇意念的广告。

（7）信誉广告。它传播的是社会公众对本组织的好评和赞美的广告。

（8）声势广告。它通过具体的形式，唤起公众对组织注意，产生兴趣的广告。

（9）响应广告。它是组织为寻求公众支持和认可，而对政府的某些举措或社会上某项重大活动表示支持和响应的广告。

（10）祝贺广告。它是在节日或纪念日向广大公众表示贺喜和祝愿的广告。

（11）倡议广告。它以组织的名义率先发起某种大规模的对社会有益的活动、动员大众参加的广告。

6. 公共关系广告的设计

公共关系广告的设计包括三个步骤。

（1）确定广告主题。制作公共关系广告，当然有一个明确的目的，围绕这个目的设计的广告内容的核心，我们称之为广告的主题。广告主题作为体现广告目标的内容中心是根据广告的具体需要而定的，不同的广告要求有不同的广告主题。在公共关系广告范围内，其主题也是多种多样的，例如有以建立组织信誉为主题的公共关系广告；有以公共服务为主题的公共关系广告；有以经济贡献为主题的公共关系广告；有以追求特殊事项为主题的公共关系广告等等。

（2）选择广告媒体。前面我们已经了解到传播的媒体多种多样，根据广告不同主题的需要，可以选择具有不同特点的广告，诸如报纸、杂志、广播、电视、网络等；还可以根据每一种广告的特点选择其他广告媒体，诸如路牌广告、实体模拟广告、包装广告、邮寄广告、交通广告、实用品广告、招牌广告、幌子广告等。

在选择广告媒介时，要做到正确选择广告的媒体，以适应广告的内容要求。一般而言，根据媒介的特点、广告内容的特性、社会公众的习惯、广告目标的要求、组织自身的经济实力和公众乐于接受的制作形式来选择广告的具体媒介，并完善广告制作。

（3）公共关系广告的创意和设计

首先，开发出新颖独特的创意，是广告制作的最大成功。根据市场、公众的要求和广告传播的目标来确定广告传播的表现方针，从而构思出新颖、独特、传神、巧妙的表现形式，我们称之为广告创意。

广告创意一般要经历三个阶段：收集和分析资料阶段；构思和开发想象阶段；评价决定和定型实施阶段。只有将这三个步骤完整、有机地结合起来，才能形成一个成功的广告创意。

进行广告创意需要广告创作人员有较强的形象思维能力，它是人的社会实践、知识积累、探求精神、传递信息和类推能力的合成。广告创意的思考方法一般有以下三种类型：垂直思考法，依靠以前的经验探求未知的方法；水平思考法，在现有认识基础上，打开思路，打破常规的横向思维法；综合思考法，是发挥各种思想或群体智慧，进行联系性创意的方法。

其次是公关广告的设计。公共关系广告的设计一般要经过计划、实施、评价三个阶段。广告设计的计划是首要部分；广告设计的实施是创意的执行部分；广告设计的评价是广告价值的显现部分。

广告设计的计划如何能做到周密可行呢？主要体现在三个方面。首先是要确定好广告目标，它决定着广告设计的方向和归宿。其次是要明确广告的传播对象，因为它是广告的落脚点，确定广告的传播对象要注意确定目标市场，对消费者进行分析，选择好广告的诉求重点。最后，制订广告设计计划还要考虑两个因素：一是广告预算，即广告费用的支出情况；二是广告调查，因为广告传播能否有效，往往取决于社会公众的要求和兴趣，不了解这一点，就会陷入盲目投资。

对广告设计的实施部分，因为在广告创意的内容中已经有所陈述，在这里着重谈一下公共关系广告文案的设计。

公共关系广告文案是由广告的标题、正文和落款组成的。它可以制成布告体的，也可以做成新闻体、对话体、证书体、对联体和其他艺术型的体裁。无论什么样的形式都要注意在广告的标题、主体内容和结语上下功夫。另外，广告还有一个特殊的部分就是为了引起对内容的重视，总有一些强调性的标语、口号或者是标志性的核心语句，我们统称为广告标语。一般来说，它既可以出现在广告的标题部分，也可以随时出现在广告的正文（主体）部分，还可以出现在广告结尾的前后部分，这要根据广告内容的衔接而定。

对于公共关系广告标题的设计主要是要分析广告内容所需的制作形式。根据不同的形式设计不同的标题，通常有直接诉求式标题、间接诉求式标题、新闻式标题、问题式标题、结论式标题等。

公共关系广告正文的设计比起标题在形式设计的要求要少，它主要是对广告内容的要求，必须突出广告的中心，强调内容的特色，围绕广告要确立的形象进行安排。

公关广告的结尾一般都是一些具体信息的告知，不存在多少创意的余地，它相当于一般广告的落款，往往介绍制作者和广告主的信息，如组织名称、地点和联系方式等。

广告口号的设计是最具创意的部分，它需要很多设计技巧，并得考虑它和各部分内容的联系及广告主题的核心要求。常用的标语设计技巧有美化、赞扬、印证、引证、反复、号召、悬念、情感诱导、理性诱导、暗示、提示、反语、双关等。

总之，广告创作人员在设计广告作品时要注意借鉴各种传播技巧，但又不能拘泥于成律，要勇于突破和创新，创作出新颖别致的广告作品来。

二、公共关系信息传播的主要功能

对于公共关系的功能，国内外学者的看法与概括不尽一致，但从公共关系的基本内涵及其原则出发，应当具备以下功能。

（一）信息收集功能

公共关系按其活动周期与实际作用看，收集信息是前提。任何一个公共关系工作人员或公共关系组织，没有信息收集则没有存在的必要。因此，信息收集功能是公共关系的前提，有人因此将公共关系视为社会组织的“耳目”。信息收集功能要求公关工作人员将与社会组织发展有关的信息，包括内部信息、外部信息，对它们要及时加以整理，并能及时反馈给社会组织。

1. 组织形象信息

组织形象信息是公众对社会组织在运行中所显示的行为特征和精神面貌的反映。对现代社会组织而言，形象至关重要，而形象固然离不开社会组织提供给社会公众的产品或服务，同时更离不开公众的评价。社会组织只能从公众中不断了解组织形象（动态反映），才能不断改善形象。有人开玩笑说，如果可口可乐在世界上所有工厂一夜之间被大火烧光，第二天头条新闻将是：各国银行的巨头争先恐后地向它贷款。这是因为可口可乐公司长期的宣传，广告中红底白字“Coca Cola”八个字母，以及“第一饮料”的形象，公众不会轻易放弃。组织形象包括以下具体内容。

（1）公众对组织领导的评价。公众对组织领导的评价有领导能力、创新意识、办事效率、用人眼光、威望与可信度等。有时，由于领导机构特别是主要领导处于社会组织的中心地位，其形象常对社会组织形象起着至关重要的作用。

（2）公众对组织管理水平的评价。公众对组织管理水平的评价决策是否合理，生产节奏是否紧凑、内部分工是否合理、对市场反映是否灵敏等。由于管理水平直接关系到社会组织的质量和竞争力，因而这类信息表明公众对社会组织的基本态度。

（3）公众对组织内部一般成员的评价。从传播角度看，这是公众侧面了解社会组织的重要途径。

（4）组织产品的形象。这方面的信息包括一般消费者对产品价格、性能、质量和用途等主要指标的反映，同时包括对产品优点和缺点的反映和建议。产品是社会组织运行的重要环节，可以是商品，也可以是服务，它是社会组织与公众发生联系的纽带。因此，产品形象不仅与社会组织命运息息相关，而且成为公众首先注意的信息，公共关系也应首选这方面的信息。

以上是以社会组织作为基点，分清公共关系应了解信息中关于社会组织方面的，可以说是“内部”信息。“内部”信息还可包括社会组织内部员工关系、领导与员工关系、各部门工作效率等。

值得注意的是，此处多次提到“公众”对社会组织的反映等。它不仅包含外部公众，也含内部公众，两者对社会组织形象的关注都是重要的信息。

2. 公众信息

公众信息除以上公众对社会组织各个方面的反映以外，还包含公众消费心理、价值观、需要等多个方面的因素。对于社会组织而言，不仅要了解社会公众对自己的反应，而且要主动了解公众，任何社会组织都必须依靠公众而存在，这种关系发生的必然性，决定了社会组织的公共关系工作人员必须主动了解公众的心理变化，这样才能及时适应这种需要，并以新产品（适合公众需求）打开市场，使自己走近公众。

（二）凝聚功能

公共关系的凝聚功能是指利用信息、增强内部凝聚作用的功能，即“内求团结”。显然，社会组织的专门公关人员只会收集信息是不够的，还应学会正确利用信息，达到“内求团结、外求发展”的目的。而公共关系的凝聚功能就要求公关人员能利用既有信息，不仅要及时反馈给社会组织的有关部门，还须有能力对信息进行归纳、总结，从而反映到社会组织的决策与管理之中，真正达到增强社会组织“战斗力”（能量）的作用。

1. 咨询建议。咨询建议，即公共关系工作人员有选择有分析地向社会组织的领导层转达各类信息，并提出解决问题的方法，真正起到社会组织“小脑”的作用。

2. 参与决策。公共关系参与决策必须依照公共关系的原则，特别是要能站在公众和社会利益的立场上考虑问题，在社会组织决策过程中，起到一种内部约束（根源于外部约束）的作用，避免社会组织的短视行为；同时，公共关系工作人员要善于找出公共关系目标与社会组织目标的相同点与不同点，特别是不同点，作为确定公共关系目标的前提。应该说，作为社会组织内部的一部分，公共关系部门不可能完全决定社会组织决策的过程和结果，这就要求公关工作人员能善于发现问题，并能在维护社会组织长远利益和根本形象过程中，发挥聪明才智，既要配合社会组织其他部门，又要将自己的意志反映到决策当中。

3. 渗透社会组织日常管理。由于公共关系的原则与社会组织与公共关系部门关系之间的客观矛盾，社会组织在决策过程中，不一定会按照公共关系原则行事，这就要求公共关系工作人员不仅对组织决策起约束作用（“提个醒”），更要以实际行动参与社会组织的活动，并尽力贯彻公关原则，这包括对内部员工“公关意识”的教育，将社会公众需求反映、落实到社会组织具体实践中，公共关系的这一功能，对内可使社会组织的运行自觉围绕维护组织形象，满足社会公众需要的方向进行，避免盲目、自我感觉良好的不良状态；对外，可使社会组织及其成员正确处理与公众关系，处处从社会组织形象着想，遵守公关原则。理想的公共关系工作人员还应将这些要求以制度、规范化的形式进行日常管理，如待人接物的礼貌、谅解公众等原则，最终使社会组织形成旺盛的“人气”，即达到高度的凝聚力和向心力！

（三）调节功能

任何社会组织，在其运行中离不开特定环境，所谓“鱼儿离不开水”，而环境又分为内、外环境，公共关系的一项重要功能就是要处理内、外环境与社会组织的各种关系。对内要调节社会组织各种关系，对外要调节社会组织与公众关系。

1. 对内如何增强凝聚力

松下幸之助认为，不论站在何种角度，提高团体生活是极其重要的。从形式上看，人类和鱼类、猴子、蚂蚁、蜜蜂是一样的，都离不开群居生活，但只有人类是经常在提高、发展其团体生活的，是以更好的团体生活为目标。

作为企业的管理人员，公共关系工作人员如何才能取得部下、员工支持，有人提出企业人情味管理，其要旨有三。

第一，跟随员工的想法。

一位心理学家的实验：一位叫托米的男孩，无论和谁一起玩，总能成为孩子的头儿，其诀窍在哪？原来他总有意无意跟着大伙的想法。当孩子们议论怎样玩时，他一言不发，一会儿，大多数人主张打球，于是托米便出来说：“大家现在玩球。”那些孩子立即听从。

这个实验表明，对于一个意见分歧或是非理性成分较高的团体（组织），为了得到其中成员的喜爱，管理者要跟随成员的想法，但不可处处从众，而应在行动中及时、适时指明方向。

第二，让员工有一种参与感。

第三，让员工有一种重视感。

从社会心理学角度看，只有你重视别人，才能得到别人的重视。美国心理学家 E·阿伦森做了一个心理实验：设想在一次鸡尾酒会上，你初遇一年轻人并与之交谈。过一会儿，你对他说要再去斟一杯酒。回来时，他正与别人谈论你（背对你）。你自然停下来听，尽管他无任何动机，也不知道你在偷听，如他对同伴说，你给他留下深刻印象，他喜欢你，发现你聪明、诙谐、和蔼、诚实、开朗……这些评价肯定有助于你去喜欢他。反之，他表示对你没什么印象，并发现你无才、讨厌、不诚实……你还会喜欢与他继续交谈吗？

正是基于这种心理，要求管理者必须同时给员工参与感、重视感，才能得到信任和尊重的心理回报。

当然，需要注意的是，在与员工打交道过程中，应有交往程式的变化，现在比较流行的方式是送生日蛋糕、拍肩膀、说“谢谢”、说“辛苦”等，如果简单重复应用，则效果会随着时间而减弱。以一个社会心理实验为例：

结婚15年的一对夫妇，正准备参加一个正式的宴会，一向宠爱妻子的丈夫说："亲爱的，您看上去很高贵。"夫人听完，并未引起多少快乐，因为她已知道丈夫欣赏自己的魅力，这种话听多了甚至已经厌烦。但在宴会上，一位陌生人对这位夫人说："亲爱的，您看上去很高贵。"实践发现，这位夫人很乐意听此恭维。

阿伦森认为，在长期关系的发展过程中，如果想用计算机操纵来诱使别人对你做出肯定的反应，这种非常有效的公式是不存在的。

作为负责企业公共关系事务的公关人员，必须在企业（团体等）内部贯彻"人和"精神，并自己能以身示范，如此才能不断增强团体凝聚力，才能在顺利时"百尺竿头"，逆境中"以一个声音说话"。

2. 调处社会组织与公众关系

从动态角度看，社会组织与公众（尤其外部环境）处于不断变动之中，这就要求社会组织因势利导，灵活而及时地适应形势，并能拿出可靠的应变之策。努力确定、巩固或矫正形象，比如确定产品形象——商品命名的艺术，涉及美学、语言学、心理学、民俗学、宗教学等诸多因素。稍不留神，即使商品质优价廉，也会滞销。这些原则包括吉利原则、流畅原则、联想原则、优雅原则、新奇原则等。商品从命名、包装、销售无不追求新、奇、特，在满足了人们物质享受的同时，也满足了人们一定的精神追求。

案例5.1　选准最热点

1981年英国王子查尔斯和黛安娜在伦敦举行耗资10亿英镑、轰动全世界的婚礼。消息传出，很多工商界人士绞尽脑汁想利用这一千载难逢的机遇。有的把糖果印上王子、王妃照片；有的服装印上王妃结婚图案等等，但一家小杂货铺却因为经营"潜望镜"而声名鹊起。

这家杂货铺老板想，人们最需要的东西就是赚钱的东西。盛典那天，将有许多人由于距离远，无法看清王子、王妃的美容与盛礼情况。那时的人们不是最需要什么纪念章、糖果，而是潜望镜，于是他突击生产了几十万副马粪纸和放大镜片制成的简易潜望镜。

盛典那天，就在成千上万人看不清现场而抓耳挠腮之际，成千上万个卖童突然出现，高喊："潜望镜，一英镑一个，请用一英镑看婚礼盛典！"顷刻之间，几十万副抢购一空！

案例5.2　柯尔斯公司"反脏乱"

20世纪60年代末的美国，随地丢弃盛装饮料的废铝罐已成为社会的一大公害。为此，位于美国科罗拉多州的以生产酒类产品而闻名的柯尔斯公司展开了一项以"反脏乱"为主题的废旧铝罐回收运动。

1970年，"反脏乱"运动揭开序幕。柯尔斯公司宣布，它将以现金收购本厂及其他厂家的废旧铝罐，并通过该公司遍布全国的166个分销处定点收购。这一用自己的资金回收别家的废弃物、承担社会责任、重义轻利的举动，赢得了已饱受旧铝罐之苦的美国公众的一片拥护。人们将柯尔斯视为文明社会的环境卫士。从当时影响看，有利的舆论已经形成，活动也可以到此结束，但柯尔斯公司并未就此罢手。他们在深思熟虑之后，又郑重推出一项“反脏乱”运动的全面详细的公共关系计划，并摄制了一部有关此项活动的电影特写片，向全社会宣传“反脏乱”活动的重要意义，深入展现“反脏乱”的姿态。从仅仅回收废旧铝罐到进行全社会的观念教育，为活动注入了新的内容，加之新闻媒介推波助澜，公众的热情再度高涨起来，柯尔斯公司再度成为社会舆论关注的焦点。公司董事长柯尔斯从“反脏乱”运动联想到必须综合治理环境这一当代最敏感的问题，他便以自己个人的名义分别向1500名与社会环境保护工作有关的国会议员及专家写信阐述了“反脏乱”计划的意义，并希望通过国会把它的想法告诉公众。一时间，回收废旧铝罐的活动成为国会的议题而震动朝野。柯尔斯公司关注社会问题的责任心也因此而人人皆知。由于柯尔斯公司在环境问题上成为公众的代言人，使美国历史上出现了企业与公众在观点、利益上取得惊人一致的罕见现象。

随着“反脏乱”运动的不断深入，公司不断地出版《柯尔斯公司铝罐消息》专刊，报告现金收购的统计资料，并刊登大力帮助这项活动有关人士的照片。公司把这些专刊定期送到1500名舆论界代表和环境保护专家的手中，使活动始终保持着对全社会的持续不断的影响。柯尔斯公司激起全社会普遍参与之后，拨出1800万美元专款鼓励参与这项活动的个人和团体，又极大地激起人们对回收废铝罐的热情。从花钱收购人家的废弃物，又到出钱鼓励人们参与回收，这种为社会尽义务的精神感动了大量公众。人们纷纷把用废铝罐换来的钱赠给各种慈善机构。科尔斯公司又对人们这种善行给予大力宣传和支持，使“反脏乱”由单纯的环境保护运动上升到更崇高的境界。

柯尔斯公司的“反脏乱”运动持续了近两年时间。两年中，该公司始终处于社会舆论的中心，知名度和美誉度不断扩大和提高，完全赢得了公众的支持与信赖。

案例5.3　乔·吉拉德的推销之道

乔·吉拉德是美国最出色的汽车推销员，多年来他推销的新车数量居美国推销人员之首。其成功的秘诀何在呢？按吉拉德本人的说法是：“真正的推销工作开始于把商品推销出去以后，而不是在此之前。”他说：“买主还没走出我们商店的大门，我的儿子已经把一封感谢信写好了。”“当顾客把汽车送回来进行修理时，我就尽一切努力使他的汽车得到最好的维修……你得像医生那样，他的汽车出了毛病，你就要为他感到担忧。”顾客们非常喜欢吉拉德给他们寄去的卡片，卡片的内容随时间季节的变化而变化。他每月几乎要发出13000张明信片，通过这些明信片，与顾客保持长期联系，了解他们的希望、要求和不满，为他们提供各种各样的帮助。吉拉德的这种交际方式充满着人情味，所以他与顾客的关系十分融洽，并能使他随时把握顾客的“消费脉搏”，为他在今后的推销活动中提供更适合顾客需要的服务创造了条件。

（资料来源　搜狐网关于乔·吉拉德的相关报道）

案例5.4　交际性公共关系

一个人乘坐北方航空公司的飞机去长沙出差。飞机降落之后，他提着随身带的一捆资料，走到了机舱门口。空中小姐在向他微笑道别的同时，递给了他两块小方布，说：“先生，请用小方布裹着绳子，不要勒坏了您的手。”人非草木，孰能无情！这位先生备受感动，从此每次出差或带家人出门，总是首选北航。一句话，两块小方布，换来了一生的光顾，真是划算。不知道这算不算是一种情感营销，只是觉得这种营销是那样的“润物细无声”，所激发的力量大得可怕。

这种交际型公关是一种有效的公关方式，使沟通进入情感阶段，具有直接性、灵活性和较多的感情色彩，它因此被称为情感营销。真正的情感营销是一种人文关怀、一种心灵的感动，绝不是那种眼睛紧紧地盯着人家手里的钱，说些寒暄的套话，连自己都不甚清楚。在这愈发冷淡的科技时代，情感变成了一种稀有资源，谁借用了这种资源，谁就能引爆营销的革命，实现大丰收！

思考题：

1. 什么是传播？它有哪些特点？
2. 简述传播的重要性。
3. 公共关系传播主要包括哪几种？
4. 公共关系传播有哪些主要的媒介？
5. 公共关系传播的技巧有哪些？
6. 怎样理解公关新闻这一概念？
7. 什么是制造新闻？
8. 公关宣传有哪几种主要方式？
9. 公关广告有哪些类型？
10. 公共关系信息传播的功能有哪些？

第三编

公共关系工作人员
及
公共关系机构

在市场经济大潮中，尤其是从20世纪90年代来以来，公共关系开始被越来越多的中国人所关注。在借鉴国外公共关系理论和实践的过程中，我国不少社会组织不仅运用公共关系扩大了自身影响，出现了很多成功的案例，而且还出现了专门的公共关系机构。公共关系机构和公共关系工作人员是公共关系活动的组织者和实施者。公共关系机构主要包括公共关系部和公共关系公司。作为专业性的公共关系机构，它们有着更为专业的公共关系理念和实践经验。公共关系机构的组织构架、工作原则和业务范围是相关研究的重点。

与此同时，一些问题随之产生，即公共关系工作人员的必备素质有哪些？必须遵守什么样的规范？必须具备哪些技能？如何培养专业的公共关系工作人员？作为一种客观存在和社会需要，无论是专业的公共关系工作人员还是兼职的公共关系工作人员，都必须要了解这些问题，加强相关知识和技能的学习。当然有组织的培训是公共关系工作人员职业素养提高的重要途径。公共关系工作人员职业素养是提高公共关系活动效果的重要保障。

第六章 公共关系工作人员的基本素养

本章概要：

社会组织的公共关系活动要靠公共关系工作人员去计划、实施、落实。这就要求公共关系工作人员具备良好的职业形象、职业素养和职业道德。公共关系工作人员素质的高低直接影响公共关系活动的成败。因此，研究公共关系工作人员应具备的素质及其培养方法，就成为公共关系学研究的重要内容之一。

本章主要介绍了公共关系工作人员的基本素养、职业道德、个人形象及素质的培养与提高等方面的内容。

第一节 公共关系工作人员的基本素养

随着商品经济的发展与社会文明的进步，公共关系已成为融科学与技术为一炉、合生产经营与管理决策为一体的专门职业，因而对从事公共关系工作的人们，尤其是专职公共关系工作人员具有特殊要求。现代公共关系工作被称为企业、事业单位的“小脑”“耳目”和“喉舌”，哪些人能担任这一工作？这就涉及到公共关系工作人员的素养问题。根据公共关系职业的特性，要求公共关系人员具有以公共关系意识为核心，以良好的心理素质为基础，具备公共关系专业知识和能力结构的整体职业素质。

作为公共关系工作人员有专业与“兼职”之分，而专门的公共关系工作人员又可分为通才型和专才型，通才型公共关系工作人员主要指公共关系部经理及其主要负责人，专才型主要指担任公共关系具体某项或某些工作的人员。我们这里讨论的公共关系工作人员素质与技能主要指通才型人员，当然，专才型也须注意综合素质的提高。

一、观念

公共关系工作人员首先要掌握现代社会最先进的思想和理念，同时，要有强烈的公共关系意识。所谓公共关系意识，是将公共关系的基本原则内化为公共关系从业人员的观念，并表现为一系列的思维模式、行为准则。公共关系意识的内容，包括塑造组织良好形象意识、维护公众利益意识、平等互惠意识、信息沟通传播意识、环境意识、开放意识、竞争意识、创新意识、审美意识、长远意识等。公共关系意识是公共关系工作人员基本素质的核心，是创造性地完成公共关系活动策划、实施的前提。

二、学识

公共关系是一种复杂的处理社会关系的活动，其主要内容是信息传播。作为专业人员，要妥善协调处理好复杂的交往关系，必须具备广博的学识，了解社会政治、经济、文化诸方面的状况及其发展趋势，理想的公共关系工作人员应是通才。我国较早兴起公共关系活动的上海、广州等地招聘公关人员时常以许多问题作指标，如：（1）是否有较强学习能力？（2）是否每天读书看报？（3）是否大学毕业？（4）是否懂经济学的基本知识？（5）是否懂社会学的基本知识？（6）是否懂管理学和经营学的基本知识？（7）是否懂哲学和逻辑学的基本知识？（8）是否懂心理学的基本知识？（9）是否懂新闻稿件？（10）是否具备谈判经验等。

三、技能

公共关系工作人员的技能要求有很多，包括信息处理技能、组织领导能力、社会交际能力、宣传表达能力、控制协调能力等，同时还应有创新能力和一定的自我推销能力，这就要求他们具有不断学习的能力，不仅向书本学习，更重要的是从实践中学习。同时，公共关系技能的具体内容，需要相关学科来支撑，单靠公共关系一门课是无法解决所有的理论学习的。

四、心理

随着社会文明的进步，人类对健康的要求日益提高，健康的体魄能保证人旺盛的工作精力，而健康的心理也已为人们重视。对于公共关系工作人员而言，主要从事的是各种复杂的协调关系工作，面对各种困难与压力，为保证公共关系工作的持久开展和成功，必须具备健全的心理素质。

性格是人们对待他人或外界事物的态度和行为方式上所表现出来的特点，它是人们对外界事物习惯化的态度和言行方式。国外心理学研究中，有把人的性格按照其不同要素加以识别，分为黏液质、抑郁质、胆汁质、多血质四种，各自包括许多具体要素。一般来说，公共关系工作人员尽可能选择性格外倾的多血质的人去承担（从部门人员组成看，公共关系部和其他部门一样，既没有必要，也不可能都由同类性格的人组成）。

从行为特征上说，公共关系工作人员必须真诚办事、作风正派。公共关系活动本身是“扬善”之举，切忌“隐恶”，公共关系工作人员应以“公众至上”原则约束自己。

公共关系工作人员性格还须与公共关系事务相适应。公共关系事务一般是复杂的，且总与克服困难联系在一起，因此公共关系工作人员还须具备坚强的意志，才能以充沛的精力和坚韧不拔的毅力去解决困难；同时，公共关系工作人员还应保持稳定而乐观的情绪，不但能提高工作效率，而且重要的是使公众感到亲近与信任。

第二节　公共关系工作人员的职业道德

职业道德是长期以来从业人员在职业活动中自然形成的符合职业特点所应该遵循的道德准则、道德情操与道德品质的总和，它主要体现为观念、习惯、信念，它依靠文化、内心信念和习惯，并通过员工的自律实现。职业道德是社会道德体系的重要组成部分，是行业对社会所负的道德责任和义务，不仅具有社会道德的一般作用，而且具有自身的特殊作用，是本行业人员在职业活动中的行为规范。

良好的职业道德是每一个员工都必须具备的基本品质。每个行业都有属于自己行业的职业道德。公共关系策划者也必须遵循公共关系行业的职业道德，用以指导个人思想和行为。公共关系工作人员是代表一个组织与公众打交道的，一名合格的公共关系工作人员应遵守诚实、守信、正直、廉洁、守法的行为准则。公共关系工作人员的职业道德的践行不仅有助于推动本行业的发展，而且有助于提高全社会的道德水平。

国际上关于公共关系职业道德准则的公共关系职业规范文件，较早的是《英国公共关系协会行为准则》；1954 年美国公共关系协会通过了《美国公共关系协会职业标准》；1978 年在里斯本通过了欧洲公共关系行为准则，又称《里斯本准则》；1961 年在雅典召开的国际公共关系协会全体大会上通过了《国际公共关系道德准则》，又称《雅典准则》；1968 年 4 月在德黑兰召开的国际公共关系协会全体大会对《雅典准则》进行了某些修改；1997 年 6 月在赫尔辛基召开的世界公共关系大会上又正式签署了关于提高公共关系质量的《赫尔辛基宪章》。

公共关系工作人员的基本素质和精神面貌，直接影响着组织的形象。这不仅要求其具备良好的生理、心理、文化、能力素质，而且要求有良好的职业道德，这样，才能保证公共关系活动的良好效应。根据《国际公共关系道德准则》和《中国公共关系职业道德准则》的要求，公共关系工作人员在其职业活动中应该遵循以下几点。

一、良好的政治品质

良好的政治品质是公共关系工作能够健康进行的保证。不管在什么国家，公共关系工作都要在不损害别国利益的前提下尽力地维护自己国家的利益。每个公共关系工作人员都必须清楚地了解自身职业中的各项业务规范及国家的各项法律制度。具体来说，在中国，首先应当拥护社会主义制度，自觉遵守国家的宪法、法律，以及政府的法规制度和社会公认的道德规范。

二、强烈的社会责任感

作为公共关系工作人员，有责任向社会提供良好的服务，不能做出对社会不利的事；公共关系活动首先要注重社会效益，努力维护公共关系职业的整体形象。我们不得利用贿赂和其他不正当手段影响传播媒介人员的真实、客观的报道；不能为了私人利益而散布假信息，以从中谋取利益，骗取公众的信任，影响公共关系工作的信誉。

三、坚持实事求是的原则

公共关系宣传一定要坚持实事求是，一切从实际出发。作为公共关系工作人员，不能因某种需要而违背真理；公共关系传播不能凭空捏造，不得参与任何冒险行动或承揽不道德、不忠实，甚至有损于人格尊严与诚实的业务。在所有的公共关系活动中，应当力求真实、准确、公正和对公众负责。

四、把公众的利益放在首位

公共关系工作人员在从事公共关系活动中，一定要重视公众的利益。在任何情况下，都必须做到全心全意为我国的社会主义事业服务，首先应该考虑社会公众的利益，同时也应该考虑自己所在组织的利益，决不能有意损害社会主义现代化建设和社会公众的利益，以及其他公共关系工作者的信誉，对不道德、不守法的公共关系组织及个人要及时予以制止，并通过组织采取相应的措施。

五、忠于职守、按章办事

公共关系工作人员在自己的职业活动中，必须遵守有关国际法的道德原则与规定，必须遵守我国公关行业的行业规则和道德准则，不得借用公共关系名义，从事任何有损公共关系信誉的活动，特别在国内外公共关系活动中，必须严守国家和组织的有关机密。要避免使用含糊和可能引起误解的语言，做到对目前及以往的客户或雇主始终保持忠诚如一。

第三节　公共关系工作人员的个人形象

公共关系工作人员的个人形象是其道德与文化修养的外在表现形式，古代大哲人苏格拉底说：“高贵和尊严，自卑和好强，精明和机敏，傲慢和粗俗，都能从静止或者运动的面部表情和身体姿势上反映出来。”

公共关系工作人员的个人形象主要包括仪容、仪表、仪态等方面。

一、公共关系工作人员的仪容

仪容的重点在个人面部和头部的修饰和打扮。恰到好处的仪容不仅能给人带来美感，也体现着自尊、自信和对别人的尊重。

（一）头发

头发处于仪容中最显著的部位，头发整洁、发型得体会给人留下神清气爽的良好印象。

首先头发要按时清洗，定期修剪，保持头发清洁整齐；其次要根据自身特点和职业地位、工作环境选择合适的发型。一般来说，公共关系工作人员的发型要求：男性的鬓发不宜超过耳部，前不覆额、侧不盖耳、后不及颈、面不留须；女士发型的选择可根据脸型而定，同时与服装的搭配协调一致。最后，应当及时梳理头发，保持发型整齐。在梳理头发时应当注意不能在公共场合当中梳头，断发、头屑不能随手乱扔。

（二）面容

男性毛孔较粗，油脂分泌较多，应经常勤于洗脸洁面以保持脸部的洁净，养成每天剃须修面的习惯。在社交场合，胡须拉碴不仅会给人不洁之感，而且对交往对象也不尊重。

对于女士而言，面容的美化主要是化妆。恰到好处的妆容不仅可以弥补五官搭配的缺陷与不足，使人具有良好的精神风貌，也是对他人尊重的表现。化妆要注意协调，不仅要与自己的年龄、职业、身份、服饰相适应，而且要与季节、所处的环境相一致。化妆可分浓妆，淡妆两种，其中，淡妆要自然清雅、端庄明朗，要适合公共关系工作人员在任何场合的活动。

二、公共关系工作人员的仪表

仪表指人的外表，包括人的容貌、服饰、姿态等。在人际交往中，仪表所传递的信息是形成第一印象的主要依据。在第一印象中，服饰是人们改变仪表或烘托仪表最有效的工具，它反应一个人的社会地位，文化修养、审美情趣以及生活态度。在公共关系工作中，得体和谐的服饰具有无形的魅力。

公共关系工作人员在开展工作的过程中要给人以成熟、稳重、值得信赖的良好印象，因此，应尽量选择正式服饰。

（一）男士服饰

1. 正式服装

男士的正式服装可分为礼服、中山装、西装等。

礼服，礼服分为常礼服和晚礼服。常礼服为日间之常用礼服，使用广泛，酒会典礼、正式宴会、午餐会、婚礼等场合；晚礼服则适合晚宴、舞会、音乐会等场合使用。

中山装是中国男子的传统服装，它不拘形式，任何场合部可以穿，颜色以深色为主，全身一色，显得整齐、庄重。

西装是一种国际流行的男士社交服装。男士在所有的社交场合都可以身着西装。西装现已成为国际上最标准通用服装。

2. 西装的穿着礼仪

西装是在公共关系场合最常见，最受欢迎的服装。穿着西装有相当统一的模式和要求，具体包括如下几点。

（1）整体效果。首先一定要合身，西装要熨烫平整、干净挺括。整体色彩控制在三种颜色以内，同时注意在正式场合，鞋、包、腰带应为同一颜色，并以黑色为佳。

（2）衣袖和裤脚。在穿西装前要拆除衣袖上的商标。西装的袖口和裤脚不应卷挽，以免给人粗俗之感。

（3）衬衫。穿着西装时，衬衫的搭配也很有学问，衬衣颜色的深浅应与西装颜色形成对比，不宜选择同类色，否则搭配不出衬衣与西装的层次感。正装的衬衫必须为纯色，以浅色为主，白色最常用。衬衫最讲究的是领口，领型多为方领，领头要硬挺、清洁。衬衫衣领要高出西装衣领，衬衫衣袖要长于西装袖口 1 厘米左右，以显示层次。不论在何种场合，衬衫的下摆务必塞进裤内，袖扣必须扣上。内衣应单薄，以保持西装的线条美。

（4）领带。正式场合，穿西装要系领带。领带的颜色应与衬衣和西装搭配协调，一般应选择衬衣和西装的中间过渡色。图案以单色无图案的领带为主，有时也可选择条纹、圆点、细格等规则形状为主的图案。领带的长度以到皮带扣处为佳。领带夹一般在第四、五粒扣之间。如衬衫外面穿背心或羊毛衫，则须将领带置于背心或羊毛衫内。非正式场合可以不打领带，但应把衬衫领扣解开，以示休闲洒脱。

（5）纽扣。西装有单排扣和双排扣之分。如穿单排三粒扣西服，一般扣中间一粒或上两粒，单排两粒扣只扣第一粒，或全部不扣。若在正式场合，则要求把第一颗扣扣上，在坐下时方可解开。如系双排扣西装，应将扣一一扣上。

（6）西裤。西裤作为西装整体的一个主要部分，应与上装相协调。西裤长度以触到脚背为宜。穿着西裤时，裤扣要扣好，拉链要拉到位。

（7）口袋。无论是两件套西服，还是三件套西服，其上衣和西裤口袋应少装或不装东西。钱包、打火机等用品可装在西装左、右内侧衣袋里，以保持西服的美观。

（8）鞋袜。按照西装的着装要求，穿西装应配黑色系带皮鞋，并保持鞋面清洁锃亮。旅游鞋或长筒鞋等休闲鞋类不宜在正式场合穿用。与皮鞋配套的袜子应为深色的纯棉、线、丝或羊毛制品，忌穿白色袜子，而且袜筒要足够高，弹力要好。

（9）公文包。男士公文包的款式、颜色应和整体着装相协调。按照“三一律”原则，公文包的颜色与腰带、皮鞋的色彩相同。

（二）女士服饰

1. 正式服装

女士的正式服装可分为礼服、旗袍、裙服三种。

礼服。礼服包括常礼服和晚礼服，穿着的场合与男士礼服相同。

旗袍。旗袍是中国传统女装，有不同的款式、质料和颜色，适合任何社交场合。穿旗袍时，旗袍的叉子不要开得太高，一般在膝盖以上3~6厘米即可。旗袍下摆可以长及脚面，配以高跟鞋，最能表现东方女性特有的体态和风韵。

裙服。裙服有西服裙、连衣裙、套裙、旗袍裙、背带裙、A字裙等。西服裙、套裙可以在正式场合穿，给人以敬重、庄严、礼貌感；其他裙子适用于各种场合。穿裙子一定要穿长丝袜，颜色以肉色最常见，袜口切忌露在裙摆下。

2. 女士套裙着装规范

（1）女士套裙的着装：①忌透；②忌露；③忌短。在社交场合，裙装应长及膝或过膝10厘米左右。

（2）女士西装套裙的着装：①大小适度，穿着到位；②搭配适当，装饰协调；③内衣忌露，鞋袜得体；④兼顾举止，优雅稳重。

（三）几种不同场合的服饰要求

1. 喜庆场合的服饰要求

喜庆场合包括结婚典礼、生日纪念、联欢晚会、假日游园等，具有气氛热烈、情绪昂扬的特点，因此服饰的色彩可以鲜艳丰富，款式也可以新颖一些，以烘托欢乐的气氛。

2. 庄重场合的服饰要求

所谓庄重场合，是指庆典仪式、正式宴会、高层会议等。这种场合一般拥有比较严格的礼仪要求，在服饰方面也不能随意。凡在请柬上要求穿着礼服的，一定要按规定穿着。

3. 悲伤场合的服饰要求

葬礼、吊唁等活动的气氛肃穆，最好穿黑色或其他深色、素色服装，男士可以穿黑色或深色西装配白衬衣、黑领带。女士不抹口红、不带装饰品，不宜穿有花边、刺绣或飘带等饰物的服装。

三、公共关系工作人员的仪态

仪态是指一个人举止的姿态与风度。姿态是指身体表现出来的样子，风度则是一个人内在气质的外在表现。凭借个人仪态所传递的信息我们可以判断其学识、修养、品格、能力等。“站如松、坐如钟、行如风、卧如弓”，这是我国古人对人体姿势的要求。

（一）站姿

站姿是人的一种本能，是一个人站立的姿势，它是人们平时所采用的一种静态的身体造型，同时又是其他动态的身体造型的基础和起点，最易表现人的姿势特征。在公共关系交际中，站立姿势是每个人全部仪态的核心，如果站姿不够标准，其他姿势便谈不上优美。

站姿的基本要求：（1）头正；（2）肩平；（3）臂垂；（4）躯挺；（5）腿并；（6）身体重心主要支撑于脚掌上；（7）从侧面看，头部肩部，上下身应在一条垂直线上。

站姿的具体要求是身体立直，抬头挺胸，下颌微收，双目平视，嘴角微闭，双手自然垂直于身体两侧，手指自然弯曲，掌心向内轻触裤缝，或在体前交叉，将右手搭在左手上，贴放在腹前，身体重心在两脚之间，两腿绷直。女士双膝和双脚要靠紧，男士两脚间可稍分开些许距离，但不宜超过肩膀。

（二）行姿

行姿是站姿的延续动作，是在站姿的基础上展示人的动态美，无论是在日常生活中，还是在社交场合，行走往往是最吸引人注意的体态语言，最能表现一个人的风度和魅力。行姿的具体要求：行走时，头部要抬起，目光平视对方，双臂自然下垂，手掌心向内，并以身体为中心前后摆动；上身挺拔，腿部伸直，腰部放松，步幅适度，脚步宜轻且富有弹性和节奏感。男士应抬头挺胸，收腹直腰，上体平稳，双肩平齐，目光直视前方，步幅应约为 25 厘米，步伐频率每分钟约 100 步，以显示阳刚之美；女士应头部端正，目光柔和，平视前方，上体自然挺直，收腹挺腰，两脚靠拢而行，步幅应约为 20 厘米，步伐频率每分钟约 90 步，以显示女性温柔之美。

（三）坐姿

对坐姿的基本要求是端庄、文雅、得体、大方。具体要求：入座时要稳、要轻，脊背轻靠椅背；应从椅子的左面入座，坐满椅子的 2/3。女士入座时，若着裙装，应将裙子的后片向前拢一下。坐定后，身体重心垂直向下，腰部挺直，上体保持正直，两眼平视，目光柔和。男子双手掌心向下，自然放在膝盖上，两膝距离以一拳左右为宜。女士可将右手搭在左手上，轻放在腿面上。坐时不要将双手夹在腿之间或放在臀下，不要将双臂端在胸前或放在脑后，也不要将双脚分开或将脚伸得过远。坐于桌前时应该将手放在桌子上，或十指交叉后以肘支在桌面上。入座后，尽可能保持正确的坐姿，如果坐的时间长，可适当调整姿态，以不影响坐姿的优美为宜。

（四）蹲姿

蹲姿是人在处于静态时的一种特殊体位。在我们日常生活中使用的非常多，当我们要俯身捡起什么东西时，就要采用蹲姿。蹲姿的基本要求：

在与人侧身相向的方向、物品的旁边屈膝下蹲，与人保持一定距离，保持头正、颈直、背挺。男士双膝可分开一拳距离的缝隙，女士双膝一定要并拢。

（五）拥抱

拥抱礼多行于官方或民间的迎送宾朋或祝贺致谢等场合。拥抱的基本姿势：左脚在前右脚在后，重心要放在左腿上，左手在上、右手在下，胸贴胸、手抱背、脸放右，才正规。由于习俗原因，向别人行拥抱礼之前，务必了解对方是否有此习俗。

（六）鞠躬

鞠躬是表示对他人敬重的一种礼节，适用于庄严肃穆、喜庆欢乐的仪式场合。

鞠躬的基本姿势：并拢双脚，以臀部为轴心，男士双手放在身体两侧，女士双手合起放在身体前面，将上身挺直地向前倾斜，视线由对方脸上落至自己的脚前1.5米处（15度礼）或脚前1米处（30度礼）。鞠躬完之后，在恢复到标准的站姿，目光再注视对方脸部。

四、公共关系工作人员个人形象的内塑

（一）自我意识的提升

自我意识是一个人对自己的认识和评价，包括对自己心理倾向、个性心理特征和心理过程的认识与评价。正是由于人具有自我意识，才能使人对自己的思想和行为进行自我控制和调解，使自己形成完整的个性。

1. 自我意识的作用

首先，自我意识是认识外界客观事物的条件。一个人如果还不知道自己，也无法把自己与周围相区别，他就不可能认识外界客观事物。

其次，自我意识是人的自觉性、自控力的前提，对自我教育有推动作用。人只有意识到自己是谁，应该做什么的时候，才会自觉自律地去行动。一个人意识到自己的长处和不足，就有助于他发扬优点，克服缺点，取得自我教育积极的效果。

再次，自我意识是改造自身主观因素的途径，它使人能不断地自我监督、自我修养、自我完善。可见，自我意识影响着人的道德判断和个性的形成，尤其对个性倾向性的形成更为重要。

2. 自我意识提升的方法

（1）自我的正确全方位认知

“知人者智，自知者明。”全方位的自我认知是培养健全的自我意识的基础。人的自我认知是从多方面建立的，既有自己的认识与评价，也要关

注他人的评价。时刻对自己保持清晰地认知，要忠于自己内心的想法。古人云："吾日三省吾身。"就是说自我修养和自我慎独。因为自省才能自制自律、自律才能自尊自重、自重才能自信自立。

（2）自我的客观真实评价

要真正认识自我，就必须时刻换角度审视自我。首先，要"察己"。客观的审视自己，跳出自我，观照自身。这其中包括对自己的学识能力、人格品质等进行自我评判，切忌孤芳自赏、妄自尊大。其次，要不断完善自我，有则改之，无则加勉。须知道天外有天、人外有人，尺有所短、寸有所长。只有真正了解自己的长处和短处，才能对自己的人生准确定位。关注自我的成长，并且积累人生经验。

（3）自我的积极主动提升

提升自我首先是有赖于自我的不断完善，有赖于自身追求的不断提升，而完善自我的关键就是对自己、环境的认识，以及和周围人的有效沟通。细节决定成败、气度成就高度，自我认识乃是提升的基本点。自我提升主要表现为：建构良好的职业素养、职业道德；自我能力提升；自我心态调整；自我思考以及决断能力提升；自我思维方式的改变；学会有效的沟通。

（4）自我的快速有效成长

一个人自我成长的快与慢来源于自我教育的早与晚，而自我教育来源于自我意识。增强自我欲望，进入自我学习、自我发现、自我认识、自我实践评价、自我觉醒、自我情境创设、自我改变、自我修正、自我管理、自我规划，达到自我修养、自我发展的目的。

（二）气质的培养

气质是人相对稳定的个性特征、风格以及气度，是一个人内在形象的外在表现。性格开朗、潇洒大方的人，往往表现出一种聪慧的气质；性格开朗、温文尔雅，多显露出高洁的气质；性格爽直、风格豪放的人，气质多表现为粗犷；性格温和、秀丽端庄，气质则表现为娴静……在现实生活中，有相当数量的人只注意穿着打扮，并不怎么注意自己的气质是否给人以美感。诚然，美丽的容貌、时髦的服饰、精心的打扮都能给人以美感，但这种外在的美总是肤浅而短暂的，而气质给人的美感是不受年纪、服饰和打扮局限的。

一个人气质的培养要注重以下几个方面。

1. 诚实守信

诚信即诚实守信。"诚"，就是内诚于己，诚实无欺，诚实做人、诚实做事，实事求是；"信"，就是外信于人，有信用，讲信誉，守信义。在人际交往中为人诚实，言而有信，就能得到别人的信任，也能使自身道德得到升华。不兑现自己的承诺，失信于人，就会产生信任危机。“做老实人，办老实事”是人们崇尚的行为准则，实实在在做事是个人得以立足、事业得以成功的保证。生活中不要轻易许下诺言，一旦有所承诺，就应该努力兑现。诚实是获得信任的前提，信任的基础永远是诚实。诚信是做人的根本，也是塑造一个人良好气质的基础。

2. 注重细节

海尔总裁张瑞敏说：“把每一个简单的事做好就是不简单；把每一件平凡的事做好就是不平凡。”细节体现一个人的生活态度、工作态度；细节与个人发展密切相关，体现在工作、学习、生活等方面。细节往往在一定程度上反映出一个人的思想性格和处世为人原则，是认识、了解一个人的重要途径。因此，注重细节，保持好的细节习惯，是让自己表现得更出色，更能得到别人认可的一大关键。对于我们每一个人，只有认真把握生命中的每一个细节，酝酿过程中的细节之美，才会不断地取得进步和成功！

3. 充满自信

美国教育家戴尔·卡耐尔在调查了很多名人的经历后指出：“一个人事业上成功的因素中，学识和专业技术只占15%，而良好的心理素质要占85%。”自信是一种内在的精神力量，是相信自己有力量克服困难，实现一定愿望的一种情感。自信的人能够正确地实事求是地评价自己的知识和能力，能虚心接受他人的批评、坦然地承认自己的错误。自信的人由于对自己的人格、自己的能力，以及自己的命运充满信心，因而能够以一种轻松自然的态度面对生活中复杂的情境或挑战，表现出一种大智大勇的气度。自信的人果断并勇于承担责任，尤其是在重大或关键的问题上，自信的人总是能够表现出一种果断的品质和作风，不会因为事关重大而优柔寡断，不会想着逃避不好的结果而瞻前顾后。

4. 宽容大度

宽容大度就是心胸开阔，度量大，能容人、能容事。允许别人自由行动或判断；耐心而毫无偏见地容忍与自己的观点或公认的观点不一致的意见。宽容大度是一种良好的心态，也是一种崇高的境界，能够宽容别人的人，其心胸像天空一样宽阔、透明，像大海一样广阔深沉。每个人生活在这个世界上，多少都会犯错误，如果执着于过去的错误，不但会限制自己的思维方式，而且也限制发展的方向。因此，宽容别人就是对自我的宽容。宽容大度也是一种生存的智慧、生活的艺术。它不仅包含着理解和原谅，更显示着气质和胸襟、坚强和力量。一个不会宽容大度，只知苛求别人的人，其心理往往处于紧张状态，从而导致神经兴奋、血管收缩、血压升高，使心理、生理进入恶性循环。相反，宽容大度的人则心态良好、活的自在洒脱，自然更加身心健康，会显现出良好的气质。

第四节 公共关系工作人员素养的培养与提高

从公共关系教育的角度看，对公共关系工作人员的培养主要有学校教育、社会培训、业余学习三种途径和方法。

一、学校教育

院校是能够比较正规能有效培养公共关系合格人才的途径。它通常有系统的教学计划、教学大纲，有专业师资和专业教材，有明确的培养目标。目前，国内一些大学设有公共关系本科或专科专业。国外情况比较特殊，1947 年美国波士顿公共关系学院成立至今，颁布公共关系博士学位、硕士学位已 70 余年。几百所大学设有公共关系专业和课程，很多学生兼修公共关系专业，所以，他们从事公共关系工作时，常拥有双学士、三学士，甚至双硕士学位。这样的人才知识面广，业务能力强，是公共关系最合适的人选。

我国各大学大都开设了公共关系类课程。经贸、管理、新闻、传播等专业一般将公共关系学作为专业课或专业基础课，学习公共关系理论和实务相关知识。许多学校甚至在理工科中开设了公共关系学的限选课或选修课。

二、社会培训

随着公共关系工作在我国各行各业的普及，对公共关系人才的需求越来越迫切，吸引了大量有志之士投身于公共关系事业。但由于我国从事公共关系的人员大都没有经过专长训练，多半是先干后学或边干边学。于是，非学历教育的公共关系继续教育便大量出现。短期培训班是提高公共关系工作人员素质的一个成效比较显著的办法。为了迅速提高他们的水平，在不影响工作的情况下，举办短期培训班，聘请公共关系的研究专家、大学老师讲课，有条件的话还可聘请外国专家来讲课，将公共关系学的基本知识和主要内容有重点地传授给他们，以迅速提高他们的理论水平和扩大他们的知识面。举办培训班可以容纳较多的学生，时间花得少，经济上比较节约。

三、业余学习

利用业余时间阅读、钻研公共关系学的理论、技能方面的书籍和刊物，也是公共关系人员提高素质的重要途径。只要方法适合，持之以恒，并对照实践加以理解和验证，同样是能够掌握公共关系学的基本理论和方法的。目前，国内已出版了许多专门的公共关系著作，包括理论著述、实务技能、案例分析等，其深度和广度不断扩大，为业余自学创造了条件。

企业领导和公共关系部门的经理们除了自己加强学习外，还要重视对公共关系工作人员的培训。没有一定的理论做指导，没有专门的职业训练，没有广博的基础知识是不可能干好该项工作的。

案例 6.1　国际公共关系协会行为准则

国际公共关系协会成员必须竭诚做到以下各条：

第一条　为建设应有的道德、文化条件，保证人类得以享《联合国人权宣言》所规定的诸种不可剥夺的权利作贡献。

第二条　建立各种传播网络与渠道以促进基本信息自由流通，使社会的每一成员都有被相知感，从而产生归属感、责任感。

第三条　牢记由于职业与公众的密切联系，个人的行动——即使是私人方面的也会对事业的声誉产生影响。

第四条　在自己的职业活动中尊重《联合国人权宣言》的道德原则与规定。

第五条　尊重并维护人权的尊严，确认各人均有自己作判断的权利。

第六条　促成为真正进行思想交流所必需的道德、心理、智能条件，确认参与的各方都有申述情况与表述意见的权利。

所有成员都应保证做到以下各条：

第七条　在任何时候任何场合，自己的行为都应赢得有关方面的信赖。

第八条　在任何场合，自己均应在行动中表现出对其所服务的机构和公众双方的正当权益的尊重。

第九条　忠于职守，避免使用含糊或可能引起误解的语言，对目前及以往的客户或雇主都始终忠诚如一。

所有成员都应力戒不违背以下各条：

第十条　因某种需要而违背真理。

第十一条　传播没有确凿依据的信息。

第十二条　参与任何冒险行动或承揽不道德、不忠实、有损于人类尊严与诚实的业务。

第十三条　使用任何操纵性方法与技术来引发对方无法以其意志控制因而也无法对之负责的潜意识动机。

案例6.2　中国公共关系职业的道德准则

1991年5月，中国第四届全国省市公共关系组织联席会议通过了《中国公共关系职业道德准则》，共10项条款：

(1) 公共关系工作者应当坚持社会主义方向，自觉地遵守我国的宪法、法律和社会道德规范；

(2) 公共关系工作者开展公共关系活动首先要注重社会效益，努力维护公共关系职业的整体形象；

(3) 公共关系工作者在公共关系活动中，应当力求真实、准确、公正和对公众负责；

(4) 公共关系工作者应当努力提高自己的政治水平、文化修养和公共关系的专业技能；

(5) 公共关系工作者应当将公共关系理论联系中国的实际，以严肃认真、诚实的态度来从事公共关系；

(6) 公共关系工作者应当注意传播信息的真实性和准确性，防止和避免使人误解的信息；

(7) 公共关系工作者不能有意损害其他公共关系工作者的信誉和公共关系实务，对不道德、不守法的公共关系组织及个人予以制止并通过有关组织采取相应的措施；

(8) 公共关系工作者不得借用公共关系名义从事任何有损公共关系信誉的活动；

(9) 公共关系工作者应当对公共关系事业具有高度的责任感，不得利用贿赂或其他不正当手段影响传播媒介人员真实、客观的报道；

(10) 公共关系工作者在国内外公共关系实务中应该严守国家和各自组织的有关秘密。

案例6.3　个人妆容

张敏，某高校文秘专业高才生，毕业后就职于一家公司做文员。为适应工作需要，上班时，她毅然放弃了“清纯少女妆”，化起了整洁、漂亮、端庄的“白领丽人妆”：不脱色粉底液，修饰自然、稍带棱角的眉毛，与服装色系搭配的灰色偏浅色的眼影，紧贴上睫毛根部描画的灰棕色眼线，黑色自然型睫毛，再加上自然的唇型和略显浓艳的唇色。虽化了妆，却好似没有化妆，整个妆容清爽自然，尽显自信、成熟、干练的气质。但在公休日，她又给自己来了一个大变脸，化起了久违的“青春少女妆”：粉蓝或粉绿或粉红或粉黄或粉白等颜色的眼影，彩色系列的睫毛膏和眼线，粉红或粉橘的腮红，自然系的唇彩或唇油。这样看上去娇嫩欲滴、鲜亮淡雅，整个身心都倍感轻松。

（资料来源 《礼仪案例分析》，搜狐网，2017 年 11 月 23 日）

案例 6.4　用餐礼仪

林先生是一位外贸公司的业务经理，有一次，林先生因为工作需要，在国内设宴招待一位来自英国的生意伙伴。有意思的是，那一顿饭吃下来，令对方最为欣赏的，倒不是林先生专门为其所准备的丰盛菜肴，而是林先生在陪同对方用餐时的细小的举止表现。英国客人说：“林先生，你在用餐时一点儿响声都没有，使我感到你的确具有良好的教养。”

思考题：

1. 公共关系工作人员需要具备什么样的心理条件？
2. 为什么公共关系工作人员需要具备良好的职业道德？
3. 公共关系工作人员的个人形象主要包括哪些方面？
4. 公共关系工作人员的服饰要求有哪些？
5. 如何进行公共关系工作人员个人形象的内塑？
6. 提高公共关系工作人员基本素养的途径有哪些？

第七章 公共关系工作人员的基本技能

本章概要：

公共关系工作人员的基本技能是公共关系工作人员从事公共关系工作基本能力的综合，主要包括语言的技能、写作的技能、演讲的技能及人际交往的技能。公共关系工作人员的基本技能掌握情况对其公共关系工作的完成有着重要的影响。因此，要提高公共关系活动的效率，必须着力提高公共关系工作人员的基本技能。

本章主要介绍公共关系工作人员所需具备的语言的技能、写作的技能、演讲的技能及人际交往的技能。

第一节 公共关系工作人员的语言艺术

公共关系活动是一种传播活动，传播活动一般又分为大众传播、人际传播等，各种传播又离不开语言的运用。语言又可分为两类：书面语言和口头语言。公共关系语言艺术，在实践中表现为谈判艺术、论辩艺术、演讲、广告推销等形式。这里主要介绍口头语言为主的公关语言艺术。

一、公共关系语言的功能与特征

公共关系语言，作为树立组织良好形象的手段，与一般的语言功能不同，它不能使用侵犯他人的攻击性语言。它应该在沟通中使对方感到满意，从而形成一个良好的情感交流氛围，产生最佳的社会效应。一般来说，轻松的语言使人感到自然；诙谐的语言使人愉悦；愉快的语言使人兴奋；委婉的语言使人感到亲切；庄严的语言使人感到可敬；恰到好处的语言使人舒畅；等等。因此，了解语言功能，特别善于应用公共关系语言艺术的人，可以在与他人交往中，较快地建立感情。

公共关系语言的特征，可以从以下几方面加以认识。

1. 互补交流

在公共传播交流中，信息与感情的交流是双向的，特别是口语，往往是"输出—反馈"过程的同时进行，对于公共关系其他传播形式，如大众传播，同样要注重双向交流；在沟通中，双方均要进行自我调节与控制，避免出现交流障碍，这样才能做到互补交流。

2. 适合语境

人总是一定社会关系的产物，因此，在进行语言交流时，人离不开特定的身份、环境等，这就是语境。语境要求人在不同时候、不同环境下说不同的话。对于信息的传播者必须首先明确自身特定的身份、地位，同时应明确受传播者的地位，再注意使用合适的语言媒介（身姿等非语言因素），交流才会有效、有益。

3. 繁简适当

信息论将信息源发出信息的不确定性、无序性、无预计性大小的量值，叫"熵"。"冗余"与"熵"相反，熵值越高，则冗余值越低。一般来说，语言交流（口头或书面）都应尽量提高熵值，但有些场合，冗余值必不可少，如见面问候、劝慰、车票员等人员的提醒语言等，冗余有时有利于强调信息。

二、公共关系语言艺术的形式与方法

（一）公共关系语言艺术形式

公共关系语言艺术形式可分为口语、体语、界域语和类语言四种。

1. 口语

口语是沟通中用得较多的语言形式，除必须注意到公关语言一般的特点外，还必须注意自身特定场合。语言传播在公共关系活动的运用是有技巧的。公共关系语言技巧是传播者在了解和认识传播规律的基础上，对言语的特点加以艺术性运用的一种方法，它是公共关系实务的基本传播手段，在日常接待、新闻发布、演讲、沟通性会议、公务谈判和演说等场合应用非常广泛。它主要包括说话的技巧、听话的技巧、提问的技巧和演讲的技巧。

在说话方面，首先要讲究全身心投入，对讲述的内容要用词准确、声情并茂并表现出诚恳、认真的态度，如果不注重情感投入，一味运用口才，则会留下哗众取宠的印象；其次语言要通俗、生动、口语化，不要用生硬的书面语，更不要用套话和生涩的词语，运用口语须注意细节，避免不礼貌的用语，不应给人留下以“我”为主，自吹自擂的感觉，如“我认为”“我觉得”“你（们）应该”“你（们）不应该”等；再次是用语要准确简洁，用最少的、最精确的语言表述最多、最生动的意思；最后要讲究流畅的语流与和谐的语言表达风格，并且在音量、音速和音频上有精确的讲究，在使用副语言时也要达到准确、传神。

在听话方面，要十分注意聆听的艺术。聆听艺术是言语传播的重要技巧。首先要讲究全神贯注地听，做到尊重说话人以及他讲述的内容；其次要用积极的反馈，激发说话人的谈话热情，并运用表情和动作鼓励对方，以增加表达效果；最后是要多听对方的谈话内容，思索对方的每一句话包含的信息量，做到尽快与对方沟通。

在提问方面，要尽量使用双方习惯和喜欢的问话方式，要做到文明提问，尽量避免直接提问带来的不礼貌。此外，还要注意避免一次提多个问题，因为这样会给对方的回答造成压力。最后是要注意提问时机必须适当，所有的问题必须围绕中心问题展开，不能问不着边际的问题，更不能离题万里。

2. 体语

体语是靠人的身体动作、表情和服饰等来传递信息的无声语言。它可分为动态体语和静态体语。

动态体语指通过头部和肢体的动作和面部表情来传递信息的语言，如点头、摇头、鞠躬、握手和其他手指动作，以及捶胸、耸肩、目光、微笑等。美国心理学家阿尔贝特研究发现：信息效果＝7%书面语+38%音调+55%的体语。由此可见，体语在交流中的作用。在体语中，特别是表情处于很重要的地位，如“眼睛是心灵的窗户”等。

静态体语指人的姿势和服饰。人的姿势反映了人的心理状态，可反映严肃与随便、傲慢与谦恭、豁达与害羞、聚精会神与漫不经心等。服饰则显示人的职业、爱好、社会等级、性情、气质、文化修养、信仰观念、生活习惯及民族地域风俗等。

3. 界域语

界域语是通过人在交往时所处的距离、位置来传递信息的一种无声语言。人在心理上总把自己圈定在某个相对的个体空间里，这是他的势力范围，侵犯这一势力圈，立即会产生不安心理。

界域语又分为位置界域和界域距离。

位置界域指交际者之间的位置所产生的媒介效果。与甲交谈，乙可取四种位置，具体如下图所示。

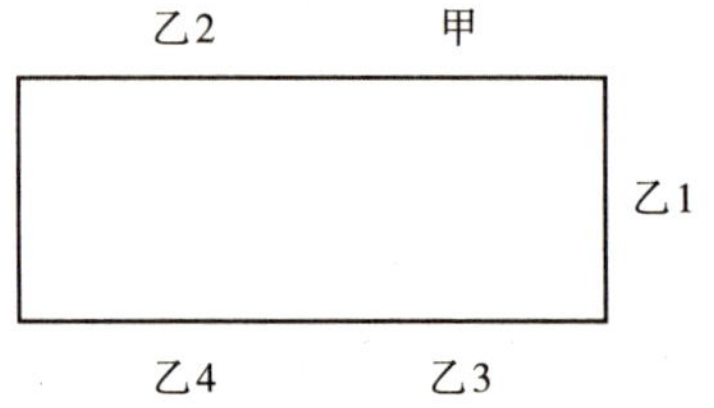

乙1：社交位置，体现两者之间诚挚、友好关系，双方无紧张情绪，行动方便，有利于观察体态变化；找客户、领导汇报时，此位最为策略、巧妙。乙2：友好位置，表示亲切、信赖，显示双方亲密、平等的关系，有利于合作交流。乙3：竞争位置，一般用于谈判。乙4：公共位置，双方无沟通需要，在公共场合陌生人间常用。

界域距离是指交往者之间的空间长度所产生的媒介效应。美国人类学教授赫尔认为，人类大多数处于四个界域区。

① 亲热界域语：它是指接触性界域语言，是交往中最不间隔或几无间隔的语言，距离一般在15厘米之内，语义是“热烈、亲密”，即“亲密无间”，常发生于父母与子女、情人之间，公关沟通中，除外交场合的拥抱、亲吻等，其他场合不受欢迎。

② 个人界域语：它是指接近性界域语言。这是熟人交往的空间，如同学、师生、邻里等，距离一般75厘米之内，语义为“亲切、友好”，公关沟通中表现为促膝谈心、握手等。

③ 社交界域语：它是指交际性界域语言。这是一种非私人的、较正式的交往关系。距离在210厘米之内，语义为“严肃、庄重”，双方很少情感渗透，公共关系沟通中主要为与用户谈生意、接待来访者、企业之间谈判等。在面积较大的地方，社交距离可扩大，在210厘米至360厘米之内；接见者的身份愈高，距离可愈大。

④ 大众界域语：它是指特殊心理联系的界域语言，空间距离较大，一般在360厘米以上。可减少说者与听者用口语进行交流的可能性和现实性，这一界域内的人们完全可“视而不见”，相互间不一定要发生联系。

现代社会，界域语并非一成不变，它的距离往往受环境影响，语义也受本民族或习俗影响，因此接触以前，要了解对方界域语，以形成舒适且有安全感的交往气氛。

4. 类语言

类语言是交往过程中一种有声而无固定语义的语言。但它能使语言意义发生变化。类语言包括声音要素和功能性发声。声音要素有语调、重读、节奏、停顿、沉默等；功能性发声有哭、笑、呻吟等。

（二）公共关系语言的艺术方法

语言艺术和所有艺术创作一样，都是为一定目的而进行创造性组合的产物。公共关系语言艺术也同样是通过优化语言来提高表达效果。公共关系语言艺术具体方法应因人、因事、因时、因地而异，一般有以下几种方法。

1. 幽默法

幽默是以愉悦的方式让别人获得精神上的快感。幽默的力量决不仅在于博人一笑而已，它能润滑人际关系、去除忧虑愁闷、提高生活涵养、针砭时弊等。幽默大师林语堂在《幽默杂谈》中说："凡善于幽默的人，其谐趣必愈幽隐，而善于鉴赏幽默的人，其欣赏尤在于内心静默的理会，大有不可与外人道之滋味，与粗鄙的笑语不同。幽默愈幽愈默而愈妙！"

幽默的技法主要有四种。第一，利用荒谬对比造成幽默意境。将两种不同的事物放在一起进行对比，突出两者之间的差异，从而构成幽默的意境，产生幽默的情趣。第二，利用设置悬念造成幽默意境。悬念是通过某些情节的叙述、描写和交代，使听者对描述对象产生好奇，以至打破原有的平衡状态，造成一种紧张的心理状态，从而唤起听者的形象思维和逻辑思维。设置悬念通常采用巧设疑难、假述表象、声东击西的手段，目的在于提出疑问，布下迷阵，造成假象。第三，利用反转突变来造成幽默意境。反转突变大多用夸张的手法，使言语的逻辑发展突然中断，心理期待猛地扑空，滑到一个并非预期，但又有联系的终点。第四，利用双关语造成幽默意境。利用一个词的语言或语义同时关联两种不同的意义，曲解其原意。在语言沟通中，幽默技法可以单独使用，也可以混合交叉使用。

2. 委婉法

委婉，又称婉曲、婉转、避讳，即通过一定的措辞，把原来令人不悦、不忍、不便或不堪（粗俗语）的事情，说得听上去文雅、得体、有礼、含蓄。其方法是使用一个不直接提及不愉快事情的词，来代替原来那个包含令人不悦等内涵的词，或故意说些与本意相关或相似的事物，来烘托本来要直说的意思，具体有以下三种方式。

第一，讳饰式委婉："死"——"过世"；"落后"——"后进"；"瘦小"——"文弱、纤细"；"厕所"——"一号"等。

第二，借用式委婉，比喻、双关、典故或歇后语，或借一事物和它事物的特征来代替对事物本质直接表态的方法。例如，有人在纽约48届文学年会上向中国代表说："您对性文学怎么看?"中国代表说："西方朋友接受一盒礼品时，往往当着别人打开来看；而中国人恰恰相反，一般要等到客人离开才打开盒子。"

第三，曲语式委婉，用曲折含蓄的语言和商洽的语气表达自己看法的方法。

3. 模糊法

语言的模糊法是指在特定场合下，考虑到不确定因素的存在，为提高表达效果而用不确定或不精确语言进行交流的方法。具体包括以下三种。

第一，宽泛式模糊法。如在外交场合的正式邀请时会说，"请您在合适的时候访问我国"。

第二，回避式模糊法。如《中美上海联合公报》中涉及中华人民共和国和中国台湾当局两个概念时，用"海峡两岸的人，都确认只有一个中国"这样的模糊语言。

第三，选择式模糊法。如做中国菜的菜谱时会说，"某味佐料放 10 克至 12 克!"

4. 暗示法

语言暗示法指通过语言、行为或其他符号隐蔽地表达自己意向，对他人心理或行为产生影响，如，1990 年 11 月 29 日联合国针对伊拉克的 678 号决议：授权联合国成员，如伊在 1999 年 1 月 15 日前不执行从科威特撤军的有关决议，使用一切必要手段，维护、执行有关决议，恢复海湾地区的和平与安宁。

暗示法分为点化式、引发式和图像式。点化式是点出与意向紧密相关的另一件事来引起反应的方法；引发式是以同一事物中的一对矛盾，用引发矛盾的一方来暗示矛盾的另一方，从而引起双方反应的方法；图像式是以图像来暗示并引起反应的方法。

三、跨文化语言沟通

1. 见面语

香港人常用"恭喜发财"，不说"节日快乐（落）"；而新加坡则不能说"恭喜发财"（教唆人发不义之财）。

2. 发问语

中国人常用"多大年纪?""哪儿工作?"等发问，西方人认为这些是个人隐私而不能问。

3. 受礼语

欧美人常用"这正是我需要的，太好了……"之类；中国人常用"您太客气了！不敢当……”之类。

4. 宴请语

中国人喜欢敬烟、敬酒等表示客气，这与西方人不同。

5. 数字语

欧美人忌13，犹太人忌周六（主日，金钱、火柴、机器）；

中国人喜双数（2、4、6、8 等），日本人爱单数（1、3、5、7 等）

6. 体语

伊斯兰教男女不能握手；

印度、印尼、缅甸、马里、阿拉伯国家不用左手递东西；

信仰佛教的国家：不能摸小孩头；

日本人鞠躬表示礼貌；

美国人拍异性肩表示友谊，巴基斯坦则忌讳拍背；

多数国家点头表示同意、摇头表示否定，而印度、尼泊尔、保加利亚则相反，摇头表示赞赏、点头表示不同意。

第二节　公共关系工作人员的文书写作

一、公共关系文书概述

文书是一种记录信息和表达意图的文字材料。公共关系文书是指在公关活动中广泛应用的文字材料。公共关系文书应完全服从或服务于公共关系活动的实际需要，为组织和公众的总体利益和奋斗目标发挥作用，为信息传播、感情交流、形象塑造和劝导公众服务。

作为公共关系工作人员，谙熟各类公共关系文书的写作是重要的基本技能之一。从文明社会开始之际，文书即被广泛利用。文书可分为私人文书和公务文书两种，私人文书包含私人信件、契约、收支账目、个人写的自传、家谱、遗嘱等。公务文书指政府、团体、企事业单位的各种命令、指示、条例、通知等。公共关系文书指为树立组织形象而利用的各种文字材料。一般可分为以下几种。

公文类：如请示、报告、简报等。

广告类：如商品广告、公共关系广告、通告等。演讲虽属议论文体，但亦可起公共关系作用，亦可归入此类，做广告用。

新闻类：如消息、通讯、报告文学等。

函柬类：如请帖、公函等。

和一般的文书不同，公共关系文书具有自身的特点，如实用性、广泛性、权威性、艺术性等，也有特殊的写作原则，如：①内容真实，题材新颖；②行文亲切、生动及时；③简练明了；④大方得体、注重礼仪等。

二、公共关系文书写作举要

因为各种公共关系活动的方式、对象和目的不尽相同，所以公共关系文书的文体也就会有诸如请柬、聘书、祝词、贺词、函电、题赠、演讲、调查报告、工作计划、广告、消息、通讯、规章制度、各类公文等几十种之多。这里仅就公共关系活动中最常用的几种文书加以说明。

（一）公文类

1. 公文类文书种类

公文类文书种类十分繁复，我国 1951 年规定公文程式为七类。1981 年国务院办公厅发布《公文暂行办法》将公文分为九类十五种：①命令、令、指令；②决定、决议；③指示；④布告、公告、通告；⑤通知；⑥通报；⑦请示、报告；⑧批复；⑨函。

2. 公文要求

准、实、简。

3. 公文体式

公文类文件由正文和附加标志组成，其包括：标题、主送机关、正文、附件、发文机关、发文年月日、抄送（抄报）单位、文件编号机密等级、阅读范围、急缓程度等。一般程式如下：

缓急 编号秘密	编号紧急
文件名 文件编号	××局文件 ×字〔2019〕×号
标题	关于××××的请示
主送机关	××××市人民政府
正文	（略）

结尾　　　　　　　　以上请示，当否，请复示

附件　　　　　附件：×××

发文机关　　　　　　×××市××局（盖章）

年月日　　　　　　　×年×月×日

抄送（报）范围　抄报
抄送：
发：

注意事项如下：

① 文件四周空白一般右3cm、左2cm、上3cm、下2cm；

② 书写时一般用黑色签字笔、钢笔、毛笔等，忌用圆珠笔等；

③ 表示的数字（数量、长度、高度、面积等）格式必须统一，或阿拉伯数字，或汉字；日期则须阿拉伯数字；

④ 引用法规的条、章、款、项等时，依照原文；

⑤ 文件名、行文关系必须规范。

（二）新闻类

新闻，广义指消息、通讯、特写、调查报告、评论等多种报刊体裁；狭义指消息。

新闻稿写作，如一般的消息主要由标题、导语、主体、结尾几部分组成，主要内容必须具备五个要素（一般），即时间（When）、地点（Where）、人物（Who）、事件（What）、原因（Why），有时还加上如何进行（How）。西方新闻学称五要素为“5W”或“5W+H”。

新闻稿写作，为便于读者有选择、分层次阅读，常采用倒金字塔结构，即重点在上、在前，头重脚轻。先用标题标出新闻的要点；次用一两句导语写出几个要素；最后才是主体部分，主体部分要以较多文字写事实过程或提供背景材料。

（三）演讲类

演讲类文书的一般结构包括引言、正文、结尾。

引言要引人入胜，或开门见山，点明主题；或介绍情况，说明根由；或提出问题，引人思考；或引用名言，借题发挥。

正文主旨在于论理，但不比于一般的论文、杂文，在内容安排上较灵活，可把叙事、抒情、说理结合在一起，熔为一炉。

结尾必须有力有味，妙趣横生。结尾或概括全文，画龙点睛；或抒情议论，深化主题；或引用警句，振聋发聩；或提出问题，引人深思。

第三节　公共关系工作人员的演讲能力

一、公共关系演讲概述

演讲在公共关系活动中起着重要的作用。如果说公共关系是传播，是沟通，是信息的交流，演讲就是传播、沟通、信息交流的工具或具体方式。

在当今飞速发展的商品社会中，公共关系工作人员需要练就在各种场合的口才，以展现其魅力，以更好地调整周围的人际关系。演讲者通过语言的表达，把自己的思想，对某一具体事件的看法，同时也把自己的情感，作为强有力的信息传播给公众，这样会使公众对演讲者及其所代表的组织有更深入的了解，使公众在一定程度上接受自己的观点和感情。

在公共关系活动中，演讲是一种传播和沟通的好形式。它的形式简单，无须繁多的道具，也无须一定规则的场地。现代化的传播手段普及之后，演讲人可以走进广播电台、电视台，使演讲形式变得更简单，人们打开收音机或者电视，就可以听到演讲了。聪明的演讲人会利用这种传播工具使自己或所代表的组织与公众的距离缩短并赢得好感。

演讲这种简单易行的公共关系活动形式，还有思想明确、传播信号清晰的特点。对于组织来说，演讲是与组织外部公众进行信息沟通与交流，与内部公众联络情感、建立良好关系的重要手段。这不仅要求公共关系工作人员，而且要求每一个领导和决策者也应该学会演讲。

首先，演讲是演讲者通过口头语言表达自己的思想见解和感情的过程，并通过这种过程作用于公众。因此，一个演讲人必须具备特有的素质。

其次，演讲者的思想、观点、学识、感情融为一体，形成一个有机的文化修养基础。这种修养的形成，来自长期多方面的积累及对社会的深刻理解。

再次，演讲是口语表达的艺术，但需要一定的文字准备。当然，在演讲中，演讲者如拿着讲稿，照本宣科，往往会引起听众的反感，甚至进而对演讲者的能力表示怀疑。

在实际生活中，即兴演讲，也是从事公共关系工作的人经常遇到的。出席某一个会议，主持人或者公众，推举某位公共关系人员做演讲时会说："下一个请你讲。"公共关系工作人员的推辞往往会失去一次很好的公共关系活动和宣传的机会。这时，只有登上讲台，做即兴演讲，才是他的正确选择。

二、公共关系演讲的技巧

（一）演讲稿

演讲稿是演讲者讲前准备的文字稿，它为演讲的内容和范围提供依据、规范和提示。作为一种特殊的应用文体，演讲稿具有节奏性、多样性和可变性的特点。

第一，节奏性。它是指语言要口语化，语句不宜长，节奏鲜明。为了使音节搭配匀称协调，可以将相同音节的词并列使用，双音节词与双音词匹配，多音节词与多音节词匹配，排比押韵，这样就可形成对称、均衡的"建筑美"，读起来朗朗上口，有珠玉之声、金石之响，产生动人悦耳的声音美。

第二，多样性。演讲稿作为一种特殊的文体，综合了许多文体表达方式的特点，比如议论文、记叙文、说明文、抒情散文等，这些文体表达都可以更充分、更有效地表达演讲者的思想情感。

第三，灵活性。演讲稿是一种定而未定的文字稿。演讲稿无论在写作过程中加工修改过多少次，仍不能算是确定的文稿，甚至可以在演讲过程中，根据情境的变化，随时调整内容的安排和节奏的变化。

（二）演讲的声音

声音是语言的物质外壳，是传递信息的一种物质载体，而使演讲艺术有效的根本形式就是有声语言。没有声音，演讲自然也就不复存在了。有声语言比书面语言更为丰富，因为它表达的不仅仅是思想，而且还表达思想所产生的情绪与感情。

演讲中的发声要求字正腔圆，悦耳动听。所谓字正腔圆，是就读音和音质而言的。字正，是演讲语言的基本要求，它要求咬字准确，吐字清晰，读音响亮，送音有力，使听众明白易懂；腔圆，就是要求演讲的声音清亮圆滑、婉转甜美、流利自然，富有音乐美。

演讲中的语调要求是起伏有致，灵活多变。我们说话时，除了每个词要说对、说好外，每句话、每段话都要说好，在音节连续由静至动的语流中，演讲者要使听众听得美、听得清、听得乐。贯穿在句子里的音高音低、抑扬顿挫的调子，是与句子意思和说话人的感情有直接联系的。语调起着润色演讲的作用，具有积极促进演讲、沟通思想的功能，使演讲的内容更加清晰明确。

演讲的节奏要注意抑扬顿挫、轻重缓急，体现语言的优美，它是演讲中的一切要素的有秩序、有节拍的变化。离开变化，节奏便无从谈起，离开了内容，节奏就毫无意义，所以节奏不是速度。演讲中节奏的要素包括：结构的疏与密、起与伏；情感的浓与淡，激与缓；速度的快与慢、行与止。

（三）演讲中的应变

所谓应变，就是指演讲者在整个演讲过程中，面对由主观或客观的突发事件和意外情况造成的障碍和干扰，敏锐、及时、准确地做出反应，并采取有效措施加以迅速、巧妙、果断地排除和平息，从而使演讲能继续进行的一种技巧和方法。应变能力就是这种迅速反应的能力和处理能力。意外包括主观、客观两方面的变化。如果出现诸如停电、听众骚乱等情况，要敏捷反应、果断处理，也要沉着稳健、处变不惊、不急不躁，然后采取正确、果断的措施。

在演讲台上，控场能力直接决定着演讲的内容表达。演讲者的良好素质，能塑造良好的自我形象，把握好演讲的艺术分寸，力求以奇制胜。

（四）即席演讲

所谓即席演讲，就是演讲者在没有准备或没有充分准备的情况下临时发表的讲话，也叫即兴演讲。演讲者，尤其是优秀的演讲者都有自己的演讲风格。即兴演讲最能真实地体现一个人的演讲风格。即兴演讲虽不同于一般演讲那样有充足的时间来进行准备，但也不是不用准备或不能准备的，预测性准备和临场性准备就是最基本的两种准备方法。

1. 预测性准备，是在演讲之前有预见地做一些推测性准备，具体包括三方面的内容。

（1）心理准备。在参加一个会议或活动之前，可以先设想一下：自己是否有可能需要讲话？如果讲，讲什么？怎么讲？在心里做好准备。有了这种心理准备，可避免突然被“点将”后的那种吃惊、慌乱、尴尬或恐惧的心理，能够迅速实现角色转换：由配角转向主角，由听者转向讲者，快速进入演讲状况。

（2）材料准备。如果事先已经知道会议或活动的内容和主题，可以简单地翻阅一下相关资料，临时扩大知识储备量以充实自己的大脑。这样，在被突然“点将”发言时，就能对某一问题旁征博引，讲得头头是道，从而赢得听众的刮目相看。

（3）酝酿腹稿。如果时间和条件都允许的话，演讲者还可以先酝酿一下腹稿，形成一个大体框架，如迅速概括演讲的主题，组织演讲结构等，明白自己要讲一个什么问题，如何讲清楚，先讲什么，后讲什么，如何结尾，把要讲的内容有条理、有层次地组织起来。值得注意的是，这个腹稿并不是一成不变的，随着演讲内容的逐步深入，可能在讲话过程中随时改变或打乱原先的设计。

2. 临场性准备。有时，演讲者也可能在毫无思想准备、心理准备的情况下被突然“点将”，或者虽有事先准备，中间却突然出现意外，这时就要尽量争取临场准备时间。临场性准备的时间虽短暂，却为演讲者提供了宝贵的思考空间。由于临场性准备是以拖延时间为目的的，所以又称为延宕法，主要有以下两种。

（1）动作延宕。动作延宕就是利用某种动作来拖延时间，在施展动作的同时，让大脑快速进行工作，然后再开始讲话。比如：端起茶杯喝口茶水，拉拉椅子，向听众点头或招手致意等等。这些动作拖延的时间虽然很短，却给了演讲者一个喘息的机会，让大脑去进行紧张快速的思考，同时调整了自己的心理状态。

（2）语言延宕。语言延宕就是先说些与主题关系不大的、无须深刻思考、易于表达的题外话，以便大脑迅速组织材料，确立讲话的主旨、中心等，然后再慢慢切入主题。这样，就可避免演讲中冷场的尴尬。比如，在一次演讲当中，忽然有人向演讲者问了一个挺刁钻古怪的问题，令演讲者一时难以回答，他就用了语言延宕方法解围：“这位听众问了一个很好的问题，我想大家也一定像他一样，很想知道我对这个问题的看法。那我就给大家做一下解答……”这样，在说这段话的同时，演讲者就可以使自己的大脑迅速活动和思考，等这段话说完了，他的答案也就组织得差不多了。

第四节　公共关系工作人员的人际交往技能

一、公共关系人际交往概述

闻名全球的石油大王洛克菲勒说：“愿意付出比太阳之下任何东西更高的代价购买——良好的人际关系！”可见，良好的人际关系是事业成功的重要条件。而公共关系工作正是通过各种方式改善组织与公众关系的重要前提。因此，所有公共关系人员都必须学会人际交往的技能。

公共关系人际交往是指发生在人与人之间，借助某种语言传递信息、交流思想感情，并产生相应行为的一种社会活动。人际交往的功能大致包括：①传递信息；②交流情感；③调节行为。科技的进步使信息传递的速度和容量成倍增长，也使生产的社会性更加普遍。在现代社会中，人际交往成了不可缺少的手段，而交往能力已成为走向成功之路的必备特质，尤其应被公共关系工作人员所掌握。

遵循以上特点，在人际交往时应注意以下规则。

1. 求同存异，发现亮点

人际关系的建立和改善，必须是建立在关系双方共同的利益与需要的基础上。在交往过程中，应当善于发现共同点，发现对方的优势和长处，并加以充分肯定。这样才能改善关系，在和谐的关系中愉快合作，为共同的利益和相近的目标奋斗。切忌一味求全责备、斤斤计较，这样会患得患失。

2. 知彼知己，因势利导

在交际过程中，要充分明了交往双方在关系中所处的地位，了解对方的目的、要求、长项和弱点，估计自己的影响力，然后设计交往方案。

3. 调整心态，沟通情感

交往的高层次是情感的交流和沟通，这是人们相互间理解的桥梁。公共关系活动旨在尽量争取能够支持自己发展的朋友。只有沟通情感，相互理解，才能成为真正的朋友。为了交往各式各样的朋友，就要及时调整并保持交往中的良好心态。公共关系工作人员良好心态的特征包括：宽容大度、内紧外松、坚韧沉着。

二、公共关系活动中的主要交际礼仪

（一）介绍的礼仪

介绍是公共关系活动中人们相互了解的基本方式。通过介绍，可以迅速缩短素不相识的人之间的距离，以便更好地交谈，更多地沟通和更深入地了解，介绍包括自我介绍和介绍他人。

1. 自我介绍

这是将自己介绍给对方，或是将自己介绍给很多人。自我介绍时要注视着对方，这表现了对他人的尊重，同时也是对自己的自爱。介绍时要注意把姓介绍清楚，因为对方必须知道姓才好称呼。介绍名字时，可以按字面做解释，这样便于对方记住自己的名字，中国人的名字一般都有寓意，可以幽默、生动地加以解释。自我介绍时往往使用谦词。

2. 介绍他人

这是将他人介绍给对方或介绍给大家。介绍他人时应当遵循“尊者优先了解情况”的原则，即首先向地位较高者进行介绍。具体情况如下。

从年龄角度看：介绍时要将年幼者先介绍给年长者（将晚辈介绍给长辈）。

从上下级角度来讲：介绍时要将下级先介绍给上级。

从性别角度来讲：介绍时要将男士先介绍给女士。如果性别与地位发生矛盾时，应按地位顺序介绍，如“王教授，这位是赵小姐”。

已婚与未婚的关系：介绍时要将未婚者介绍给已婚者。

主客关系：介绍时要将客人介绍给主人。

个人与团体的关系：介绍时要将个人介绍给团体。

同级、同龄、同性人之间可平等介绍，要以轻松、自然、愉快为原则。当自己被别人介绍时，一般应起立、微笑、致意。

介绍的内容根据场合和交往的目的不同而有所不同，一般应注意言辞简洁，但又不是对被介绍者情况的客观陈述，要突出特点，如籍贯、特长等，这样有利于找到彼此的共同点，使交往顺利进行。但不要过分夸耀，更不能无中生有，这样会令人反感，难以得到对方的信任。

（二）握手的礼仪

握手在人类社会中起源较早，据说原始人表示友好时，首先亮出自己的手掌，并让对方摸一摸，表示自己手中没有武器。后来逐渐演化，成为现在的握手礼。现在握手礼已没有最初的用意，只是一种交往的礼节，比如，老同学、老朋友见面握手表示亲热；初次见面握手表示欢迎等。握手是公共关系工作人员最基本的交际礼仪之一。

1. 握手的次序

两人见面，谁先伸手握手，也是有讲究。一般的次序是：长幼之间，应当待长者伸手后，幼者再及时地伸手相握；上下级之间，应等上级主动伸手后，下级再伸手；男女之间，应由女子先伸手，男子再伸手，如果女方没有握手的意思，可改用点头礼表示礼貌；宾主之间，作为主人，对到来的客人，不论男女长幼，均应先伸出手去，表示热烈欢迎，女主人也应如此。

2. 握手的方式

伸出右手，四指并拢，拇指伸开，掌心向内，手的高度大致与对方腰部上方齐平。同时，上身略微前倾，注视着对方，面带微笑。不可一边握手，一边左顾右盼。

如果两人比较熟悉且感情比较激动时，握手的力度可以大些，握手时间可以长些，并可以双手加握。若对方是长辈或上级，则用力应稍小，否则给人一种强迫的感觉；与晚辈或下级握手可适当用力，给人一种信任之感；和女性握手则不能十分用力，需象征性地轻轻一握即松。握手时，如果手上戴有手套，应当先将手套去掉。在寒冷的冬天，户外相遇或者时间仓促来不及脱手套，在握手开始时，应说一声“对不起”。女性可戴薄手套同他人相握，这不算失礼。在握手时要注意，不要用湿手、脏手同他人握手。若你正在干活，对方热情地伸出手来，你可以一面点头致意，一面亮出双手，简单说明情况并表示歉意，以取得对方的谅解，同时，赶紧洗好手热情接待。

（三）致意的礼仪

致意是一种相识的人常用的见面礼节。通常是彼此相识的人用来打招呼时所用，表示相互问候之意。通常有以下几种形式。

1. 举手致意

当彼此相识的人在公共场合或距离较远，但又互相看到时，一般用举手致意以示对对方的问候。这时举起右手，掌心朝向对方，轻轻摆一下手即可。在举手时，注意摆幅不宜过大，也不要反复摆动，只需轻轻一摆，双方都能见到即止，一切以自然为宜。

2. 点头致意

点头致意适用于不便与对方直接交谈的场合，如在营业大厅，你正在接待其他顾客，又遇见熟人，或又有顾客要与你交谈，你只要点头致意即可，以表示你已看到了他。他若有事找你，会等待你接待完原先的顾客后，再与你交谈。有时与相识者在同一地点多次见面或仅有一面之交的朋友在公共场合相见，均可点头致意。点头致意的方法为：头部轻轻往下一动，幅度不必过大。

3. 欠身致意

欠身致意一般用于坐着时与熟人打招呼，身体的上部微微向前一躬。这种方式表示对他人的恭敬，适用范围较广，如在不少宾馆前厅内，多设有大堂经理或副经理台，当他们遇见熟人时，可用欠身致意的方式，以示欢迎；有客到办公室来访，也应用欠身致意的礼节接待，以表示对客人的欢迎与敬重。

4. 脱帽致意

不同场合遇见身份较高的人，应有礼貌地点头致意或脱帽致意，一般不宜贸然上前握手问候。只有当身份高的人主动向你伸出手时，才快步走上前与其握手。当遇见身份较高的人在与别人交谈时，一般不要忙着走过去问候，而是在对方应酬活动告一段落后，再上前问候致意。

（四）使用名片礼仪

名片的一般规格是长9厘米，宽5.5厘米，上面印着姓名、职务、地址、电话、业务范围等内容。

递名片的顺序一般是地位低的先把名片递给地位高的，年轻的先把名片递给年老的。但是，如果对方先把名片递了过来，也不必谦让，应当大方收下，然后再将自己的名片递过去。

交换名片应当双手递和双手接。名片正面朝上，字的正方向朝着对方，双手将名片递过去，千万不能用食指与中指夹着递过去。接名片时也要用双手，接过后认真看一遍，必要时可说些"认识您很高兴"之类的话，然后将名片仔细放好，不可拿着别人的名片把玩，也不可随意将名片扔在一边，这样是对别人的不尊敬。递名片要掌握好时机，有时一见面就交换名片，也可以在彼此交谈结束时再换名片。如需将本人名片递给若干人时，一般应一一递给，不要遗漏，并注意先后顺序。

（五）称呼的礼仪

称呼是交际语言的先锋官，称呼的礼节是在对亲属、朋友、同志或其他有关人员称呼时所使用的一种规范性礼貌语。对人的称呼，不仅直接传达你对他人的态度，还能够反映出双方的远近亲疏、了解程度，并体现出个体的修养及交际能力。因此，称呼要慎重、准确、恰当，才显得有礼、得体、稳妥。

第一，对于平辈的朋友、熟人、同事、同学，彼此之间可以直呼姓名。长辈对晚辈也可以这样做。对于年长于己者可以在其姓前加上"老"字，如称老张、老王；对年幼于己者，则可称小张、小王。

第二，对于长辈，应当使用人称代词"您"相称，表示自己的恭敬之意。称自己的老师为老师、先生、导师；称对方的老师为令师、尊师；称老师的妻子为师母、师娘。对德高望重的长者，称呼应特别慎重，一般在其姓后加一"老"字，如徐老、王老等。对于普通人，如邻居、熟人等，可称呼爷爷、奶奶、大爷、大妈、叔叔、阿姨等，也可在这类称呼前加上姓氏，如张爷爷、李奶奶等。

第三，在工作场合，一般普通人以"先生""小姐""女士"等相称，也可使用职务性称呼，以职务相称可以仅称职务，如局长、经理；也可以在职务前加上姓氏，如张主任、李书记等。对于有职称者，尤其是高级职称者，可以在工作中直接称其职称，以示敬意，如王教授、李工程师等，也可以学衔为称呼，如黄博士，或以对方的职业为称呼，如杨医生、赵律师等。

（六）电话的礼仪

在现代社会里，电话是一种常见的通信、交往工具，掌握打电话的礼节也是公共关系日常礼仪中的重要内容。

1. 接电话的礼仪

电话铃声一响，应迅速地拿起听筒，在三声之内接听。拿起电话应先自报家门，常用语是“您好，这里是XX公司XX部”，询问时应注意在适当的时候，根据对方的反应再委婉询问。电话用语应文明、礼貌，态度应热情、谦和、诚恳，语调应平和、谦逊，音量适中，以给对方留下美好的印象。接电话时对对方的谈话可做必要的重复，重要的内容应简明扼要地记录下来，如时间、地点、联系事宜、需解决的问题等。电话交谈完毕时，应尽量让对方结束对话，若确需自己来结束，如手边有急需处理的事宜，应加以解释、致歉。通话完毕后，应等对方放下话筒后，再轻轻地放下电话，以示尊重。

2. 打电话的礼仪

选择适当的时间。一般的公务电话最好避开临近下班的时间，因为这时打电话，对方往往急于下班，很可能得不到满意的结果。公务电话应尽量打在对方单位，若确有必要往对方家里打时，应注意避开吃饭或午睡时间，晚10点以后、早上8点之前应避免打电话打扰。打电话时，首先通报自己的姓名、身份。必要时，应询问对方是否方便，对方回答“方便”后，再开始交谈。电话用语应文明、礼貌，电话内容宜简明、扼要。通话结束时应道“再见”，然后轻轻放下电话。

3. 使用手机礼仪

在公共场所，使用手机打电话要尽可能不影响到他人。在重要场所，应自觉地关闭手机，或者将铃声改为“振动”或者“静音”，尽可能地不接听电话，要接听也要到无人之处，压低音量，切勿当众高声喧哗，以免影响他人，特别是参加会议、宴会，观看电影、演出，前往图书馆、参观各类展览时，尤其要注意这点。在自己开车时或对方开车时不要接打电话，不要在病房、飞机、油库等地方使用移动电话，以免信号干扰医疗器械的使用、干扰飞机的飞行、引发爆炸等。

（七）接待的礼仪

礼貌待客是中华民族的传统美德。在不同的场合，对待不同的来访者，接待的方式和要求各有不同，但是，热情、友好、尊重是接待工作的基本准则。

在接待活动中，公关接待人员对客人应笑脸相迎，主动问候，请客人入座，并以茶水等招待，礼貌与客人交谈。交谈时不能对客人情况刨根问底，直接询问对方的级别、职称、身份、家庭等情况，更不能在客人面前炫耀自己。如果来访者是预先约定好的重要客人，则应根据对方的地位、身份等确定相应的接待规格和程序。在办公室接待一般的来访者，谈话时应注意少说多听。对来访者提出的问题和要求，自己不能解答或解决时，要向对方解释清楚，并介绍其去找相关部门，不可简单推诿或直言拒绝。对不期而至的来访者，也应放下手头工作礼貌接待，否则应向对方说明情况，取得谅解，并请入座稍候。

（八）拜访的礼仪

拜访的目的就是加强联络、沟通感情、扩大影响等，要想使拜访工作达到预期效果，就必须遵守特定的礼仪和规范。公共关系工作的拜访活动常常发生在办公室。做好办公室拜访，应注意以下几方面的问题。

1. 事先约定时间

拜访要事先和对方联系，告知访问目的，征求对方的意愿，切忌贸然前往，成为不速之客。预约的口气应是友好、请示、商量式的。如果对方拒绝，仍应礼貌而婉转的表示希望下次再约，以诚恳的态度感动对方，为下一次的约定打下基础。具体的联系方式可以采用打电话或写信，但都要在拜访前一周进行，约定的时间和地点应以对方的决定为准。

2. 拜访应当遵时守约

约定好时间后不能失约，要按时到达，既不要迟到，也不可过早。如有事不能按时前往，应及时沟通，说明理由并表示歉意，然后，更改拜访时间。拜访时应当按照事先约定好的人员和人数前往拜访，未经对方同意不宜擅自带上他人前往。

3. 拜访时举止应当礼貌得体

进门前，应当轻声敲门或按门铃，经允许后方可进入。进屋后应主动问好，适当寒暄。主人上茶水时应当欠身双手相接并致谢。未经主人邀请，不得随意走动、自行参观房间及设施。

4. 拜访时间有度

到办公室拜访，一般都是工作性拜访，由于办公室接待工作繁忙，因此双方见面后客套话尽量少说，尽早将话题转到正题上来。拜访的时间不宜过长，应当遵守事先约定的时间，以免影响对方的工作。

5. 适时予以告辞

达到拜访目的后，应及时礼貌地告辞并对对方的热情接待表示感谢，握手道别。如果还有其他客人，还应礼貌地向他们示意。

（九）宴请的礼仪

宴请是常见的社交活动，按宴请的性质划分，有礼仪性的、交谊性的、工作性的三种；按宴请的形式划分，有宴会、茶会、酒会以及工作餐等类型。

1. 宴请的组织

（1）邀请客人

邀请客人赴宴可以请柬形式发出，这样既礼貌，也利于客人备忘。便宴经约定后，可发请柬，也可不发。工作餐更为随意，可不发请柬。请柬应写明宴请的时间、地点及宴会的主题，被邀请人的姓名、单位、职务等宜用全称，以示尊重，并要求被邀请者答复能否出席，以便确切掌握来宾情况。较为隆重的宴会，还需注明着装要求。请柬一定要提前发出，以便对方决定是否出席以及做好日程安排。

（2）桌席安排

宴会的桌次和席位安排均有讲究。大型宴会中，主桌一般安排在对着入门的主席台中间，也可安排在所有桌子的中心位置。其他的桌次按照“近高远低、右高左低”的原则安排。离主桌越近位次越高，右边的桌次比左边的高。

同一桌席位的高低以离主人距离远近而定。以主人和其夫人为基准，以靠近者为上，右高左低，依次排列。依据国际上的习惯，男女交叉安排，如主宾在女主人右上方，主宾夫人在男主人右上方；夫妇一般不相邻而坐，主人方面的陪客，应尽可能插在客人中间，以便接触、交谈并调节气氛；在多边活动场合，可适当将身份大体相同、使用相同语种的客人排在一起，以方便谈话；如有相互敌视、关系紧张的人员出席，还须注意避免邻近安排座次。

（3）宴会举行

宾客将到达时，主人夫妇要在门口迎接。正式的官方活动中，还应有其他官员或随从陪同主人排列成行迎宾，称为迎宾线，依次同客人握手，然后客人由接待人员引进宴会厅或休息室。主宾到达后，主人夫妇应陪同先进入休息室，宴会开始时再一同步入宴会厅，与到场的其他客人会面。较隆重的宴会开始后，由主人、主宾先后致欢迎辞与答谢辞，而欧美一些国家习惯于在热茶之后、甜食之前安排讲话。

2. 参加宴会的礼仪

（1）尽早回复，准时赴宴

接到请柬应尽早回复，如果有事不能出席，应提前通知主人表示歉意，尤其是主宾，须及早告诉主人。参加宴会应准时赴约，不宜太早也不能迟到，一般可提前10分钟左右到达。出席宴会要讲究仪容仪表、注重仪态，蓬头垢面、穿戴随便都是对主人的不尊重。

(2) 适量饮酒，文雅进餐

进入宴会厅，要按主人的安排入座，未排定座席的，应让年长者及女士先坐。席间，应真诚祝酒，适度饮酒，宜控制在酒量的三分之一以内，切忌过量饮酒后失言或失态，影响宴会气氛。进餐时动作要文雅，嘴巴咀嚼食物不要发出声响，喝汤时要小声，用汤匙舀汤，鱼刺、碎骨、硬皮等切忌直接吐在桌上或地上，应以餐巾掩嘴，用手取出，并放于备用盘内。口中有食物时不宜谈话，剔牙时宜用手遮口，拭嘴动作要轻。吃剩的菜、用过的餐具、牙签，均应置于盘内，勿散落在桌上。如不慎将餐具失落或打翻酒杯等，不要慌乱，应轻轻向主人或邻座致歉，并协助擦净水渍和整理杯盘，如溅到邻座身上，应递上干净的餐巾纸或手帕，同时表示歉意。

中餐的主要工具是筷子，在用餐时不能用筷子敲击碗盘，不能用筷子在菜盘里来回翻动寻找食物，不能将筷子的一端含在嘴里来回去嘬。

西方的餐具是刀叉，基本原则是右手持刀或汤匙，左手拿叉。使用刀叉时应从外侧向里侧按顺序使用。进餐时，一般应有左右手互相配合，成双成对使用刀叉。但在喝汤时，可只用右手持勺。如果吃到一半想放下刀叉略做休息，应当将刀叉呈八字形平架在盘子两边，表示还要继续吃；反之，刀叉柄朝向自己并列放在盘子里，则表示这一道菜已经用好了，服务员就会把盘子撤去。

(3) 致谢主人，退席礼让

宴会结束时，要感谢主人的盛情邀请，应先向女主人道谢，再转向男主人告辞。离席时，应让年长者、身份高者和女士先走，必要时可协助主人照顾大家乘车离去。

(十) 现代社交工具使用礼仪

现代社交中，电子邮件、传真、QQ 等已经成为商务交往过程中必不可少的网络沟通工具。这些工具在使用中同样要讲究礼仪，这样才能体现个人及组织的形象，彰显组织的水平和实力。

1. 使用电子邮件礼仪

电子邮件是一种利用电子手段提供信息交换的通信方式，通过电子邮件可以用非常低廉的价格，以非常快速的方式与世界上任何一个角落的网络用户联系。电子邮件在使用过程中，要注意以下礼仪。

(1) 不能发送空白标题的邮件，标题要简短并反映邮件的内容和重要性。回复对方邮件时，可根据需要更改标题，不要发一大串东西。

(2) 恰当称呼收件者。可以以职务相称，不熟识的情况下可用“×先生”“×女士”。不清楚对方性别时，可用“×先生/女士”。邮件开头与结尾要有问候语。

(3) 邮件正文要简明扼要，行文通顺，注意邮件的论述语气。合理提示重要信息并搭配合理的图片辅助阐述。

(4) 如果有附件，应在正文提示收件人查看附件。数目较多时应打包压缩成一个文件。

(5) 结尾的签名信息不宜过多且不要只用一个签名档，文字要与正文相匹配。

(6) 要及时回复邮件，不就同一问题多次回复讨论。

(7) 正确使用发送、抄送、密送。

2. 使用传真礼仪

在社会交往尤其是在公共关系事务的交往中，经常需要将某些重要的文件、资料、图表即刻送达身在异地的交往对象手中。为满足这一需要，传真便应运而生并且迅速走红。使用传真应遵循以下礼仪。

(1) 使用的先后问题。当你有一份很长的传真需要发出去，而轮候在你之后的同事只需传真一两页时，应让他先用。

(2) 在公司一般不要发私人传真稿件。

(3) 如果遇到传真纸用完时，应及时更换新传真纸。如果遇到传真机出故障，应及时找出原因，先处理好再离开。如不懂修理，就请别人帮忙，不要把问题留给下一个同事。

(4) 使用完毕后，不要忘记将原件拿走，否则容易丢失原稿或泄露信息，给自己带来不便。

3. 使用 QQ 礼仪

现在很多人的工作都在 QQ 上完成，在公共社交领域，QQ 的使用也要遵循相应的礼仪。

(1) 办公时间不聊私事。

(2) 不群聊不必要的内容，不发较大的图片。

(3) 跟别人 QQ 沟通时，不要太多的寒暄，要直接明了。

(4) 不能不经别人允许就发很大的视频或者文件。

(5) 不能发不健康的图像以表示娱乐。

(6) 及时回复别人的留言。

(7) QQ 语言也反映个人的整体素质，所以要注意言辞的简练和礼貌。

案例 7.1　不会提问的女记者

一位女记者采访一位女科学家。

女记者问："您毕业于哪所大学？"

女科学家答："对不起，我没上过大学，我认为自学也能成才。"

女记者有些尴尬，又问："您又出色地完成了一个科研课题，请问您新的课题是什么？"

女科学家说："看来您并不了解我们的工作。我将终生致力于这个课题的研究，目前只是有了一点新的突破。所以，谈不上有什么新课题。"

女记者为摆脱尴尬，转了个话题又问："您的孩子多大了？"

"我已决定将毕生的精力献给自己的事业，因此我一直独身到今。请原谅，这个问题我不愿意多谈。我要工作了，恕不奉陪。"女科学家把记者"晾"在一边，起身走了。

案例 7.2　只因多了一句

有位女同志善做菜，而且特别喜欢让人品尝她的手艺。一次她忙了一两天，准备请友人吃饭。在朋友们快吃完时，新的菜还在不断地上桌，而桌上的已经剩下不少，于是女主人盛情相劝，友人们连忙推辞道谢："你的菜做得实在太好了，我们都快撑得走不动了。"女主人很高兴，接口一句："看你说的，再吃点，再吃点，要不，剩下也是喂狗……"话一出口，彼此尴尬。

案例 7.3　同学的生日

刘洋刚刚到英国留学，一天，她接到一位同学的邀请，去参加她的生日宴会。刘洋非常高兴，准备了礼物和鲜花前去赴宴。考虑到外国人的时间观念都很强，刘洋提前 15 分钟就到了同学家的家门口，她觉得提前一点儿到，可以表示对主人的尊敬。但是，按了好久门铃，也没有人给她开门。她以为同学没有听到，就又一次按了门铃。又过了一会儿，门打开了，同学出现在门口，但是接过刘洋送上的礼物时同学显得并不太高兴，她对刘洋说："你这么早就到了？我还没有化好妆呢！"

案例 7.4　"以左为上"还是"以右为上"？

经过长期洽谈之后，南方某市的一家公司终于同美国的一家跨国公司谈妥了一笔大生意。双方在达成合约之后，决定为此举行一次正式签字仪式。中方的工作人员在签字桌上摆放中美两国国旗时，误以中国的传统做法"以左为上"代替了目前所通行的国际惯例"以右为上"，将中方国旗摆到了签字桌的右侧，而将美方国旗摆到了签字桌的左侧。结果让美方人员恼火不已，他们因此拒绝进入签字厅。

案例 7.5　公共关系工作人员的策划能力

公关经理高莉莉就任上海金沙江大酒店公关部经理时，酒店还默默无闻。1995 年秋，高小姐从她的记者朋友处得知，著名的日本影星中野良子将偕她的新婚丈夫来北京、上海访问。她马上意识到这是酒店开展公共关系活动借以提高知名度的好机会，于是，她立即采取了一系列措施。争取到了接待客人的机会，然后她又直接给尚在北京的中野良子打电话请她来上海时下榻“金沙江”。对方应允后，高小姐立刻带领工作人员进行策划和准备。客人晚上到酒店，等待他们的是一个洋溢着浓烈的喜庆气氛的“迎亲”场面。在一片热烈的鞭炮声里，中野良子夫妇被40多位中外记者及酒店上百名员工簇拥进一个中国传统式的“洞房”——正墙上大红“囍”字熠熠生辉，两旁的对联上写着“富士山头紫燕双飞白头偕老，黄浦江畔鸾凤和鸣永结同心”。在笑声、掌声此起彼伏的“闹洞房”仪式中，新婚夫妇还品尝了象征“甜甜蜜蜜”“早生贵子”的哈密瓜、桂圆、红枣等，在异国他乡度过了一个难忘的欢乐之夜。当晚，在场的记者们纷纷报道了这则饶有情趣的新闻，上海金沙江酒店也随着这些报道在一夜之间扬名海内外，特别是在中国公众和日本公众中留下了深刻而美好的印象。

（资料来源　百度文库）

思考题：

1. 公共关系语言需要具备什么样的特征？
2. 公共关系语言幽默化的技法有哪些？
3. 如何做好即席演讲？
4. 公共关系人际交往应该遵循什么样的原则？
5. 公共关系活动中有哪些主要的交往礼仪？
6. 运用现代社交工具的礼仪有哪些？

第八章 公共关系机构

本章概要：

公共关系机构是专门执行公共关系任务、实现公共关系功能的行为主体，是公共关系工作的专业职能机构。它主要提供公共关系咨询、公共关系策划、媒体传播、市场研究等服务。公共关系机构主要包括公共关系公司和公共关系部。本章主要介绍公共关系公司的职能、种类、原则，公共关系部设置的主要原则、功能等方面的知识。

第一节 公共关系公司

公共关系公司，又称公共关系咨询公司、公共关系顾问公司，它是由各具专长的公共关系专家组成，运用专门知识、技能和经验，受客户委托，专门从事公共关系活动和咨询的服务性机构。由于公共关系公司在开展公共关系工作时影响广泛，效果显著，很多客户的公共关系业务委托公共关系公司代理。

公共关系公司是随着公共关系作为一种职业的出现而产生和发展起来的，它诞生于20世纪初的美国。被后人称为“现代公共关系之父”的艾维·李于1903年首创了具有公共关系公司性质的事务所。1920年N·W·艾尔正式开办了公共关系公司。由于公共关系公司在克服美国20世纪30年代经济危机中所发挥的作用，它在社会特别是在工商企业中的地位被确立。当时，在美国，大约有2000家公共关系公司；在英国，有600多个公共关系咨询机构；在中国香港地区，有20余家公共关系公司。

公共关系公司的出现绝非偶然。在商品经济发达和市场竞争激烈的社会里，不同的社会组织客观上都需要开展公共关系工作。但因组织的类型、行业的特点、单位的规模不同，需要不同类型的公共关系机构。规模较大、资金雄厚的企事业单位有条件组建组织内部的公共关系机构，而规模较小的社会组织无力也无必要专门建立公共关系部门。即便是组织内部设有公共关系部的机构，它们也往往需要在某一个专门问题上求助于同行专家。这就为公共关系公司的出现提供了可能和条件。社会上需要有专门的人员、专门的机构从事专门的公共关系服务，而公共关系公司适应并能满足这种需要。

一、公共关系公司的特点和职能

（一）公共关系公司的特点

公共关系公司已在全球成为蓬勃发展的组织。国外许多企业不仅在内部设置公共关系部，而且还聘用公共关系公司的专家作为顾问。在美国，1/3工商企业的公共关系活动由公共关系公司代理，随着公共关系公司信誉和策划水平的提高，服务项目不断扩大，它在社会生活中发挥着愈来愈大的作用。公共关系公司从事或代理公共关系业务有如下特点。

1. 观察分析问题具有客观性

由于公司与委托办理业务的组织单位没有直接的利益关系，公共关系公司的人员不是客户的员工，因而可以从外部冷静地观察问题，实事求是地分析问题，对问题做出客观的回答。

2. 提出的建议和方案具有权威性

公共关系公司是由各具专长的专家们组成的，这些专家有着丰富的公共关系实务经验，所以，他们提出的建议和方案更具说服力，容易受到决策者的高度重视。

3. 信息来源的广泛性和渠道的网络性

公共关系公司长期从事公共关系实务，已经建立起一套较为完善的信息网络，同政府部门、社会团体、新闻媒介等有密切联系，信息来源广泛，渠道通畅，客户可以充分地利用有关信息，作为决策的依据。

4. 公共关系活动整体规划的经济性

这一点主要是对中小企事业单位而言的。组织内部设置公共关系部，必然会增加人员，从经济的角度考虑，并非是最佳选择。针对组织的目标和计划，开展专业性强、规模较大的公共关系活动，整体规划之后，如果经济上合算，也可委托公共关系公司代理。

（二）公共关系公司的职能

按照客户对公共关系公司的特定要求，公共关系公司的主要工作有如下几个方面。

1. 确立目标，调查研究

根据客户所要实现的公共关系目标，通过市场调查、民意测验等手段，调查研究影响公共关系目标实现的因素，分析公共关系现状，提出解决问题的办法。

2. 制定和实施计划

在调查研究的基础上，帮助客户制定出有效的公共关系计划，经过可行性研究后，逐项落实实施。

3. 提供咨询服务，作为决策参考

根据客户要求，有针对性地提供咨询服务，向委托单位提出解决问题的具体方案。

4. 代理公共关系业务，为客户进行公共关系策划

代理专门的公共关系业务，帮助客户树立信誉、塑造形象。

5. 提供全面公共关系服务，为客户全面规划实施公共关系工作

需要特别指出的是，一个专业公共关系公司一定要避免超越自己的特定职能，不能从事直接的、具体商品贸易或开办自己的生产企业，否则，就会在公众中失去能够向大家奉献无私服务的形象，成为狭隘的利益集团。

二、公共关系公司的种类

公共关系公司的结构模式是多种多样的，从不同的角度观察，可划分为不同的类型。从工作范围划分，公共关系公司有跨地区、跨国度经营的大公司，也有局限于一个地区、小范围的小公司；从业务内容区分，有可以承办数项乃至数十项业务的公司，也有承办单项业务的公司；从服务对象区分，有为各行业服务的综合性公司，也有为特定行业服务的专业公司等等。

下面重点介绍按规模分类的公共关系公司情况。按规模分类可以将公共关系公司分为单一型公司和集团型公司。

（一）单一型公司

单一型包括公共关系顾问和公共关系顾问公司。

1. 公共关系顾问

公共关系顾问是指为委托人（客户）提供公共关系方面的咨询并进行

指导，能独立承担公共关系项目的专家。美国公共关系协会顾问处将公共关系顾问解释为：公共关系顾问应努力去估价和审度来自顾客方面及社会各界的意见，并将其发现向企业管理部门作解释说明，然后，这些担任顾问的公共关系工作人员将帮助管理部门最后确定改变或改善公众意见的计划。公共关系顾问是企业管理机构的合伙人，而不是它的代替人。

按任职或聘用的情况，公共关系顾问主要包括以下几种：

——公共关系公司专职顾问。这是在公共关系公司长期任职的公共关系专家，他们是公共关系公司的主干力量，按照专业的不同，又可分为各种不同专业的顾问。

——公共关系公司兼职顾问。某人在公共关系方面具有一定声誉或专业特长，可不在公共关系公司任职，公司方面聘任其为兼职顾问。

——企业或其他组织直接聘用的顾问。企业或其他组织，有的设立了公共关系部，有的未设公共关系部，因工作需要，他们直接向大学、研究所或公共关系协会聘请有理论水平、有较高声望、有丰富经验的公共关系专家，作为本组织的公共关系顾问。

——荣誉性顾问。这是由在公共关系事业或公共关系学术理论研究方面有突出贡献，并有相当社会影响的学者、专家及知名人士担任。

《有效公共关系》一书中列出了一些组织（包括那些设有公共关系部的组织）聘用外部顾问或公司的六条原因：①管理者缺乏制订公共关系活动方案的经验，同时也缺乏指导实施这一方案的经验；②总部远离信息与金融中心；③这些组织希望通过公共关系公司与外界保持广泛的联系；④外部咨询公司能够提供经验丰富的专家；⑤企业内部的公共关系部门可能不具备提供综合性服务的能力；⑥涉及组织的重要对外政策问题需要具有一定超脱性的局外人的评判。

公共关系顾问所能提供的帮助将根据具体情况而有不同变化。在某些情况下，公共关系顾问不仅要提出自己的见解，而且还要负责整个行动计划的实施工作，运用自己的经验和专业技巧对受聘单位作出贡献。公共关系顾问在受聘为组织工作时，需要客户从以下几个方面进行合作：

① 双向的沟通。要让公共关系顾问能及时得到组织内部的各种信息，以保证工作的开展。

② 有效的协作。在一定程度上，公共关系顾问的工作质量取决于聘用组织对他提供的鼓励和给予的协作。

③ 合理的期望。公共关系顾问不是万能专家，有些工作能够做到；有些非公共关系本身的工作，如使低质量产品畅销、扭转供过于求的局面等，则不是公共关系顾问能够做到的。

2. 公共关系顾问公司

公共关系顾问公司之所以也是单一组织形式，是因为它要独立地确定工作目标和工作范围，并且要依靠自身的能力来保证各项公共关系工作的完整性。与公共关系顾问相比，公共关系公司可以显示出服务质量、工作效率和完善的组织系统优势。

（二）集团型公司

集团型公共关系公司一方面是指公共关系组织自身的集团性，从整体上说，集团公司与单一公司没有本质差别，其明显的特征是机构的集团性，它们触角多、影响大；另一方面是公共关系组织所在机构的集团性，比如某一个跨国公司，除总部设立公共关系部门之外，它在各地的分部也设立相应的公共关系部门。

三、公共关系公司的工作原则

公共关系公司所从事的工作，一方面涉及委托单位或个人的信誉和形象，另一方面要对社会公众负责。因此，公司在工作中应自觉遵守如下原则。

（一）自觉遵守国家法律、法令和有关方针政策

公共关系公司既是服务性机构，又是一个经济实体，公共关系公司的首要任务是为社会服务，而不能将贸易开发、商品经营作为主营项目。公司的一切行为都要在国家方针、政策的指导之下，以遵纪守法和高质量的服务赢得公司的信誉。

（二）为客户保密

公共关系公司在代理委托单位的公共关系业务过程中，为保证实现公共关系目标，时常要了解一些委托单位的机密，公司应严格为其保守秘密，特别是在双方合作结束之后，更应强化自我约束，不干涉客户内务，不损害客户利益。

（三）一切为客户着想

公共关系公司的宗旨是信誉第一、服务第一、客户至上。尽全力为客户办好事、办实事，并站在客户的立场上考虑费用预算，事先向客户介绍清楚服务项目、收费标准等，尽可能为客户节省开支。

四、公共关系公司的收费方式

公共关系公司通过为社会提供有偿服务，满足客户需求，取得一定利润。公共关系公司的收费方式（同时也是客户的付费方式）主要有以下几种。

（一）项目收费

公共关系公司接受客户委托，办理某个具体项目，为保证这一项目的顺利完成所必须收取的费用。项目收费主要包括：①项目劳务费，包括项目实施期间工作人员的工资和项目有关的管理人员、顾问或专家的报酬；②行政管理费，按项目总费用的一定比例提取，用于公司行政管理和办公开支；③咨询服务费，因项目需要，由公司专家的委托人提供咨询并给予指导所需的费用；④项目活动经费，在项目完成的整个过程中，需开展一系列公共关系活动，按活动计划和需要确定费用金额。这种收费方式的优点是专款专用，有利于保证公共关系项目的质量，便于考核和管理。

（二）综合收费

公共关系公司和客户双方根据业务需要，协商确定费用的总金额。这种费用一般在业务开始时由客户支付。它有利于根据有限的资金统筹安排、合理使用，缺点是客户难以进行监督。

（三）按项目需要分次收费

这是综合收费的变通形式。客户不愿采用综合收费，也可按项目实际需要分次逐项付款。作为公司可将此视为项目收费；作为客户，可以监督公司代理业务的质量，如不满，其他业务可考虑选择其他公共关系公司。

（四）项目成果分成

公共关系公司和项目委托人（单位）共同承担风险，共同受益。项目最终取得收益时，按一定比例分成。公共关系公司的收费没有固定的、统一的标准。这要根据公司的声誉、公共关系人员的资历、具体业务的难易程度等，同时参照同类公司的收费标准和供求关系的变化，做出具体的规定。

五、客户选择公共关系公司的标准

企业或组织在选择公共关系公司代理业务之前，都依照若干标准来评价公共关系公司。公共关系公司与它的客户有相互选择的权力。客户选择公共关系公司的主要标准有以下几点。

（一）公司的信誉情况

公共关系公司成立的时间和规模，在公共关系界是否有权威，可以提供哪些服务项目，组织开展过哪些著名的公共关系活动，有多大影响等，这些问题都是客户要考虑的因素。

（二）公共关系人员的素质

公共关系公司从业人员是否受过专门训练，个人专业技术水平如何，能否与客户的要求相一致并努力去满足他们的需求，在时间上能否保证按时完成工作等等。公共关系工作人员的素质决定了公司的服务水准。

（三）公司客户情况

公共关系公司现在有哪些客户，这些客户社会地位如何，客户对公司的服务满意度有多高。

（四）收费标准情况

一家信誉良好的公司也可能是收费较高的公司，因此，客户选择和评价公司实际上是将其信任度、服务质量同收费标准进行比较。任何一家单位都希望花较少的钱，取得较好的效果。

第二节　公共关系部

随着公共关系在现实生活中的普及深入，内部设置专门性的公关部门已成为各类社会组织的客观需要，合理设置公共关系部是社会组织做好公共关系工作的重要保证。据统计，美国目前85%以上的企业设立了公共关系部，每年用于公共关系部的经费开支达几十亿美元，联邦政府则拥有一个由1.2万人组成的公关部门，每年支出经费达10亿美元。

2006年12月28日上午，焦作市公安局举行仪式，为该局公共关系部揭牌。这是河南省公安机关成立的首家警察公共关系部。焦作市的警察公共关系工作职责此前一直由市公安局的宣传部门承担。为了进一步建立警察公共关系新机制，不断拓展警民沟通新领域，促进广大人民群众对公安工作和公安队伍建设的了解、信任、支持、合作，市公安局决定建立警察公共关系部。这一机构建立后，将担负起警方新闻发布、警察文化建设、警方业绩展示、新闻危机应对、公益广告管理和协调社会各界实施治安防范宣传社会化工程等职责。对于社会组织而言，为什么要设立专门的公关部？设立条件与功能是什么？如何设置公关部？公关部开展活动时必须注意什么？这些是公关理论切入实践的关键，特别是我国现实中有些组织则更应反思。

一、公共关系部设置的必要性和主要原则

公共关系部的设置，是由公共关系独特作用所决定的。

首先，设置公共关系部是社会组织树立形象的有效手段。随着社会的

进步与发展，各类社会组织必然面临越来越多的社会问题，逃避只会缩小社会组织的影响。事实上，“世外桃园”不可能是社会组织的理想，“深巷醇酒”最终必然要走向大众，就像自然人无法逃避各类社会关系一样，各类社会组织必须与社会公众打交道，在交往过程中，专门的公共关系部则可以担任双向交流的专门桥梁，从而树立社会组织的形象。

其次，专门的公共关系部的功能，是社会组织内任何其他职能部门无法取代的。从社会分工和系统角度看，任何社会组织都是既具严格分工，又必须密切各部门合作的整体，作为一个系统，社会组织有必要将各子系统功能配合达到最优化，这就需要专门协调各子系统的部门，公共关系部可以担任这一职能。

从现代社会发展趋势看，社会组织自身发展以及对外形象、内部的协调工作如何，公共关系部将起关键作用。同时，设立公共关系部门，可以避免社会组织内部子系统对内对外重复的交往和协调工作，以便各子系统更好地各司其职，特别是社会组织的领导，可以从日常事务的烦恼中走出来，更好地为社会组织自身主要工作去决策、思考。

此外，公共关系部设立还可以起到参谋部的作用等，在此不一一论述。

内部公共关系机构的组建原则主要有四项。

（一）需要性原则

组织内部公共关系机构设置的根本原则是工作需要、环境需要、社会发展需要。自觉的现代社会组织必定会紧跟时代前进的步伐，适应信息化社会的需要，并适度超前，预先设定为即将到来的学习型社会组织和知识经济发展所需要的机构。因工作需要而添人设岗，为应对社会发展而预设机构，这是社会组织可持续发展战略眼光的突出体现。

（二）高效性原则

现代社会组织的运转特别注重速度和效率。这里所说的高效主要是指用有限的人员做尽可能多的工作，实现效益最大化。这就要求组织在内部机构设置中做到：任务明确、人员精干、整体应变能力强。主要人员既要分工明确，又要善于团结合作；既要能够分工有序、调节有度，又要特别善于发挥团队精神和整合效益。

（三）专博结合原则

为实现上述高效原则，公共关系机构往往会面对各种复杂的工作环境和复杂的人际关系，以及不同的业务背景。这就必然要求其工作人员既有很高的专业理论水准和专门的办事能力，又有渊博的知识和对多向性文化背景的感受力，同时还需要具备较高的情商和较强的心理承受能力。在现代社会中，一专而多能，几专而博能，已成为个人价值和机构存在价值实现的必要前提和基本保障。

（四）服务性原则

公共关系机构不是行政机关和管理决策部门，而是为这些组织和部门提供信息及预测服务的。它的协调性、参与决策性都要通过灵活而有效的服务来加以实现。因此，服务于组织内外部公关实务的开展，服务于决策集团的高智能化和高科技化，就成为公关部门存在的前提条件之一。

内部公共关系机构的组建原则还有很多说法，如精简原则、效益原则、协同原则、自动调节原则等，都有一定道理。组织内部公关机构的名称一般以“公共关系部”“公关工作部”以及“公关处（或科）”为标准。此外，在我国现阶段的社会组织中，由于认识上和工作需求的不同，还产生了许多变通的名称。例如，“公众事务所”“信息开发部”“公共资源开发处”“通联部”“公关营销处”等等。就我国现阶段公共关系发展来看，内部公关机构的存在是第一重要的，机构的快速发展是我们希望看到的，而机构名称还需规范化。公关机构的存在已经确定了我国社会组织的现代属性，公共关系机构会随着特定组织的发展而日益完善，最终靠公关人自己的实力取得公关机构的规范化名称，从而尽快融入国际公关发展规范化的大趋势中。目前，我国处于社会主义初级阶段，公共关系工作人员关键是先求实，先做贡献，在赢得社会组织的普遍认可和赞誉时，公共关系机构及其名称的规范化、理想化便指日可待了。

二、公共关系部设置的条件和功能

社会组织内部设立专门公共关系部，绝不能因人设事，而必须本着需要、高效等原则配备机构与人员，条件有以下几点。

（一）领导重视

领导重视关键是领导必先具备公关意识，认识到公共关系的特殊功能，为了本组织的发展，真正把公关部作为自己的参谋与助手，同时应尊重公共关系工作人员的独立思考，真正让公关部门按照公共关系原则去开展活动。

（二）公共关系主管的突出才能

公共关系主管与公共关系工作人员必须具备较高公关素质，其中，公共关系主管必须是通才式的人物，公关机构主管（经理）的主要职责和任务有如下几点：

1. 在迅速了解特定社会组织的历史沿革、目前状态、发展规划和近期发展目标的基础上，制订本机构的发展规划，并为各阶段的公共关系活动确定目标。

2. 配合上述目标，依照量力而行和高效的原则，妥善安排从事公共关系活动所需的人员、工作量以及财力和物力。

3. 迅速而准确地找出活动目标的优先点和首要目标公众，并制订通过引导首要目标公众，来影响主要公众和其他公众以及媒介公众注意力的具体活动方案。发现并把握好实施方案和活动的切入点及各种机会。

4. 善于及时发现并充分发挥每个公关人员的创造性思维和活动潜能；发现并充分诱导首要目标公众与组织利益、目标的相同点及合作欲望；详细研究以现有经费、人员和设备，实现既定目标及具体活动的可行性。

5. 分层次有效地树立与维护本组织及其方针政策、服务宗旨、产品与劳务、领导和职员的良好形象。

6. 有效检测外界舆论和社会发展趋势，并及时将有关信息情报转达给相关的领导者和业务主管人员。

7. 负责主持起草面对社会、市场采取有效对策的可行性方案和预测报告，并迅速提交给决策集团。

8. 宏观领导公关理论研究和职工公关业务培训；负责对外宣传、解释、新闻发布等工作中的文字语言把关及信息传输时媒介方式的选择。

（三）精干的公共关系工作人员

公共关系部门一般工作人员除具有一般公共关系意识外，掌握一门专门技术尤为重要，公共关系部的分工需要各种各样才能的人员。社会组织内的公共关系部主要处理对内关系、对外关系和专业制作三方面的关系。对内关系包括：领导与员工关系、职工与职工关系、领导与领导关系、部门与部门关系等；对外关系包括：顾客关系、新闻媒介关系、上下级关系、同行关系、社会各界关系等；专业制作包括：编辑出版、美工制作、采集调研、礼宾接待等。

内部公共关系机构中一般工作人员的主要职责和任务有如下几点：

1. 编写采访提纲、调研提纲、新闻通讯、演说词、预测报告、讲话稿及相关文稿，撰制或修订公关广告、供销广告及产品说明书等。

2. 建立与各种现代媒体之间亲密而广泛的联系，善于为媒体提供本组织、本行业新闻线索。

3. 经常采集各类信息，有能力独立进行对内部和外部公众的民意测验、市场调研，并提供对特定市场的预测和可行性方案。

4. 经常和各类公众交往，主持或组织各项专题活动，接待员工或顾客来访，安排会议、宴请和出访旅游。

5. 进行与上述活动相关的技术操作和制作。

6. 随时向公关部门主任（或经理）汇报自己的工作和收集处理过的各种情报信息，并提出自己的建议。

参照以上项目，结合我国社会组织的公共关系实践，我们还可以把内部公共关系机构的工作，按对内关系、对外关系和专业制作三方面，归纳出以下九项基本工作：

1. 专业理论和实践的探索。坚持理论研究与公关实践大趋势的预测，保持和专业公共关系公司、公共关系协会、公共关系研究会的密切联系，积极开展公关教育和培训工作。

2. 参与高层决策。对本组织形象塑造总方案的策划；说明对某些新产品开发与宣传的形象定位等。

3. 策划、组织和参与各项专题活动。诸如有关新闻发布会、展览会、经销会、庆典纪念活动以及突发事件的参与处理等。

4. 调研工作。调研工作包括：国内和国外市场分析；民意测验；报刊检索；其他相关信息的收集处理。

5. 对外联络协调工作。对外联络协调工作包括与各大媒介、目标公众、社会各界人士的联系、联谊，以及安排本组织领导参加外界的相关性活动等。

6. 对内联系协调工作。例如与各处、部、室、车间保持信息交流和共享；协调对外宣传、解释工作的口径一致等。

7. 参与各种软管理。例如职工愿望和意见的搜集、处理；组织决策的合理传达；职工的公关教育、培训和全员公关的开拓发展等。

8. 编辑出版工作。编辑出版工作包括：协助组织编写月度、季度、年度报告和各种宣传资料；提供公共关系活动的规划、计划；出版对内、对外刊物；制作新闻图片、音像带、幻灯片及企业各类标志等。

9. 礼宾接待工作。这包括日常接待、会议接待和各种活动接待等。

公共关系是管理的艺术，属于一种软管理，在其理论界定与实务活动中都具有综合性和边缘性的特点。这就决定了其机构设置的模糊性和灵活性。在现代社会组织中，尽管内部公共关系机构的设置不尽相同，甚至千差万别，但其机构的功能特征却极为明显。内部公关机构可以是一个管理职能部门，专门负责特定组织的内部和外部公关活动实务，但管理的重点是信息的处理和预测。在其活动中，一切硬管理，如内部规章制度的制订、赏罚等行政措施的实施，都不在其职责范围之内。内部公关机构是重要的情报分析部门，掌握的信息是新的、变化中的、经过特别处理的应对性信息；一切库存式、僵死的、对软管理没有利用价值的信息，都不在它的注意范围内。也就是说，它只能是一个利用、分析并提供预测性信息的部门，而绝不试图替代情报机关和图书、档案管理系统。内部公关机构可以参与决策，但它的任务不在于决策，而在于为组织的最高决策集团提供可资借鉴的最新预测方案，提供决策的方法。灵活性、变通性是其工作的重要特点。内部公关机构可以是一个宣传部门，但它的宣传不能有任何指示性色彩，只能以说服和教导作为主要手段，它特别注重在传播信息的同时接受反馈意见，并根据这些意见迅速调整下一步的宣传口径和信息传播内容、方式。内部公关机构是社会组织的交际部，它排除任何冷冰冰的会议内容和严格的行政程序，而用信息、情感和理性化作为对内、对外交往的基本法则。

总之，内部公共关系部门就应当是一个社会组织实施对内、对外软管理的高效机构，其主要工作方法是诱导和说服，其主要功能是“鼓风机”和“灭火器”，是组织领导的“小脑”“喉舌”。因此，它明显区别于其他内部机构，从不企图代替任何职能部门，它所要管理的是当代社会组织中一般部门无法管理亦无法预见的事务；它为有效解决当今社会和各类组织中新的人际关系障碍和交往矛盾应运而生。这就是内部公关机构之所以存在的现实理由和必然性。

三、公共关系部的位置和分工

（一）公共关系部在组织中的位置

现代社会组织，常常有多层次的部门机构，作为社会组织的子系统，公共关系部如何设置，不仅关系到社会组织本身，同时与公共关系部自身能力发挥都有关系，从目前国内外情况来看，主要有三种不同类型。

1. 部门所属型

公共关系部从属于企业、组织的某个部门，是三级机构，它可以加强某一部门的工作，但作用受限制。如：

（1）销售部——偏重销售功能；

（2）经营部——偏重经营管理功能；

（3）广告宣传部——加强形象塑造功能；

（4）外事接待部——突出社交功能；

（5）办公室——较灵活、便于最高领导直接指挥，但容易变为“杂货铺”。

这种公共关系部，常在一些公共关系意识不强，公共关系对象简单的部门，故多为一些小型的社会组织采用。

2. 部门并列型

与上一类型相反，部门并列型公共关系部直接向最高领导负责，可起到直接决策的作用。当然，也须搞好与其他部门关系。

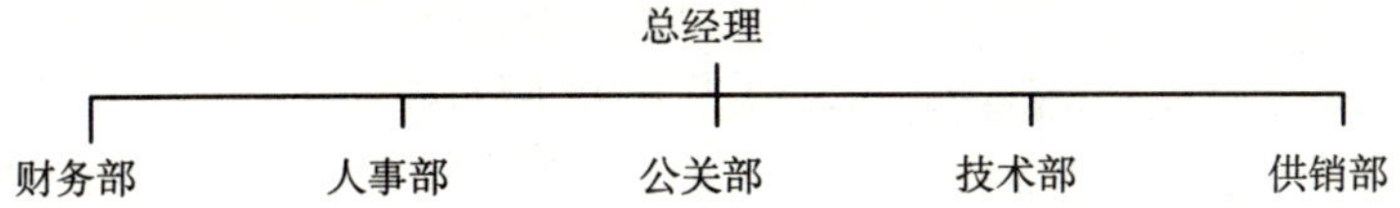

3. 领导直属型

这类公共关系部看似属于三级机构，但它不属于任何二级机构，是有相当自主权的职能机构，它可使公共关系部随时与各部联系，有利于公共关系活动灵活、自由展开。

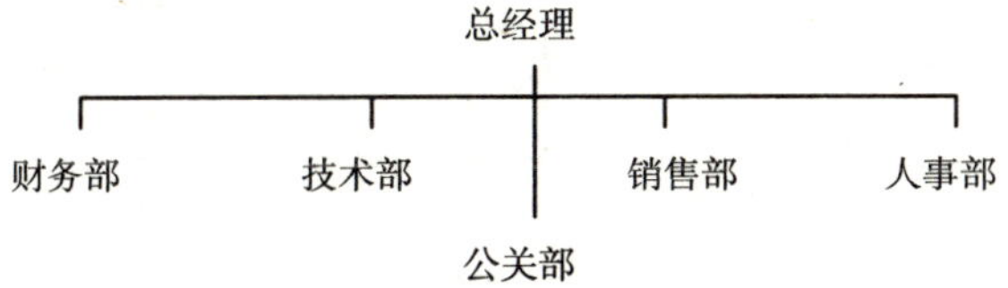

目前，国内外许多企业、机构都采取这一方式。

（二）公共关系部内部分工

公共关系部在组织中的位置确定之后，如何确立内部机构，必须根据社会组织的规模和不同分工来确定。

1. 按照社会组织规模划分

按照社会组织规模划分，公共关系部可分为大、中、小三种类型。机构越大，分工越细；机构越小，分工越粗。

(1) 小型公共关系部，包含两个层次：公关经理；组。

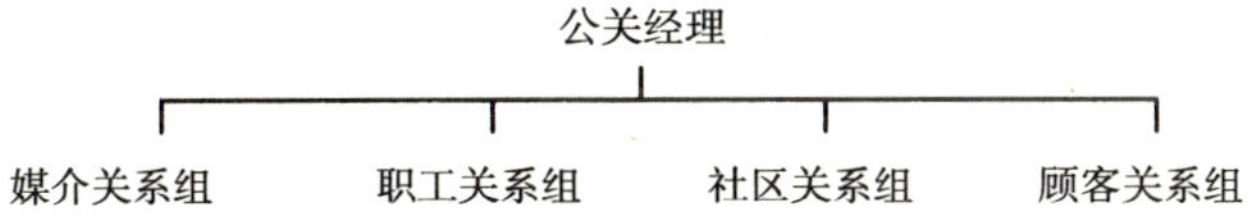

这种公共关系部人数较少、机构简单，适合小型组织。

(2) 中型公共关系部，含三个管理层：公关经理；科；组。

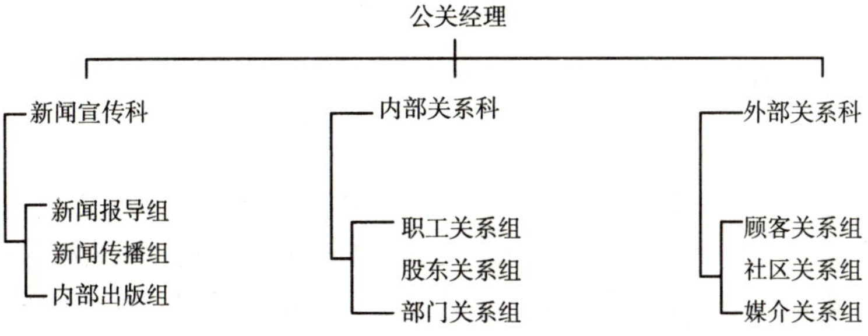

（3）大型公共关系部，含四个或更多层次：经理；部；科；组。

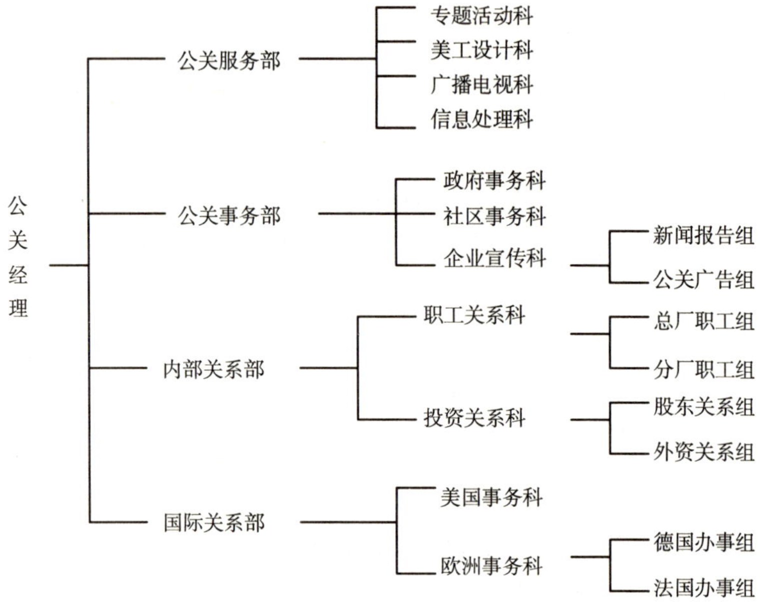

2. 按公共关系手段设计

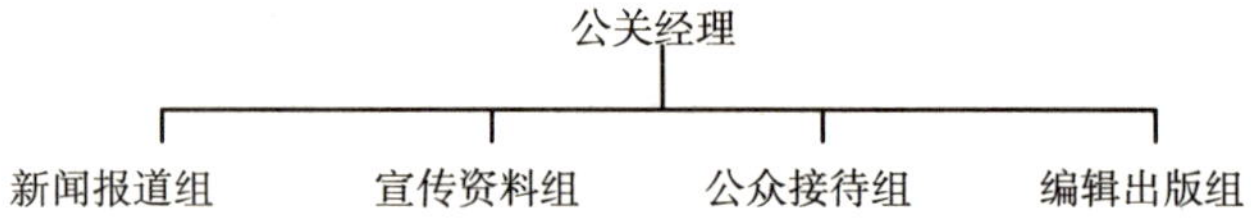

3. 按公共关系过程

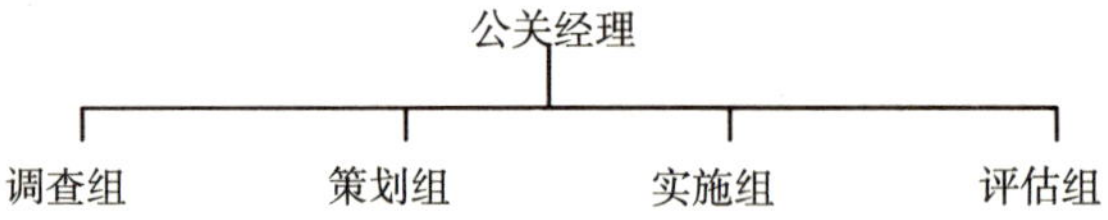

4. 复合型（根据实际情况）

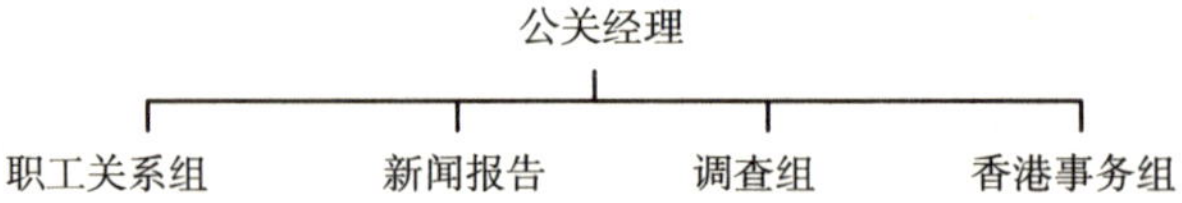

总之，公共关系机构设置没有绝对模式，必须根据组织规模和类型，以及实际情况进行设置。至于公共关系工作人员的数量，一般根据社会组织（企业）的销售额而定。英国公共关系专家弗兰克·杰弗金斯在其《实用公共关系学》一书中，附有一张企业销售额（单位：亿美元）与公关人员（单位：人）配制数的表格。具体如下表所示。

定额销售额（亿美元）	10 以上	5-10	2.5-5	1-2.5	0.5-1	0.5 以下
公关部人数	65	20	13	12	6	4

在此应当特别强调的是，美国、英国的公共关系活动起步较早。英国已有 90 年以上的公共关系发展的历史，美国公共关系活动则在百年以上。他们的公共关系专业人员起点高、能力强。以美国为例，其 10 万名以上的公共关系工作人员中，获得公共关系学位的人员早已超过半数，这中间有许多人获取了硕士和博士学位。有鉴于此，我国现阶段在进行内部公共关系机构的人员安排时，可以适当参考该表格，对公共关系工作人员的数量进行恰当配置，以此来弥补我们在上述素质方面的缺陷和不足。

四、公共关系部设置应注意的问题

社会组织设置公共关系部的目的在于树立组织良好形象，其设置必须遵循原则，根据以上原则，就现实中的一些问题，提出几点注意事项，以使问题显性化。

（一）明确公共关系的职责范围

公共关系部是承担公共关系的职能、专门从事公共关系工作的机构，因此，必须在日常工作中集中力量去做与实现预期的公关目标、塑造组织形象密切相关的工作，而不能变成“杂务部”“不管部”。目前，有些单位成立公关部只是赶时髦、流于形式，其后果只能是人浮于事。

（二）消除对公关部庸俗化的认识

对公共关系部的庸俗认识有两个表现：一是把公共关系部的功能简单化，或挂靠销售部，或挂靠接待部，或等同广告招徕等；二是公共关系工作队伍美女化、目标捞钱化、手段腐败化等。

（三）妥善协调与其他部门关系

社会组织内设置公共关系部，必须真正发挥其协调各部门关系的作用，各部门要配合、支持公共关系部工作。同时公共关系部内部也要注重协调配合。一般来说，公共关系部门管理层次不宜太多，层次越多，越不利于信息交流，也不利于公共关系工作人员之间的关系和情感交流，应因事设人，因职设人，防止“小而全”；但层次亦不能太少，以免机构分工不细。同时，公共关系工作人员的配备必须有一定弹性，不能一成不变，不仅要根据组织发展情况调整公共关系部层次设置，而且同一公共关系工作人员必须具备一专多能的本领。

（四）倡导“全员出关”的工作准则

公共关系部工作顺利开展，必须取得内部员工的支持，只有上下通力合作，才能取得更大成功。

案例8.1　弗兰克·杰弗金斯教授：公关机构所应承担的26项工作

英国公关专家弗兰克·杰弗金斯教授，在其名著《实用公共关系学》第四章中，指出内部公关机构所应承担的26项工作。这些工作项目正好可以用26个英文字母来排列顺序，因此被公关界称为“公共关系的A到Z”。其所确定的公关工作排序如下所列。

（1）写作并向报刊发布新闻、照片和特写，发布前编好报刊的名单。

（2）组织记者招待会，接待参观访问。

（3）向媒介提供信息。

（4）为管理部门安排接见报刊、广播和电视记者的访问。

（5）为摄影师做情况介绍，保存照片资料。

（6）编辑出版供员工阅读的杂志或报纸；组织其他形式的内部通讯，诸如录像带、幻灯片、墙报等。

（7）编辑、出版以经销商、用户、顾客为对象的对外刊物。

（8）编写并提供各种资料，诸如培训资料、企业发展史、年度报告、新员工须知，以及供学校用的教育招贴等。

（9）制作视听宣传品、教材，诸如纪录片、同步幻灯片、录音、录像带，包括分发、编目、放映以及维护工作。

（10）组织有关公共关系的展览会、陈列品，包括提供交通工具。

（11）制造并维护企业识别标志，诸如商标、配色图案、专用印刷品的风格以及车辆的标志等。

（12）主办有关公关活动。

（13）组织参观工厂等活动，并提供各种方便。

（14）参加董事会和生产、市场营销及其他主要负责人召开的会议。

（15）出席销售和经销商品的会议。

（16）代表企业出席行业性会议。

（17）负责同公共关系顾问的联系。

（18）训练公共关系人员及其他员工。

（19）进行意见调查或其他调研活动。

（20）监督广告并和广告专业单位联系（如果广告工作也由公关部门管理）。

（21）和政治家与公职人员联系。

(22) 当新厂房或办公楼落成举行相关庆祝活动时，负责接待来宾和新闻记者。

(23) 安排官员和国外人士前来参观访问。

(24) 举办纪念活动，诸如庆典和获奖纪念等。

(25) 从剪报、广播、电视、电脑或其他外界的报道中获得反馈信息，并进行分类整理。

(26) 分析反馈信息，预测设定目标的实现可能性及其结果。

案例8.2 长城饭店公共关系工作人员基本职责

1. 运用新闻媒介进行宣传

(1) 为新闻界提供有关饭店最新情况资料，包括新闻稿、图片、影片等。

(2) 与当地新闻机构（报社、通讯社、杂志社、广播电台、电视台等）建立并保持经常的联系。

(3) 为外地及专业性新闻机构提供服务，并同住在本饭店的新闻界人士建立联系。

(4) 为本地、全国性乃至国际性的新闻机构制备通讯特写材料。

(5) 协助举办记者招待会，会见各方人士。

(6) 定期在饭店招待新闻界人士，为人们提供使用饭店设施的方便。

2. 广告

(1) 监督广告公司制定年度广告及销售计划，以及这些计划的执行实施。

(2) 为广告公司提供必要的指导，以便创造广告及各种辅助材料。

(3) 监督广告经费的分配。

(4) 充当饭店内各部门与广告公司之间的联络人，以便设计合乎各部门要求的手册、菜单、传单等宣传品。

3. 销售

同销售部配合制备邮寄性广告及其他广告，以便招徕更多的顾客。

4. 内部交流

(1) 编辑出版饭店员工通讯。

(2) 宣传员工的活动及职务提升情况。

(3) 与人事部门配合制定奖励措施。

案例8.3 北京奥组委请专业公司公关奥运

北京奥组委作为北京2008年奥运会的唯一官方信息发布机构，显然早已意识到“奥运公关”的重要性和专业性，并开始向专业机构寻求帮助。2005年2月，北京奥组委按照国际惯例，面向全球公开招标“公关服务机构”，包括伟达公关公司、奥美公关公司等 8 家国际公关公司参加竞聘。最终，北京奥组委与被列为全球三大国际公关公司之一的伟达公共关系顾问公司签订合作协议，聘请伟达公关公司作为北京 2008 年奥运会的传播顾问。伟达公关（中国）公司董事孙玉红是北京奥运会国际公关项目全球负责人。伟达公关为北京奥组委提供从策略制定到媒体服务的全方位的公关服务。

案例 8.4　伊利深海鱼油事件

新华社下属的《经济参考报》引述呼和浩特警方说，蒙牛集团“未来星儿童奶”产品经理、蒙牛乳业集团总裁助理、北京博思智奇公关顾问有限公司董事长、博思智奇公司副总经理等人“有组织、有预谋、有目的、有计划实施攻击伊利和圣元乳业产品的行动”。

2010 年 7 月，部分媒体刊发了《深海鱼油大多有问题，专家称造假现象严重》《专家：“深海鱼油”危害超过地沟油》等文章，随即网上相继出现大量宣传“深海鱼油不如地沟油”的恶意攻击性文章。这些文章主要出现在大型门户网站论坛、个人博客和百度等主流网站的问答栏目中。之后，网络攻击深海鱼油的行动有组织地向深层次发展，宣传添加深海鱼油的产品不能食用。同时，攻击方向又直指伊利集团生产的“QQ 星儿童奶”，煽动消费者抵制“伊利 QQ 星儿童奶”。

事件发生后，伊利集团向呼和浩特市公安局报案。警方调查显示，今年 7 月 14 日，博思智奇公司副总经理肖雪梅带领公司网络组职员赵宁、郝历平和综合组职员马野与蒙牛集团“未来星儿童奶”产品经理安勇共同商讨炒作打击“伊利 QQ 星儿童奶”的相关事宜，并制定了《借势〈生命时报〉传播规划》《DHA 借势口碑传播》《鱼油传播精彩效果示意报告》《鱼油传播汇报总结》等资料。

（摘自《中国乳业再爆丑闻　蒙牛雇“网络水军”攻击伊利》，新加坡《联合早报》，2010 年 10 月 22 日）

思考题：

1. 如何认识公共关系公司的职能？
2. 公共关系公司工作原则有哪些？
3. 客户选择公共关系公司的标准是怎样的？
4. 公共关系部设置应注意的问题有哪些？
5. 公共关系部设立的条件有哪些？
6. 如何认识公共关系部的作用？

第四编

公共关系实践

前面介绍了公共关系的基础理论、公共关系的基本要素和公共关系机构与公共关系工作人员。这些研究都是为公共关系实践服务的，也是作为一个公共关系工作人员所必须具备的理论素养。公共关系实践首先要了解公共关系活动的基本程序，在此基础上把社会组织的形象塑造和提升问题作为公共关系的核心问题。相关的公共关系专题活动是公共关系实践的重要组成部分。特别是近年来随着新媒体的不断发展，社会组织面临越来越多的机遇和前所未有的挑战，需要在公共关系层面进行有效应对。

公共关系作为一门不断创新的学科，其理论研究仍需要不断充实，实践活动更加有待创新和探索。在运用公共关系理论指导实践时，不要忘记从实践中总结规律，来充实公共关系理论。和任何学科一样，只有不断地发现问题和解决问题，对问题进行归纳，才能使公共关系学富有生命力。

第九章 社会组织形象塑造

本章概要：

在现代社会中，一个社会组织的形象如何，会直接影响到社会组织的生存和发展。社会组织形象是指公众对一个社会组织的总体认识和评价，它是社会组织的外部形象和内在气质在社会公众心目中的综合反映。公共关系的直接目的是为了帮助社会组织塑造和提升良好的形象。

本章主要介绍了社会组织形象的基本理论、社会组织形象的定位与设计以及CIS战略。

第一节 社会组织形象概述

一、社会组织形象的含义与特征

（一）社会组织形象的含义

社会组织形象是指社会公众对特定社会组织的整体认识和评价，它是社会组织的价值观念、经营风格、产品质量、服务特色、经营管理规范、商品包装的图案造型、组织成员素质能力、服务态度等多方面因素在社会公众心目中的综合反映。在现代社会中，一个社会组织在公众心目中是怎样的形象，会直接影响着社会组织的生存和发展。因此，树立良好的组织形象，是社会组织至关重要的任务，也是公共关系工作的重要目的。

（二）社会组织形象的特征

1. 主观性和客观性

社会组织形象是社会公众对社会组织的意见和看法。因为社会公众本身具有差异性，他们的社会地位、价值观念、思维方式、认识能力、审美标准、生活经历等各不相同，他们观察组织的角度、审视组织的时空维度也不相同，这样不同社会公众对同一组织及其行为的认识和评价就必定有所不同，“公说公有理，婆说婆有理”就是这个道理。此外，在组织形象塑造和传播的过程中，要充分发挥组织成员的主观能动性，必然会渗透他们的思想、观念和心理色彩等。因此，组织形象具有主观性。

形象是一种观念，是人的主观意识，但观念的反映对象却是客观的，也就是说，社会组织形象所赖以形成的物质载体都是客观的，建筑物是实实在在的，产品是实实在在的，社会组织的成员也是具体的，社会组织的各种活动也是实实在在的。因此，社会组织形象作为客观事物的反映，是不以人的意志为转移的，不能在虚幻的基础上构筑组织形象。另外，社会组织形象的客观性，还基于一种统计规律。组织形象是公众的意见或看法，这个公众不是单个的人或少数群体组织，而是一个公众的集合。个人的意见是主观的、可变的，但作为一个整体的公众或大多数公众的意见则是客观的。虽然大多数人也可能被误导或因其他原因而产生错误看法，但这也正是公共关系状态的一种反映。如果不从整体公众来理解组织形象，便无法形成全面客观的组织形象。

2. 整体性和多维性

社会组织形象是一个由社会组织中众多要素共同作用形成的有机整体，是一个多维体。组织各部门发出的在时间上、空间上、视觉、经营战略、经营风格等方面的信息会在公众心目中形成不同的具体形象，而社会组织形象是这些具体形象的综合反映。因此，任何一个方面的不完善，都有可能对社会组织形象造成损害。社会组织要想得到最大限度的好评，就不应忽略任何细节，要尽可能把每一项活动做到最好。

3. 相对性

社会组织形象的好坏是相对而言的。公众在对社会组织形象做出自己的价值判断之前，会无形中选定参照物并作比较。因此，社会组织形象的存在和变化过程会随着参照物的变化而发生变化。例如，同一时期，公众会对性质、使命及社会地位相同或相近的社会组织形象进行比较。不同时期，同一社会组织由于社会价值观及公众利益所关注的重点发生变化，社会组织形象也会随之改变。这就要求社会组织应做到与时俱进，不断丰富、完善社会组织形象设计。

4. 稳定性

社会组织形象是社会组织综合行为的结果。社会组织形象一旦形成，不论其内在理念，还是外在形象，都会在一定时空条件下，在一定的公众心目中形成一种心理定式，它不会随着社会组织行为的某些变化而马上改变，即表现为社会组织行为发生改变与社会组织形象的改变存在时间差，社会组织形象改变往往滞后于社会组织行为的改变。因此，社会组织形象具有一定的稳定性。

5. 抽象性

社会组织形象是一种看不见、摸不着的东西，是一个抽象概念。它是社会组织的行为和政策在其公众心目中的投影，是无法用精确的数据和图形来表现的，而只能用一些概括的指标，通过社会调查来获得相应的信息，对社会组织形象做出总体的评价。

二、社会组织形象的构成及表现形式

（一）社会组织形象的构成

社会组织的总体形象的建立受众多具体要素的影响。这些具体要素包括以下几个方面。

1. 外在形象

外在形象是公众可以实实在在感受到的形象。具体又包括以下几种。

（1）社会组织的名称。这是社会组织形象建立的先决条件。社会组织名称应该统一，并且要有一定的个性且容易识别。

（2）社会组织的经济实力。这是社会组织形象的物质基础，包括社会组织总资产、固定资产、流动资金、产品销售与生产规模、员工人数、装备先进性等。

（3）其他能够表现社会组织形象的要素。这些要素有商标、广告、建筑物外观、员工服饰等。

2. 内在形象

内在形象是构成社会组织形象的核心要素，是形成公众对社会组织形象总体评价的主要依据。它具体包括以下内容。

（1）文化形象。它是社会组织形象的精髓所在。它以社会组织的价值观念为基础，主要包括社会组织使命、社会组织精神、社会组织价值观和社会组织目标。

（2）人才形象。它是社会组织现有人才状况对社会组织形象的影响。人才形象主要包括人才的整体结构、科技水平、管理水平、服务水平等。

（3）品牌形象。品牌形象，即社会组织的产品质量和服务、社会组织的标志等给公众的总体印象。品牌形象是社会组织形象的生命线。品牌形象的好坏直接影响社会组织的生存。

（二）社会组织形象的表现形式

社会组织形象是社会组织的外部特征和内在气质在公众心目中的综合反映，主要表现为社会组织的知名度和美誉度。知名度是公众对社会组织的知晓和了解程度，即社会组织"名气"的大小；美誉度是公众对社会组织信任和赞许的程度，是评价社会组织形象好坏程度的重要指标。

按照"社会组织形象评估四象限图"来进行分析，如下图所示。

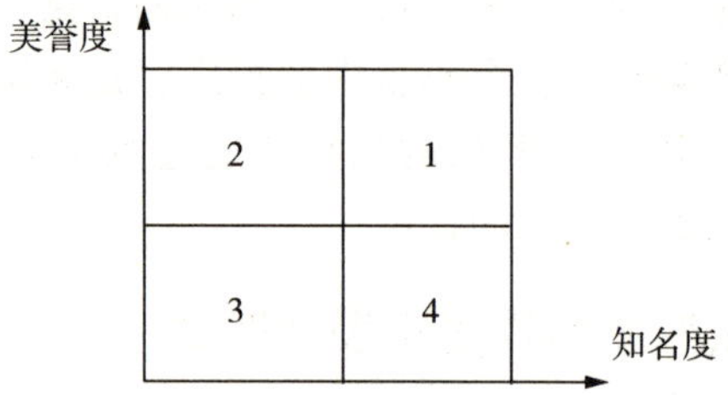

社会组织形象具体可表现为四类状态，具体见下表所列。

社会组织形象表现及评估

象限	社会组织形象表现	形象评估
1	高知名度——高美誉度	最佳
2	低知名度——高美誉度	良好
3	低知名度——低美誉度	不良
4	高知名度——低美誉度	低劣

象限1表示高知名度——高美誉度。处于这一区域的社会组织形象不仅为广大社会公众所熟知，而且受到了公众的普遍信任和赞赏，一定程度上代表着行业的标杆。这是社会组织形象管理的最佳状态，也是社会组织形象塑造的目标。但是也要注意，过高的知名度和美誉度既是动力，也是压力，组织必须时刻保持高度的警惕。一个微小的失误就有可能引起社会公众的极大关注，为组织的发展带来危机。

象限2表示低知名度——高美誉度。处于这一阶段的社会组织形象良好，属于较为稳定、安全的社会组织形象状态。虽然知名度低，但高的美誉度有利于组织形象的推广，为其知名度的扩大奠定了基础。因此，社会组织应充分利用美誉度高这一优势，采用合适的宣传手段和渠道，来促进组织知名度的推广。

象限3表示低知名度——低美誉度。在这种情况下组织的形象地位处于不良状态。组织应该先从自身的定位、经营管理方式、产品和服务的质量等方面进行完善，努力提高美誉度。而在宣传方面则暂时保持低姿态，待享有较高的美誉度后，再加大宣传做好提高知名度的工作。

象限4表示高知名度——低美誉度。这一阶段的组织形象处于“臭名远扬”的低劣状态，不仅美誉度差，而且知之者甚众。在这种情况下，要想改变声誉，一是可以通过减少舆论界的注意，默默努力改善自身，设法逐步挽回信誉，提高美誉度；二是可以在努力打造自身实力的同时，聘请专业的公共关系团队创新宣传方法和手段，用高水平、别出心裁的公共关系活动挽回组织的声誉，打一场漂亮的翻身仗。

三、社会组织形象的分类

社会组织形象是多层次、多维度的，因此我们也应该从不同角度来把握组织形象。

（一）根据社会组织形象的真实程度，可分为真实形象和虚拟形象

真实形象是指社会组织留给公众的符合组织实际情况的形象，虚拟形象则是社会组织留给公众的不符合社会组织实际情况的形象。

虚拟形象形成的原因是多方面的，既有传播信息过程中的失真，也可能有公众评价的主观性、偏向性原因。需要说明的是，真实形象不一定就是好形象，而虚拟形象也未必等于坏形象，如企业经营伪劣产品被曝光在公众中形成的一个不好形象是真实形象，而该企业在未曝光之前的良好形象则是虚拟形象。对社会组织来说，应努力追求真实的良好形象，而避免虚假的、不好的形象。

（二）根据社会组织形象的内容，可分为特殊形象和总体形象

特殊形象包括两个方面：一是社会组织的某一个或某几个方面在公众心目中留下的印象，二是社会组织在某些特殊的公众心中形成的形象。如组织的良好服务使某些顾客形成了组织“优质服务企业”的形象，组织的某一次慈善捐款给公众留下了乐善好施、热心公益事业的形象。特殊形象对社会组织很重要，因为公众是不可能全方位、全面地了解组织的。社会组织在他们心中留下的往往就是这种特殊形象，而且某些公众就是因为组织在某些方面的独特形象而支持组织的，如歌迷之于演唱会、球迷之于球星等。因此，特殊形象是组织改善形象的突破口。

总体形象就是社会组织各种形象因素所形成的形象的总和，也是各种特殊形象的总和，但两者又不是简单的总和。一个比较极端的例子是：某个员工工作敬业、技术一流，人际关系也好，深得领导和同事的赞许，但

不喜欢他的人们可能说，他没有个性或没有特长等。对一个组织而言，就应该努力追求总体形象和特殊形象的统一和谐。

（三）根据社会组织形象的可见性，可分为有形形象和无形形象

有形形象是指那些公众可以直接感觉到的组织对象，包括产品形象（如产品质量性能、外观、包装、商标、价格等）、建筑物形象、员工精神面貌、实体形象（如市场形象、技术形象、社会形象等），它是通过社会组织的经营作风、经营成果、经济效益和社会贡献等形象因素体现出来的。

无形形象则是通过公众的抽象思维和逻辑思维而形成的观念形象，这些形象虽然看不见，但可能更接近社会组织形象的本质，是社会组织形象的最高层次。

对企业而言，这种无形形象包括企业经营宗旨、经营方针、企业经营哲学、企业价值观、企业精神、企业信誉、企业风格、企业文化等。这些无形形象往往比有形形象有价值，如对麦当劳、可口可乐、索尼、劳斯莱斯等企业而言，他们的企业信誉等无形资产比那些机器设备和厂房要重要得多。

此外，还可以按形象的现实性，把组织形象分为实际形象和期望形象等。

四、社会组织形象塑造的重要性

市场经济的基本特征是竞争。竞争的最高层次就是社会组织形象的竞争。谁拥有了良好的社会组织形象，谁就能赢得公众的支持，谁就拥有了市场，从而获得源源不断的收益，而且能使社会组织及其产品在市场中处于不败之地。因此，塑造社会组织形象对社会组织的存在和发展而言，具有非常重要的作用，具体表现为以下几点。

（一）塑造良好的社会组织形象有助于组织无形资产的增值

无形资产，是指社会组织所拥有的，不具有实物形态，对组织长期发挥作用且能带来经济利益和社会利益的资源。自然灾害可以损毁有形资产，但却不能减少无形资产的价值。无形资产分为可辨认无形资产和不可辨认无形资产。可辨认无形资产包括专利权、专有技术、商标权、著作权、土地使用权、特许权等；不可辨认无形资产即社会组织形象。塑造良好的社会组织形象意味着组织无形资产的稳固和增值，社会组织形象的认知度越高、美誉度越好、和谐度越佳、定位越准，无形资产的价值就越大、增值率就越高。美国可口可乐公司的老板曾说过，如果公司在一夜之间被大火烧为灰烬，第二天各大银行就会主动上门来向公司贷款。因为公

司还有360亿美元的无形资产。可见，无形资产的价值可以远远超过有形资产。

（二）塑造良好的社会组织形象有助于提高组织的管理效率和影响力

社会组织形象是组织价值观念、经济实力的综合体现，良好的组织形象可以从以下几个方面促进组织管理效率的提高和影响力的扩大。

1. 规范与导向作用

社会组织形象是把社会组织的价值观念和行为规范加以确立，为社会组织的生存与发展树立了一面旗帜，向全体职工发出的一种号召。这种号召一经为广大员工所认可、接受和拥护，就会产生巨大的规范与导向作用。

2. 凝聚与整合作用

社会组织由不同的人从事不同的工作，人的性格、爱好、追求又不一样，如果没有一种精神力量把他们"粘合"起来，社会组织就会成为一盘散沙。社会组织形象确立的共同价值观和信念，就像一种高强度黏合剂，能够将社会组织中的各方面力量紧紧凝聚在一起，形成"命运共同体"，成为一个和谐、默契的高效率集体。

3. 激励作用

良好的社会组织形象可以使社会组织内部的员工产生一种骄傲与自豪。这种感觉可以让员工保持一种士气高昂、奋发进取的精神态度。因为每个人都有尊重的需要，希望得到他人的尊重与羡慕。因此，当员工在与别人谈起"值得骄傲"的社会组织时，那种对社会组织的热爱与爱戴就不言而喻了。这种对社会组织的热爱会产生强烈的激励作用，诱导并刺激着员工的工作热情和积极性。

4. 辐射作用

社会组织形象的建立，不仅对内有着极大的凝聚、规范、号召、激励作用，而且能对外辐射、扩散，在一定范围内对其他社会组织乃至整个社会产生重大影响。

（三）良好的社会组织形象有助于组织的扩张和市场的拓展

在现代社会，公众对组织提供的产品和服务的选择，不仅看中其功能和价格，同时也是对社会组织精神、经营管理作风、服务水准的全面选择。社会组织形象的优良与否，是公众选择的重要依据。公众对某一社会组织的印象良好，就会对该组织提供的产品和服务产生信任感。在面对成千上万、眼花缭乱的商品或服务时，会自然而然选择自己信得过的组织和品牌，从而达到使社会组织争夺更大的市场份额、进行组织扩张的目的。德国大众汽车公司通过在北美和欧洲进行的调查发现，如果顾客的愿望在一家公司没有得到满足，那么他会疏远该公司的产品。调查报告认为，一个厂家失去了顾客，只有 30% 是由于产品质量或价格的原因，60% 的顾客转向其他产品是由于服务或售后服务不好，他们没有受到礼貌的接待。大多数消费者会对社会组织的服务进行评价，并且会一传十、十传百。这种口头传播的效力是十分惊人的。因此，树立良好的社会组织形象，就等于留住了顾客，就等于达到了社会组织扩张的目的。

第二节　社会组织形象的塑造

一、社会组织形象的定位

社会组织形象的定位是指社会组织为了实现自身的总体目标，基于社会环境的变化，结合本组织的实力和竞争对手的实力，所选择的适合自身经营目标及领域、经营理念等特征的富有个性的形象。

定位理论最早出现于 20 世纪 60 年代末美国广告界的一些文章里，到 1972 年在美国有很大影响的《广告年代》上正式出现。当时强调要通过广告攻心，将产品定位在顾客的心中潜移默化，而不改变产品的本身。20 世纪 80 年代，美国著名营销专家菲力普·科特勒开始把定位理论系统化、规范化。他指出，定位就是树立企业形象，设计有价值的产品和行为，以便使细分市场的顾客了解和理解企业与竞争者的差异。可见，要想企业在公众心目中留下清晰、深刻的印象，就必须有准确的形象定位。

在现代社会，多数社会组织为了塑造自身的形象，大都会采用公共关系、广告等宣传手段。可由于广告及公共关系活动数量的剧增，导致了对公众的影响力相对减弱，再加上繁多的形象宣传方法而造成的沟通“过度”，使公众更难在眼花缭乱的市场中确认某一社会组织。此时，最有效的识辨办法就是明确独特的社会组织形象定位。只有这样，才能使社会组织形象在公众心目中留下清晰、深刻的印象。

公众的喜好与要求，是千奇百怪、千变万化的，处于不同地区、不同行业的公众对一个组织的形象会有不同的看法与评价。因此，找准社会组织在哪方面有特点、个性和影响力，便成为树立形象的关键。因此，有必要研究影响社会组织形象定位的因素。

一般来说，社会组织的形象定位首先要符合自身的主体特征；其次，要采用恰当的宣传方法和手段将社会组织形象特征传达给目标公众；最后就是公众对社会组织形象的认知。

（一）主体个性

主体是指社会组织主体。个性是指区别于他人的，个体所具有的相对稳定的文化、价值观念、行为心理等特征的总和。主体个性是指社会组织在其品质和价值方式方面的独特风格。社会组织形象具有客观性的特征，社会公众对社会组织形象的认知首先取决于社会组织主体自身外在和内在所表现出来的实力和气质。因此，社会组织形象定位必须以主体的存在特征作为基础，否则定位是假的、虚的。当然主体有些共性，比如都要有良好的质量，都需要售前、售中、售后的优良服务，都要生产适销对路的产品，这些都是共同的。但更值得思考的是其个性特点，如：产品和服务的特性、社会组织目标定位、社会组织精神定位、社会组织风格定位等。

社会组织形象定位必须遵循实事求是的原则，不能夸张，也不能捏造，否则一定会被公众遗弃，像劳斯莱斯是以“不求廉价便利，只求高档豪华”作形象定位的。但这种定位必须以过硬的产品及服务作为基础。如果一家品质、服务平平的社会组织，也提出高档豪华的形象定位，其结果只能事与愿违。

因此，社会组织形象定位不是空泛的，也不是随心所欲的，而是实实在在需要以自身品质、价值方式为其基础和保障的。

（二）宣传方式

宣传方式指的是社会组织将其主体个性相关信息有效准确地传递到公众方面的途径和措施。社会组织形象塑造的目的是要将组织的良好形象牢牢印刻在公众的心目中。主体个性信息如果不能有效传达，公众根本无法了解和把握，更谈不上对组织的深刻印象和良好的信任了。

（三）公众认知

主体个性确定并使用有效的宣传方式之后，真正达到形象定位完成的标志应是公众认知。公众对社会组织形象的认知是在对组织提供的产品、服务的内涵、个性等有了较充分的了解，并在使用和认可了其价值之后获得精神上、感受上的满足。这样公众才能对社会组织形象更易、更深地认识、接受，成为忠诚的消费者。

上述三要素，分别从主体、通道、客体三个方面构成了完整的社会组织形象定位，使得社会组织形象的功能和效应得以发挥。

二、社会组织形象的设计

在经济全球化的今天，市场经济日益成熟，市场的产品、服务差异日益缩小，社会组织间的竞争已经发展到了社会组织形象的竞争。于是如何树立个性化的社会组织形象，已成为现代社会组织中的重要课题。

（一）社会组织形象设计的前提和基础

确定社会组织事业领域、社会组织目标和社会组织理念是社会组织形象设计的前提和基础。

1. 社会组织事业领域的确定

社会组织事业领域与生产领域有很大差别。生产领域是社会组织生存的基础，事业领域则是社会组织面向未来的总体方面，是社会组织发展的长远打算。它作为社会组织行为的总纲领，社会组织事业领域能够并且应该使每个员工都清楚并参与到以后的社会组织行动中来，确定各自的责任范围，在工作中获得自我满足、自我成长的机会，并为社会组织今后的资源分配和利用指明方向。

事业领域的内容主要包括四个方面：社会组织历来的“业务”是什么？社会组织的总目标是什么？社会组织在未来该如何？社会组织怎样才能在不断变化的环境中稳步发展？一般而言，对社会组织事业领域的表达，必须包括核心产品或服务、基本市场、主要技术、社会组织性质四个要素，由此，才能为社会组织的发展确定一个基础的范围。

社会组织在确定事业领域时，必须充分考虑技术发展的未来趋势，使社会组织的形象定位能为社会组织的发展提供相当大的空间。同时社会组织的定位还要充分考虑消费者形态的变化趋势，既要谨慎，保持经营内容的连续性，又不可过于死板，而丧失灵活性和可变性。实际上，社会组织要繁荣兴旺，就必须对自己的任务进行不断的审查，并在必要时加以改变。

2. 社会组织目标的确立

社会组织的事业领域只是描述了社会组织的发展前景、希望，它并不是详细的量化指标，欲使它全面落实还必须设定相应的目标。没有社会组织目标，就如同马拉松选手不知道自己要跑多远，终点在何处一样，或者中途退场，或者大费周折、浪费时间，绝不会有很好的成绩。

社会组织目标分为总目标和阶段目标。任何一种目标的确立都必须遵循下列原则。

（1）一致性原则。总目标的确立必须与社会组织确立的事业领域保持一致，是社会组织事业领域的量化指标。阶段目标必须与总目标一致，是总目标的分解。

（2）可行性原则。社会组织确定的目标必须既富于挑战性，又符合客观发展规律，是通过努力最终能够实现的。

（3）可衡量性原则。社会组织的目标必须是明确具体的，应侧重定量化和便于计量，目标定得越明确具体，越具有可行性。

（4）优先性原则。总目标实现往往要经过相当长的时期。因此，必须根据阶段目标对总目标的重要性进行排序，将其中重要的、具有决定性的阶段目标优先实行，保证其实现。

3. 社会组织理念的确立

在社会组织形象的内在结构中，社会组织理念是十分重要的。社会组织理念特指带有个性的社会组织经营活动的思想或观念。IBM 公司的创始人在谈到社会组织理念时说："任何一个社会组织要想生存，首先就必须有一套完整的理念，作为一切政策和行动的最高准则，其次必须遵守那些信念。处于千变万化世界里，要迎接挑战，就必须自我改变，而唯一不能变的就是社会组织理念。换句话说，社会组织的成功主要是跟它的基本哲学、精神和驱策动机有关。信念的重要性远远超过技术经济资源、社会组织机构、创新和时效。"由此可见，社会组织理念是社会组织生命力和创造力的综合反映，是一切社会组织形象的出发点和归宿点。

（二）社会组织形象设计的步骤

对一个社会组织而言，社会组织形象的建立一般有以下几个步骤。

1. 社会组织现有形象的调查和识别

对社会组织现有形象的调查和识别重点在于把握社会组织的经营管理现状、产品和服务现状、传播方式现状、公众认知，客观地分析社会组织现有形象定位的优点和缺陷，为社会组织形象设计提供依据。对社会组织现有形象的调查可以通过内部调查、外部调查和公众认知调查等方法进行。

（1）内部调查

所谓内部调查，是对社会组织内部进行全方位的信息扫描，调查的内容主要集中在能够对社会组织形象外在表现产生重要影响的相关因素，例如，社会组织的愿景、经营模式、创新能力、资产运营能力、市场开拓能力、资源整合能力、技术储备、社会组织结构、战略转型能力、领导风格、社会组织成员素质等多方面进行内部检讨研究和分析，整理出社会组织形象的问题点。内部调查选择的对象要具有代表性，各社会组织层级、各部门、不同性质的工作岗位都要进行走访。调查方法可采用面对面谈话或问卷调查，要对信息的准确性、公开性、一致性进行评估，确保信息之间能相互印证，为有效决策提供科学依据。

（2）外部调查

外部调查可分为宏观层面和微观层面的调查。宏观层面包括社会组织对外部环境中有关政治、经济、文化、科技及社会价值观等方面的调查；微观层面包括社会组织对同行业同类型社会组织的形象以及行业竞争结构、市场地位、市场占有率等方面的调查。通过外部调查可以帮助社会组织寻求潜在的市场机会，并且能够通过横向比较，为社会组织确定独特、鲜明的形象特征提供依据。

(3) 公众认知调查

公众认知调查是采取抽样调查的方法，对社会公众关于社会组织的产品或服务的美誉度、人员素质评价、品牌识别度、社会组织文化认同等方面进行调查，通过公众认知调查，可以了解公众心目当中的社会组织形象现状，从而找出组织形象塑造的现实和目标之间的差距，为提升社会组织形象寻求有针对性的对策建议奠定基础。

2. 社会组织形象框架的设定

这一阶段主要是以社会组织形象的调查评估为基础，设定社会组织未来形象，构筑理念、视觉和行为识别系统，提出具体可行的形象塑造方案。社会组织形象塑造的成功与否，与这一阶段的工作成果有很大的联系。社会组织形象的框架设定主要是从以下三个方面来进行。

(1) 社会组织理念的确定

社会组织理念是指具有社会组织自身特点的经营宗旨、价值观念和道德行为准则的综合，主要包括四个基本内容；社会组织使命、社会组织精神、社会组织的价值观和社会组织目标。它是把社会组织的价值观念、最高追求连为一体，为社会组织的发展指明方向。它是把模糊、抽象而又分散的意念统合起来，概括成明确、精练、具有感染力的语言文字，从而对员工起到教育、激励、塑造英雄、增强凝聚力的作用。其具体的表现形式有口号、标语、守则、歌曲、警语、座右铭以及社会组织高层人员精神讲话。理念只有以具体的形式渗透到员工之间，渗透到整个社会组织之中，才能树立起有个性的组织形象。社会组织理念没有固定的规定，可根据自身的特色来定。从表面上看，社会组织理念的概括都比较抽象，大多用精神口号、标语式的简单语言文字来表达，表面上看显得有些空洞无物和不着边际，实际上它把无形的思想变成有形的可视物凸显出来，作为统一的意志和行动的“焦点”，深入人心，能唤起某一群体的斗志。世界上许多大企业在确定自身理念时可谓煞费苦心。他们都希望借助理念取信公众，树立良好形象，争取顾客，谋求自身的繁荣。如海尔的“真诚到永远”，支撑着海尔与众不同的服务质量；沃尔玛的“永远让顾客买到最便宜的商品”的理念，决定了它在全球范围内实施着最低价的商品采购战略，其一切经营管理手段都与此理念不无关系。

（2）社会组织行为规范的确立

社会组织行为规范是指社会组织在长期运行过程中形成的具有一定约束力、每个成员自觉遵守的行为标准。

① 指挥系统的规范化管理即通过章程等形式建立和完善领导制度，合理设置机构和人员，明确社会组织各部门的责任和权力，保证社会组织机构正常运行。

② 社会组织决策的规范化管理即根据问题的大小，分类制定决策原则、决策标准、决策程序，明确决策层次、决策机构乃至决策人，力求使每一个问题都得到正确及时的解决。

③ 社会组织流程的规范化管理是通过一系列规章制度，明确各环节的任务、标准、程序，使各环节运转自如，环节之间配合默契。

④ 社会组织工作的规范化管理是对计划、财务、业务、信息等专业工作进行规范，并以此作为日常活动的依据和准则，使社会组织各项工作有章可循、顺利开展。

⑤ 社会组织岗位的规范化管理即通过责任制等形式，让各部门明确自己的基本职能、工作范围、工作标准、权力和责任，以及与其他部门的关系等，使社会组织紧张有序地运转。

通过规范化管理，规范社会组织的一切活动和全体员工的行动，从意识到行为达成完全统一，从而有效地塑造和提升社会组织形象。

（3）社会组织识别系统的确立

识别系统是社会组织形象的外在表现。这一系统所包括的内容应当清晰可见、非常明确，具有极强的感染力和传播力。识别系统的设计必须遵循以社会组织理念为核心的原则，美学原则、动情原则、习惯原则、民族个性设计原则，化繁为简、化具体为抽象的设计原则，才能使识别系统具有很强的冲击力、识别力。

社会组织形象框架在经过社会组织理念的确立、行为规范的制定和识别系统的设计之后，已基本建成。但其框架是否正确，是否可行，则需要经过专家们的认真、周密的论证。

3. 社会组织形象方案的论证

社会组织形象框架设定过程中，应建立包括不同专业背景、不同业务部门的管理人员或业务骨干以及组织形象设计方面的专家、设计师组成的专家小组，对框架进行反复推敲，认真研究，最终确定可行方案。经过社会组织形象的调查、框架的设立、方案的论证，社会组织形象的建立就基本完成。下面要做的就是怎样让公众了解社会组织形象——社会组织形象的推广。

三、社会组织形象的推广

社会组织形象的推广，必须要经过周密的策划，拟订详尽的推广计划，通过对内宣传和对外推广，使崭新的社会组织形象能够尽快得到社会公众的认同，完成社会组织形象建立的目的。

（一）社会组织形象对内的宣传

良好社会组织形象的塑造首先要靠社会组织内部全体员工的共同努力，因此社会组织形象对内的宣传是社会组织形象推广的第一步。组织内部员工不仅是社会组织形象的传播者，更是社会组织形象的缔造者，他们的言行和态度直接影响到社会组织的形象。正如施乐公司的领导人马库罗说："以设计来统一企业的印象，必须由最高经营阶层至基层员工彻底实施，内部统一之后，方能对外诉求。"因此，在社会组织向外推广形象之前，一般都要对社会组织的员工做一次详细的宣传，使他们成为社会组织形象向外推广的主力军。

1. 对内宣传的主要内容

对内宣传主要就是向员工传递两个关键的信息：一是社会组织的前景如何；二是社会组织目前的处境，我们应采取何种行动。

（1）社会组织的总体目标

向员工传递社会组织总体目标是为了让员工了解社会组织发展的前景，给员工指明努力的方向，培养员工对组织发展的信心和工作的积极性，可以利用《前景宣言》来进行宣传。《前景宣言》主要描述社会组织未来运行的方式以及社会组织必须达到的目标。它既给员工指明了前进的方向，不会使大家误入歧途，又可以在士气低落时鼓励员工，"想想，当我们能实现目标，会有多棒！"一个强有力的《前景宣言》虽不必长篇大论，但必须铿锵有力、直言不讳、富有感染力。

（2）社会组织变革的行动方案

告知员工社会组织目前的处境，是要给员工敲响警钟。我们不能故步自封，必须建立、推广、强化或修正社会组织形象，才可能不被时代所淘汰。而社会组织的改革又要涉及到员工的利益、行为的调整，因此要说明这部分的内容，可以借用《行动方案》来规范、引导组织的变革。《行动方案》揭示了现存危机与事实，具有较强的震撼力；说明了如何抵达未来的方法，具有很强的指导性；其语言应简洁、明了，并具有强制性。一旦发布了这一消息，就要求员工必须按时执行，不能只是纸上谈兵。

2. 内部宣传的方式

美国行为学家卢因曾就社会组织变革提出了"变革三部曲"。第一阶段，明确变革的必要性。在这一阶段主要收集令人不满意的证据，与其他社会组织进行横向比较，发现自身的差距，说明变革的形势和紧迫感。第二阶段，实施变革的过程。它要求向员工提供变革的资料，鼓励员工参与变革方案的拟定和执行，并向员工提供变革的咨询，随时解决变革中的新问题。第三阶段，巩固变革成果。此时要采取各种方法强化员工的新的价值观念、行为规范及行为方式，并使之持久化。由此可见，要使社会组织形象内部宣传成功，还必须加强宣传并采用相应的制度加以强化。

（二）社会组织形象对外的推广

社会组织形象建立的总目的，就是通过周密、系统的策划，从复杂的内外关系中整理出秩序，从而建立一个统一独特的社会组织形象。因此，在对外推广社会组织形象时，必须针对社会组织不同的关系对象，选择与之相适应的传播媒体和手段。

1. 人际传播

人际传播是指人与人、人与群体之间的直接传播。它具有如下特征：一是无媒体的参与；二是传播范围有限；三是因人因事而异；四是能及时了解公众的反应。因此，人际传播是人类社会进行交流和传播信息的一种最古老、最普遍、最常用、最直接的传播方式。它对于社会组织形象的推广，特别是社会组织美誉度、和谐度的建立，具有极大的作用。

现代社会，铺天盖地的广告宣传越来越造成了公众的“审美疲劳”，其中不乏大量的具有欺骗性质和误导作用的虚假广告，使得公众对广告的认同感不断下降。因此他们判断社会组织形象的好坏时，大都本着“百闻不如一见、百见不如一试”的原则，只有亲自使用其产品，享受其服务或听取其他使用者意见之后才做出判断，确定自己对该社会组织的看法和态度。调查数据显示，公众对其他使用者介绍的产品品牌质量、性能、文化特性的相信度，是广告宣传的 18 倍，其中公众相信其他使用者介绍的产品优点的人数比例为 92%，而消费者相信广告上宣传的优点比例数只有 5%。因此，社会组织形象中所包含的美誉度要素，主要靠人际传播取得。人际传播在传播社会组织形象美誉度的同时，也逐渐地积累并提高了社会组织形象的认知度。作为大众传播的补充，人际传播在社会组织形象的二级传播和多级传播中，是必不可少的。有时候，公众通过二级传播（人际传播）所获得的社会组织形象认知度，甚至超过一级传播（媒体传播）。

人际传播有助于增加公众对社会组织的忠诚度。消费者行为的研究者们通过调查发现，每个消费者在购买和使用某个品牌或某个商号的服务后，一般评价很好或很坏，满意或不满意，觉得上当受骗还是觉得合适，受虐待还是受善待，都会向他周围的朋友、同事们诉说。部分接受到相关信息的朋友或同事往往会购买试用评价很好的品牌或服务。如果试用过后确实如其所说品质不错，就会继续进行传播，这样一传十、十传百，优质品牌的美誉度和忠诚度就逐渐得以建立和强化，而评价中等或一般的产品就失去了传播的价值。因此，社会组织要创名牌、树立形象，必须首先创造质量优异的产品和服务，创造超越他人的产品特色，能获得顾客对品牌的高度忠诚，从而推动持久的多级的传播，逐渐增大美誉传播。

2. 大众传播

大众传播是社会媒介组织通过文字（报纸、杂志、书籍）、电波（广播、电视）、电影、电子网络等大众传播媒介，向社会公众进行社会组织形象的宣传。它具有如下的特征：一是公开性，大众传播的受众不为人际交往范围所限制；二是间接性，在信息的发送者与受众之间存在时间空间距离，由报纸、杂志、广播、电视、网络等进行的间接传播；三是分散性，大众传播的受众多、范围广，面向的是分散的社会群体；四是传播速度快；五是单向性，在信息发送者与受众之间不发生角色互换。在现代社会，对于社会组织形象的推广，大众传播是最快捷、最有利的手段。

大众传播对社会组织形象推广主要通过广告和形象推广活动两种方式进行。

（1）广告

广告是完全由社会组织控制的对形象宣传最直接、最有效的方法。大规模的广告战，大大缩短了社会组织形象推广的周期。现代高度发达的传播媒体为品牌传播提供了超越时空的能量，显示了人际传播所无法与之比拟的巨大威力。社会组织要利用广告创造组织形象，必须深入研究各种媒体的特点，进行周密精心的策划。

由于使公众了解产品、了解社会组织最好的办法就是广告的传播，因此，企业不惜以重金去争夺广告段位，为的就是要利用广告传播来推广、宣传企业产品、企业形象，让社会组织形象能深入人心，融入人们血液中，让其社会组织形象之花在广告的传播中越开越艳、越开越久。

（2）形象推广活动

社会组织形象推广活动是由社会组织向各种传媒提供真实的信息以便宣传社会组织的一种方式。它通过庆典活动（开业剪彩、周年纪念、庆功表彰、重要仪式、赞助活动、举办文化体育竞赛评选活动、企业开放日、名人示范举措、新闻发布会、制造新闻等）、社区活动、促销活动（展览会、订货会、贸易洽谈会、技术交流会、研讨会等），有效地提高社会组织的认知度、美誉度。

形象推广活动是个低投入、高产出的传播方式。它被有识之士认为是免费或省钱的广告宣传，它是一种巧妙地传播企业和产品品牌的方式。

四、社会组织形象的更新

社会组织形象在对内的宣传得到了员工的理解和支持，对外的推广得到了公众的认同和拥护之后，其社会组织形象就可说得到了很好的建立和推行。但要使社会组织在公众心目中一直保持良好的形象，就需要随着内外部环境的变化和发展不断地加以更新。从世界著名企业发展的历史可以看到，曾有多少红极一时的名牌纷纷衰落了，才领风骚没几年就被人们淡忘了，即使目前排位在全世界50位的名牌企业，也无不几经风雨，最后才成功地巩固了社会组织形象。而社会组织形象的巩固是通过内在社会组织理念、领导者观念、员工素质、质量水准等方面的不断调整和升级来完成的。

（一）社会组织理念的更新

社会组织形象是以社会组织理念为内涵而建立的。社会组织理念要随着社会组织的发展、进步而不断地加以调整、修正，以创造出更能体现社会组织精神、社会组织价值观、社会组织目标的观念，更能征服公众的社会组织形象。虽然对社会组织理念的丰富、补充过程是十分艰辛的，但社会组织理念的更新带给形象的升级，其威力是不可估量的。因此，社会组织理念的丰富是社会组织理念更新的基础。康佳集团也是因其不断地更新社会组织理念，才使企业不断地有新的活力产生，使企业不停地向前发展。20世纪80年代初，康佳提出了“爱厂爱国、遵守纪律、团结协作、好学上进”的企业理念，强调团队精神和奉献精神。这激励了康佳人在早期的市场竞争中求生存、求发展。随着改革开放的深入，1986年康佳对其理念进行了更新提出了“质量第一、信誉为本；团结开拓、求实创新；员工至亲、客户至尊”的理念文化，充分体现了强烈的市场观和人的主体性，使员工在各种企业活动中受到了尊重，找到了友爱，增强了员工的归属感，调动了员工的积极性和创造性，为企业发展找到了内在驱动力，使康佳集团进入了第一次腾飞期。到了1995年，为了在激烈的市场战中获胜，康佳再次更新了其理念，那就是“康乐人，佳品纷呈”，即为企业内外公众健康快乐的生活不断奉献优秀的产品与服务。它体现了员工为社会服务理念。这种将个人价值的实现与企业的发展、社会的进步相统一的理念，反映了企业由生产型向经营型转变的新特质。康佳经过不断更新而形成的适应社会需要的新理念，培养了现代康佳人“爱国家、爱康佳”的康佳精神；树立了“我为你、你为他、人人为康佳、康佳为国家”的康佳风格；营造了“情感留人、待遇留人、事业留人”的康佳环境，为康佳集团成为中国彩电行业的龙头起到了巨大的推动作用，为康佳集团的国际化奠定了良好的发展基础。

（二）领导者观念的更新

约翰·奈斯比特在他所著的《亚洲大趋势》中指出："当代亚洲的强大与崛起，将造就一代企业巨人。他们将重塑现代人的灵魂，在唤醒个性意识，树立坚定信念和倡导献身精神方面，他们将以先驱者的姿态出现。"这些"巨人"就是现代企业朝气蓬勃、不断奋进，具有新思想、新观念的领导者。他们就是社会组织形象更新的核心主宰，他们决定着社会组织形象更新的方向和前途。因此，他们是否具有新的观念，是否从旧文化中摆脱出来都直接影响着社会组织形象的更新。当今中国最优秀的民营企业之一的华为的创始人任正非就是一位有着创新意识的"执念"与"偏执"的人，他只要是认定的真理，就会坚定不移地执行下去。任正非说："干部要少干点活，多喝点咖啡，视野很重要，危机感很重要，我每天都在思考失败，没有预见，就没有未来，那么冬天来临时，就会冻死!"正是因为任正非的危机意识和坚持创新的这种"偏执"，跟美国人学管理，跟日本人学制度，跟德国人学质量与创新，才让华为走进了世界500强前50名的行列。

（三）员工素质的提高

被世界企业界誉为"经营大王""企业家之圣"的松下幸之助在总结其经营文化精神时说；"事业的成败取决于人"，"没有人就没有企业"。可见，企业的人才——高素质的员工是企业发展、企业组织形象更新的主要推动力。

员工素质的提高首先要对其思想观念进行引导、更新。"一切美好从今日开始"是广东今日集团的主体理念。这个理念引导了今日人致力于阳光下的事业——为孩子们生产、开发各种不同的饮品，以他们的健康为己任，以他们的快乐为回报，以此发展自己独特的企业形象，使社会组织形象不断更新。

提高员工的素质另一个重要方面就是专业素质的提高。过硬的质量是名牌延伸的前提，只有良好的专业素养，才能保证产品的质量和社会组织的良好形象。许多国际知名的大企业就十分重视人才的培养，将其看成企业发展、文化延伸的保障。松下总公司就设有教育培训中心，下属8个研修所和一个高等职业学校，分别培养不同层次、符合不同要求的人才。中央社员研修所，主要培训主任、课长、部长等领导干部；制造技术研修所，主要培训技术人员和技术工人；营业研修所主要培训销售人员和营业人员；海外研修所主要培训松下在国外的工作人员和国内外贸人员；东京、奈良、宇都宫和大阪的四个地区研修所，主要负责培训地区工作人员。高等职业训练学校负责培训刚招收进来的高中毕业生。为了不断提高员工的专业素质，松下公司还有内留学制（即技术人员可以自己申请，再经公司批准，到公司内办的学术或培训中心去学习专业知识）、海外留学制（即定期派技术人员、管理人员到世界各地去学习）等一系列培养人才的计划。这既为公司的发展储存了后备力量，也为社会组织形象更新提供了必要的条件。

（四）质量水准上的提高

社会组织形象的巩固、更新是以品牌质量、服务水准不断推陈出新、不断进步为基本前提和必要保障的。如果产品质量上不去，技术不更新，社会组织形象的巩固、更新也就是一句空话。所以，社会组织形象的更新必须包括产品质量水准上的提高与创新。据统计，一个企业的平均寿命只有7年，那些被市场无情淘汰的企业可能存在各种各样的内部管理以及外部市场环境恶化的问题，但毋庸置疑，许多企业是栽在了不注重产品质量的提升这个环节。产品质量的创新，不仅可为社会组织带来滚滚的财源，而且可以巩固社会组织形象，加速形象更新，为社会组织形象的丰富、提升起到良好的推动作用。

第三节 CIS战略

一、CIS的含义和构成

（一）CIS的含义

CIS是英文“Corporate Identity System”的缩写，意为企业形象识别系统，是指企业为了塑造或者提升自身形象，将企业的经营理念、精神宗旨等文化系统和哲学思想，通过全员的行为表现和整体的识别系统传达给社会公众，促使社会公众对企业产生一致的认同感的一整套识别系统。CIS是20世纪初由欧洲、美国及日本等国家或地区的企业开发出来的一套经营管理方法，是企业的形象战略。

（二）CIS的构成要素及相互关系

CIS由三大要素构成：理念识别系统（MIS，Mind Identity System）、行

为识别系统（BIS，Behavior Identity System）、视觉识别系统（VIS，Visual Identity System）。

1. 理念识别系统——MIS

所谓的社会组织理念，是一种社会组织整体的价值观和经营思想，主要由社会组织使命、社会组织精神、社会组织目标、社会组织道德等要素构成，是体现社会组织自身个性特征的，促使并保持社会组织正常运作以及长期发展，而构建的反映社会组织明确的经营意识的价值体系，是社会组织的灵魂。其具体的表现形式为：口号、标语、守则、歌曲、座右铭以及社会组织高层人员的精神讲话。通过理念识别系统，能够表达社会组织存在的价值，决定社会组织具体的经营管理方式以及规范员工的行为。

2. 行为识别系统——BIS

BIS是指社会组织在经营管理过程中，对所有组织行为、员工操作行为实行系统化、规范化、标准化的统一管理，从而在行为方面形成的统一的组织形象。BIS是由社会组织内部和外部行为识别系统构成。社会组织内部行为识别系统主要有社会组织管理、员工教育培训、员工工作环境、员工福利待遇、良好的股东关系、员工行为规范等要素构成。社会组织外部行为识别系统主要由市场营销（包括市场调查、市场推广、促销活动、售后服务、物流处理、宣传广告、竞争策略等）、公共关系和社会公益活动等要素构成。

3. 视觉识别系统——VIS

VIS是企业识别系统的重要组成部分。心理学显示，人所感觉接受的外界信息中，83%来自视觉、11%来自听觉、3.5%来自嗅觉、1.5%来自触觉，另有1%来自味觉。可见，视觉是人类获取外界信息的主渠道。VIS是在理念识别和行为识别的基础上，通过一系列形象设计，将社会组织理念、行为规范传达给社会公众的系统策略，是社会组织全部视觉形象的总和。一个完整的视觉识别系统包括以下内容：一是基本要素，基本要素包括社会组织标志、社会组织名称、产品商标、标准字、标准色、社会组织造型或吉祥图案、社会组织辅助图案等，它要求达到使人过目不忘的效果。二是应用要素，应用要素包括办公事务用品、产品包装、广告传播、建筑环境、车辆标志、服装制式、展示规划、接待用品、环境标志、规范手册等。这些是将基本要素用到具体的表现物上，要求所有的标志要规范、统一，不能出现变形。

4. CIS三要素之间的关系

CIS是社会组织形象建设的系统工程，三要素之间构成了一个有机的整体，缺一不可。MIS是CIS战略的策略面，好比社会组织的心脏，是CIS

的核心和原动力，没有理念识别就没有方向。BIS 是 CIS 的战略执行面，好比社会组织的手脚，它通过社会组织内部管理制度、员工行为准则和社会组织的对外联系交往中的具体行为表现，反映出社会组织的精神理念个性。VIS 是 CIS 的展开面，好比社会组织的脸，是社会组织最外在、最直接、最具有传播力和感染力的部分，是塑造社会组织形象、提升知名度、传达社会组织精神理念最有效、最快捷的方式。MIS、BIS、VIS 构成了塑造社会组织形象的三大支柱。

二、CIS 的产生和发展过程

（一）萌芽阶段

CIS 的出现，是工业时代企业的大量涌现，以及相应的市场激烈竞争的结果。早在 20 世纪初，意大利企业家密罗·奥利威蒂在伊布里亚开设工厂生产打字机。为了提高自己产品的竞争力，他一方面重视企业标识的设计，并使其商标不断完善，另一方面他还开设了托儿所，以此举提升企业形象。1914 年，德国著名建筑学家比德贝汉斯受聘为德国 AEG 电器公司的设计顾问，并为其进行了统一的商标、包装、便条纸和信封设计，这为统一企业视觉起到了积极作用。这些商标标识统一设计虽还不能视为严格意义上 CIS 设计，但却可以看作 CIS 视觉识别的雏形。

（二）确立阶段

真正意义上的 CIS 起源于美国。20 世纪 50 年代，美国经济高速发展，为了强化企业的经营理念和精神文化，并在消费者中制造视觉冲击和形象识别差异，美国的加油站、餐厅以及旅社等连锁经营企业，在招牌、广告、建筑物外观设计上采用相同的设计风格，取得了良好的效果。1956 年，美国商用计算机公司（IBM）设计了一个象征“前卫、科技、智慧”的标志，围绕这一标志又设计了统一的标准字体、广告宣传计划等，以蓝色作为主色调，来象征高科技的精密性。加上“IBM 就意味着服务”等经营理念的树立，使该公司的企业形象迅速崛起，为公司获得了巨大的经济效益和良好的社会效益，从而一跃成为全球最著名的计算机公司，同时促使 CIS 理论在企业界得到了广泛的认可和应用。

（三）发展和成熟阶段

20 世纪 70 年代是世界 CIS 发展的全盛时期，也是 CIS 战略从幼年走向成熟的重要阶段。1970 年可口可乐公司导入了 CIS 战略，改造并统一了世界各地的可口可乐标志，使用了红色且富有韵律感与流动性的可口可乐字体，使可口可乐名声大振，利润倍增，从而在世界各地掀起了 CIS 的热潮。

日本紧随美国潮流，20 世纪 60 至 70 年代引入并发展了 CIS 理论，不仅注重视觉符号设计，而且重视理念和行为识别系统的设计。日本在 CIS 的实践方面，经历了五个主要的阶段：第一个阶段的任务重点设定在视觉设计的标准化方面，即 VIS 领域内，具体包括商标、标准字、标准色等内容；第二个阶段是对企业经营观念和经营方针的设计，众多企业纷纷建立市场战略及规划；第三个阶段强化了员工的变革意识并完善企业的管理体制；第四阶段重点确立形象战略，扩大同竞争对手在形象上的差异；第五阶段重点构建企业的使命和价值观，突出企业的社会责任和企业文化的表达，从而进一步增强了企业形象识别系统的完整性和系统性。

（四）广泛应用阶段

20 世纪 90 年代，世界各国不同性质的社会组织开始普遍使用 CIS 理论。

我国最早接受 CIS 理论的是美术院校。1984 年，浙江省美术院校从日本引进 CIS 资料作为教材，培养了大批 CIS 设计人才，为我国企业形象设计提供专业服务。1988 年广东太阳神集团率先导入并使用 CIS，之后我国的许多著名企业也都导入了 CIS 并获得巨大成功，如广东健力宝、四通、联想、方正、海尔、三九集团等。企业开始由 CIS 初期以视觉为主导的“表象性 CIS”走向深入，更注重整体形象的提升与重塑，经营理念（MI）和行为规范（BI）的全面导入。从 2001 年开始，CIS 开始向纵深发展，其典型特征是以品牌为导向和核心，将导入 CIS 的着力点集中在建立和培育国际知名品牌、实施品牌战略、提高市场竞争力这一主线上。在加入 WTO 后，CIS 发展方向也同国际化“品牌导向”接轨。

三、CIS 的实施原则、导入时机和导入程序

（一）CIS 的实施原则

1. 战略性原则。CIS 作为现代企业形象战略，就必然具有长期性、全局性和策略性的特征。实施 CIS 应立足当前，放眼长远。它绝非是一到两年、三到五年的近期规划，而是企业未来 10 年、20 年甚至更长时间的具体发展步骤和实施策略。

2. 民族性原则。“愈是民族的，愈是世界的。”CIS 战略是从企业发展方向、经营方向上设计与规划自我形象。CIS 的创意、策划、设计工作的基础应该立足于本民族的文化传统、消费心理、审美习惯、艺术品位等，才有可能为公众所认同从而获得成功。

3. 个性化原则。CIS 是企业为塑造完美的总体形象在企业群中实施差别化的策略，重要的一点就是要求企业形象具有鲜明的个性特征和独具一

格的特质，不能“千人一面”。

4. 整体性原则。从 CIS 的三个要素来看，它们不是相互脱节的，而必须表里一致，协调统一，BIS、VIS 为 MIS 服务，外美内秀，才能协调完整。

5. 参与性原则。社会组织成员对 CIS 战略实施的成败起决定作用，在制定 CIS 战略计划时要尽可能听取每位社会组织成员的意见，这样不仅可以集思广益、设计出更符合社会组织特点的形象识别系统，而且可以使社会组织成员真正接受相关的社会组织理念和行为准则，从而调动社会组织成员的参与热情和工作积极性，使 CIS 战略得以顺利推进。

（二）CIS 的导入时机

CIS 的导入是一项系统工程。社会组织在发展的不同时期都存在着导入 CIS 的可能时机。但是 CIS 是一项差异化战略，先期导入者往往会占据明显的优势。所以，CIS 战略的导入越早越好，而且一开始就达到一定的水准是最好的。一些失败企业的教训是企业到了山穷水尽的时候才想到 CIS，重新改名字、改标志，重新定位，反而企业以前积累下来的无形资产也丢失了。因此，CIS 的导入首先要选对时机。

1. 在社会组织创建时期导入。社会组织在新建立时就实施 CIS，通过设计理想的经营理念、鲜明的社会组织标志和名称等内容，将社会组织形象以系列化、独特化的形式整体传达给社会公众，给社会公众留下深刻的印象和独特的感受。通常，这也是导入 CIS 最佳、最经济的时期。

2. 社会组织在合并时也可以导入 CIS，是为了让社会公众对企业有新的认识和识别，从而继续赢得合作。

3. 社会组织在实行多元化经营时导入 CIS，让公众能够从不同的经营领域找到相同的成分，从而产生认同感。

4. 社会组织在新产品上市时导入 CIS。统一的形象可以让公众看到社会组织经营的不断创新和发展，感受到社会组织的勃勃生机，从而让公众接受新产品、服务、观念等。此时导入，通过一系列的公共关系活动，还可以起到广告促销的作用。

5. 社会组织走向国际市场时导入 CIS，重新整合社会组织形象，显示出国际化的气息，如名称的中、外文对照，产品标志的更新。

6. 社会组织发生危机时导入 CIS。危机事件对于许多社会组织来说都是防不胜防的。当发生危机事件时，社会组织不仅要积极解决，还可以借助公众的广泛关注想办法化“危”为“机”，开展公共关系活动，起到强化或重塑形象的目的。

7. 其他时机。比如社会组织在产品定位模糊、品牌差异化不明显时，信息系统改革、重整经营观念、创新视觉形象、更换经营策略时等，都可以作为导入 CIS 的时机。

（三）CIS 的导入程序

CIS 战略是一项复杂、系统的工程，社会组织应在对自身特点、经营环境、员工意识、经营目标等内容做了全面、系统的理解和准备之后，制定科学合理的导入程序。下面详细罗列了 CIS 导入的一般内容和程序。

1. 确定 CIS 导入的目标。针对社会组织导入 CIS 的动机确立明确的目标，如明确 CIS 规划的目的，导入的重点等。

2. CIS 导入的组织落实。其组织落实包括：社会组织内部成立专门负责实施 CIS 的部门和领导机构；与帮助实施 CIS 的公司签订合同；确定在实施过程中各有关部门的权利和义务。

3. 制定具体的目标和计划。与 CIS 实施有关的所有部门和人员共同研究确定实施目的、目标、实施方针及有关事宜；制定导入计划，包括时间进度计划及各个阶段的详细内容。

4. 调查阶段。确定社会组织形象调查的内容、方法、对象。主要是调查组织现状，了解组织的经营状况、组织的优势和竞争的态势，组织还有哪些可以开发的资源。调查内容具体包括行业的信息、竞争对手的信息、组织内部的信息、市场信息等。

5. 设计社会组织理念的简要表达方式。综合分析调查结果，再次确认本社会组织的经营战略、经营方针，并在此基础上设计社会组织经营理念的简单表达方式。

6. 对社会组织理念的简要表达方式初稿进行讨论。社会组织应邀请有关部门和员工对“理念”的简要表达形式进行充分的讨论，并对讨论结果进行分析和总结。

7. 根据讨论结果进行修改，由社会组织最高领导确定最终的社会组织理念表现形式。

8. 设计视觉识别方案和行为识别方案并讨论。由专业设计单位和设计师，以社会组织理念为核心，系统检讨行为识别（BIS）和视觉识别（VIS）设计的有关问题，提出视觉识别（VIS）要素和行为识别要素两部分的一个或几个方案，并在社会组织内部进行展示和讨论。可以对设计进行事前实验，邀请社会组织内外部有关人员在看完展示后填写问卷并进行统计分析。

9. 根据问卷和讨论结果，对方案进行确定、修改或重新设计。

10. 将设计完成的社会组织名称和标志送到工商行政管理部门进行法律确认并登记注册。

11. 结合本社会组织特点，确定包括理念识别系统（MIS）、视觉识别系统（VIS）和行为识别系统（BIS）的全部内容。

12. 进行《CIS 手册》的设计和印刷。

13. 确定 CIS 传达计划并对内对外进行宣传。

14. 全面实施 CIS。

以上内容和工作程序对于具体的社会组织应认真审核，并结合本社会组织实际情况加以修改、增减和完善。

案例 9.1　美国艾克逊公司的社会形象活动

美国的艾克逊石油公司认为，企业的社会责任主要包括三个方面的内容：(1) 企业固有的经营责任；(2) 环境保护以及消费者权益保护；(3) 为社会服务的责任。这三个方面反映了企业的经营理念，同时也为企业的存在意义作出了诠释。公司认为，后两个方面的内容主要借助于社会组织形象的推广活动来加强，于是指定公司的副总经理来规划推广活动。活动内容主要有以下几项。

1. 与美国剧场和公共广播电台合作，把公众喜爱的地方戏剧改编成电视剧，以条例的形式介绍给公众。援助金额达 100 万美元。

2. 补助新世界交响乐团。该乐团是当时唯一不对黑人少数民族实行差别化待遇的乐团，所以提供 2.5 万美元给这个乐团作为公演补助费。

3. 资助霍丹夜祭文化活动。纽约市霍丹大学生，每年都要举办以保护波多黎克在内的西班牙文化为目的的音乐和舞蹈夜祭。

4. 资助哈雷姆预备学校，每年 60 万美元。该校为私立预备学校，为纽约市区落后的少数民族后裔提供进入大学学习的机会。

5. ECSJ 计划，就是公司请大学生参加木地的社会性劳动，由公司付给学生工资。此计划的目的是为学生提供了解社会的机会，同时也增加学生的收入来源。

6. 为世界野生动物协会提供 5 万美元的基金，帮助维持生态平衡，避免老虎绝种。

艾克逊公司的义务活动丰富多彩、计划周详、社会组织有序。公司还为社会义务劳动中表现突出者颁发“社会贡献领导者奖”，从企业文化的角度看，这正是为公司塑造良好的社会形象寻找“英雄”“典范”的角色。公司还为参加义务劳动者举行招待午餐的集会，总经理亲自出席勉励员工。如今，义务劳动已成为艾克逊公司必不可少的活动，其过程有着浓厚的企业文化仪式的意味。

（资料来源　谢红霞等著：《中国新公关——组织形象塑造》，经济管理出版社，2016）

案例9.2 员工素质形象

日本著名实业家松下幸之助本来不修边幅。一次，他去理发室，理发师当场批评他不注重修饰自己的容貌："你是公司的代表，却如此不注意衣冠整洁，让别人怎么想？连老板都这样邋遢，你想他的公司还会好吗?"自此，松下幸之助便痛改前非，开始注意自己的衣着打扮和在公众面前的仪表仪态。想到今天的松下产品驰名天下，这与它们的创始人松下幸之助的表率作用和严格要求员工懂礼貌、讲仪表是分不开的。

相反，如果公共关系工作人员蓬头垢面、缺乏素养，公众便可能会联想到组织整体素质的低下，不会有坚强的经济和技术实力。例如，20世纪90年代初，我国北方某省一位县长亲自出面接待一位想到当地考察投资建立制药厂的外商。途中两人谈话投机，外商深深为县长的宏论所倾倒。通过初步考察了解，这位外商决定在该县投资。但是，当外商在参观即将被改造的该县原制药厂时，那位县长忽然一口浓痰涌上喉咙，再也憋不住了，"啪咯"一声吐在了厂门口。这一行径，立即引起外商的厌恶，他马上反悔，提出收回投资承诺。事后，外商给县长写了一封语重心长的信："您作为一县之长都这样没有修养，很难想象您的'臣民'会是什么样子，建药厂是为了治病救人，而不讲卫生，则可能造成谋财害命的结果……"

（资料来源　《员工礼仪对塑造企业形象的重要性》，新浪网）

案例9.3 新加坡东方大酒店

新加坡东方大酒店就利用"顾客至上、以人为本"的组织形象，为顾客在力所能及的范围内提供"超级服务"。一次，4位来东方大酒店咖啡厅的客人，因人多嘈杂，随口说了声"吵死了，听不清"。这话让一位服务员听到了，她马上为他们联系了免费客房供他们讨论问题。对此，4位客人十分惊讶、感动。两天后，4位客人给酒店送来了感谢信："感谢贵大酒店前天提供的服务，我们受宠若惊，并体会到什么是世界上最好的服务。我们4人是贵酒店的常客，从此，我们除了永远成为您的忠实的顾客外，我们所属的公司以及海外来宾，亦将永远为您广为宣传。"

（资料来源　百度文库）

案例9.4 智利救援奇迹是最好的国家形象宣传片

对于中国人来说，智利是一个既遥远又陌生的国家，许多中国人对它的了解仅限于足球和独裁者匹诺切克。智利人曾长期处于黑暗专政统治之下，自从1989年的总统选举以来，他们很少获得外界关注。然而2010年8月的矿难，却让不少人开始关注智利。自2010年8月5日矿难发生以来，33名矿工创造被困地底时间最长且成功生还的世界纪录。当时，大约有1700多名电视台或者媒体记者聚集在圣何塞铜矿的“希望营地”。受困地底两个多月的智利矿工，终于重见天日。当地时间12日午夜，救援人员开始解救他们。这些曾经绝望的矿工也展现了温暖的人性光辉，争相把首先获救的机会让给同伴，他们共患难培养出的情谊，让人感动。智利举国参与救援，让33名矿工奇迹般地活下来。智利人展现出团结以及充满希望的精神，足以让世人感到振奋。

严重的矿难事故，无论对哪个国家来说，都是负面事件，但智利当局想尽办法，通过人性化的救援，将其变成了国家形象的宣传片，展现出应对危机的能力。此次矿难救援，让世界知道了智利这个国家，知道了智利人是如何团结在一起互相帮助的。智利政府的救灾表现，不仅提升了国民的凝聚力，宣传了智利，也将成为长期存在激烈领土纷争的智利和维多利亚关系解冻的契机。

案例9.5　国家形象宣传片

最早的国家形象宣传片，据说诞生于默片时代的阿姆斯特丹奥运会。而为更多人所熟知的，则是苏联“新经济政策”和之后五年计划期间一系列成功的黑白纪录短片《苏联新貌》。这些短片在西方播映后，成功扭转了苏联以往给人的落后农业国印象，让世人很快接受了苏维埃工业化的现实。这种黑白纪录短片的“国家形象宣传”，在二战前为各主要国家所普遍仿效，并取得了不错的效果。

1966年的日本把国家形象宣传广告搬上电视，当时日本主办东京奥运会，也许是借鉴了《苏联新貌》的思路，日本通过一个仅为30秒的电视广告语：“现代化的新东京迎接现代化奥运。”成功地让世人接受了一个从废墟中崛起、重新步入工业化行列的新东京。此后，日本成为国家形象宣传片的热衷者，在全球各电视台播出的宣传片“欢迎来日本”，展示了日本风情旅游，即以古建筑、文化祭、传统民俗、艺妓表演等“国粹”为主打，但其中辅以秋叶原、新干线、银座等现代化场景的闪回，极力塑造“古老而年轻”的日本新形象。

案例9.6　城市形象宣传语

1. 北京：回味奥运，圆梦首都
2. 北海：南海珍珠之乡，滨海度假胜地
3. 长沙：多情山水，璀璨星城
4. 长沙：多情山水，天下洲城
5. 成都：成功之都，多彩之都，美食之都
6. 大连：浪漫之都，中国大连
7. 东营：齐鲁神韵，豪情山水

8. 福州：福山福水福州游

9. 广州：一日读懂两千年

10. 桂林：桂林山水甲天下

案例 9.7　领导人形象

2012 年 12 月，时任国家主席的胡锦涛到江苏考察，他为讲解的村支书打伞。2012 年 12 月时任国务院副总理的李克强走访湖北，和村民合影站在后排。人民日报刊登了李克强在玉米地里考察，他的衣服和头发上落满了玉米琐碎叶子。2013 年 4 月，李克强总理在四川省雅安市庐山县指挥抗震救灾，央视新闻播出了李克强总理的早餐：一份米粥和一份咸菜。2013 年 11 月 3 日，习近平总书记在苗寨看望特困户，他看住处、揭米仓、进猪圈。简单的几张照片，展现高层的亲民情怀和朴实作风，令人感慨。

思考题：

1. 社会组织的形象由哪些要素构成？
2. 社会组织形象塑造的意义是什么？
3. 社会组织形象的表现形式有哪些？
4. 社会组织形象设计的步骤是怎样的？
5. 社会组织形象如何对外推广？
6. CIS 的构成要素及相互关系是怎样的？
7. 实施 CIS 战略的原则是什么？

第十章 公共关系工作程序

本章概要：

公共关系工作程序是公共关系工作的基本步骤，主要包括公共关系调查、公共关系策划、公共关系实施、公共关系评估四个方面。在这四步循环程序中，公共关系调查是起点，是基础；公共关系策划是关键，是公共关系实施的指南和效果评估的标准；公共关系实施是核心，是执行公共关系策划、取得公共关系成效的具体行动，离开了公共关系实施，再好的策划也只是纸上谈兵；公共关系评估是重要的反馈环节，也是下一轮公共关系活动的起点。

通过本章的学习主要掌握公共关系四个基本环节的主要内容。

第一节 公共关系调查

公共关系调查是“公关四步工作法”的第一步，是组织卓有成效的公共关系活动的前提和基础。正确地进行公共关系调查并取得最佳效果，则需要较高的公共关系调查技巧，并按照科学的原则、程序和方法去进行。

一、公共关系调查概述

（一）公共关系调查的含义与意义

公共关系调查是指公共关系目标确定之前进行的情报搜集与研究

工作。其主要目的是获取信息，即运用一定的理论、方法和技巧，以组织内外部公众为对象，通过收集资料和分析资料，了解组织的公共关系状态，揭示其发展趋势并提出改进措施或意见的一种调查研究活动。很明显，公共关系调查有两个主要的功能：一是收集资料，反馈信息，客观真实地反映组织的公共关系状态；二是分析资料，透过现象看本质，从而揭示组织公共关系状态的发展趋势，并据此提出加强和改进组织公共关系的策略、方法和措施。公共关系调查研究是公共关系的基础性工作，发挥着情报功能。对于企业来讲，公共关系调查研究的意义有以下几点。

1. 公共关系调查研究是开展公共关系活动的前提和基础

调查研究是开展一项公共关系活动的首要环节，它为公共关系活动的其他环节提供前提条件。只有搞好了调查研究，探明事实真相，掌握与组织的活动和政策相关联并受其影响的公众认知、观点、态度和行为，确定组织所面临的问题，其他诸环节才有可能卓有成效地进行下去。否则，情况不明，乱抓瞎，其他环节根本无法进行。

2. 公共关系调查研究具有沟通信息的作用

公共关系调查研究是反映公众意见、希望和要求的过程，也是调查人员向公众介绍组织情况，使公众进一步了解组织的过程。因此，它本身就是一项沟通公众关系、塑造组织形象的重要工作。公共关系工作中信息交流的重要特点，是注重双向信息交流，即在信息传播的同时，又有信息的搜集和反馈。为了准确、及时、有效地搜集和传递组织内部和外部的信息，公共关系工作人员必须掌握和运用公共关系调查方法，预测未来，并采取恰当的对策来防患于未然，而且要使组织保持良好的信誉和形象。

（二）公共关系调查的基本原则

社会调查面对各种各类的对象，为了保证调查的可行性和结论的科学性，还必须做到以下几点。

1. 全面性原则。尽可能做到调查对象的全面，对其中具有典型的样本还须重点调查。

2. 代表性原则。由于调查数量巨大，分布广泛，因此只能抽取样本，而样本必须具有代表性。

3. 客观性原则。避免调查人员的主观性，在设计调查问题时，要尽量客观、具体。

4. 定量化原则。在对事物进行定性基础上，要用定量方法显示结果，以便认识更具体、精确。

5. 尊重公众的原则。要尊重被调查者的人格、宗教信仰、民族习惯、生活方式和志趣爱好等。尊重公众是取得被调查者配合与支持的先决条件，也是建立组织信誉的需要。

当然，作为公共关系的调查方法，除具备调查的一般要求外，还必须根据社会组织自身特定状况，如注意讲求效益等有关事项。

（三）公共关系调查的分类

调查方法开始于19世纪30至40年代，作为获取人文、社会问题信息的专门工具和方法。如实地考察、访问、实验心理学系列方法等。常见的公共关系调查主要有如下两种分类法。根据调查对象包括的范围不同，公共关系调查可划分为全面调查（普查）和非全面调查（重点调查、典型调查、抽样调查）；根据取得调查资料的具体方式分为取得第一手资料的观察法、访谈法、信函调查和取得第二手资料的文献研究。当然，公共关系调查还可以作其他划分，以上两种分法是常见的、最基本的。

1. 普查

普查又叫全面调查，它是对调查对象的全体所做的无一遗漏的逐个调查。当某一组织需要全面而准确地了解某一现象的基本情况，进行重大决策的时候，就可以进行普查。普查的特点决定它一般在较小规模的公共关系调查中运用，较大规模的公共关系调查一般不采用普查方法。

2. 重点调查

重点调查就是从调查总体中选出少数重点单位进行的调查。重点调查的主要优点是：调查单位少，能够用较少的人力、物力、财力进行深入调查，从而能够较快地掌握调查对象的基本情况。因此，重点调查是人们常用的一种调查方法。

3. 典型调查

典型调查，就是在调查总体中有意识地选择一些具有代表性的单位进行的专门调查。它的目的是通过对少数有代表性单位的调查，借以揭示调查总体的特征和发展变化规律。典型调查是一种比较科学，又比较省时、省力、省钱的非全面调查方法，它在公共关系调查中得到广泛运用。

4. 抽样调查

抽样调查是遵循一定的原则从调查总体中抽取一部分样本，以此推断总体特征的一种调查方法。

抽样调查与其他调查相比，具有明显的优点，主要有以下几点：

（1）准确性较高。随机抽样调查尤其如此。因为随机抽样调查是按随机原则抽取样本的，其样本具有充分代表性，能够用样本数据来推断总体特征，只要样本足够大，其推断的情况就比较接近实际。

(2) 节省时间和费用。在总体较大时，抽样调查往往只要从总体中抽取几十分之一甚至几万分之一的样本，就可以得到具有一定精确度的结果。由于它调查的样本较少，因而不仅能节省大量的人力、物力、财力，而且可以较快地取得调查结果。

(3) 灵活性较大。抽样调查的具体方法较多，各种调查方法还可以根据不同调查目的和要求选取不同的样本。因而，具有较大的灵活性，适用范围广，各种情况的调查都能适用。

正是由于抽样调查具有以上优点，所以，抽样调查，尤其是随机抽样调查，已成为公共关系调查中运用广泛的主要调查方法，进行公共关系民意测验，更离不开抽样调查。

5. 观察法

观察法是调查人员深入现场对调查对象的情况直接观察记录，取得第一手资料的调查方法。这种方法的特点是调查人员不直接与被调查者进行问答活动，而是凭借自己的感官和有关辅助工具来收集资料。采用这种方法时，调查者既可以直接参加他所观察的活动，以一个参与者的身份来观察，也可以作为一个旁观者置身于他所观察的情境之外进行观察。但不论何种方式，研究人员在观察前一定要有严格的设计，观察后要进行认真的检查。

6. 访谈法

访谈法，也称访问法，是调查人员同被调查者直接接触，通过有目的的谈话来收集资料的一种调查方法。谈话方式一般多样，既可采取个别访问的形式进行交谈，也可以采用座谈会的形式进行交谈，还可以采用电话采访的形式进行交谈。交谈时，既可以用登记式谈话形式，即按照调查者事先拟好的调查表的具体项目让被调查者一一作答，也可以采用自由谈话形式，即让被调查者随意自由谈话。一般来说，登记式谈话内容明确，调查者易于掌握；自由交谈，使被调查者有充分发表意见的机会，还可以了解到未列于调查提纲的某些重要情况；个别访谈灵活方便，彼此容易沟通，情况了解深入，可多方面收集资料；集体访谈（即座谈会）能集思广益。运用访谈法调查时，究竟采用何种形式，要根据主客观情况而定。

7. 信函调查

信函调查，是将预先设计好的调查表邮寄给被调查者，由被调查者根据要求逐项填写调查表后寄还的一种调查方法。运用这种方法调查的区域广，成本较低。它目前广泛用于民意测验之中，是公共关系调查的主要方法之一。

8. 文献研究

文献研究，是一种收集、分析、整理现成文献资料的调查研究方法。运用这种方法主要抓文献资料的收集，文献资料可行性的论证。优点在于利用现成的资料，节省人力、物力、财力。

普查、重点调查、典型调查和抽样调查只是调查方式，主要用来确定调查对象的范围。收集资料的具体形式是观察法、访谈法、信函调查和文献研究。调查方式与具体形式是相互交叉的。各种调查方式均可在某种具体形式的调查中运用，一种具体调查形式可以运用多种调查方式。同时，就各种调查方式与调查形式来看，各自都有自己的特点，也有自己的长处和不足。因此，在调查时，往往需要综合运用，相互补充。总的原则是要取得比较准确而真实的反映客观实际的资料，尽量简便易行，节省人力、物力和财力。

二、公共关系调查的一般程序

公共关系调查的程序，是指具有一定规模的某项公共关系调查，从调查准备到调查结束全过程的先后次序和具体步骤。在公共关系调查中建立一套系统的科学程序，有助于提高调查工作的效率和调查质量。在实践中，虽然各项公共关系调查的具体步骤和先后次序会因目的、要求、范围等不同而呈现出差异性。一项规模较大的公共关系调查可按以下几步进行。

（一）确定调查课题

确定调查课题是整个调查的第一步。这一步的主要任务是明确调查目的，解决“调查什么”的问题。为了有针对性、有目的地进行公共关系调查，避免盲目行动导致的工作失误，必须切实做好调查的第一步工作。

1. 调查课题的分类

按照课题的性质来划分，公共关系调查课题可分为状态性选题、开发性选题和研究性选题三种。状态性选题是以了解社会组织所面临的公共关系状态（如知名度、美誉度等）为宗旨的选题，需要回答的是“怎么样”之类的描述性的问题；开发性选题是指以寻找开发方向为主题的选题，需要回答的是“怎么办”之类的措施性问题，调查成果往往是形成一套相关的措施；研究性选题是以研究、分析公共关系现象之间的本质联系为主旨的选题，目的是通过资料的收集与分析，建立关于某种公共关系现象的理论模型，其最终成果主要是理论学说。由于这三种选题性质上的差异，公共关系调查计划在人员安排等方面均有所不同。具体参见下表所列：

不同选题的调查计划侧重点差异比较

选题 计划侧重点 项目	状态性选题	开发性选题	研究性选题
人员要求	普通调查者	科研工作决策者	具有相关专业知识的调查者、学者
调查方法	问卷调查法、抽样调查法、民意测验法	观察法	抽样调查法、文献法
资料处理	统计法、描述法	灵感顿悟法、设想法	推理法、寻找本质联系
时间安排	公众休闲之时	公众工作、生活之中	公众处于特定时空之中
调查范围	由随机抽样决定	选择典型场所	由非随机抽样决定
调查工具	问卷	观察表格	调查问卷、调查提纲
经　费	一般较多	较少	居中
周密程度	相当周密	灵活性、随机性较大	具有一定的随机性

2. 确定调查课题的程序

确定调查课题一般分两个阶段进行。

第一阶段，明确调查目的，提出调查课题设想。重大的公共关系调查一般都是在组织内外部出现了新情况或新问题的条件下进行的。在这一阶段，要尽量掌握组织内外部出现的新情况和新问题，了解组织领导人进行公共关系调查的真实意图，弄清“为什么要调查”的问题，然后，在此基础上提出比较抽象的，可能是多个的或不成熟的调查课题。

第二阶段，分析论证，筛选调查课题。对多个或不成熟的课题，经过必要的分析论证，必要时还可以组织非正式的试探性调查，以明确问题的症结所在，从而筛选出针对性强的、恰当的课题。一般来说，所确定的调查课题越具体越明确越好。

（二）制定调查计划

为了使整个调查工作有计划有步骤地进行，保证整个活动的科学性，在确定了调查课题以后，调查者必须根据调查的课题制定调查计划。调查计划的内容一般包括两部分：第一部分是对调查本身的设计，包括调查的目的和内容、调查的具体对象和范围、取得资料的方法及调查表格等；第二部分是对调查工作的具体安排，包括调查的组织、领导和人员配备、经费估算、调查日程安排等。调查计划是调查安排的依据，调查安排是调查计划的具体化。

从程序上看，制定调查计划要注意以下两个问题：

1. 调查计划要做可行性论证。调查的规模、范围多大才合适，人力、物力、财力能否承受得了，时间上是否来得及，经费估算和工作进度、日程安排是否合理等，都应进行比较充分的可行性论证，以保证调查计划的科学性和可行性。

2. 调查计划既要全面又要简单明了。调查计划中，凡应包括的主要内容都应简明扼要写清，既不能丢三落四，也不能烦琐冗长。

（三）收集调查资料

收集资料是整个公共关系调查工作的重点，它的主要任务就是按计划的要求与安排，系统地收集各种资料（包括数据和被调查者意见）。

调查资料一般分为两类：一类是原始资料，也称第一手资料，这是调查人员通过各种调查方法进行实地调查所取得的资料；另一类是现成资料，也称第二手资料，这是由他人收集的现有的资料。一般来说，现成资料容易取得，花费较少；而原始资料取得难度较大，花费较多。因此，在收集资料时，要充分利用现成资料，能够取到真实可靠现成资料的，就尽量不再费力去搜集原始资料。当然。就一项较大规模的调查来说，仅有现成资料是不够的，它的主要资料还是来源于实地调查。可以说，原始资料的收集是收集的重点。至于原始资料与现成资料的收集次序，一般以先收集现成资料，再收集原始资料为宜。在现成资料的来源比较清楚的情况下，两种资料的收集可以同时进行。

由于民意测验的大量使用，问卷资料的搜集就是资料搜集的主要工作。最普通的方法是由受试者自行答卷和调查人员访谈两种。

受试者自行答卷，顾名思义，就是由被试者自己动笔答卷。根据我国的实际情况，它的具体做法也可以有所不同：可以采取征求受试者所在工作单位或地区的支持，组织受试者集中起来答卷；也可一一走访受试者，将问卷留于该处，过一段时间收回；也可通过邮寄、附上回单（贴足邮资），让受试者自行答毕寄回。

问卷回收数目与发放的总数之比称为回收率。对于回收率，调查人员应有足够的估计，100% 的可能性是很小的。美国社会学家肯尼迪·贝利认为，50% 的回收率是可以令人满意的，60% 是相当成功的，而 70% 以上则可以说是非常成功的了。这可以作为我们的一个参考标准。

访谈，就是由经过专门训练的调查人员走访受试者，由调查人员根据问卷向受试者口头提问，再记下答案。相对受试者自行答卷，问卷回收率高，但访谈要求调查人员必须严格遵守操作规定。比如，不得以任何形式暗示受试，以受试者为主，保持气氛融洽等。

（四）整理分析资料

整理分析资料是公关调查过程中极为重要的一环。在取得资料后，必须对资料进行系统科学的整理和分析，去粗取精、去伪存真、分析综合、严加筛选，并合乎理性地推理。只有这样，才可能客观地揭示事物的内在联系，得出正确的调查结果。

资料的整理分析，主要包括以下工作。

1. 检查核实

整理中，要检查资料是否齐全而无遗漏，是否有重复与矛盾，甚至有与事实不相符合的情况。一旦发现上述情况，要及时复查核实，并予以剔除、删改、订正和补充，即剔除错误的资料，删除重复的资料，修改订正差错的资料，补充遗漏的资料。调查中检查核实的部分工作是在收集资料时就要完成的。一边收集，一边检查核实，这样便于及时进行订正和补充。

2. 分类汇编

资料经过检查核实后，为了便于归档查找和统计方便，还应按照调查的要求进行分类汇编，即进行分类登录，然后按类摘抄、剪贴、装订、归档，以备查阅，还可将整理后的信息输入电脑。整理资料数据要做到准确、清楚、及时，这是衡量信息资料价值的重要标准。

3. 分析论证

对分类汇编的资料进行分析，做出结论，并依据资料所得出的结论进行论证。分析一般包括定性分析和定量分析。所谓定性分析，是以资料或经验为依据，主要运用演绎、归纳、比较、分类和矛盾分析的方法找出事物本质特征或属性的过程；所谓定量分析，是运用概率论和数理统计的测量、计算及分析技术，对社会现象的数量、特征、数学关系和事物发展过程中的数量变化等方面进行的描述。为了取得比较符合实际的结论，不仅要进行定性分析，而且要进行定量分析，要在定性的基础上尽量根据不同要求把资料量化，制成统计表或统计图，或计算百分比、平均值等，然后运用这些量化资料进行分析，力求对调查的事物有较深刻的认识，并把有关材料迅速提供给领导部门，作为策划的依据。

（五）撰写调查报告

撰写调查报告是公共关系调查的最后程序。撰写调查报告的目的，是为制订科学的公共关系计划方案提供依据，为领导者决策提供参考，寻求领导的支持和帮助。撰写出一份具有说服力的好调查报告，这是卓有成效地进行公共关系调查的一个不可忽视的方面。如果调查报告的撰写不得要领，即使前面的工作做得再好，整个调查也不会令人满意。

一般来说，一篇调查报告是对调查过程的回顾和调查成果的总结，它包括以下内容：

1. 调查题目、调查委托人、调查主持人、调查日期；
2. 调查的原因和目的；
3. 调查的总体对象；
4. 调查所采用的基本方法；
5. 调查的结果及有关数据和各种答案的比例；
6. 问卷回收率及抽样误差；
7. 分析结果；
8. 调查者提出的建议；
9. 附件，包括问卷样本、统计数据、背景资料等。

调查报告不同于纯理论文章，也不同于一般的工作总结。它注意用调查资料来说明问题，用资料来支撑结论。因此，在撰写调查报告时，要坚持实事求是，资料的取舍要合理，推理要合乎逻辑，还要在结构、主题、语言上下功夫。同时，调查报告写好后要及时送交最高管理部门备案，供决策者决策时参考。

三、公共关系调查的技巧

（一）抽样方法与抽样过程

公共关系调研中，常常要进行抽样，以便以较小的投入得到较大的产出。抽样方法就是从调查总体中抽取样本的方法。总体是指所要调查对象的全部，样本是指从总体中抽取出来调查的那一部分。抽样方法可分为两种类型，即随机抽样方法与非随机抽样方法。对于公共关系调研来讲，更多的是使用随机抽样方法。

1. 随机抽样方法

随机抽样，就是从调查对象的总体中按照随机原则抽取一部分作为样本，所谓随机原则也称同等可能性原则。科学意义上的抽样都是随机抽样方法。其具体方法主要有下述五种：

第一，简单随机抽样。这是一种最基本的随机抽样方法，也叫单纯随机抽样，即对总体单位不进行任何组合，仅按随机原则直接抽取样本。

第二，等距随机抽样，又叫机械随机抽样、系统抽样。它首先是将总体所有单位按一定顺序排列起来编上序号；其次，用总体单位数除以样本单位数得抽样间隔；再次，在第一个抽样间隔内随机抽取一个单位作为第一个样本单位；最后，按间隔作等距抽样。

第三，分层随机抽样，又叫类型随机抽样。它首先将总体各单位按一定标准（如属性、特征）分为若干层（或类型）；其次，根据各层单位数与总体单位数的比例，确定从各层中抽取样本单位的数量；最后，按照随机原则从各层中抽取样本。进行分层随机抽样，最关键的是分层（类）的标准要科学。

第四，整群随机抽样。前面介绍的抽样方式，都是以总体单位作为抽样单位。在实践中，当调查总体数目很大时，可以利用总体单位现成的群，以群为单位进行抽样。每抽一次就是一群，群内所有单位都是样本单位，最后利用所抽各群的调查结果推断总体。整群抽样法比较简便，它适用于群间差异小，每群都具有调查总体特征的情况。

第五，多级随机抽样，也叫多阶段随机抽样。它就是把抽取样本单位的全过程分为几个阶段进行，即先抽大单位，再在大单位中抽取中单位，中单位中再抽小单位。一般适用于大规模的社会经济情况调查。

2. 抽样过程

抽取样本的过程一般由以下五个步骤组成。

第一，确定调研总体范围。抽样之前，一定要确定总体范围，即公众对象范围大小、人数多少及相关的各项指标（如性别、职业、年龄、受教育程度等）的界定。

第二，编制总体名单。总体确定后，就要把总体内所包含的所有抽样单位开列出一份清单，并给每一个单位编上号码。

第三，确定样本规模。确定样本的大小是件复杂的工作，一般来讲，在一定范围内，样本越大，其代表性越强；同时，样本越大，也越费人力、物力、财力。因此，为了既保证有足够的精确度，又能达到节约的目的，应考虑以下三个因素：（1）一般来讲，样本规模越大，抽样误差越小；样本规模越小，抽样误差就越大，但这也不是绝对的。（2）精确度和可信度的要求越高，所需要抽取的样本规模就越大。一般允许可信度有5%的偏差，即采取95%的可信度。（3）调研总体中样本单位之间的程度差异小，或调研的项目少，内容较简单，样本数就相对要小；反之，样本数则大。

第四，抽取样本。即根据以上所讲的五种方法进行抽样。

第五，评估样本。抽取样本后，应再检查一下样本的代表性如何，以便发现问题尽早纠正，保证调研达到预定的效果。

（二）访谈技巧

访谈技巧是公关技巧中运用的主要技巧之一，主要包括集体访谈技巧和个别访谈技巧。

1. 集体访谈技巧

集体访谈的主要形式是召开座谈会。座谈会进行调查的效果在很大程度上取决于调查者的技巧，要搞好集体访谈调查，提高调查者召开座谈会的技巧是十分关键的。从技巧上看，一般召开座谈会时要注意以下两个方面。

第一，充分做好准备工作。准备工作包括以下两个方面：(1) 准备访谈提纲。访谈提纲包括访谈的目的，访谈中准备提出的问题，以及提问的先后顺序等。一般说，座谈会主题越明确越好，各种问题想得越深入越好，并尽可能估计多种可能的情况。对于那些临场经验不足的调查者来讲，甚至如何作开场白，如何提出问题等具体细节都应事先有所准备。(2) 选择访谈对象，要对参加座谈会的人员进行选择，尽量挑选那些对所调查问题比较熟悉的人作代表，同时，还要尽可能使与会者具有各方面的代表性。考虑到会议的需要，座谈会的规模不宜过大，一般以 5 ~ 8 人为宜。

第二，精心主持会议。在主持会议时应注意以下两点。(1) 要制造轻松和谐的会议气氛。良好的气氛是真诚相见、各抒己见的前提，主持者应牢牢把握这一点。(2) 要把握会议讨论的方向。座谈会围绕主题进行，这是调查者始终要重视的。

2. 个人访谈技巧

个人访谈的最大困难是如何排除沟通障碍，使被调查者乐意接受调查。一般而言，被调查者不愿意合作的因素有不愿意被调查活动占去时间、对调查有顾虑、不相信调查者能解决问题、看不惯调查人员的穿着打扮、行为举止等。排除这些障碍的关键是要提高公共关系工作人员的访谈技巧。为此，除了注意访谈前的准备要充分外，在访谈中还要注意如下几点。

第一，提高进见被调查人的技巧。个别访谈的过程一般包括进见、建立关系、正式访谈、告别四个基本环节。进见是访谈的开端，进见时，一般要注意以下几点：(1) 服饰打扮庄重大方。(2) 有条件的，尽可能有人引见。(3) 进见时，要注意礼节，给人良好的印象。对职位较高的人，要有礼节，且要不卑不亢；对于一般群众，要谦和、诚恳。(4) 遵循进见程序。通过引见人介绍，或通过出示有关证件和其他方式，告诉被调查者自己是谁，代表什么机构，然后说明自己为什么而来，及时说清调查的目的和意义。为激发被调查者的兴趣，有时也要说明对被调查者的回答是保密的，以消除对方的戒备心理。(5) 采用肯定的进见方式。首先要进见，使调查能进行，这是调查者的信念。为此，要采取肯定的进见方式，如调查员都可以说“打扰了，希望能和您谈谈这个问题，相信您一定能尽力帮助”，而不要说“我能和您谈谈吗”或“您有空吗”等有可能使被调查者马上拒绝的问话；对于那些想打发你走的人，可以通过述说自身的窘境来引起被调查者的同情，如说“我好不容易才找到您，您不支持我，那我麻烦了……”还可以通过取得被调查者的小孩和家属的好感而自然地使被调查者接受调查。

第二，提高与被调查者建立融洽关系的技巧。进见以后，能否顺利进入实质性的交谈，还有待于关系的融洽。一般来说，这一环节是短暂的，但也是困难的。为此，进见以后，调查者要尽量主动，给人以礼貌、友好、健谈的印象，可以从同龄人、老乡、从事过相同职业或有相同的爱好等入手，缩小感情上的距离。我们可以当天发生的趣闻为题漫谈，尽量找共同点，或从已发现的对方优点、特长、光荣历史等着手，通过言辞、表情等表达对被调查者的尊重友好之情，从对方心理满足上找出路等等。总之，要在短时间内，尽量变陌生人为熟人，与被调查者建立融洽的关系。

第三，提高交谈的技巧。在进入实质性交谈后，为了提高交谈的质量，调查者始终要注意以下几个问题。

① 要注意交谈气氛。整个交谈中，调查者都要使交谈气氛和谐、融洽，要尽量消除被调查者的顾虑。同时，对被调查者忌讳的问题，要采取迂回的交谈方式，从侧面去了解。例如，要了解被调查者对某问题的看法，估计对方有顾虑，就可以这样说，“您看，对这一问题人们会怎样看待呢”，而不说“您认为如何呢”。

② 不要发表带倾向性意见。调查主要是征求别人的意见，为了保证资料的真实，在交谈中，调查者应取中立的态度，不要发表带倾向性的意见。

③ 要把握交谈的主题。访谈的问题是调查之前就准备好了的。交谈中，要抓住要领，防止偏离主题。如发现被调查者特别健谈，谈话离题时，调查者不要流露出不耐烦的情绪，要在适当的机会，礼貌、巧妙地将谈话拉回到主题上。交谈中，注意所提问题的顺序及彼此衔接，以便逐步把问题引向深入。

④ 要随时注意新情况。交谈中，调查者往往会发现一些事先未料到的新情况、新问题，在按原定主题逐渐展开的条件下，也应了解这些有价值的新线索。

⑤ 要认真做笔记。交谈时，调查者要认真做笔记。在一般情况下，能

够不录音的尽量不录音。如果实在需要，征得被调查者同意后，才可录音。

第四，提高告别的技巧。告别作为访谈的最后环节也不能忽视。因为被调查者接受调查付出了劳动，理应得到调查者的肯定和感谢。因此，告别时调查者应对被调查者所给予的合作做出中肯的、恰如其分的肯定，并对其表示诚挚的感谢。这样做可以使被调查者获得心理上的满足，有利于组织形象的塑造，也为下次合作打下了基础。

以上介绍了一些访谈的主要技巧。当然，访谈的技巧远远不只是这些。访谈是与人沟通的过程，是一门人际交往的艺术，没有一成不变的规则；同时，这门艺术还要通过实践来掌握、提高，离开实践的东西终究是肤浅的。

（三）调查表的设计

调查表也称问卷，它是系统地记载需要调查的问题和调查项目的表式。它是用来反映调查的具体内容，为调查人员询问和被调查人回答提供依据，是实现调查目的和任务的一种重要工具。

1. 调查表的构成

调查表一般由标题、致被调查者的短信、填表说明、主题内容、编号和调查实施情况记录等六部分组成。

第一，标题。每份调查表都应明确简洁，以醒目的标题开宗明义地告诉被调查者所调查的主题，而不拟标题，仅仅标出“调查表”，其效果是不好的。

第二，致被调查者的短信。短信主要用来说明组织调查的单位、调查的目的和对被调查者的回答是否保密等问题，使被调查者进一步明确调查目的，消除不必要的顾虑，理解和支持调查工作，从而接受调查。因此，信要短小精悍、交代清楚，富有激发性。

第三，填表说明。这是告诉被调查者应如何填表的说明部分。凡是容易引起歧义和误会的或难于理解的，都应在此部分进行解释和说明；凡是调查表格比较复杂，估计被调查者难以填写的，还应予以示范。

第四，主题内容。这是调查表的主体部分，它一般是由一个个相互联系并前后有序的问题和相应的可供选择的答案组成（如果是开放型问题，则无答案部分）。在这一部分中，要根据调查的目的和任务，围绕主题确定要调查的项目，并根据事物的内在联系确定其先后次序，设计好提问的方式，以被调查者最容易接受的语言提问，对于需要提供可供选择答案的问题，要设计好选择答案。

第五，编号。为了便于分类归档，或便于电子计算机处理，一般调查表都应编号。

第六，调查实施情况记录。这是调查表的最后部分，它的主要作用是记录调查完成的情况和需要复查、校正的问题。

当然，对于具体的调查表来说，有的部分是可以省略的，但短信、填表说明、标题与主题内容是必不可少的。

2. 主题内容设计

调查表质量优劣的关键在于主题内容这一部分的设计，对这一部分择要介绍五点。

第一，总体框架的设计。总体框架是能够指导设计问卷的提问语句和对问卷资料进行分析的一种总体思路的逻辑架构，往往采用图示法。对于一般要求高、内容比较复杂的调查表来说，为了使表中的每一个问题都有不可或缺的作用，且各个问题之间有一种内在的逻辑联系，能够对它们进行科学分类和相关分析，在设计调查表之前，都应该先设计总体框架。设计时，一般是先从调查目的出发，将调查主题逐层分解，直到可以依据这些分解的条目设计提问语句时为止。然后，按照事物本来的逻辑联系对分解的条目进行检查、调整，使分解的条目能够有序排列。

第二，提问语句的设计。总体框架设计出来以后，就要设计提问语句，把每一条目变成提问语句。在设计提问语句时，要注意以下事项。

（1）注意提问的方式。提问方式有直接提问、间接提问、假设性提问等。一般来说，对于那些估计被调查者能够直接回答的项目都可以用直接提问方式设计语句。对于那些估计被调查者直接作答可能有顾虑的问题，一般采用间接提问方式较好。有时，为了全面了解情况，或对于那些被调查者不敢或不愿公开作答的敏感问题，还可以假设某一情景或假设别人对某事物有一看法而要求被调查者说出自己的想法，这种提问方式就是假设性的。

（2）注意提问语句的确切。语句确切是指设计的语句意思表达清楚，所用概念的内涵与外延十分明确。在设计语句时，要注意对那些容易发生歧义的概念进行严格限定，表达清楚。

（3）要避免出现诱导性问题。诱导性问题是指包括某种倾向而使被调查者按其倾向作答的问题。一般用权威的话或大多数人的看法设计的问题都是诱导性问题。

（4）要以封闭式问题为主，辅之以开放式问题。所谓封闭式问题，是指设计若干可供选择的答案而由被调查者根据情况选择作答的问题；所谓开放式问题，是指不提供具体答案而由被调查者自己回答的问题。在设计问卷时，一般应以封闭式问题为主体，同时以少量开放式问题作补充。开放性问卷可获得较深层次或是调查者意想不到的信息，适于定性研究，但难以统计分析，需时间较多，易引起拒答。

提问语句设计应注意的事项还包括：设计的语句尽量考虑被调查者的各种情况，尽量适合于各种被调查者；调查表中的项目一般不宜太多，一般控制在作答者半小时内完成为宜；语句要简洁，不要太长；等等。

第三，选择答案的设计。封闭式问题按其性质可以划分为定类、定序、定距和定比问题，各类问题的答案设计各不相同。

定类问题是要求对被测定对象的性质作出分类的问题。这类问题的答案设计要注意两点：一是可供选择的答案要互斥；二是答案要穷尽。

定序问题是要求对被测定对象的排列次序作答的问题。对这一类问题的设计，一般采用五级或三级定序答案。如："你对××公司的信心如何？A. 充满信心；B. 毫无信心。"两者之间存在着很大的空当。较好的答案是："A. 充满信心；B. 相当有信心；C. 有点信心；D. 信心甚少；E. 信心毫无。"或者："A. 超过一般；B. 一般；C. 低于一般。"前一种是五级定序，后一种是三级定序。三级定序答案的基本形式是把五级定序答案中的两极端情况去掉后的部分。有时，根据需要还可以采取不平衡的做法，即偏向某一方面的答案数目加多。例如，"您对我公司公共关系工作人员的态度有何看法？非常好□；好□；一般□；不好□"。这一例中，好的方面的答案数目就偏多。

一般来说，定序问题的答案有强迫性答案与非强迫性答案之分，强迫性答案如"满意，无所谓，不满意"等，要求作答者一定表示自己的态度；而非强迫性答案如"满意，无所谓，不满意，不了解"等，因为有"不了解"一项，所以，它就不强求被调查者对某事物一定表态。在设计答案时，一般采取强迫性答案，有时，也采用少量非强迫性答案。

定距问题要求设计出来的答案之间的顺序关系保持一定距离。

定比问题要求设计出来的答案之间的顺序关系成比率。在公共关系调查中，定比问题极少见。

第四，主题内容的编排。提问语句和相应答案设计出来以后，还应对整个主题内容加以编排。编排的依据主要是总体框架。在按总体框架编排时，还应考虑以下两点：（1）从逻辑结构上看，是否还需要调整；（2）在照顾逻辑顺序的前提下，尽量做到先易后难；先一般性问题后特殊性问题；先封闭式问题后开放式问题。

第五，主题内容的修改。主题内容设计出来以后，应该认真地审查，同时还应在小范围内（20～30 人）进行试验性调查，以便在试验中发现问题，然后根据审查和试验中发现的问题，修改、制成正式问卷。

四、公共关系调查的内容

公共关系调查的内容，包括公共关系的主体——组织情况的调查，公共关系的客体——公众意见的调查，以及同公共关系的主客体密切相关的社会环境的调查。

（一）组织情况调查

组织情况调查包括下列内容。

1. 组织的自然情况。组织的自然情况，如组织的地理位置、外观、名称、性质、机构设置、法人代表、职工人数、文化、年龄、性别、职务、职称结构等。

2. 组织的社会情况。组织的社会情况，如组织的管理模式、业务范围、社会效益和经济效益、内外政策、文化内容、优势、存在的问题、潜在的危机等。

3. 组织的历史情况。组织的历史情况，如组织的建立时间、体制变化、重大事件、有突出贡献的职工及贡献情况、历届领导人情况、人员素质变化、发展阶段等。

4. 组织的现实情况。组织的现实情况，如组织的知名度，产品或成果的质量、数量、信誉、生产能力及社会需求等。

5. 组织的未来情况。组织的未来情况，如组织的发展前景、近期目标和长远规划等。

需要说明的是，组织的自然和社会情况与组织的历史、现实、未来情况是两种不同的分类方法，在一起列出，可详细掌握组织情况调查内容的整体性。

由于各类组织情况的不同，组织情况调查的具体内容也不同。组织情况调查，一般而言，内容越详细越具有可利用价值，既要有综合情况，也要有分类情况。

（二）公众意见调查

公众意见调查是公共关系调查的主要内容，其调查结果决定公共关系的效果、对策和发展。公众意见调查包括组织形象、公众动机、活动效果、传播效果和内部公众意见等。

1. 组织形象

组织形象是社会公众对一个组织的认识、看法和评价。组织形象一般包括组织成员形象、组织管理形象、组织实力形象、组织产品形象等方面。进行组织形象调查，主要包括这些具体内容。

2. 公众动机

公众动机是造成公众如何评价组织的主要原因。一般而言，不同的公众，由于动机不同，对组织的评价往往见仁见智、印象不同、评价各异。公众动机调查，包括公众对组织是否抱有偏见或特殊的喜欢，该组织的工作方式、社会活动、产品服务等方面是否与公众某种成见相冲突，或与公众的某种嗜好相吻合，或与某种社会上流行的东西相一致等。

3. 活动效果

了解公众对社会组织公共关系专门活动的评价。活动效果的好坏，标志着公共关系活动成功与否。每一位公共关系人员或每一个公共关系组织，每举办一次公共关系活动，都希望取得满意的效果。活动结束后，公众是否满意，满意程度如何，公众如何评价，都需要通过调查得到答案。

4. 传播效果

公共关系的传播效果调查，是了解组织通过传播媒介（主要是宣传和新闻媒介）进行内外传播的效果，也就是公众接受传播信息后，在感情、思想、态度和行为等方面所发生的变化。它包括调查某种媒介的覆盖面、受众构成、收视（或收听）率，对传播内容的态度和产生的行动等。

5. 内部公众意见

内部公众意见调查是组织内部公共关系的主要内容。重视内部公众意见，才能促进组织的合作与团结，才能有助于内部公众人人关心组织发展、人人重视组织利益、人人珍惜组织的信誉和形象，使组织在发展中处于有利地位。内部公众意见包括对本组织及本组织工作的评价、人际关系评价、领导行为评价、公众需要等。

（三）社会环境调查

社会环境调查包括政策环境、社会问题和其他组织公共关系情况调查。

1. 政策环境。政策环境调查就是了解与组织有关的方针、政策、法规，遵循并运用它为自己的组织服务。

2. 社会问题。社会问题包括政治、经济、文化、思想、技术等方面的内容，它对公众意见具有很大的影响力，甚至关系到一个组织或几个组织的发展与消亡。

3. 其他组织公共关系情况。调查其他组织公共关系情况，可以获得其他组织在公共关系方面的经验，并根据自己的实际情况加以借鉴，避免走他人失败之路，发展自己、完善自己。

上述组织情况调查、公众意见调查和社会环境调查，内容十分广泛。公共关系人员要根据组织的实际需要，结合具体情况决定每一次的调查内容。

（四）组织形象调查的内容

组织形象一般包括组织成员形象、组织管理形象、组织实力形象、组织产品形象等方面。进行组织形象调查，主要调查这些方面的内容：

1. 组织成员形象调查

组织成员形象即组织“主体代表形象”，包括领导者的形象、公关人员的形象、组织内部典型人物的形象和组织群众的形象。

组织的领导者形象是组织形象的一个主要方面。一个好的领导者应当努力树立好自己的形象，加强组织内部的公关工作，处理好和上级、同级、下级之间的关系。

对公共关系工作人员进行调查，主要是调查他们是否具有较高的组织能力、观察能力、思维能力、开拓能力、交际能力和良好的心理素质等。

任何一个组织内部，都存在先进、中间、落后三部分成员，一般而言两头是少数，中间是大多数。组织中的先进典型能起到带动中间和落后的作用。因此，在先进与落后的典型调查中，又要以先进为主，对组织内部落后的典型可选择少量，作为总结教训的参考。

2. 组织管理形象的调查

组织管理形象调查，主要是对组织管理对象的精神状态、组织内部系统的运行状况进行的调查、分析。第一，调查组织内部成员岗位责任制的履行情况，工作态度是否端正，有无工作责任心和劳动积极性。第二，对组织管理人员的职、责、权进行调查，检查管理人员是否真正做到职、责、权相统一；能否明确自身肩负的责任；能否合理使用手中的权力，协调组织内部的各个环节；能否以身作则，起到模范、带头作用。第三，对组织内部计划工作进行调查，包括对时间、空间的合理分配，人力、物力、财力的合理使用等方面。第四，组织内部管理制度、组织纪律、职业道德情况进行的调查。组织内部要有系统的管理制度、严明的组织纪律、良好的职业道德，这是组织创造良好形象的保障。

3. 组织实力形象调查

组织的实力是组织在竞争的条件下生存发展的基本要素。是否有雄厚的实力作后盾，是组织在竞争中能否取得成功的关键。

（1）对组织物质基础的调查

调查可直接从组织拥有的空间规模、机器设备和办公用品着手。对于组织来说，物质条件是基础。组织如有较大的生存空间、先进的物质设备、现代化的办公用品，且使用效率高，则说明社会效益明显，组织实力雄厚。

（2）对组织成员的工资待遇和劳保福利的调查

组织成员的工资收入有保障、福利待遇好，说明该组织的生产经营有方，效率高，有雄厚的经济实力来改善组织成员的生活。对组织成员待遇和福利的调查，可以从组织成员的工资收入及现行福利措施入手，这样比较简单易行，较易得到满意的调查结果。

（3）对组织拥有的技术力量的调查

组织拥有一大批懂技术、专业知识丰富且又有实干经验的科技人才，这是组织的宝贵财富。对组织拥有技术力量的调查，不仅要对组织成员特别是科技人员的技术水平和科研能力进行调查，而且还须对组织生产的尖端技术产品和技术咨询的内容进行分析。正常情况下，科研力量雄厚、设施齐全、设备先进、管理科学，就应当生产出上乘的产品。

4. 组织产品形象调查

产品作为一种实物形态，有其自身特定的形象。从公共关系的角度分析，组织的产品包括物质产品和精神产品。组织物质产品的形象包括产品的设计、外观包装、所用的材料、使用的商标，以及产品的名称、产品的质量等。从公众需求的角度来看，通常要求组织的产品新颖、实用、价廉、物美。组织的精神产品主要是指组织举办的各种宣传活动的效果和文化价值，如新闻发布会、简报、新闻报道、广告文化等，其形象要求真实、健康，富有活力。

组织成员形象、管理形象、实力形象和产品形象是构成组织整体形象的主要因素。搞好这些具体形象的调查，并加以分析综合，能够使组织获得适合自身发展的整体形象的调查结论，从而使组织能够保持健康、向上的良好形象。

第二节　公共关系策划

一、公共关系策划的含义

《中国公共关系辞典》对策划的解释是：“人们为了达成某种特定目标，借助一定的科学方法和艺术为决策计划而构思、设计、制作、谋划方案的过程。”策划就是想到常人所不能想的地方，说出来的道理又能让常人理解。孙武在《孙子兵法》中有一句名言就用到了“奇”——“凡战者，以正和，以奇胜利。”“正”就是艰苦奋斗，“奇”就是锐意创新。对于社会组织来讲，既要脚踏实地，又要锐意创新，而策划是社会组织创新的重要实践领域。

“凡事预则立，不预则废。”策划在公共关系工作中处于十分重要的地位。公共关系策划是公共关系工作人员根据组织形象的现状及目标要求，分析组织所面临的宏观和微观的条件，在充分调查研究的基础上所进行的超前性谋略和计划。公共关系策划可以分为三个层次：一是总体公关战略策划，如组织形象长期规划；二是专门公关活动策划；三是具体公关操作策划，如典礼、联谊会等。公共关系策划是一种创造性的活动，是对公共关系工作的整体布局，需要做出科学、全面、系统和前瞻性的判断。公共关系策划是一门实用性、综合性的学科，需要掌握和运用诸如运筹学、决策学、心理学、思维学、控制学、系统学等多方面的知识，不仅靠先进的技术手段，而且主要靠人的智慧。

公共关系策划是社会组织在发展过程中，为营造组织更好的生存与发展的社会环境，由专业的公共关系人员或机构经过认真、精心的计划与设计，慎重推出一项或一系列活动的过程，这不是一件普普通通的工作。公共关系策划的前提是进行充分的调查分析，获取必要的决策信息，而策划的内容是谋略、计划和操作手段。公共关系策划人员水平的高低决定了公共关系决策水平的高低。为此，社会组织必须培养自己的公关策划人员，或者外包于专业的公关机构。

公共关系本质上是一种沟通活动，是公共关系主体与客体之间的沟通，以便增进了解，加深互信，为社会组织的发展创造良好的生存和发展环境。公共关系策划的目的是社会组织通过公共关系活动引起社会公众对组织的关注，促进公众对组织的了解与好感。公共关系策划是保证公共关系活动有序、高效的重要保证，是对未来公共关系工作的方向、方法、步骤的提前规划，能减少未来公共关系工作的不确定性。公共关系策划是社会组织公共关系决策的重要环节，是决策者决策的重要依据。公共关系策划水平的高低很大程度上影响着社会组织在激烈和多变的竞争环境中能否为自身的发展创造良好的环境，它是社会组织获取公众认可、理解和支持的重要举措，是社会组织提升知名度、美誉度和和谐度的关键所在。公共关系策划是公共关系竞争的法宝，是公共关系活动中最高的层次。总之，社会组织公共关系策划主要解决两个问题：一是寻求传播沟通的内容和公众易于接受的方式；二是如何提高传播沟通的效能。

二、公共关系策划的意义

1. 有利于加强组织公共关系工作的整体性

通过公共关系策划，使公共关系目标与组织的性质、目标、任务密切配合起来，使实现公共关系目标的活动成为组织管理系统的一个有机组成部分，从而使组织的政策和各部门的活动统一到树立良好组织形象和提高组织整体效益和社会效益上来，从而发挥公共关系工作的整体效果。

2. 有利于提高组织公共关系工作的可控性

通过公共关系策划，形成一种长期与短期结合、创新与维持组织形象相结合的公共关系目标体系，并以此为基础，妥善安排好日常工作、定期活动和专门活动的内容和项目，编制恰当的费用预算和时间预算，形成一张既积极主动又稳妥有序的公关活动进程表。以此作为控制公共关系工作、检查评价公共关系效果的依据，从而使公共关系工作在目标和计划的控制之下稳步开展，取得预期的效果。

3. 有利于增强组织公共关系工作的预见性

通过公共关系策划，可以使公共关系工作建立在充分调查研究的基础上，依据大量的公众和环境资料，预测趋势、分析后果、区分轻重缓急，提出既主动又灵活的适应环境变化的有力措施，以此影响组织的政策，争取组织决策者对公共关系工作的支持，影响组织各部门和全体人员的言行，争取组织各部门和全体人员的合作。

4. 有利于促进组织公共关系工作的成熟性

通过公共关系策划，在情境分析的基础上，形成目标、方案和预算，使公共关系组织机构和人员有可能以此为依据，分析评价实现公共关系目标、执行公共关系方案和预算的情况，发现工作中的成绩，找出工作中存在的问题，从而分析原因，吸取工作中的经验教训，以指导今后的工作。

三、公共关系策划的基本原则

公共关系策划的基本原则是指导公共关系策划工作的思想指南和行为依据，是对公共关系实践活动的科学总结。一般有效的公关策划应遵循以下基本原则。

1. 目标导向原则

任何一个社会组织的发展都有自己的目标，而这些目标的实现需要各个职能部门的共同努力才能够实现。公共关系策划所达到的目标是组织整体目标的一个部分或一个方面，与组织的整体目标应该是一致的，社会组织所要实现的目标和公共关系策划的目标并不是两个独立的目标。在进行公共关系策划过程中应始终围绕组织的目标，以组织目标为导向，使得公共关系策划所要实现的提高组织知名度、美誉度和和谐度的目标能够为组织总体目标的实现奠定重要的基础。

2. 公益性原则

任何公关策划都是为谋求组织发展而展开的，但任何组织的生存与发展，都离不开公众的支持，成功的策划应是以组织利益和社会利益的统一为宗旨。因此，社会组织在进行公共关系策划过程中，要遵循“利他”的原则，力求能够做到对社会、对他人有利，这是提升社会组织美誉度和和谐度的关键所在。近些年来，越来越多的企业投身于公益慈善，这不仅是企业社会责任的重要体现，也是企业社会形象提升的重要途径。企业投身于公益慈善也是引起社会公众关注和好感的重要途径，这种企业公共关系策划的公益性特点能够为企业的发展创造良好的外部舆论环境。

3. 创新性原则

创新是公共关系策划的灵魂，公共关系策划的关键在于创新。公共关系策划的思维过程是一种创造性的思维活动。公共关系策划活动应该力求新奇、独特、精致、不落俗套。公共关系策划创新可以是对别人的东西加以改进或实现。公共关系策划创新可以从概念创新、标题创新、内容创新、手段创新、办法创新、行为创新、方式创新、传播创新、色彩创新、口号创新等方面展开。公共关系工作人员应该遵循公共关系和策划理论的基本原则，必须打破传统，要集思广益、别出心裁、标新立异、别具一格，使公共关系活动生动有趣，开拓一种全新的境界，从而给公众留下深刻而美好的印象。公共关系创新效果的实现有一个过程，有的创新可能在刚开始得不到认可。创新就是不雷同，“大胆设想，小心论证”是创新最好的方法。

4. 系统性原则

公共关系策划要从系统的概念出发，注意每一个因素的变化所引起各种变化后产生的影响，要把策划作为一个整体来考察，在整体与部分之间相互依赖，互相制约的关系中进行系统综合分析，抉择最优方案，以实现决策目标。公共关系策划虽然是一项公共关系领域的具体职能，但是一项成功的公共关系策划活动离不开社会组织不同部门的有效配合，离不开对社会组织整体信息的全面把握，离不开对社会组织所处外部环境的有效预判，离不开公共关系策划制定、执行和评价各环节的有效衔接和配合，离不开公共关系工作人员间的有效配合。这些是公共关系策划活动系统性的具体体现，任何部分出现了问题，都会影响公共关系策划的整体效果。公共关系策划不是一个人能够完成的，也不是一件单独的事情。系统原则要求公共关系策划对系统中各个部分的策略做统筹安排，确定最优目标，系统是个有机整体，整体大于部分之和，具有其中各要素简单相加起不到的作用。

5. 适当性原则

公共关系策划追求合理的创新性，能够提升公共关系活动的价值；但是如果为了片面追求创新，不顾及社会组织发展的实际情况，不顾及自然和社会的基本规律，忽视公共关系策划的正面效应，不仅不能达到策划的效果，反而会适得其反，给社会组织带来不利的影响。公共关系策划固然要吸引公众眼球，但是这种吸引应该是建立在组织发展的实际需要，与组织所提供的产品和服务相匹配的基础之上，不能牵强附会，否则效果会适得其反。2003 年金嗓子喉宝通过非正式的途径邀请巴西球星罗纳尔多给金嗓子喉宝做广告，后罗纳尔多提起上诉，广告撤回，双方私下解决了。该广告下架后改成了巴西球星卡卡为金嗓子喉宝代言，这一次是通过正规渠道邀请卡卡代言的，虽然这两个人作为足球明星广为人知，但是他们个人所从事的职业与金嗓子喉宝联系性弱，从实际效果上讲，没有达到公共关系策划的目的，尤其是罗纳尔多本人在不知情的情况下被代言，有欺骗其本人和消费者的客观情况存在，有违公共关系的基本理念。

6. 可行性原则

只有可操作性的策划方案才是可行的，否则，只不过是纸上谈兵、水中捞月。好的策划必须具备可行性，否则没有任何的意义。任何好的公共关系策划方面的创意，都应该在充分调研的基础上考虑社会组织自身的客观条件与该创意所需的资金、人力和时间等契合度，也应该充分考虑该创意是否符合宗教信仰、法律法规、文化制度和社会习俗。为了确认公共关系策划方案的可行性，可在实施前做可行性实验，验证方案的结构和运作机制是否合理。成功的公关策划是创造性劳动，也要考虑外部环境和内部条件，使得公共关系策划方案的目标是可实现的，程序是可行的，范围是力所能及的，手段和方法是可利用的。只有在充分考虑社会组织内外部条件基础上的公共关系策划才是有实践基础的公共关系活动，才有可能得到社会组织和员工的支持，才有可能获得所期望的效果。

7. 真实性原则

美国前总统林肯说："最高明的骗子，可能在某个时刻欺骗所有人，也可能在所有时刻欺骗某些人，但不可能在所有时刻欺骗所有的人。"虚假歪曲的事实迟早会被戳穿，一旦虚假歪曲的事实被戳穿会给社会组织带来更为恶劣的影响，违背公共关系策划的最为基本的价值诉求。公共关系策划是一项为了吸引公众关注的创意性活动，但是这种创意性活动应该是建立在社会组织内外部条件客观真实性的基础之上，不能为了博人眼球而故意虚构和歪曲事实，必须尊重事实和科学。为此，公共关系策划需要广泛搜集相关信息，包括社会组织的客观情况，并进行科学客观分析。公共关系策划实施必须要向公众全面、真实、及时和客观地传递信息，不能只考虑社会组织的利益，也不能过于迁就公众而不顾信息的真实性。公共关系策划也必须充分考虑社会组织的客观实际，选择社会组织可接受的，不能只追求表面的效果。在对公共关系策划进行评估时，也应该制定客观全面的评估标准，对公共关系策划的各个环节、各项内容和最终效果进行客观真实的评估。

四、公共关系策划的基本程序

公共关系策划是公关策划人员根据组织形象的现状和目标要求，在公关调查信息整理的基础上，发挥创造力，针对一定的目标公众，对公关活动进行整体的规划的过程。公共关系策划可以增强社会组织形象管理的有效性、目的性和计划性。英国公关专家弗兰克林·杰弗金斯将公共关系策划程序归纳为六点：判断形势、确定目标、界定公众、选择媒介、做好预算、评估成效；也有学者把公共关系策划分为五个阶段：立项、调研、策划、论证、决策。我们认为公共关系策划的基本程序可以归纳为以下几个阶段。

1. 调查研究

毛泽东曾经说：“没有调查就没有发言权。”公共关系策划工作也必须有调查研究的支撑。公共关系策划前的调查工作简称公共关系策划调查，它是成功策划的基础，对公共关系环境状况的资料采集、统计与分析过程，能够为社会组织进行相关的公共关系活动提供充分的科学依据。社会组织进行公共关系策划调研需要花费一定的人力、物力和财力，需要社会组织给予足够的支持，尤其是资金支持和不同部门的配合。

第一，相关政策法规。这些政策法规包括国家层面的相关领域的法律法规、本行业的规范、社会组织自身的规章制度以及参与公共关系策划的相关机构的工作规范，这些是公共关系策划调查的基本前提。

第二，组织内部基本情况。组织内部的基本情况包括当前组织发展所面临的机遇和挑战、组织当前的工作重点、组织当前的人财物等资源情况，使得公共关系相关工作建立在组织实际需要和可行性的基础之上。

第三，公众心理。公众是与组织发生直接或者间接利益联系的个人、群体和社会组织，也是公共关系活动的工作对象。了解特定社会组织在某一时期公众的偏好、认知、态度、情绪等基本的心理倾向，能够使得公共关系的相关工作更加具有针对性，更加能够对症下药，提高公共关系工作的效率。社会组织要采集、统计公众对社会组织形象的评价信息、数据，把握公众舆论，了解公众对社会组织的整体印象，求证社会组织形象与公众期望形象的差距。

第四，行业信息。对企业而言，成功的公共关系策划离不开对于行业形势的全面、系统和超前的认知，尤其是对主要竞争对手产品信息、销售信息、广告信息和营销战略的了解是公共关系策划的重要条件，知己知彼，才能百战不殆。

2. 确定目标

公共关系策划目标是公共关系活动的核心所在，是公共关系策划的依据，是指导协调公共关系工作的依据，是社会组织形象战略目标的具体体现，没有明确的目标，策划者就无法拟定策划方案。公共关系活动实质上就是公共关系目标的制定、实践和评价的过程。公共关系策划目标可以成为评价和监督全部公关策划行为的准则，为评价公共关系活动效果提供标准，并不断地影响、调整和控制公关策划及其实施活动的进程。

公共关系策划目标是一个综合的目标系统，由总目标、分目标和子目标构成的多元性、层次性的目标体系。公共关系策划目标要明确，具有可操作性，选择和确定目标要准确、有弹性，总目标与子目标之间要具有科学而紧密的逻辑关系，其具体内容可以包括：提高组织的知名度；建立组织与公众之间的正常沟通渠道；为组织决策提供参考；危机公关；增强内部凝聚力；为组织的生产营销服务。公共关系策划的目标必须是明确具体的，结果必须可测量，而且目标必须要有一定的弹性、应变措施和保障。

在具体工作中，公共关系策划目标呈现出多样性，按目标内容分为以下几类：第一，传播信息型，目标是将社会组织发展的动态、成果、举措告知公众；第二，联络感情型，目标是与公众建立感情、联络感情、发展感情，以便获取公众的谅解、合作与支持；第三，改变态度型，目标是把公众对社会组织的偏见和冷漠转变为对组织的关注、认可和支持等；第四，引起行为型，目标是让公众接受组织，并产生组织所期望的行为，为组织工作的顺利开展创造良好的环境。

3. 分析公众

公众是与公共关系的主体产生一定现实和潜在利益联系的个人、群体和社会组织。不同的社会组织有不同的公众，同一个社会组织有不同的公众，而且社会组织在不同时期会面对不同的公众，不是每一次公关活动都要针对社会组织的所有公众，公共关系活动所面对的公众与公共关系的目标紧密相关，公共关系策划者应该要分析和了解不同公众的偏好、认知、态度、情绪等基本的心理特点，有针对性地进行公共关系策划。另外，同一个社会组织在不同时期所需要面对的主要公众是不同的，社会组织应该区分和明确某一时期的主要公众，有重点地进行公共关系活动，合理分配资源，才能实现有的放矢，高效完成公共关系策划目标。

4. 制定方案

公共关系策划方案是公共关系策划过程的书面展现，是公共关系策划最终的表现形式。一个好的公共关系策划方案是公共关系策划目标实现的指南针。公共关系策划方案主要包括：拟定公关活动的内容和形式；活动排列的程序；时间安排；专场布置方案；制定经费开支及落实工作的计划；制定一整套与目标公众的沟通策略、信息传播策略和媒介策略；给出一个完整的策划方案。好的公共关系策划方案的核心是好的创意，并且要以简洁、直观和生动的形式（视频、图标、照片和音频等）展现公共关系策划的方案。每一项具体的公共关系计划都必须见诸文字。这样做不仅便于工作回顾和检查，也有助于社会组织的领导层决策。

公共关系策划方案必须经过领导审核和批准才能实施，有时还应向有关政府部门申报。公共关系策划方案的目的是使公关目标与社会组织的总目标一致，使公关活动与社会组织各部门的工作相互协调、相互配合，这是公共关系策划方案推行的必要条件。一套公共关系策划方案在执行过程中，相关部门需要根据执行能力、内外环境的变化以及出现的新问题，及时处理、协调突发事件，对于方案的实施进行全程跟踪，以确保公共关系活动顺利开展。

5. 论证方案

公共关系策划方案论证是指在公共关系策划思路拟成方案后，对方案进行预测性的评估工作，既需要听取专家的意见，也要听取参与活动的公众的意见，从各个不同的角度论证策划方案实施的可行性。公共关系策划方案论证可以减少方案在未来执行过程中的不确定性，提高方案执行的可行性和有效性。公共关系策划方案要有科学的论证。大型活动策划方案的论证，需要论证活动策划的目的是否明确，活动策划方案的可实现程度，论证活动策划方案在实施的过程中可能会受到社会制约性因素影响的程度，论证减少或者解除这些限制因素影响的措施。公共关系策划方案的论证需要建立一个工作小组，小组成员应该包括决策者、专家、策划人员组成，还可以聘请专业顾问。公共关系策划方案的论证可以先由活动策划人员介绍活动的策划构思和策划构思的依据，接着由决策层或专家提出质询，再以策划人员答辩的方式进行，然后在论证后根据决策层和专家提出的意见对活动方案进行完善。一个成功的公共关系活动策划方案需要经过几轮的论证和优化。

6. 评估效果

公共关系策划效果评估是公共关系策划工作不可缺少的环节，它是在一定的原则指导下，通过一定的评估方法，对策划方案所达到的效果进行价值判断。对公共关系策划进行正确的评估有助于社会组织了解公共关系策划方案的实现程度，以便于总结经验和不足，为未来的公共关系策划提供借鉴。公共关系策划效果的评估内容包括对策划目标、对日标公众的影响、行动方案与目标的一致性、资源的利用率及预算运用情况等方面。公共关系策划效果评估可分为事前评估、事中评估和事后评估。公共关系策划效果评估有助于总结经验、找到问题、纠正偏差、积累经验、吸取教训，不断地提高公共关系策划的水平。公共关系策划效果评估可以通过调查问卷、座谈会、访谈法、观察法和自我评价法等方法进行。公共关系策划效果评估可以分为定性评估和定量评估两大类方法。

五、公共关系策划书的撰写

公共关系策划书是公共关系活动方案的规范载体，是对整个公共关系的任务和过程作出的一种主动设计和安排，以确保时间安排、人力配置、资金使用等纳入良性的轨道。公共关系策划书没有固定的格式，一般根据实际的需要和策划者的风格来撰写。公共关系策划书的写作要求规范、主次清楚、题意明确。虽然公共关系策划书的形式、内容有差别，但应当具备5W、2H、1E几个方面：Why（为什么）——策划的缘由；Who（谁）——策划者、策划方案针对的公众；What（什么）——策划的目的、内容；Where（何处）——方案实施地点；When（何时）——方案实施时机；How（如何）——方案实施形式；How much（多少）——活动经费预算；Effect（效果）——活动实施效果。公共关系策划方案应围绕这些要素，根据实际需要进行丰富完善，公共关系策划书的创造性存在于对要素的丰富完善和组合搭配的差异之中。具体包括以下几个方面。

1. 标题

一份公关策划书首先必须要有一个能够让人一读就明白策划内容的标题，让人一目了然，必须详细清晰。标题撰写要明白易懂，一般由主标题和副标题构成，主标题一般是公关活动主题，副标题常用策划书的名称。

2. 前言

前言也就是简要介绍社会组织策划该公共关系方案的背景情况，这是公共关系策划的迫切性和意义所在。前言撰写要简明扼要、高度概括。

3. 调查分析

公共关系策划是建立在调查分析的基础上的，这是公共关系策划的前期工作。调查分析要注重调查对象的代表性、调查手段的适用性、调查方法的科学性、资料收集的真实性和全面性。调查分析主要调查相关政策法规、公众心理、组织内部情况、主要竞争对手情况等，进而明确公共关系策划工作的重点和方向。

4. 目标确定

公共关系策划目标是公共关系活动的指南，公共关系各类目标都应具有可执行性、可调控性。公共关系目标要符合社会组织的发展战略，符合组织形象的定位要求，符合公众需要，并且针对组织存在的问题等。公共关系策划目标应明确、具体，具有可行性和可操作性。公共关系策划目标可以分为总目标和阶段目标，共性目标和个性目标。

5. 主题设计

公共关系策划主题是指围绕实现公关目标，针对特定公众对象，对整个公关活动的策划和操作起到指导、规范作用的中心思想。公关活动的主题是对公共关系活动内容的高度概括，它对整个公共关系活动起着指导作用。公共关系策划主题设计得是否精彩、恰当，对公共关系活动成效影响很大。好的公共关系主题具有形象性、社会性、人情性、思想性、文化性、冲击性、导向性等特征。公共关系策划主题要用最简洁明了和恰当的文字来表达公关主题思想，这是对公共关系策划人员知识、经验积累和概括能力的检验，主题文字表达不能过分商业化，也不能生硬呆板，主题可以是一段话、一个口号、一个标语，要高度概括、简明扼要、便于记忆。公共关系策划主题感情色彩要浓，要有鲜明个性，朴实真切、独特新颖、简洁鲜明、便于记忆、朗朗上口，避免过于抽象和缺乏特色，能够感染公众并被公众接受。

6. 创意说明

创意是公共关系策划者根据前期调查结果和公众需求所展开的创造性思维活动，好的创意是公共关系策划是否成功的关键所在。创意的内容包括新颖独特的活动主题、活动名称和项目、标语、宣传作品等。

7. 媒介策略

媒体是公共关系活动的载体。公共关系活动本质上是公共关系主体和客体间的沟通活动，而这种有效沟通必须建立在正确选择传播媒介的基础之上，媒介的选择要有针对性、可行性和实效性。公共关系策划者必须要了解不同媒体的特点，合理借助不同媒体的所长，并实现不同媒体的有效整合。媒体的选择可以根据传播对象、传播内容、社会组织实力和所处环境而定，以便最大限度地发挥媒体在公共关系策划活动中的作用。

8. 时机选择

一般社会组织运用各种固定的特殊时机来策划公关活动是最常见的方法，如重大节日、重大纪念日、其他有规律性的节日，再如学校的开学日、高考日、中考日等；还可以运用各种信息传播事件或活动来策划专项公关活动，如学术活动、调研活动、发布活动、艺术展览、比赛活动等；运用各种偶然的机遇和社会热门话题来策划公关活动；在社会组织发生危机或经营困难时需要进行公共关系策划；社会组织新建立或者退出新的产品和服务时需要通过公共关系策划提升知名度。总之，公共关系策划时机的选择，要尽量选择能引起公众注意的时机，既要充分考虑公众参与的可能性，也要充分考虑所在地的民风民俗，节日的选择也要恰当，注意避开国内外的重大事件。

9. 地点选择

选择适当的地点是公共关系策划活动的重要保障，要选择便于开展公共关系活动的地点，充分考虑地理条件、气候条件、容员情况，回避不利条件。公共关系活动场地过大过小都不合适，过大显得凄凉，过小显得拥挤；公共关系活动的选择还要考虑场地周围的交通状况、泊车情况、卫生情况以及治安情况；公共关系活动场地的设计要充分考虑场地设施的布置、物品的摆放，要给参加活动的人以美的享受。

10. 经费预算

充足的经费预算是公共关系策划活动的保证，要明确公共关系策划活动的各项成本支出，这是合理预算的关键所在。公共关系策划预算主要包括：劳务工时报酬、行政办公经费、专业器械和产品制作费用、公共关系广告费用及各项大众传播媒介费用、实际活动费用、为公众免费提供的各种教育、培训和服务费用等。公共关系活动的经费预算是一件细致烦琐的工作，不仅要精打细算，而且要保证各项必要的开支。公共关系策划活动的经费预算必须有相应的使用规章和监督机制，确保公共关系策划经费得到最有效的利用。公共关系活动经费可以采取比率法、实额法或量入为出法来预算。

11. 人员安排

人员安排是公共关系策划工作的主体保障，因此必须合理安排人手参与公共关系策划的相关活动。首先，应该根据活动的规模大小及难度选择适当数量和条件的人数；其次，对所选择的人员进行有关于策划目的、方法技巧和应急措施方面的培训，以便他们更好地参与公共关系策划的相关活动；最后，需要根据公共关系策划方案的具体工作内容对相关人员合理分工尽可能做到量才而用、人岗匹配。

12. 署名、时间、编号及其他

文案最后需写明策划者个人名称和策划书写作时间。策划方案署名为策划者单位或个人名称，可署名“××公关公司”“××公关部”；对策划起主要作用的个人，也可在单位名称之后署名，如“总策划×××”“策划总监×××”。方案如系个人完成，则直接署名“策划人×××”。

在公共关系策划方案署名下面注明策划文案完成的具体日期，如：2018 年 10 月 18 日。另外，需要根据方案的重要性、保密性、基本顺序及社会组织的相关规定对公共关系策划方案进行编号。

如果公共关系策划方案尚属草稿或初稿，还应在标题下括号注明，写上“草稿”“讨论稿”“征求意见稿”等字样。假如前有“草稿”，决策拍板后的策划方案就应注明“修订稿”“实施稿”“执行稿”等字样。

第三节　公共关系实施

从一项公共关系计划制定到计划目标的完成，存在着一个复杂的过程。公共关系实施是“公共关系四步工作法”中的第三个环节，而且也是最为复杂、最为多变的一个公共关系计划实施环节。

一、公共关系实施概述

（一）公共关系实施的意义

公共关系实施，就是在公共关系计划被采纳以后，将计划所确定的内容变为公关实践的过程。一项公共关系计划的实施，其重要性足以和制定计划本身相比，从某种意义上讲，甚至比计划的制定更为重要。这是由以下几点原因造成的。

1. 公共关系计划的实施是实现公共关系目标的保障

公共关系的终极目的不是研究问题而是解决问题。公共关系调查研究、制定计划是发现问题、研究问题的过程，而计划的实施才是具体地解决问题达到目标的过程。一个完美无缺的公共关系计划，如果不付诸实施，而是束之高阁，那么，它无论是对社会组织还是对公众都是毫无意义的纸上谈兵。

2. 公共关系计划的实施决定计划能否实现及其程度和范围

成功的实施，可以圆满地完成计划中确定的任务，实现计划目标，甚至还可以由实施人员创造性的努力来弥补计划的不足。这种实施活动的成功之处就在于实施人员能够选择最有效的途径和手段，采用多种方法和技巧在公众中树立本组织的良好形象。实施的失败，不仅不能实现计划目标，有时还可能使计划中想要解决的问题更加恶化，甚至完全与计划目标背道而驰。从这个意义上说，实施环节不仅决定了计划能否实现，而且也决定了计划实现的效果。

3. 公共关系计划实施的结果是制定后续方案的重要依据

一项公共关系计划的实施过程不论成功与否，都会在社会上造成一定的影响和后果。因此，可以说，我们面临的社会现状，就是过去社会组织开展公共关系工作所形成的结果。制定公共关系计划必须要以社会组织所面临的现状为依据，特别是要注意将前一项公共关系计划实施后由各种渠道反馈回来的信息作为依据。以前一项公共关系计划实施的结果为基础，针对新出现的问题制定新的计划，可以说是公共关系计划制定过程中必须遵循的一个原则。因此，前一项公共关系计划实施的情况，对后续方案的制定具有重要的意义。

总之，计划的实施是整个公共关系工作中的一个极其重要的环节。同时，它的作用和影响又贯穿于整个公共关系工作过程的始终。重视研究公共关系计划的实施对提高公共关系工作的效率和效益有着重大的现实意义。

（二）公共关系实施的特点

公共关系计划实施过程包括以下环节：首先是实施的准备阶段，它包括设计实施方案，制定对各类公众的行动、沟通计划，确定实施的措施和程序，建立或组成实施机构，训练实施人员；其次是实施的执行阶段，实施机关按照已经设计好的实施计划的程序，落实各项措施；最后是实施的结束阶段，同时为下一阶段的效果评估做好相应的准备。具体而言有以下特点。

1. 动态性

公共关系计划的实施是由一系列连续活动构成的过程，是一个思想和行为需要不断变化、不断调整的过程。这是由于：一方面，一项公共关系计划无论制定得多么周密、具体和细致，与实际情况总会存在或多或少的差异；另一方面，随着时间的推移，实施的进展，环境的变化，实施过程中仍会遇到一些新情况和新问题。因此，不断地改变、修正或调整原定的实施方案、程序、方法、策略等则是实施活动中不可避免的正常现象。这种现象的出现说明计划实施正处于顺利状态，并非在实施计划中有随意性。如果不考虑社会环境的发展而引起的条件变迁，而按一个固定的模式去机械地“执行计划”，那就不仅不能实现计划目标，反而会给组织招来新的麻烦。讲实施过程的动态性，并不意味着实施人员可以随意以一些无关大局的变化为借口而不按原计划去实施。公共关系计划实施的动态性与实施人员的主观随意性不可混为一谈。

2. 创造性

由于计划的实施是一个不断变化和需要调整的动态过程，实施者需要依据整个实施方案中的原则与自己所处的环境和面临的条件确定自己的实施策略。公共关系计划实施的过程绝不是一个简单的照章办事的过程，而是一个由一系列不同层次的实施者发挥主观能动性的过程。从这个意义上说，公共关系计划实施的过程不仅是一个对原计划进行艺术的再创造的过程，也是不断丰富公共关系实务经验的过程。

3. 影响的广泛性

一项公共关系计划涉及众多的因素和变量，它会对各类公众产生广泛的影响。然而，公共关系计划所产生的影响在方案策划阶段还只是纸上谈兵，只有在计划实施后这种影响才能真正地体现出来。公共关系计划实施所产生的广泛影响主要表现在以下两个方面。

首先，计划的实施，会对众多的目标公众产生深刻的影响。一项公共关系计划成功实施后，常常会使该社会组织的异己力量变为自己的合作者和支持者。即使有时不能让目标公众从立场上进行彻底的转变，也能在观点、态度等方面使其产生不同程度的变化，至少可以令目标公众从对社会组织的负态度（敌视、偏见、漠然、无知）向正态度（了解、理解、感兴趣、支持）方向有所转化。

其次，公共关系计划的实施有时还会对整个社会的文化、习俗产生深刻影响。一项公共关系计划的实施所产生的影响和作用往往不局限于计划本身所制定的目标，而对整个社会的进步产生推动作用。

二、公共关系实施的原则

公共关系计划实施的特点决定了公共关系人员在实施计划的过程中，一定要按科学规律办事，要遵循以下几项原则。

（一）目标导向

所谓目标导向的原则，是指在公共关系计划实施过程中，保证公共关系实施活动不偏离公共关系计划目标。执行目标导向的原则实际上是加强控制的一种手段。从广义上说，控制就是掌握事物的发展及进程，不使其任意活动越出范围。控制也被看作是管理的一个职能，而且多是与实施活动联系在一起的，比如管理科学中的五要素说（计划、组织、指挥、协调、控制）和三种有机职能说（计划、组织和控制）。实际上，公共关系计划的实施过程也离不开控制。控制过程就是实施人员利用目标对整个实施活动进行引导、制约和促进，以把握实施活动的进程和方向。因此，目标导向原则也叫目标控制原则。不同的控制有不同的控制主体、客体和手段。目标控制的主体是实施公共关系计划的社会组织，客体是社会组织的公众。

在公共关系实施过程中，为了使目标导向的原则得到正确的运用，人们常常采用线性排列法和多线性排列法，将所有公共关系行动和措施按先后顺序有机排列组合起来，然后再加以实施。线性排列法是按公共关系行动、措施的内在联系为先后顺序逐一排列出来，一步一步地向目标迈进。线性排列法的优点在于，当前一步行动没有取得成功的时候则不急于开展第二步工作，以避免浪费人力、物力与财力。多线性排列法是将几个行动同时展开、共同向成功迈进的排列方法。这种排列方法可以缩短整个计划实施的时间，但花费的人力、物力、财力相对比第一种排列的方法要多，而且一旦前面一步的工作不能获得成功下一步工作将造成浪费。

（二）整体协调

所谓整体协调的原则就是在计划实施过程中使工作所涉及到的方方面面达到和谐、合理、配合、互补、统一的状态。协调则强调实施过程中的各个环节之间、部门之间及实施主体与其公众之间相互配合，不发生矛盾或少发生矛盾，当矛盾产生时，也能及时加以调节解决。

最普遍、最常见的协调有两类：一类是纵向协调；一类是横向协调。

纵向协调是指上下级之间的协调。为了保证此类协调的效果，须注意以下几点：第一，上级部门对下级部门要有充分的了解；第二，上级部门提出的新行动措施不可在下级部门毫无思想准备和组织准备的情况下突然付诸实施；第三，实施计划中的主要目标和措施必须告知下级部门及全体实施人员；第四，下级部门必须实事求是和如实反映情况。

横向协调是指同级部门或实施人员之间的协调。横向协调通常采用当面协调、文件往来等形式沟通信息，从而达到协调的目的。

无论是纵向协调还是横向协调均要依赖信息的沟通，沟通过程中传递的信息应具有明晰性、一致性、正确性、完整性等特点。所谓明晰性就是沟通的信息要有清楚明确的表达，并能在实施人员的心目中形成清晰的印象。如果不能明确地表达实施计划的指令和概念，目标上下不能统一，那么，实施人员就不能抓住整个公共关系计划的重心，协调工作也会因目标不明确而无所适从。一致性的特点在于实施人员所接到的指令往往不止一个，这种先后发布的指令必须前后一致，否则，实施人员就会对指令感到困惑不解，协调只会成为空谈。正确性是指要避免信息失真，不要在沟通过程中有意无意地曲解信息的内容并加上自己的主观解释，否则协调工作也不可避免地因信息失真而偏离既定的目标。完整性的要求是建立双向交流的信息通路。只有通过双向的信息交流，才能有效地进行协调。

总之，协调的目的，是要使全体实施人员在认识和行动上取得一致，保证实施活动的同步与和谐，提高工作效率，减少或杜绝人力、财力和物力的浪费。

（三）反馈调整

反馈是控制论中的一个重要概念，也是公共关系计划实施中的一个重要概念。所谓反馈，是指把施控系统的信息作用于受控系统（对象）后产生的结果再输送回来，并对信息的输出产生影响的过程。由于人们通常要用这种反馈后所获得的认识来调整公共关系计划的实施活动，所以又称之为"反馈调整"。

反馈调整的过程是：公共关系计划制定者确定公共关系目标，根据公共关系计划的目标制定具体的实施方案，实施方案制定好后，组织有关部门和人员对方案进行评估，然后，把评估结果与原定的公共关系目标进行比较，发现问题后再重新修订整个公共关系计划，这是第一步。第一步工作之后，则开始将经过修订后的公共关系方案付诸实施。实施后再将实施结果与原定的目标进行比较以影响、调整下一步公共关系计划的制定与实施。

由于公共关系计划实施的环境和目标公众的情况是复杂而变化的，因而，在实施过程中，必须不断地把公共关系计划在客观环境中实施的结果与公共关系目标相对照，如有偏差，应及时对计划、行动或目标做出相应的调整。要依靠各种形式的信息反馈渠道，把方案实施的各种信息及时、准确地搜集汇总上来，经过研究分析，作为采取调整行动的依据。这里应该说明，一项公共关系计划的制定与实施，并非做一次反馈调整便可解决一切问题。它需要经过多次循环往复的反馈、调整，使实施不断完善，直至完成公共关系计划，实现战略目标。

三、公共关系活动实施的技巧

在公共关系计划的实施过程中，尤为重要的是信息传播。实施公共关系计划就是通过公共关系活动的开展来获得相关公众的了解、理解、信任和支持的过程，实质上是一种信息传播活动。策划传播是整个公共关系活动的中心环节，是计划具体落实、付诸执行的过程。在这一过程中，公共关系人员将以公共关系目标和公众的需要为出发点，选择最有效的途径和手段，通过组织中全体人员的共同努力，在公众心目中树立本组织的良好形象。

（一）优化传播效果

为了获得最佳传播效果，必须注意两个方面。

1. 考虑目标公众利益

公共关系活动实质上是针对目标公众而进行的信息传播活动，如果要使这种传播活动取得最大的效果，就必须使发出的信息全部或大部分为目标公众所接收。这就需要选用目标公众所习惯使用的传播媒介，传播与目标公众利益相关的信息。

2. 控制信息传播活动

没有计划就没有控制，反之没有控制或控制不好，计划也不能顺利实施和实现。计划是控制的基础，控制是实现计划的保证，两者从组织公共关系计划实施开始直至终结，始终紧密联系在一起。二者关系处理不好，优化公共关系传播效果也就无从谈起。

公共关系传播计划的控制程序包括这样五个方面：一是检查公共关系传播计划目标是否切合实际；二是检查公共关系传播计划的执行情况和衡量执行结果；三是建立控制标准，把传播计划执行结果与控制标准进行比较；四是发现偏差、分析原因；五是采取纠偏措施，保证公共关系传播计划的顺利实施和公共关系目标的实现。

（二）进行媒介整合

实施公共关系工作方案，实现公共关系目标要借助一定的媒介。按照活动目标、受众特点等将媒介进行组合，以达到整合传播的效果。根据公共关系目标、受众的数量、分布范围、年龄、文化水平、兴趣爱好等，选择电视、广播、网络、报纸等媒介形式，选择人际传播、群体传播、大众传播等传播渠道，选择演讲、新闻发布会、记者招待会、娱乐活动等活动形式，选择宣传手册、招贴画、标语等方式。在进行充分的论证分析基础上，进行与消费者的沟通，保证所选定的传播渠道及其整合达到预期成效而耗费最小。

（三）设计传播过程

实施公共关系计划首先要根据沟通的目的，选择传播（人际传播、组织传播、大众传播）的类型，在此基础上，再选择合适的通道，充分考虑信息传播要素（信源、信宿、编码、译码、信道）中每一个环节，使他们互相配合，协调一致，共同服务于目标。

（四）排除沟通障碍

在实施公共关系计划过程中，可能出现各种矛盾和问题，对此要防患于未然，不能等到事情闹大或问题堆积才想到去解决，应该把矛盾和问题消除在萌芽状态。这样才能扫清实施公共关系计划过程中的一切障碍，使公共关系计划得以顺利实施。

1. 要了解信息沟通发生障碍的原因

（1）信息发出者的影响力。信息发出者对信息接收者具有影响力，例如，知名度高、权威性强，容易使信息贯通到对方，否则容易发生障碍。

（2）信息对接收者的吸引力。对信息接收者有意义、有价值的信息容易贯通到对方，否则容易发生障碍。

（3）编码的技术性。编码后的内容准确，不会发生歧义；编码的形式多样，有利于多信道传输；编码后的信号容易破译，信号容易还原为信息。否则，容易发生障碍。

（4）信道传送的速度。信道传送的速度越快，信息的保真度越高，信息的价值也越大，否则信息容易失真，过期的“信息”没人感兴趣，沟通也会发生障碍。

（5）干扰“噪音”的强弱。信息接收者接收到的是被“噪音”干扰过的信号，“噪音”越强，信号越弱，要准确地译码就越困难，这也会给信息沟通造成障碍。

（6）信息接收者的状态和能力。信息接收者持积极态度，并具有准确译码的能力，容易将受干扰的信号还原为信息。否则，使信息沟通发生障碍。

由于信息沟通中存在着上述六种可能出现的障碍，信息沟通的过程有可能被阻断。不过，这实际上只是一种静态的分析。事实上，信息沟通往往是多个信源和信宿相互交叉着传递信息，它可以突破某种障碍。另外，信源和信宿又如两个受人工控制的水泵站互相送水一样，发现水没有送达对方或对方收到的是油库中泄漏出来的油，会采取调整措施加大水泵的压力或送出溶油液，使沟通恢复正常。积极地接收对方发送的信息和及时地发现和克服输送中的障碍，对保持信息沟通具有决定性的意义。

2. 实施计划前的测试

在方案正式实施之前，为了增加可靠性，可以进行一些必要的测试工作。测试信息内容的可读性，找一些目标公众来试读，看他们能否正确理解；测试设备的可靠性，看录音、录像设备运转性能是否良好；检查标语的内容、展牌的位置、资料袋的内容等。这些准备工作要尽可能周全，对工作要认真、仔细，做到防患于未然。

3. 做好各项协调工作

公共关系活动涉及面广，协调工作显得十分重要。一要协调好各个部门间的关系，特别是宣传、供销、广告等部门与团体之间的关系，避免互相脱节、互相牵扯甚至互相矛盾的现象产生，否则各部门间会产生抵消作用，影响公共关系计划的实施进程。二要协调好各个项目之间的联系。各个项目在实施过程中既相互区别又相互关联，要做到有机过渡、有机衔接，必须精心协调。三要协调好人员、物资的运转关系，大型公共关系活动人员的调用、物资运输是一门技术，可以用图表形式将人员、物资和运输之间的相互关系明确地呈现出来。

4. 处理好突发事件

对公共关系计划实施的干扰，最大的莫过于突发事件。这里所说的突发事件包括两大类：一类是人为的纠纷危机，诸如公众投诉、新闻媒介的批评、不利舆论的冲击等；另一类是不以人的意志为转移的灾变危机，诸如地震、水灾、火灾、空难等。这些重大的突发事件对公共关系计划的实施干扰极大。因为突发事件一般具有以下几个特征：（1）发生突然，常常令人始料不及；（2）来势迅猛，常常令人措手不及；（3）后果严重，危害极大；（4）影响范围大，易给整个社会带来恐慌和混乱。一个社会组织如果不善于处理突发事件，那么不但会使整个公共关系计划难以实施，甚至会影响到本组织的生死存亡。

（五）撰写公共关系总结报告

1. 总结报告分类

公共关系总结报告依其内容，可分为综合性总结报告和专题性总结报告。前者是全面性的总结，全面地总结组织在某个时期内主要工作的各个方面的情况，既要总结成绩，又要找出差距；既要有经验总结，又要有教训体会。有时还要有下一阶段工作的打算和安排等。后者是仅就某一方面的内容，或只涉及某一工作的一个侧面，其内容和范围具有单一性的特点。

2. 总结报告的格式与内容结构

公共关系总结报告通常由标题和正文两部分组成。标题的格式可以多样化。有文件式的，如《关于××的总结报告》，以标题内容点明是什么样的总结；有揭示式的，由一个句子或词组揭示这个总结报告的主题或其最主要的方面；也可以是正副题式的，由副题具体点明是什么内容性质的总结报告。

总结报告的正文，尤其是全面性总结报告的正文，一般都有以下几个部分。

（1）基本情况概述。这是公共关系总结报告的开头部分，也称前言。这一部分的写法，或概述公共关系工作的全貌、背景，或说明总结工作的指导思想和公共关系的成果，或将公共关系的主要成绩、经验、问题扼要地提出来，先给人以总的印象，作为下文的铺垫。

（2）成绩与经验的论述。这是公共关系总结报告的主体，其具体的写法可以是先写成绩后讲做法、经验，也可以把两者揉在一块写，做法、经验中讲成绩，或成绩中加做法、经验。

（3）问题与原因的论述。总结公共关系活动中存在的缺点和问题，分析其原因，提出可供吸取的教训。

（4）今后努力方向。这主要是针对公共关系活动中存在的问题，从经验教训及有关规律性的认识中，提出今后应发扬什么、克服什么，采取哪些措施，向什么方向努力，达到什么目的。无论是全面性总结还是专题性总结，这一部分的内容都是不可忽视的。

3. 写好总结报告要注意的几个问题

（1）必须掌握全面情况和整个工作进程，广泛搜集材料。这样才能综观全局，全面、真实地反映出工作中的成绩与问题、经验与教训。

（2）坚持实事求是，从实际出发。总结内容必须完全忠实于实际情况，要运用一分为二的观点，在充分肯定成绩的基础上，实事求是地找出存在的问题和缺点。要从大量实践材料中归纳出具有指导意义、可资借鉴的经验教训。

（3）着眼发展、着眼提高、着眼未来。总结评估工作的着眼点是为了把未来的事情做得更好。为此，必须善于从总结历史经验教训的高度，抓住对未来最有指导意义的东西，作为总结的重点。

（4）在总结报告的写作方法上，应注意记叙性和说理性相结合。情况的记叙是必要的，但不是对以往实践情况的简单回顾和全面罗列。总结，必须侧重于分析评价，揭示成绩和失败的原因。只有从大量的实践材料中归纳出具有指导意义和值得借鉴的东西，才能够发挥指导今后公共关系实践的作用，这样的总结报告才是合格的、有价值的。

第四节　公共关系评估

公共关系评估是对公共关系工作做全面深入的研究，是公共关系“四步工作法”中的最后一步。它在公共关系实践活动中起着不可低估的作用。公共关系评估涉及到公共关系全过程的所有内容，复杂程度和难度比较大，要取得成功，应该对以下问题进行较深入的研究：评估的意义、评估的内容、评估的程序、评估的方法和评估成果的运用。

一、公共关系评估的意义

公共关系评估，就是根据特定的标准，对公共关系计划、实施及效果进行衡量、检验、评价和估计，以判断其优劣。公共关系评估除用于考核评价效果外，它在公共关系实践活动中的前三个阶段发挥着不可低估的作用，表现在以下三个方面：

首先，公共关系评估是改进公共关系工作的重要环节。公共关系评估对一个社会组织的公共关系工作具有“效果导向”的作用。

其次，评估是开展后续公共关系工作的必要前提。从公共关系工作的连续性来看，任何一项新的公共关系工作计划的制定与实施都不是孤立存在和凭空产生的，它总是以原来的公共关系工作及其效果为背景的，即使是前后两项公共关系工作所要解决的问题各不相同，也应该和必须这样做。

最后，评估是鼓舞士气、激励内部公众的重要形式。当一项公共关系计划实施之后，由有关人员将该项公共关系计划的目标、措施、实施的过程和效果向内部员工解释和说明，可以使他们认清本组织的利益和实现的途径，自觉将实现本组织的战略目标与自己的本职工作紧密地联系在一起，并变为一种爱岗敬业的行动。

公共关系评估的另一重要意义还在于使组织的领导人看到开展公共关系工作的明显效果，从而使他们能更加自觉地重视公共关系工作。

公共关系评估是对整个公共关系活动全过程的评估，也是对公共关系活动的每一阶段、每一项目的考核评价。它可以伴随着公共关系工作的进展，根据要求随时评估。它与我们平常所说的总结或反思有些类似，只不过公共关系评估不是一般性的总结，而是一种具有特定标准、方法和程序的专门研究活动。

二、公共关系评估的内容

全面的公共关系效果评估工作，可以分解为诸多方面分别加以研究，然后具体分析各自的绩效，最终形成评估成果报告。

（一）公共关系工作程序评估

公共关系工作程序评估，就是对公共关系工作的各个步骤的合理性作出客观的估价。公共关系评估是一个连续不断的活动，一旦进入公共关系工作过程，评估活动也就开始了。评估研究内容及要点如下：

1. 调查研究过程的评估

调查研究过程的评估要点包括：（1）公共关系调研的设计是否合理？（2）公共关系工作信息资料的搜集是否充分、合理？（3）获得信息资料的手段是否科学？（4）公共关系调研对象选择是否具有典型性、代表性？（5）公共关系调研工作组织实施的合理程度？（6）公共关系调研的结论分析是否科学？（7）信息的表现形式是否恰当？

2. 计划制订过程的评估

计划制订过程的评估要点包括：（1）各项准备工作、沟通协调工作是否充分？（2）计划目标是否科学？（3）计划实施的总体安排、步骤是否可行？（4）日程安排如何？

3. 实施过程的评估

实施过程的评估要点包括：（1）信息内容准确度如何？信息表现形式如何？信息发送数量如何？（2）信息被传媒采用的数量如何？质量如何？（3）接收到信息的目标公众有多少？成分如何？与组织关系有多大？（4）注意到该信息的目标公众数量如何？

4. 实施效果的评估

实施效果的评估要点包括以下几个方面。

（1）了解信息内容的公众数量。这是对开展公共关系活动前后公众对组织的认识、了解和理解等变量进行比较。例如，在公共关系活动开展前后，对同一组公众进行重复测验，或者在一组公众当中开展公共关系活动，而在另一组公众当中不开展这项活动，然后将两组测验结果加以比较。这种方法也可用于所有实施效果评估的项目之中。另外，在沟通活动结束后，了解公众观点和态度的变化也可采用这种方法。

（2）改变观点、态度的公众数量。这是评估实施效果的一个更高层次的标准。因为“态度”所涉及范围很广，内容丰富而复杂，而且不容易在很短时间内发生变化。评价一个人的态度，要根据一段时期内他在所有有关问题上的立场和观点，而不能仅凭一时一事判定一个人的态度发生变化与否。态度与观点、知识的关系大致是这样的：态度的变化可能随着知识与观点的变化而变化，然而，在一个人知识与观点未发生变化的情况下，也可能发生态度变化。

（3）发生期望行为与重复期望行为的公众数量。人们行为的改变受到多种因素的影响，如同态度与知识、观点的关系一样，行为同知识和观点之间也在一定条件下发生联系。这里有一点是可以肯定的：行为发生变化的人们在行为发生改变之前，肯定接受了某些信息或在某些方面被说服了。在掌握了发生期望行为的公众数量之后，还应该注意了解重复期望行为的公众数量。对这些活动的影响效果的评估要根据活动开展以后几个月甚至几年的持续观察数据。评估一项公共关系活动在改变人们长期行为方面取得的效果，需要较长时期的观察，并取得足以说明人们行为调整后不断重复与维持期望行为的有力证据。

（4）达到的目标与解决的问题。这个评估标准是公共关系活动效果评估的最高标准。公共关系计划目标的实现，可以表现为取得理想的选择结果，筹措资金的数额达到预期指标，立法方面取得胜利，等等。有时，公共关系活动产生的结果并非完全与计划目标相一致，但是这些结果同样是积极的，可以认为是达到计划目标的其他表现方式。在这种情况下，这些结果也应该作为评估公共关系活动效果的根据。

（5）对社会经济与文化发展产生的影响。这种影响要同其他因素一起共同起作用，并在较长时间里以复杂的、综合的形式表现出来。因此，对这种影响效果的评估并非是公共关系人员所能完成的。这是留给社会学家和心理学家的题目。我们这里涉及到这个问题，主要是为使公共关系活动效果评估的理论体系完整化，并引起人们在思想上认识这个问题。对于那些通过自己的职业行为履行社会责任，并对社会经济及文化的发展产生积极作用的公共关系人员，后人将给他们以公正的评价。

（二）公共关系活动类型的评估

按公共关系活动形式可把公共关系划分为日常公共关系活动和专项公共关系活动。按公共关系计划制定时间的长短，可把公共关系划分为年度公共关系活动、长期（三年至五年）公共关系活动。公共关系活动类型的评估内容及要点如下。

1. 日常公共关系活动效果的评估

日常公共关系活动效果的评估内容要点包括：组织的全员公共关系运作；领导者内外部公共关系活动的开展情况；全体员工的公共关系意识和行为表现；组织的各部门在经营管理各环节上的公共关系投入；公共关系网络；内部公共关系协调状况；日常的组织沟通；人际协调；组织的外部公共关系；知名度、美誉度；公共关系人员的工作状况；公共关系人员与领导工作配合和沟通等方面。

2. 专项公共关系活动效果的评估

专项公共关系活动效果的评估内容要点包括：项目的计划是否合适；其目标与组织总目标、公共关系战略目标是否一致；项目的目标是否已经实现；传播沟通策略、信息策略是否有效；公共关系协调状况如何；对公众产生哪些影响；组织的形象有何改变；项目预算是否合理；组织管理工作成效如何。

3. 年度公共关系效果的评估

年度公共关系效果的评估内容要点包括：年度公共关系计划目标是否实现；年度公共关系计划方案是否合理；实现状况如何；年度内日常公共关系工作成效如何；年度内单项公共关系活动的类型、数量及成效分析；年度公共关系经费预算使用情况及合理化研究；内外部公共关系的开展和成效；公共关系机构与公共关系人员的绩效；组织的公共关系应变能力等。

4. 长期公共关系活动效果的评估

长期公共关系活动效果的评估内容要点包括某一长期公共关系项目及公共关系长期工作的成效分析。它是一个总结过程，需要将日常工作评估结果、专项活动评估结果、阶段性工作评估结果一并吸收进来，进行系统分析，从而获得一个总的结论。另外，还包括对公共关系活动的经历，并对其进行客观评估。同时，应将前几种公共关系活动效果评估的内容要点加以归纳整理和分析研究。但是，要特别注重公共关系战略的得失问题、公共关系变动规律问题、公共关系与经营管理的关系问题等。

（三）公众关系状态评估

对主要公众关系状态进行评估研究，旨在通过各类公众关系的变化来评估以往公共关系工作的成效，公众关系状态分析应分两步进行：内部公众关系与外部公众关系。

1. 内部公众关系评估

内部公众关系评估的内容要点包括：组织的政策在沟通中被全员接受的程度；员工的士气；组织的凝聚力；组织中的各种工作关系处理情况和趋势；双向沟通带来哪些生机和活力；影响员工关系的因素测评；沟通渠道需做哪些改进；传播策略及目标有何欠缺；公共关系贯通于各种经营管理活动的各个环节中有否障碍等。

2. 外部公众关系评估

外部公众关系评估的内容要点包括：消费者关系评估，看清消费者的态度、行为变化特点，评估组织对消费者关系的传播沟通及人际协调方面的工作成效；媒介关系评估，看其态度冷漠还是热情、积极支持与否，采取何种沟通策略及成效；社区关系评估，了解各类社区公众对自己及有关活动的看法；政府关系评估，了解政府的支持情况、组织与政府的沟通效果，政府关系的沟通协调策略等。

（四）公共关系机构工作绩效评估

对公共关系活动分项评估与对机构的工作绩效进行评估，便于清点公共关系机构人员的工作效率、实际能力、策略手段等。定期对此做出评估分析，对改进机构工作效率和提高水平很有帮助。

评估主要包括以下几个方面：市场营销分析；广告研究；新闻宣传；专题活动；管理绩效。

上述公共关系评估类型，在内容上互有交叉，区别只是评估的角度不同。公共关系评估工作可视需要，选取其中一类或几类进行。

三、公共关系评估的程序

（一）设立统一的评估目标

统一的评估目标是检验公共关系工作的参照物，有了参照物才能通过比较来检验公共关系计划与实施的结果。即使这一评估目标更多的是定性的而非定量的，仍需制定出一个统一的评估目标。这需要评估人员对有关问题，比如评估重点、提问要点形成书面材料，以保证评估工作顺利进行。另外，还要详细规定调查结果如何运用。如果目标不统一，则会在调查中搜集许多无用的材料，影响评估的效率与效果。

（二）取得组织最高管理者的认可并将评估纳入公共关系计划之中

评估不是公共关系计划的附属品或计划实施后的思考和补救措施，而是整个公共关系计划的重要组成部分。因此，对评估应该给予足够的重视，对评估的方法、程序等方面予以充分的考虑和周密的筹划。

（三）在公共关系部门内部取得对评估的一致意见

公共关系部门的负责人要认识到，即使是公共关系人员本身，也不能一下子就把公共关系活动与实务性结果的性质和它的可测量效果联系起来。要给他们足够的时间认识效果评估的作用和现实性，并允许他们通过自己的亲身体验加深这一认识。

（四）从可观察与测量的角度将目标具体化

在项目评估过程中，首先应该将项目目标具体化。例如，谁是目标公众，哪些预期效果将会发生以及何时发生，等等。没有这样的目标分解，项目评估就无法进行。同时，目标分解还可以使公共关系计划的实施过程更加明确化与准确化。

（五）选择适当的评估标准

如果一个组织将“让公众了解自己支持当地福利机构，以改善自己的形象”作为公共关系活动的目标，那么，评估这样的公共关系活动的标准，就不应是了解公众是否知道当地报纸上哪一个专栏报道了这一消息，占用了多大篇幅，而应该了解公众对组织认识情况以及观点、态度和行为的变化。

（六）确定搜集证据的最佳途径

调查并非总是了解公共关系活动影响的最佳途径，有时组织活动记录也能提供这一方面的大量材料。在有些情况下，小范围的试验也是十分有效的。在搜集有关评估资料方面，没有绝对的唯一最佳途径。在这一方面，方法选择取决于评估的目的、提问的方式以及前面已经确定的评估标准。

（七）保持完整的计划实施记录

这些资料能够充分反映公共关系人员的工作方式和工作效果，尤其重要的是反映计划的可行性程度，哪些策略是有效的，哪些策略是无力的或者无效的，哪些环节衔接比较紧密，哪些环节还有疏漏或欠缺。

（八）及时、有效地使用评估结果

公共关系活动的每一个周期都要比前一个周期表现出更大的影响力，这是运用前一个周期评估的结果对后一个周期进行了调整的缘故。由于对评估结果的运用，问题确定及形势分析将会更加准确，公共关系目标将会更加符合组织发展的要求。

（九）将评价结果向组织管理者报告

这应该成为一项固定的制度，它的作用一方面可以保证组织管理者及时掌握情况，有利于进行全面的协调；另一方面也可以说明公共关系活动在持续地保持与组织目标相一致，以及其在实现组织目标过程中的重要作用。

（十）提高对公共关系的理性认识

公共关系活动的科学组织与准备效果评估，导致人们对这一活动及其效果有更多的理解与认识，效果评估的成果又进一步丰富了公共关系专业知识的内容。通过具体项目效果评估所得到的资料，经过抽象化分析，可以得到对指导这一活动有普遍意义的思想、方法与原则。

四、公共关系评估的方法

评估本身是一项研究工作，需要采用各种各样的研究方法。

（一）专家意见法

专家意见法又称“德尔菲（Delphi）法”，其步骤有如下几个方面：

1. 由主持人拟好调查评估项目，并给出评价标准。如公众舆论的变化可分为呈好转、略好转、原状、略恶化、恶化五个标准。

2. 邀请专家若干名。一定要聘请那些知识丰富、熟悉情况的专家。

3. 请专家们匿名、独立地就拟定项目发表意见。若意见分散，则将上一轮意见汇集整理，反馈给每一位专家，请他们重新发表意见，直至意见趋于一致。

4. 汇总出能代表大多数专家意见的结论，作为专家集体对公共关系活动的评判。

（二）民意测验法

这种方法在公共关系评估中运用较为普遍。这种方法的基本做法是，按抽查法的要求，在选定的公众群体中，选择一定数量的测验对象，用问卷、表格等方式，征求他们对指定问题的意见、态度、倾向，再做出统计、说明，分析公共关系活动的效果。

（三）公众意见征询法

公共关系人员通过与公众代表的对话，征询广大公众的意见和观点。这种方法又可分作“公众代表座谈会”和“公众询问法”两种。前者可以制度化，并有效地控制与会者的代表性；后者则是以口头、电话等方式，就固定问题，随机地向被询问者提问，然后将公众意见汇集、整理，形成综合意见。

（四）实验法

这种方法的实质是利用事物、现象间客观存在的相互关系，通过调节某个变量（如公共关系活动前后某个企业的声誉），测定另一些量（如产品销售量、订货量）的增减。实验法可以在经历和未经历公共关系活动的两组公众之间展开。例如，一家日用化妆品公司，在报上连载宣传夏季正确使用化妆品的方法，旨在向公众传授在不同季节，正确选用适宜化妆品的知识。我们采用实验法对该项活动的效果进行评估：先测验一组报纸订户（实验组）的有关知识，再对另一组未接触过该报的公众（控制组）进行有关知识测验，然后将两次测验结果作比较，就很容易得出评估结论。实验法的关键是在确保实验对象代表性的同时，尽可能缩小实验范围。

（五）组织活动记录法

在组织实施公共关系活动前后，坚持在组织的日常活动中，记录有关标志和指标的变化。全面、准确的活动记录是重要的效果评估资料。例如，学校的报考人数、企业的产品销售额、宾馆的投宿人数、机关的出勤率等都属组织活动记录范围。进行评估，要依据记录的资料，选择一定的标准进行比较，然后得出评判结论。

（六）传播审计法

这种方法是通过大众传播媒介发布的本组织的统计分析，评估组织公共关系信息传播情况。通过以下指标和方法，我们可以概略地了解公共关系信息传播的效果。

1. 定量分析

（1）沟通有效率

它是指沟通有效数与沟通信息总数之比，可用下列公式表示：

沟通有效率＝（沟通信息总数−无效数）/沟通信息总数×100%

（2）公共关系信息传播速度

它是指单位时间内传播的信息量，或一定的信息量传递所需要的时间。单位时间内传播的信息量越多，或一定信息量传递所需要的时间越短，说明传播速度越快。其公式如下：

R=传播信息量/传播的时间

在这个公式中，R 值越大，传播速度就越快，传播效率就越高。传播速度是评价传播效果的一个重要指标。

（3）视听率

这是通过测定大众传播媒介传播的公共关系信息来得到公共关系工作效果的方法。

视听率就是实际视听人数与某一调查总人数的比例可用下列公式表示：

视听率=实际视听人数/调查总人数×100%

（4）知名率

知名率是指掌握公共关系信息的人数与某一被调查总人数之比可用下列公式表示：

知名率=掌握公共关系信息的人数/被调查人数×100%

2. 定性分析

新闻媒介报道迅速，感觉灵敏且有很大的影响力。经常进行新闻分析，就可以从新闻媒介关于本组织的报道中评估公共关系活动的效果。新闻分析的主要内容包括如下几个方面。

（1）报道的篇幅和时数

篇幅越大，出现频率越高，时数越多，引起注意和兴趣的程度就越高。这是从“量”上进行判断。

（2）报道的内容

报道中，对组织的成就、发展情况报道越多，效果就越好，在公众中树立起组织的良好形象的可能性也越大。这是从“质”上分析。

（3）新闻媒介的层次和重要性

所谓层次高、重要的媒介是指那些级别高、发行量大、覆盖面广、具有权威性、影响力强的新闻媒介。这些媒介发表对组织有利的报道，往往比其他媒介更利于提高组织的知名度和美誉度。

（4）新闻资料的新闻价值

对新闻资料是正面报道还是反面报道，是全面报道还是摘要报道，是重点报道还是一般报道，是醒目的版面还是次要的版面，这些差别均会使报道效果不同。

（5）报道的时机

报道的时机是否及时、适时，是否能恰好配合组织的实际发展，迟发的新闻报道有时不仅无益，反而有害。

(6) 记者、编辑的反应

记者、编辑对于所提供的资料是否满意，如资料是否及时，是否容易编发，是否需要较大的改动，是否适合报刊的要求。

五、公共关系评估成果的运用

公共关系评估成果对于整个公共关系工作有极大的应用价值。它能够承前启后，使公共关系工作得以高效合理地开展，使组织步入良好的公共关系环境。

公共关系评估的成果由多种形式综合体现，如调查报告、工作报告、各类实务总结报告、公众研究报告、各种信息发布原本、传播审订报告、各种评估记录资料等，它们都是评估成果的体现，但评估成果的主要表现形式是公共关系总结报告。公共关系活动总结报告是提供给组织的一种正式文本，它往往被送到最高管理层，作为领导层统筹管理和制定新决策的依据；送达各职能部门，作为各部门改善工作的参考；提供给全体员工，以利于员工了解外界的评价，提高士气，改善行为。以往人们不太重视公共关系评估，不太注重评估成果的运用，常常使公共关系工作带有盲目性和被动性，丧失了许多成功机会。在提高对公共关系评估作用认识的基础上，公共关系机构应善于作评估，善于运用评估成果来有效地开展公共关系工作。

公共关系评估成果的运用，可以包括以下诸方面：第一，用于调整公共关系工作计划，使计划更趋于科学合理；第二，对策划新的公共关系目标方案有直接的帮助，可以促进新的公共关系计划借鉴成功的经验，吸取失败的教训，避开误区，有效地开展工作；第三，用于组织决策的改进，这对组织走向市场、为公众所认同与合作方面，有较大的决策参考价值；第四，用于改进组织全面的公共关系工作。

通过运用评估成果，组织的管理层可调整行为、改善工作、提高绩效，寻找有效的策略和技巧，为下一步公共关系工作奠定基础。

案例 10.1　公共关系预算

公共关系预算是一项非常具体的工作，也是公共关系人员的一项经常性工作。下面列举几种预算表。

(1) 公共关系部年度预算表

工资：公共关系部经理、经理助理、组织自办杂志编辑、摄影师、秘书等所需费用；

一般费用：租金、房地产税金、照明费、取暖费、清洁费、电话安装费等所需费用；

折旧费：家具、打字机、复印机、传真机、计算机、照相机、办公室办公用具、运输工具等所需费用；

保险费：设备保险、私人财物等所需费用；

对外联络费：材料费、宴请费、邀请费等所需费用；

内外部杂志费：编辑、设计、印刷、稿酬等所需费用；

幻灯片费：编辑、剧本、音乐、评论、材料、制作、招待等所需费用；

纪录影片费：编辑、剧本、演员、拍摄、音乐、材料、梗概介绍单等所需费用；

新闻发布费：写作、研究、邮运等所需费用；

专访文章费：调研、讨论、写作、邮运等所需费用；

新闻剪报收集费：原材料、工具、复印、装帧等所需费用；

情报管理费：收集、整理、归类、装订、材料和工具等所需费用；

制作录音费：访问、录制、设备、材料等所需费用；

录像制作费：材料、拍摄、设备、管理等所需费用；

印刷品费：说明书、宣传品、小册子、简报、墙画、日历、年度计划和工作报告等所需费用；

会议费：文字材料、宴请、膳食费、住宿、交通工具租金、旅游、参观等所需费用；

摄影费：胶卷、摄制、印制、放大所需费用；

外出访问费：车旅费、宴请费、资料费、租金等所需费用；

运输工具费：汽车等所需费用；

文具费：纸张、电话费、办公用品、邮寄费办公用品等所需费用；

旅行费：招待费、车旅费等所需费用；

不可预见费：10%

总计：×××元

年度预算表涉及的内容十分广泛，应把与公共关系工作有关的一切费用尽可能包括进去。编制年度预算十分重要的一点，是年度的实施计划与分项进度一定要与全年的经费预算一致。此外，一般都应有一定比例的不可预见费，以应对情况的变化。

（2）公共关系项目预算表

以某企业一次记者招待会预算为例：

场地租金费：×××元

交通费：×××元

宣传资料费：×××元

产品实物费：×××元

招待费：×××元

印刷、电话、电报费：×××元

文具费：×××元

劳务费：×××元

公共关系人员工资：×××元

其他费用：×××元

总计：×××元

项目预算是针对一项公共关系活动编制的，所需经费的估算应比较具体、准确，所需费用应与活动项目的需求基本接近。

（3）接受公共关系咨询服务预算表

英国公共关系专家弗兰克·杰夫金斯曾绘制了一张模拟的公共关系咨询服务费用预算表，具体如下：

12 次例会　12× x 小时× x 镑=

12 次新闻发布会　12× x 小时× x 镑=

总部的正式开业　x 小时× x 镑=

准备年度报告　x 小时× x 镑=

编辑和设计内部杂志　4× x 小时× x 镑=

4 篇专访文章　4× x 小时× x 镑=

2 盒提供电台的录音带　2× x 小时× x 镑=

额外费用　10% x 小时× x 镑=

总计　x 镑

所需的材料费：

发布新闻　x 镑

印制年度报告　x 镑

邮资、文具　x 镑

磁带　x 镑

总部正式开业的费用　x 镑

额外费用 10%　x 镑

总计　x 镑

此表是组织接受咨询服务时计算收费的方法，对客户来说是一种预算。表中所涉及的项目有如下几个：

（1）新闻发布、总部开业、年度报告、专访文章、制作录音均指一个月内的工作量。

（2）额外费用专用于补充或协调因某些物品价格上涨造成经费不足或

出现意外亏空的情况。

(3) 作为接受咨询服务的组织来说，可以参照计算方法编制咨询预算。同时，也可以了解这笔支出的实际效用。

案例 10.2　公共关系策划主题设计

上海世界博览会主题：城市，让生活更美好

广东顺德碧桂园：给你一个五星级的家

海南欢乐节的宣传主题：美丽与健康同行

云南世界园艺博览会：万绿之踪、彩云之南

成都首届国际熊猫节：人·动物·大自然

某企业重奖高考状元活动：教育·人才·明天

北京申办奥运会：新北京　新奥运；绿色奥运　科技奥运　人文奥运

案例 10.3　公共关系策划目标的确定

美国保业姆瓷器公司，在其老板娘从故去的丈夫手中接过来之前，是一个规模很小、名气不大的专门生产花草禽兽等瓷雕艺术的小公司。老板娘接管后，决定从根本上改变公司的形象。她给公司确定了长期目标、中期目标、短期目标。

长期目标：一是本公司要以艺术家形象著称于世，其产品要跻身于美国国家博物馆的珍品之中；二是本公司要以慈善家形象著称于世，其产品象征人类保护的野生动物，并向环保组织捐款，以提高声誉。

中期目标：一是生产高档艺术品，不挣钱，目的是创名牌，扩大声誉；二是生产低档产品，目的是培养人才，各种产品均以手工操作，以显示其艺术价值。

短期目标：主要生产中档艺术品，盈利，并拿出部分利润捐助一些慈善机构，逐步扩大影响。

由于该公司树立与众不同的形象，很快引起公众的瞩目。

1972 年尼克松总统访华前夕，正苦于寻找一种能代表国家的礼物。该公司闻讯后，抓住良机，迅速向尼克松总统献上该公司生产的一尊天鹅群瓷器珍品。因为瓷器的英文正是 China，尼克松大为惊喜，于是把这尊具有双重意义的艺术品带到中国。小小的保业姆瓷器公司也因此而声名大振，营业额急速上升。

案例 10.4　李世石和“阿尔法狗”人机大战

2016 年，谷歌（Google）公司顺水推舟向韩国围棋名将李世石发起了挑战，并以 100 万美金作为对胜利者的奖赏，李世石欣然接受。“阿尔法狗”与韩国棋手李世石的对决，成为轰动世界的大事件。以当时舆论来看几乎是一边倒的支持李世石5：0战胜“阿尔法狗”。结果在2016年3月进行的围棋人机大战中，“阿尔法狗”（AlphaGo）最终以4：1战胜了韩国名将李世石，引起了全世界的广泛关注，也让神经科学和深度学习等概念进入了公众的视野。这次人机大战也是谷歌（Google）公司的一次重要的新闻策划，展示了谷歌公司强大的人工智能技术。

思考题：

1. 公共关系调查研究的一般程序是怎样的？
2. 公共关系实施有哪几个步骤？
3. 公共关系调查有哪些特点和形式？请设计一份调查表。
4. 你如何认识公共关系策划的目标？
5. 如何制订公共关系策划书？
6. 公共关系策划的具体步骤是怎样的？
7. 公共关系评估有哪些种类？

第十一章　公共关系专题活动

本章概要：

公共关系专题活动是指社会组织为了实现某一明确目标，在特定时机围绕特定主题精心策划的活动。公共关系专题活动是社会组织与广大公众进行沟通，塑造自身良好形象的有效途径。国内外许多社会组织经常采用公共关系专题活动来扩大影响，提高影响力。

本章主要介绍了几种主要的公共关系专题活动：会议活动、专项活动、公共关系谈判等。

第一节　公共关系专题活动概述

一、公共关系专题活动的含义和特点

（一）公共关系专题活动的含义

公共关系专题活动是社会组织为了实现某一明确目标，在特定时机围绕特定主题精心策划的活动，目的是通过与公众的互动交流，使组织的主体形象得到公众的认可，组织的社会影响力得到广泛的传播。

一般来说，社会组织的公共关系活动可分为两种类型：其一是那些日复一日、月复一月、年复一年的日常公共关系工作；其二是为了向广大公众传递信息、引起新闻媒介注意、提高组织知名度和美誉度的“公共关系

特别节目”。这类公共关系专题活动与公共关系日常工作相比，具有目的明确、目标公众清楚、活动有计划、规模较大、影响深刻等特点。因此，公共关系专题活动更需要精心设计和策划。根据公共关系专题活动与公共关系日常工作的区别，我们可以这样给公共关系专题活动下定义：所谓公共关系专题活动指的是，社会组织为了某个公共关系主题的有效传播，有计划、有步骤地组织目标公众参与的集体活动。

（二）公共关系专题活动的特点

社会组织举办各种类型的公共关系专题活动，有利于协调组织与各方面公众的关系，有利于树立良好的组织形象和产品形象，所以，社会组织应该经常举办各种公共关系专题活动。但是，要想成功地策划并实施各种公共关系专题活动，并非易事，它有以下特点。

1. 吸引力大

社会组织举办各项公共关系专题活动，其目的是为了让公众了解、认知组织或企业产品，达到扩大社会影响的目的。因此，公共关系专题活动策划必须抓住公众心理，吸引公众积极参与。比如，使公共关系专题活动具有趣味性，让公众自由表现，给参与者一定的知识、经验、乐趣或实惠等。

2. 创新力强

每一次公共关系专题活动，都应策划得新颖别致、富有特色，要大胆创新、力戒平淡。

公共关系专题活动的创新主要表现是：在创意上新，在形式上新，在内容上新，在方法上新。在近几年的公共关系专题活动中，越来越多的庆典活动跳出旧的模式，取得了卓尔不俗的纪念效果。例如，河北省衡水市某保健公司的开业典礼剪彩，没有按惯例邀请有头有脸的人士进行剪彩，而是请了三位被彩球命中的顾客“上帝”剪彩，大剪落下，全场欢呼，喜庆气氛格外浓厚。再如，江苏一家公交公司兴建的三星级大酒店，开业庆典时邀请10位公交职工中的全国、省、市劳模剪彩，体现了对劳模无私奉献精神和劳动价值的尊重。还有，清华大学85周年校庆采取的庆祝方式，是开展一系列的“校长征求意见活动”，于校庆前后，王大中校长先后邀请了中国科学院院士中的校友、担任省部级以上领导职务的校友、担任国有大中型企业领导的校友以及海外清华校友中取得了突出成绩的科学家等来校座谈，征询他们对学校建设的意见和建议。《光明日报》对清华大学采取的更务实、更富有新意的校庆方式给予了高度评价，载文指出“它的意义超出了校庆”。

3. 影响力强

一般情况下，公共关系专题活动的影响越大，说明其专题活动办得越成功，如果没有什么影响，则说明公共关系专题活动是失败的。社会组织的公共关系专题活动为产生较大的影响，需要投入大量的人力、物力、财力，所以，应通过精心策划，使组织的投入产生社会效益和经济效益。社会组织公共关系活动的影响力表现在：提高组织的知名度和美誉度，树立组织的良好形象。这使原来不了解组织的公众对本组织有所了解，使原来了解本组织的公众产生好感，使原来有好感的公众支持本组织。例如，广州花园酒店和广州市妇联共同举办的“母亲节征文比赛和表扬模范母亲”的活动，其影响力就很强。他们的具体做法是，首先从每个选区选出5位模范母亲，给予表彰，并向全市小学高年级学生征集赞颂母亲的作文，从中选出30篇优秀作文举办朗诵会。在朗诵会上，孩子们当众朗诵自己的作品，并回答新闻记者的提问，最后评出优胜者，颁发奖品和纪念品。一时间，广州花园酒店的名字在广州便家喻户晓了。

二、公共关系专题活动的类型

在实际公共关系工作中，公共关系专题活动有许多不同的类型，准确地区分不同类型的公共关系专题活动，有助于我们更好地掌握公共关系专题活动的策划和实施管理。根据不同的划分角度，公共关系专题活动大致有以下几种。

1. 按公共关系专题活动的规模可分为小型公共关系专题活动、大型公共关系专题活动和系列公共关系专题活动

小型公共关系专题活动是在某个机构场所和人员范围内举行的或人数在百人以下的活动；大型公共关系专题活动是有目的、有组织、有计划地吸引众多人参与的协调行动，如中央电视台庆祝2008年北京申奥成功大型演唱会；系列公共关系专题活动是以同一目标为出发点，形成不同内容、不同形式、不同场所的多项活动，或者由不同机构组织众多人参加多项活动，如大连服装节、北京申办奥运系列活动。

2. 按公共关系专题活动性质可分为公益性活动、社会工作活动、专业性活动、商业性活动和综合性活动

公益性活动主要有环保活动、慈善活动、敬老活动、救灾活动等；社会工作活动主要有文明礼貌、道德教育、公民教育等属于社会工作范畴类的活动；专业性活动主要有科技、文学、艺术、体育等专业内容十分突出的活动；商业性活动主要有与消费者沟通的活动、商业促销活动、商业推广宣传活动；综合性活动主要是集各种性质的活动为一体，例如旅游节、服装节、文化节、美食周等，在这些活动中，既有商业活动又有公益活动，既有社会工作活动又有娱乐活动，其特点是融多种活动为一体。

3. 按公共关系专题活动的内容可分为典礼型、喜庆型、会议型、展示型、新闻传播型、竞赛型的活动

典礼型活动包括有奠基典礼、落成典礼、开业典礼、签字仪式、剪彩仪式、就职仪式等；喜庆型活动包括周年贺庆、庆功会、颁奖会、节日联欢会、庆祝宴会、节日舞会、大型文艺演出等；会议型活动包括有研讨会、洽谈会、鉴定会、交流会、座谈会、演讲会；展示型包括有展览、展销、促销、开放参观等；新闻传播型活动包括有公共关系新闻传播、策划新闻事件、新闻采访接待、记者招待会等；竞赛型活动包括有以企业名称命名的体育比赛、歌咏比赛、摄影比赛、征文比赛、演讲比赛、绘画比赛、智力竞赛等。

除此之外，公共关系专题活动还可以按活动场地分为室内活动、室外活动、野外活动等。公共关系专题活动的分类方法没有固定模式，也不仅仅限于以上几种。公共关系人员可以结合公关专题活动的侧重点，选择不同类型的策划方法和构思，实现公关活动的最终目标。

三、公共关系专题活动策划中应注意的事项

（一）要有明确的策划目的

任何公共关系专题活动都应该有明确的目的，要设定影响哪方面的公众，要达到怎样的公共关系目标，要取得哪方面的效果，以及公共关系专题活动的主题是什么都应事先确定。

（二）要有完整的实施方案

应该把公共关系专题活动作为一个整体和系统的工程来设计、规划。对于活动的时间、地点、参加者、活动方式、环境、交通、经费、宣传报道、效果评估等各方面因素和细节都要考虑周全，事先要制定实施方案并请有关人士论证批准，然后按照活动方案进行操作实施，并且在实施过程中收集反馈信息，如有必要可根据实际情况和反馈信息对方案进行合理调整。

（三）要有具体的传播计划

应根据公共关系专题活动的目的和主题设计一个既有创意，又叫得响亮，又利于传播的标题或口号。标题或口号犹如一篇文章的题目，既要能反映文章的主旨，又要有新意。在公共关系专题活动开始之前，就要把有关专题活动的消息传播出去，以便渲染气氛，创造良好氛围，还要事先与新闻媒介进行联系，并且为记者采访报道提供一切便利条件。专题活动之后，要注意收集反馈信息和报道成果。总之，公共关系专题活动要有与之配合紧密的传播计划。离开了传播，公共关系专题活动的效果则会大打折扣。

（四）要有专业的实施团队

公共关系专题活动不仅要请专家精心策划，而且要有专人负责实施，最好是组成专门机构一抓到底，善始善终。其机构成员最好是具有公共关系知识和公共关系策划能力、实施能力的专业人士，至少是对专业有所了解的人员，以便能“逢山开路，遇水搭桥”，保证公共关系专题活动的顺利进行。

第二节　会议活动

一、新闻发布会

（一）新闻发布会的含义

新闻发布会，又称记者招待会，是指以某一社会组织的名义邀请新闻机构的有关记者参加，由专人来宣布有关重要信息，并接受记者采访的具有传播性质的一种特殊会议。政府、企业、社会团体或个人都可以举行。

（二）新闻发布会的特点

新闻发布会是一种两级传播：组织先将信息告知记者，再通过记者所属的大众传播媒介告知公众。它一般具有以下特点：

1. 信息的权威性。通过新闻发布会发布信息，其形式比较正规、隆重，规格较高，信息权威真实，容易吸引社会的广泛关注并得到公众的认可。

2. 沟通的双向性。在新闻发布会上，一般都会设置记者提问环节，在这一环节，记者可以根据自己感兴趣的问题进行提问，有利于更好地挖掘信息，充分地采访组织，同时也能使组织更深入地了解新闻界。这种形式下的双向沟通，无论在深度上和广度上都较其他形式更为优越。

3. 人员素质高。新闻发布会正规、隆重的特点决定了社会组织的发言人和会议的主持人要具有较强的综合素质，首先要有良好的语言表达能力，要能把社会组织的相关信息、意图准确、简洁、完整地传达给新闻媒体；其次要反应迅速，在问答环节面对记者的刁钻提问能从容应对，有礼有节。

4. 组织成本高。新闻发布会往往占用记者和组织者较多的时间，经费支出也较多，因此，组织成本比较高。

（三）新闻发布会的组织和安排

1. 明确会议的主题

新闻发布会的主题要视具体情况和需要来制定。一般以社会组织的成立、新技术或新产品的问世、经营管理方面的重大改革、重大的庆祝日或纪念日，或出现紧急情况，如起火、爆炸等特殊事件作为贯穿于整个会议的主题。新闻发布会切忌偏离主办方的主题。

2. 选择好会议召开的时间

新闻发布会召开的时间应尽量避开重大的社会活动日，以免记者因更重要的活动而不能参加此次活动。如果时机选择不恰当会降低会议的新闻价值，影响会议的效果。主办方还应在日程选定后，提前3～4天派专人将有关请柬送到应邀者手中。

3. 选择好会议召开的地点

新闻发布会一般可在本单位或租用宾馆、大饭店举行；如希望造成全国性影响的，则可在首都或某大城市举行。

4. 确定应邀者的范围

新闻发布会主要邀请的是记者，有时还可以邀请一些知名人士及有关方面的专家，以提高会议的规格，增加会议内容的可信度。邀请记者的范围以信息接受者的范围来确定。

5. 准备好会议所需要的资料

（1）认真准备好新闻发布会所需的文字、图片资料，力求内容充实，包括主持人的演讲词、答记者问的备忘提纲、新闻统发稿，与将要发布的事件有关的背景资料、论据资料、照片、录音、录像、幻灯片等。所有材料都要统一反映主办方的中心议题。

（2）由负责与新闻界联络的人负责准备工作，落实出席新闻发布会的人员，请示确定主要发言人，预先与各新闻单位联络沟通准备好会议所需要的资料。

（3）写好请柬，发出后，最好再用电话确定对方是否出席。

（4）为出席的记者预备好文件袋。

（5）要有充足的工作人员负责接待。

（6）事先检查扩音设备及录像等设备，保证不出故障。

（7）新闻发布会宜守时、紧凑，遵守各项议程，不宜临时插入额外的节目。

6. 制定会议议程

（1）来宾签到及分发会议资料。

（2）主持人宣布会议正式开始。

（3）发言人讲话。

（4）接受记者采访。答记者问时，应做到简明、准确、态度友好、语言机敏，既要对问题做到妥善应答，又不能被记者“牵着走”。

（5）主持人宣布会议结束。

（6）安排其他活动。会后可以安排参观或举行茶话会、酒会等招待活动。

（7）做好会后效果检测。①新闻发布会后，公共关系工作人员要及时、广泛收集所有到会记者在各种媒体上的报道，并逐一进行分析；②将有关媒体上的报道对照原拟主题，检查目标是否达到；③对本次活动做出评估总结报告。

二、展览会

（一）展览会的含义

展览会是社会组织在确定的时间和空间里，依照一定的宗旨，设计布置和安装实物、图片、著作品、图表及音像、影视材料等多种媒介，向广大公众开放，以期宣传社会组织的某些主张、意图、目的、观念、产品等的活动形式。展览会的存在已有相当长的历史。据史料记载，公元5世纪，波斯举办了第一个超越集市功能的展览会，当时的波斯国王以陈列财物来炫耀本国的财力和物力，以期展示自己强大的实力。因此，可以看得出展览会是树立组织形象、进行产品推广的一种重要形式。

（二）展览会的特点

1. 展示的直观性。展览会是一种非常直观、形象的传播方式。它把实物直接展现在公众面前，并有现场操作表演，给人以“眼见为实”的感受。

2. 交流的双向性。展览会不仅可以当面向公众展示自身产品和形象，同时还可以及时和公众进行沟通交流，收集公众的反馈意见，并有针对性地就个别公众或某种特殊情况进行交谈和解释，做到良性的双向沟通。

3. 传播方式的综合性。展览会通常以实物展出为主，同时配以文字宣传材料、图片、幻灯片、录像、电脑等媒介进行交叉混合传播，再加上动人的解说、美妙的音乐和生动的造型艺术和表演，综合了多种媒介的传播优势，带有一定的娱乐性，可以唤起观众的好奇心，具有很强的吸引力。

4. 成果的高效性。展览会可以一次展示许多行业的不同产品，也可以集中同一行业的多种品牌来展示，是一种高度集中和高效率的沟通方式，它为参观者提供了更多的机会并节省了大量的时间和费用成本。同时，通过展览会可以较快地提升社会组织的知名度和美誉度，从而为自己的产品和服务打开市场。

5. 新闻的轰动性。展览会是综合性的大型活动，往往会有大批厂家和参展商的汇集，很容易造成轰动效应。组织除了进行自我宣传外，还能成为新闻媒介的报道对象，成为新闻报道的题材。新闻媒介对展览会上展品和参展商的报道也会对社会公众产生很大的影响。

（三）展览会的类型

展览会的分类方法较多，分类体系也不尽相同。目前，分类的依据主要有展览会的性质、展览的内容、开放对象等。

1. 依据展览会的性质，展览会可分为商业性展览会和宣传性展览会。商业性展览会是商业性组织等参展者借助于实物、演出、文字、图片、声光电等途径办展，或参展者展示自己的形象与产品，并在展会中获取市场信息和购货订单合同，如国内著名的北京、上海、长春三大国际汽车展，广交会、华交会等均属于商业性展览会；宣传性展览会是组织为了宣传某一观点、思想、信仰，或者为了让公众进一步了解自己，通过策划、设计、组织布展，在一定的空间里用这种形式把信息、物品展示出来。其最大的特点是展示和信息交流，不进行货币交易，如在中国各地举办的埃及国宝展、上海国际茶叶博览会、上海艺术博览会、国际职业健康与安全大会、中国书法大联展等。

2. 依据展览的内容，展览会可分为专业性展览和综合性展览。专业性展览有一个非常明确的主题，强调所有参展品和参展商均来自于同一行业。比如，服装展主要展示品牌成衣，甚至有更细分的，如中国国际内衣展览会就更加专业，强调展览品均来自内衣行业。在国际上，专业性展览也成为展览会的主流，与综合性展览相比，专业性展览具有针对性强、观众质量高和参展效果好等优点。综合性展览对展览品没有严格的限制，主题也比较宽泛。我国享有盛誉的“广交会”（中国进出口商品交易会，The China Import and Export Fair）实际也是一种综合展览会，它创办于 1957 年，2017 年已举办到 121 届。广交会展览范围非常广泛，包括机械设备、化工产品、电子产品、建筑材料、家庭日用品、家具、服装、食品、医药及保健品等等，包罗万象。

3. 从开放对象的角度，展览会可分为贸易展览、消费者展览及综合展览。贸易展览是针对某一行业内的展览，开放对象主要是特定行业的特定人员，而不是面向普通公众。参观者通常是某行业或协会的成员，从事销售采购工作，比如美国国际体育用品展（The Super Show）是美国最大的运动器械展览，主要的运动器材公司都在此设立展台并向销售商提供产品，进而转入普通大众手中。参展商包括耐克（NIKE）、锐步

(REEBOK)、威尔胜（WIISON）等名牌。消费者展览是指对公众开放的展览。参观者支付入场费用，参展商直接向公众出售产品。与展览的观众相对应，此类展览的参展品基本上都是消费品，大到商品房、汽车、游艇、电器，小到珠宝、花卉、食品、CD、宠物等均可以成为展览会的展品。综合展览，顾名思义，是指向广大公众和行业内买家或批发商共同开放的展览。只有在少数展览会上，这种共同性才是没有条件的、各界人士都可以不加限制地进场参观。在多数展览会上，这种共同性是有限的，某些展览会专门为普通公众划出一块地方，设置零售摊位，在地域位置上加以区分，某些展览会有时间限制，业内人士不会和普通公众同时参观，而且往往行业内参观者先参观展览，其次才轮到普通公众。

4. 根据展览活动规模的不同，展览会可分为大型展览会、小型展览会以及微型展览会。大型展览会一般由行业主管部门发起和组织，参展单位多、展品丰富、影响比较大，如“国际旅游博览会”等；小型展览会通常由若干社会组织或某个社会组织主办，参展单位少，规模比较小；微型展览会也称袖珍展览会，如橱窗展览、流动车展览等。这类展览看似简单，其实技巧性要求较高，举办得当也能扩大社会组织的影响。

（四）展览会的安排与组织

1. 确定展览会的主题

展览会上可以展示的内容是很多的，各种实物、图片、模型、表格、装饰器具等材料也很纷杂。只有明确了其主题，才能将各种内容、各类材料围绕着一个中心统一起来，使之有机地组合为一个有血有肉的整体，为突出主题服务。

2. 确定展览的时间、地点

展览会时间依据展览内容和规模而确定。展览会地点可以在室内或露天。室内展览显得较为隆重，且不受天气影响，时间相对也不受限制，但布置较为复杂，所需的费用也较高。通常在露天举办展览的可以是大型机械、农产品、花卉等。

3. 制订展览规划

根据展览主题进行整体展示活动的规划和构思。任何一个展览会都是一项系统工程，要求必须有一个完整详细的整体规划。因此，首先要有专业人员对展品、图文等进行编辑，撰写展览脚本，包括标题口号、展示实务、图片、模型、主题画的设计和布局都要有周密的安排。通过科学地排列展品，使展品展出后整齐、美观，富有艺术色彩，能给公众留下深刻的印象。

4. 准备好活动所需的各种资料

公共关系工作人员事先要准备好展览会上所需的展品、资料、图片及宣传用的小册子、图片说明、产品技术资料、宣传单等资料，以免临时慌乱。

5. 公共关系活动安排

公共关系工作人员采用一些公共关系技巧，会使展览会办得生动活泼、别具一格。举行展览会开幕式时，应邀请有关知名人士出席，并为消费者签名，譬如书市开业时请名人、作家当场签名售书，可以吸引更多的群众前往参观，也给记者提供了好题材。展览厅最好的位置一般在楼的入口附近，离入口位置越远，楼层越高，参观、购买的人越少。展览位置不好的组织应设法以一些新奇事物来吸引客人。

6. 搞好经济预算

具体列出展览会的各项费用，进行核算，有计划地分配资金。对这些费用的预算，要根据展览会所要达到的效果来考虑花费标准，既要节约，又要留有余地。

7. 做好展览会的效果测定

展览会的效果测定是指运用各种手段来获得现场公众反馈的信息。可行的方式有现场采访、跟踪采访，这是通过口语交谈来获得反馈信息的手段，也可以通过文字手段，如置放观众留言簿、发放随机问卷、展览回忆测验等方法来获取反馈信息，如在展览活动中有重点有选择性地设计一些试题，可以有填空题或问答题，当场测验、当场解答，然后根据成绩当众发送奖品，这样既活跃了气氛，又达到了宣传的效果，同时也为测定展览会的效果提供了统计依据。

总的来看，展览会是一种非常有实效的公共关系形象传播活动。它既能从组织形象的建树上来达到公共关系的工作目标，也能通过产品的实际销售和服务项目被公众的接受来加速组织运行目标的实现，可以说是最直接体现公共关系工作意义多重性的一个窗口。

第三节　专项活动

一、赞助活动

（一）赞助的含义

赞助是指社会组织以无偿提供资金、产品、设备、设施和服务等的形式对某一社会事业进行支持的活动。赞助是资助的现代形式，它同时也是社会组织经常采用的一种公共关系活动。对于社会组织来说，通过赞助活动，一是可以达到广告的目的，增强广告的说服力和影响力；二是可以制造新闻效果，扩大社会组织认知度，提高组织在公众中的美誉度；三是可以通过赞助表明组织承担的社会责任，可以树立关心社会公益事业的良好形象；四是可以通过赞助加强社会公众的联系和沟通，为社会组织日后的发展奠定基础，创造良好的发展环境。目前，赞助活动已经引起了社会各界的极大重视，特别是一些效益比较好的企业，由于具有经济实力，经常被广泛邀请或主动对一些社会事业进行赞助。

（二）赞助活动的类型

赞助活动的内容遍及社会生活的各个方面，赞助的类型主要包括以下几个方面。

1. 赞助体育活动。这是组织赞助中最常见的一种形式。随着我国人民生活水平和体育运动水平的提高，体育运动具有了越来越广泛的群众基础。因此，社会组织通过对体育运动的赞助，往往较易增强对公众施加影响的深度和广度。赞助体育事业常见的方式有赞助体育训练经费、赞助某项体育运动、赞助重大的体育赛事等。

2. 赞助文化活动。社会组织赞助文化活动，不仅可以培养与公众的良好感情，而且可以大大提高组织的知名度和美誉度，创造良好的社会效益。这类赞助主要有两种形式：一种是对文化活动的赞助，如大型联欢晚会、文艺演出的赞助；另一种是对文化事业的赞助，即定期或不定期地对某个文化艺术团体的赞助，以扩大组织在社会上的影响力和知名度。

3. 赞助教育事业。赞助教育事业是组织赞助活动的重要组成部分，不仅有利于和有关院校建立良好的关系，为组织人才的招聘与培训提供条件，而且容易树立社会组织关心教育事业的良好形象。赞助方式可以是赞助学校建教学楼、实验楼、图书馆，也可以设置奖学金、助学金和其他有关教育的奖金或奖励。对组织而言，这既是一项智力投资，又是一项公共关系投资，可以达到一举两得的目的。

4. 赞助社会福利和慈善事业。这是组织扩大社会影响力的重要途径。通过赞助社会福利事业和慈善事业，为社会弱势群体和各种需要社会照顾的人群提供帮助，有助于和政府、社区及社会公众搞好关系，树立组织勇于承担社会责任的良好形象，提高组织的知名度和美誉度。赞助社会福利和慈善事业的形式主要有对残疾人士的社会救济、参与自然灾害的救灾活动、对孤寡老人的援助、对社区或慈善机构福利事业的捐赠等。

5. 赞助学术理论研究活动。这是一种高层次的，直接追求组织的社会效益和长远影响的赞助活动。各种学术研究活动，有的是直接服务于整个社会的，如医学方面的研究、经济和改革理论的研究；有的是某些社会生产技术的发展战略研究。组织可以自己设立机构，也可以长期支持某些学术研究机构的研究活动。在我国，这种赞助活动还不太普遍，有待于企业组织重视和开拓这一领域。

此外，还有赞助宣传用品的制作、专业奖励、赞助展览会等。总之，社会组织进行赞助的形式很多，公共关系工作人员应善于设计出各种新颖的赞助形式，使组织获得最佳的信誉投资。

（三）赞助的步骤和管理

1. 前期研究

要想使赞助活动达到树立社会组织形象的目的，就必须妥善选择赞助的对象和赞助主题。赞助的内容种类丰富，选择什么样的赞助主题取决于社会的需要和社会组织的目标。因此，在进行赞助活动之前，要先做好前期的研究和分析：（1）分析赞助的活动是否具有积极的社会意义和广泛的社会影响；（2）要从社会组织的经营政策入手，分析公共关系的政策和目标，是否能通过社会公益活动，达到树立组织良好形象、扩大社会影响力、显示爱心、提高组织知名度与美誉度的目的；（3）制订出具体的实施计划，以保证社会组织受益和社会受益，特别要注意社会组织的各项赞助活动应紧紧围绕主题并协调统一。

2. 制订计划

在对赞助活动做好研究的基础上，公共关系工作人员应根据组织的赞助政策和方向来制定赞助计划。赞助计划一般包括赞助目的、赞助对象的范围、赞助的形式、赞助计划的预算、传播方式和赞助活动的具体实施方案等。通过赞助计划可以起到控制赞助范围、防止赞助规模超过组织的承受能力和节约开支的作用。

3. 具体实施

在实施赞助活动的过程中，社会组织应派专门的公共关系工作人员负责各项赞助方案的具体落实，并充分运用各种公共关系手段、技巧，努力扩大该项活动的社会影响。

4. 效果评估

赞助活动完成后，组织要对赞助效果进行评估和测定，检查各项指标的完成情况，找出计划和实施活动过程中存在的不足，并写出书面材料进行总结，为今后工作的改进提供依据。

5. 赞助中应注意的几个问题

（1）谨慎选择赞助项目

选择赞助项目时，应注意与社会组织经营理念、形象、产品个性的吻合程度。一般来说，要优先对各种慈善事业、社会福利事业和活动、公共设施、教育事业进行赞助。这样既表明组织对社会的责任和义务，又较容易获得社会各界的普遍好感。

（2）赞助要量力而行

社会组织的赞助行为是其公共关系工作的一部分，是组织运营的成本之一。社会组织要每年列出赞助的总额预算，赞助金额要控制在预算的范围之内，要注意留存一部分机动款项，作为遇到临时、重大活动时的备用款。

（3）对各种明显不能满足或不能全部满足其赞助要求的，应坦率而诚恳地解释组织的有关政策，不能被威胁利诱所吓倒或屈服。

二、庆典活动

庆典活动是社会组织为庆祝某一重大节日或重大事件而举行的一些比较隆重热烈的庆贺性的典礼，如开业或周年庆典、新设施奠基、展销会开幕等。其目的在于联络公众、广交朋友、增进友谊、扩大影响。一个组织举行一次气氛热烈、隆重大方的庆典活动，就是一次向公众展示自身良好形象的机会，因此庆典活动必须精心策划和组织。

（一）庆典活动的类型

社会组织庆典活动的范围较广、形式较多，概括起来主要有以下几种类型。

1. 节日庆典

节日庆典是指为节日或共同的喜事而举行的、表示快乐或纪念的庆祝活动。在我国，节日包括国家法定节日（如元旦、劳动节、国庆节等），民间传统节日（如春节、端午节、中秋节等）、国际性节日（如情人节、妇女节、儿童节、圣诞节等）及其他重大事件节日。社会组织举行节日庆典活动可以借助热闹的节日气氛宣传本组织，融洽各种社会关系。

2. 开业庆典

开业庆典是指社会组织在新成立时，社会组织的重要机构组建时或某项活动开幕时举办的仪式和庆祝活动。通过开业庆典，社会组织不仅可以向社会公众传递信息、通报情况，而且可以扩大影响并得到社会公众的祝福和祝愿，为今后事业的顺利发展奠定基础。一个热烈、隆重的开业典礼为组织创造良好的社会形象，能给公众留下美好的第一印象。开业典礼往往也是组织的各种文化素养及各种能力的综合体现。组织的开业庆典活动应遵循“热烈、隆重和节约”的原则。

3. 周年庆典

周年庆典是社会组织在开业纪念日举行的纪念和庆祝活动。其可以每年举行一次，也可以3年、5年、10年等举行一次。周年庆典是向社会公众宣传自己的历史、发展、成就和对社会的贡献，提高社会组织的知名度和美誉度的有利时机。

4. 表彰庆典

表彰庆典及发奖、授勋仪式，一般以表彰大会的形式出现。社会组织举行表彰庆典活动可以宣扬和弘扬先进模范人物或集体的优秀事迹和高尚精神，通过授予其光荣称号、勋章、奖旗、奖状和物质奖品等，既可以激励组织内部员工更好地工作，又可以树立社会组织自身的良好形象。

5. 庆功庆典

庆功庆典是社会组织为祝贺某项战略性成果的取得或某项工程竣工、建筑物落成时举办的庆典活动。社会组织举行庆功庆典可以起到扩大宣传、强化组织良好形象的作用。

（二）庆典活动的组织和安排

庆典活动既是社会组织面向社会和公众展现自身的机会，也是对自身的领导和组织能力、社交水平以及文化素养的检验。庆典活动的组织工作非常繁杂，因此，举办庆典活动时，公共关系工作人员应做到准备充分、接待热情、头脑冷静、指挥有序。

1. 确定主题，选择内容和形式

举办庆典活动，组织必须要根据公共关系的目标以及自身需要和公众的需要进行精心设计，选择一个适合的主题。庆典活动的主题确定好后，活动的内容和形式要紧紧围绕主题来进行选择和安排。

2. 制订实施计划

庆典活动的主题、内容和形式确定好后，下一步就是要制订一个完整的实施计划，主要从几方面展开：一是首先成立一个专门的机构来指挥和协调各项公共关系活动的开展；二是要安排好庆典活动的具体程序；三是根据庆典活动的程序制订具体的工作任务。

3. 拟定参加人员名单，做好组织工作

参加庆典的人员主要包括三类。一是需要邀请的宾客，一般包括政府有关部门负责人、社区负责人代表、同行代表、员工代表、公众代表、知名人士、新闻记者等。邀请的宾客名单拟定后，要提前一周左右发出请柬，以便被邀宾客安排时间。二是关键仪式人员，包括如剪彩、揭牌、托牌和致贺词、答词等人的名单。三是安排接待人员，如签到、接待、剪彩、摄影、录像、扩音等有关服务礼仪人员。

4. 庆典活动的实施

庆典活动实施过程的一般程序是：主持人宣布庆典开始；介绍来宾；

剪彩或授旗、授勋；由组织的重要领导或来宾代表讲话。

5. 会后活动安排

庆典活动结束后，可以安排参观工作现场、生产设施、服务设施或商品陈列等活动，还可以安排座谈或宴会，邀请重要来宾留言或题字等。这些活动可以让上级、同业和社会公众了解自己，同时，也进一步加强了和他们的交流沟通，为以后工作的开展铺平了道路。

三、开放参观

社会组织为了让公众更好地了解自己，获得公众对其各项活动的支持，可以有计划地组织公众参观。邀请组织的员工家属、社区新闻工作者以及其他对组织感兴趣的人到组织内仔细参观，并利用这个机会向公众进行宣传，这也是塑造社会组织形象的方法之一。通过开放参观，可以增强本组织的透明度，消除公众的误解和疑虑，使公众产生信赖感，从而提高社会组织的知名度和美誉度。

对外开放参观活动是树立组织形象的很好时机，因此，公共关系人员应认真做好以下各方面的工作。

（一）确定参观日期

在确定参观日期时应注意不要和重要节日或社会组织的重要活动发生冲突。因为在重要节日，大部分公众都有自己的安排；在社会组织举办重要活动期间，参观者一方面看不到日常工作的场面，另一方面也会给接待工作造成极大麻烦。此外，还应考虑有关负责人员是否能参加。

（二）成立专门机构

组织对外开放参观活动应成立一个专门机构来统筹安排，专门机构中应至少有名决策层的人做总协调人，还应包括相关部门的负责人和具体的工作人员。

（三）宣传准备工作

组织应充分重视这类活动的宣传工作。首先应事先通知新闻部门，利用新闻媒介来扩大影响；同时，也应对组织内部的全体员工做宣传工作，使每个人明了对外开放参观工作的意义与目的，自觉地参与这项活动。

（四）确定对外开放参观的内容

对外开放参观的内容一般可分为现场观摩、介绍、实物展览三种。一般社会组织采用的程序是事先准备好深入浅出、图文并茂、印刷精良的宣传小册子，发放给来参观的公众，配合口头讲解的现场观摩，让公众参观工作现场，以实物或员工的实际行动来说明社会组织的内在面貌。最后是实物展览，以资料、模型、样品的陈列等对公众做补充说明。

（五）安排好参观路线

安排参观路线的主要要求是可以引起参观者的兴趣与保证他们的安全，并且对组织的正常工作持续干扰最少。参观路线应有明确的路标，在参观活动开始前，需要事先采取安全措施，安全人员应在必要的地方设置警告信号和障碍，以防止意外发生。

（六）做好解说和接待工作

对导游或解说人员事先要进行认真选择、培训和演练，使他们熟练掌握参观过程中每一个参观点的解说内容。参观点的员工应佩戴印有个人名字的标牌，并应有礼貌地向参观者说明工作情况，耐心、认真地回答来宾提出的各种问题。组织对参观者应热情、周到地接待，并安排合适的休息场所，休息场所应有招待人员、茶水饮料和电话等。

（七）做好欢送工作，收集参观者意见

参观结束后，组织要做好欢送工作，并认真听取参观者对组织的看法和建议，注意收集参观者的意见，整理、分析后提交有关部门。有些意见还应在组织予以采纳并确定相应措施后给予答复。

第四节　公共关系谈判

一、公共关系谈判的含义

谈判是当事人各方就共同关心的问题，通过相互磋商、洽谈来消除分歧，寻求共识和达成协议的过程。谈判是生活中不可缺少的活动，从广义上说，我们每天都在不知不觉中进行着谈判。到菜市场买菜，到商店买衣服，甚至一家人看电视时的频道选择，都是一种谈判。

公共关系谈判指双方或数方社会组织就一项涉及到各方利益的问题，利用协商的手段，经反复调整各自的目标，在满足己方的利益下取得一致的过程。

公共关系谈判是一项运用人际传播手段进行的活动，也是公共关系实务的重要内容。现代社会公关谈判已成为组织与组织、组织与公众之间沟通、谅解和合作的桥梁和纽带，是协调关系的基本手段。通过公共关系谈判，社会组织可以去沟通各类公众，消除彼此间的纠纷和误解，实现各自的利益。

二、公共关系谈判的原则

（一）实事求是原则

事实是最客观、公正，最具有说服力的，谈判前要全面收集、分析谈判双方的有关信息资料，在谈判中充分运用。谈判中有分歧意见和对立情绪在所难免，解决这些矛盾的最好办法就是尊重事实，坚持实事求是。

（二）友好协商原则

公共关系谈判是在矛盾冲突中寻求双方共同认可的目标，因此，双方必须以友好协商的态度作为基调。任何违背友好协商的态度，如欺骗、强制等，都会使谈判失败。

（三）遵纪守法原则

谈判双方在为实现自身目标而达成协议时，必须做到遵守法律，不能损害国家的利益和第三者的利益。达成的协议要按照有关法律、法令做出说明解释，使其具有法律效力，如此才能保证双方利益的实现。

（四）平等互利原则

无论谈判双方在经济上、政治上的实力与地位有多大的差别，在身份上都是平等的，在谈判过程中都享有平等的地位和权利，应尽相同的责任和义务。谈判所达成的协议应建立在双方自愿的基础上，不能以强凌弱、以大压小、强人所难。谈判既是竞争，又是合作。一场成功的谈判，应是“双赢”或“多赢”。

（五）求同存异原则

谈判就是建立在谈判各方观念和利益有“异”有“同”的基础上的。所谓“异”，是指人们在基本利益、思想观点、行为方式上的不同或不一致，才有可能产生谈判；所谓“同”，是指人们有共同的需要和对需要的满足，有共同的观念利益要求，才会通过谈判谋求一致的协议，以实现各自的利益和目标。求大同，就是谈判各方的总体上、原则上必须一致；存小异，就是谈判各方必须在原则允许的范围内做出适当的妥协和让步，能够容忍与自己利益要求不符的“小异”存在于协议之中。

（六）最低目标原则

公共关系谈判如果想使谈判成功，各方都取得一定的收获，就要坚持最低目标原则。在不违背总体利益的前提下，制定谈判的最低目标。谈判中最忌讳的是向对方提出过高的要求和苛刻的条件，因此，多为对方着想，双方各退一步，是谈判成功的基本前提。

（七）时效性原则

谈判要讲究时效，要保证谈判的效率和效益的统一。在最短的时间内使谈判获得成功。时效性原则对商务组织争取市场机会、取得良好经济效益尤为重要。目前市场信息千变万化，这就更要求谈判双方要善于在谈判中抓住时机，要尽量避免不必要的拖延，在高效率中完成谈判。

三、公共关系谈判的程序

（一）谈判前的准备

公共关系谈判前的准备工作可分为以下几个环节。

1. 确立意向和目标

社会组织的利益存在于很多方面，有些可以通过自身的努力去达到或满足，有些必须通过谈判等方式与其他组织进行沟通、协商才可能更好地获得。因此，在公共关系活动中为了实现特定利益，社会组织首先要考虑是否需要谈判这一问题，其次就是要确定谈判的最高和最低目标。

2. 收集资料

常言道："知己知彼，百战不殆。"社会组织在进行谈判时，必须做好有关资料的搜集、背景情况的调查、对自身实力和对方实力的评估等工作，只有了解对手，才有可能取得谈判的成功。

3. 制定谈判方略

公共关系谈判是一场心理较量，也是一场集知识、智慧、口才、耐力和团队精神等诸多要素为一体的综合考验。成功的谈判可以使社会组织受益匪浅，失败的谈判则可能使组织损失巨大。因此，在进行公共关系谈判前应该精心设计、精心组织，结合谈判的最高和最低目标，设计谈判技巧，制定谈判方略。

4. 选择合适的谈判人员

谈判人员的选择是谈判能否成功的关键。参与谈判的人员需要具备以下几个条件：（1）要对本组织忠诚；（2）要对社会组织的现状及发展目标，尤其是谈判的日标有深入的了解；（3）要具有较强的综合能力与良好的心理素质，尤其是良好的表达能力和坚强、自信、沉着的意志品质。在公共关系谈判中经常会遇到各种意想不到的突发事件和问题，谈判人员要能做到镇定自若、头脑清醒、正确判断、机智应变。

（二）谈判的进行过程

1. 导入阶段

导入阶段是通过介绍和被介绍使参与谈判双方相互认识的过程。导入阶段费时不多，但对谈判成功与否影响很大。在导入阶段能够制造一个互谅互让、积极、融洽的谈判气氛，是影响整个谈判过程气氛的关键。

2. 概说阶段

在这一阶段中，双方简要阐述各自的谈判目的，自己希望达成的目标和设想。此阶段是认识双方想法的第一阶段，因此必须做到：（1）开始发言时，要言简意赅，注意感情色彩，言辞或态度尽量不要引起对方的焦虑和愤怒；（2）讲完自己的意见后，要倾听对方的发言，理解其讲话的内容；（3）概说阶段时间要短，要争取得到对方的首肯。有了最初的首肯，便是开启了通向成功的大门。

3. 明示阶段

双方的真正对立、竞争状态在这个阶段才明显展开，双方就其观点、目标的对立进行辩论。此时，谈判人员要做到以下两点：（1）坚定自己的立场，朝着自己所求的方向勇往直前。为此，我们要做好思想上、心理上的充分准备，提高应变能力，随时准备回答对方质询，做到既要尽可能地保证自己的利益，也要显示双方妥协的可能范围。（2）正确分析双方的分歧和差异。谈判人员既要用事实说明自己的观点，找出各方面的分歧和差异所在，又要运用谈判技巧和合理的妥协来缓和气氛，使谈判心平气和地讨论下去，最终消除分歧、缩小差距、寻求一致、达成协议。

4. 交锋阶段

此阶段的主要任务是及早确认双方的不同意见。为了解决双方的分歧，达成协议，必须以坦诚的态度对待各自的需要。追求自己的需要是谈判的目的，但同时要适当满足对方的需求。为此要做到：（1）自己的需求应合理；（2）对对方的需要不要过分谴责；（3）彼此互相所求，要尽力使对方满意，这是谈判得以成功的关键。

5. 妥协阶段

谈判双方的交锋不可能永远持续下去，交锋的结束，便是寻求妥协途径的时刻。谈判的最终目的是渴望谈判成功，因此，谈判双方应该在会谈中既坚持原则立场，又不伤害对方的感情和影响今后的合作，在坚持原则的基础上，适当地调整目标，做出必要的妥协和让步，寻找出共同点，寻求各方面都能接受的方案，使争议得到合理的解决。

6. 协议阶段

在这一阶段，通过洽谈，双方基本实现了自己的目标，达成了协议，然后由双方谈判人员各代表自己一方在协议上签名、盖章，握手言和，以保持相互之间的亲切感，为下次合作创造良好的感情基础。谈判人员在这一阶段要注意做到：（1）拍板定案时，要将协议的主要条目陈述一遍，以防有误；（2）谈判协议书文字表达要准确，内容要全面，不能产生歧义和遗漏；（3）谈判人员应熟悉谈判协议的条文，严格履行协议；（4）握手言和，再创亲切、和谐、协调的情感氛围。

四、公共关系谈判的策略

（一）模棱两可法

所谓模棱两可，就是对事件不明确表态，不肯定，也不否定。该方法在谈判初期经常使用。一个成熟的谈判者要善于使用模糊语言，善于控制自己的情绪。不要使用“肯定是”“毫无疑问”“一定要”之类的语言，应该用“我认为”“我假设”“是否可以这样”的语言来表达自己的意思。实践证明，模棱两可的语言和态度，可以较好地表达自己的真实意图，减少失言和错误。

（二）察言观色法

所谓察言观色，指的是注意观察对方的谈吐、举止、神情、姿态，从中捕捉到对方思想动态，并根据其思想动态，采取相应的对策。这种方法在明示阶段和交锋阶段使用得最多。

（三）抛砖引玉法

所谓抛砖引玉，指的是涉及一些特殊的问题，通过对方的回答，了解对方的意图和底线，为己方赢得更大的利益。

（四）先苦后甜法

在日常生活中，如果有两种外来信号的刺激，人们总是将第一信号作为标准，用来衡量后来的信号。先苦后甜法就建立在这种心理上。在谈判中，如果先向对方提出苛刻的条件，制造一种艰苦谈判的假象，然后选择适当的时机，做出让步，使对方满足，往往容易取得谈判的主动。先苦后甜法一般是在自己处于优势和主动的情况下使用。但要注意，所提条件不能过于苛刻，不能超过对方的底线，否则，对方会停止谈判。

（五）避实就虚法

避实就虚法是己方为了达到某个目的，有意识地将谈判的内容引向无关紧要的问题上，转移对方的注意力，在对方不察觉时，实现自己的目标。

（六）沉默忍耐法

当己方处于被动时或谈判开始时就先保持沉默，迫使对方先发言、先表态。其目的是：给对手造成一种心理压力，使其失去冷静，在这种情况下，对手的谈判计划可能会被打乱，出现言不由衷、泄露信息的情况，为己方寻找突破口提供机会。这种策略需要注意的是在对手采取咄咄逼人的攻势时，头脑要清醒、忍耐力要强、情绪要平稳。在对手锐气消失后，再提出自己的主张。

（七）最后期限法

最后期限法即为谈判限定一个最后的期限。作为谈判中的强者，对于双方一时难以达成妥协的棘手问题，不必强求及时解决，要善于利用谈判的最后期限，不断向对方施加压力，迫使对方在压力下放弃原来主张，屈服于自己。作为谈判中的弱者，也可使用最后期限法，利用强者方急于取得谈判成果的急躁心情，迫使其做出某些让步。

（八）利益引诱法

在谈判双方利益冲突尖锐时，寻求双方对立立场背后的共同利益，利用这个利益来提醒对方，并诱导对手克制情绪，使谈判向正确方向发展。

五、公共关系谈判的技巧

（一）提问的技巧

公共关系谈判的过程也是沟通的过程，在沟通中如何“巧妙”提问才能有针对性，才能方式得当，都需要讲究一定的技巧。发问的技巧有很多，例如利用选择式诱问，往往以“能不能”“可不可以”等形式出现。这样发问，限制了对方回答问题的范围，使其无法含糊其词，从而使观点明朗化。利用假设式诱问，是谈判者在假设某种有利自身的前提下的一种故意的发问形式，它往往可以使对方麻痹大意。隐含式诱问是谈判者将难以使人接受的观点隐含在问话中的一种故意发问，其表现手法更高明。

谈判者在提问时需要注意语速适中，使对方既能听清问题，又不会感到沉闷、不耐烦。提问后要给对方以足够的答复时间。同时，自己也可利用这段时间进行必要的思考。另外，在提问时应保持问题的连续性。谈判中，双方都有各种各样的问题，同时，不同的问题之间存在着内在的联系。如果提问的问题都围绕着某一主题，则提问者应考虑到前后几个问题的内在逻辑关系。不要正在谈这个问题时，忽然又提出一个与此无关的问题，令对方无所适从。

（二）回答的技巧

公共关系谈判人员要使自己的回答巧妙，令对方心服口服，除了要具有广博的知识外，必须做到回答问题时，思维要有确定性。要明确自己对所提问题的态度，再采用相应的技巧来应对，如在谈判中，有时会遇到一些很难答复或者不便确切答复的问题，答复者可以采取含糊其词、模棱两可的方法作答，也可将提问者的范围缩小，或者不作正面答复，而对答复的前提加以修饰和说明或者直接利用反问把重点推移。这样，既避开了提问者的锋芒，又给自己留下了一定的余地。当提问者为获取某些特殊的效果，有意识地含糊其辞，使所提问题模棱两可时，答复者一定要先认真分析其真实心理，然后针对对方的真实意图作答。如果提问者发现了答复者的漏洞，刨根问底地追问时，要设法降低对方追问的兴趣。在一般情况下，谈判者对问题答复的好坏，与思考的时间成正比。正因为如此，有些提问者会不断地催问，迫使答复者在对问题没有进行充分思考的情况下仓促作答。在这种情况下，作为答复者一定要保持清醒的头脑，谨慎从事，不慕所谓“对答如流”的虚荣，也不必顾忌谈判对方的催问，而是转告对方你必须进行认真思考，因而需要充分的时间。对于一些不值得回答的问题，答复者也不必有问必答，可以礼貌地加以拒绝。

（三）陈述的技巧

陈述是为了以语言的形式向对方介绍己方的情况，阐述己方对某个问题的具体看法和观点，使对方了解自己的观点、方案和立场。谈判者在陈述时应关注对方注意力的变化，尽量充分利用对方注意力集中的这段宝贵时间，把重要的问题阐述清楚。在陈述时，谈判者如果无法避免使用专业术语，一般都应给予解释。这样一方面可以避免各方对于专业术语理解的差异，另一方面为以后的谈判再次引用该专业术语打下基础。谈判过程中的陈述大体包括“入题”和“阐述”两个部分。谈判双方刚进入谈判场所时，难免会感到拘谨，尤其是谈判新手，在重要谈判中，往往感到紧张。为此，可以选择适当的入题技巧开始谈判，如可以先从介绍己方谈判人员或介绍本企业的生产、经营、财务状况入题，也可以先谈原则问题，后谈细节问题或先围绕谈判的主题，从洽谈细节问题入手，待各项细节问题谈妥之后，也便自然而然地达成原则性的协议。

（四）说服的技巧

谈判过程中常见的说服技巧有以下几种。

1. 谈判开始时，要先讨论容易解决的问题，然后再讨论容易引起争论的问题，这样容易收到预期的效果。

2. 强调与对方立场、观点、期望的一致，淡化与对方立场、观点、期望的差异，从而提高对方的认识程度与接纳程度。

3. 先谈好的信息、好的情况，再谈坏的信息、坏的情况。但要注意避免只报喜不报忧。要把问题的好坏两面都和盘托出，这比只提供其中的一面更具有影响力。

4. 强调合同中有利于对方的条件。强调互相合作、互惠互利的可能性与现实性，激发对方在自身利益认同的基础上来接纳你的意见和建议。

5. 说服对方时，要注意精心设计开头和结尾，以便给对方留下深刻印象。

6. 结论要由己方明确地提出，不要让对方去揣摩或自行下结论，否则可能背离说服的目标。

7. 充分了解对方，以对方习惯的能够接受的方式、逻辑，去展开说服工作。

8. 不要奢望对方一下子接受己方提出的突如其来的要求，要先做必要的铺垫，最后再自然而然地讲出己方在一开始就已经想好的要求，这样对方比较容易接受。

（五）幽默的技巧

在谈判活动中，幽默有助于创造和谐的谈判氛围，可以使批评变得委婉，有利于避免尴尬的局面，可以增加辩论的力量，避开对方的锋芒，并为谈判者树立良好的形象。因此，在谈判桌上，应尽量应用幽默这种特殊的技巧，但应注意在某些场合是否适用此技巧。

案例 11.1　环境造势谈判术

《三国演义》中提道，曹操西校场点军，为的是让西川的特使张松“见我军容之盛，教他回去传说：‘吾即日下了江南，便来收川。’”。再如第 60 回孙权接待蜀使邓芝的话：“先于殿前立鼎，贮油数百斤，下用炭烧，待其油沸，选身长而大武士一千人，各执钢刀、大斧、长戟、短剑，从宫门前直摆至殿上，一切就绪，方召邓芝入见。”这些都是布置环境，为谈判造成先声夺人之势。环境造势有剑拔弩张、杀气腾腾、显示实力的所作所为。在企业社交活动和商业活动中，除了为显示实力，引起对方注意“过了这个村，没这个店”等情形外，更多的是造就和谐、欢悦、心安理得的气氛，如陪同观光、跳舞等。

案例 11.2　海尔等 50 家企业签约赞助青岛上合峰会

2018 年 5 月 25 日下午，上海合作组织青岛峰会举行社会赞助签约仪式，海尔集团、青岛啤酒股份有限公司、山东景芝酒业股份有限公司等近 50 家赞助企业现场签约。依据青岛峰会上发布的《社会赞助工作管理办法》，青岛市依法开展了社会赞助工作，主要包括物品赞助、服务赞助和资金赞助三种类型。峰会社会赞助工作旨在通过募集活动，吸引社会力量深度参与，共同保障峰会筹备需求并让赞助企业借助这一国际化平台，有效扩大影响力和提升品牌价值，进一步增强峰会举办的综合效应。赞助商须拥有良好声誉，获得中国驰名商标、山东省名牌物品或著名商标、青岛市名牌物品或著名商标、各级政府质量奖以及老字号等的，可优先入选。赞助物品应符合绿色环保要求，优先选择绿色环保物品和运用新能源与低碳节能技术物品。这种赞助活动对于提升企业形象有着重要的作用。

案例 11.3 2018 年中国国际进口博览会

2017 年 5 月，习近平主席在“一带一路”国际合作论坛上宣布，中国将从 2018 年起举办中国国际进口博览会。举办中国国际进口博览会是中国坚定支持贸易自由化和经济全球化、主动向世界开放市场的重大举措，有利于促进世界各国加强经贸交流合作，促进全球贸易和世界经济增长，推动开放型世界经济发展。首届中国国际进口博览会有 100 多个国家和地区的企业参展。进口博览会举行了供需对接会、行业研讨会、产品发布会等配套活动。进口博览会主办方以中国各省、自治区、直辖市为单位，组织各地企业到会采购，同时邀请第三国客商到会采购，国内外专业采购商达到 15 万多家。中国国际进口博览会成为各国企业展示自我的重要平台，也向国际社会充分展示了中国的开放形象。

案例 11.4 首都国企首次集体亮相

2016 年 5 月，“首都国企开放日”，是首都国企首次面向全社会敞开胸怀办企业的亮相，是搭建与社会各界沟通交流的平台，更是展示新时期企业成果与风采的舞台。这意在通过市民走进国企博物馆，走进国企老字号的亲身感受，进一步了解国企、认知国企、理解国企、支持国企、热爱国企。活动领导小组现场给每位参观的市民发放了《活动手册》，内容包括：活动主题、活动线路、企业简介、慰问信等。活动领导小组为参加活动的市民发放了帽子、背心等。启动仪式现场还设立了“首都国企开放日点赞”台。现场参与者可通过扫“点赞台”二维码了解活动背景、线路和进展，并为活动点评、点赞，同时扫二维码还可以参与“京粮杯”征文、摄影比赛、手机摄影比赛。现场还设立了“首都国企开放日首日封”发放柜台，并由北京邮政总公司现场组织加盖纪念戳。

“首都国企开放日”当天，共有 48 家集团企业，100 条参观线路向市民开放。100 条线路中有央企线路 16 条、市企线路 84 条，其中，工业企业 28 条、商业企业 25 条、建筑及房地产企业 12 条、交通企业 20 条、农业企业 2 条、博物馆 12 条以及教育 1 条。为了增加“首都国企开放日”市民的“参与感”，活动当日每个企业都精心设计了富有特色的参观线路。比如：您可以到首农三元集团了解从原奶进厂一直到加工成成品出厂的过程，看看机器人是如何加工牛奶的；您可以到北京自来水博物馆了解自来水行业的发展历史，看看当年发行的股票什么样；您还可以到北京建筑最高处——国贸三期楼顶欣赏北京风光，看大北窑三十年巨变图片展；您还可以带着孩子走进公交驾校“儿童交通安全训练营”，让孩子扮演成“小交警”模拟指挥交通；您可以到工美集团与工艺美术大师交流，看看“国礼”是怎么制作出来的；您还可以乘坐由国内“地铁安全行驶第一人”廖明亲自驾驶的地铁，感受一下“国企楷模”的风采；您可以到亚洲最大的北京槐房再生水厂地下参观，和巨大的盾构机合影留念；您可以体验磁悬浮S1线列车，感受时代前沿科技；您可以看一看“牡丹”“雪莲”“王致和”“北冰洋”“百花蜂蜜”“红星二锅头”等这些北京老品牌的过去、现在和未来，了解他们在市场大潮中劈波斩浪、再造辉煌的历程；您可以走进北汽新能源体验中心，逛逛厂区和生产线，了解科技前沿的电动汽车，试驾一下车辆性能；您可以走进房地集团，与古建筑和民俗时空对话；您可以参观金隅天坛家具龙顺成工作室，在欣赏红木家具中体会历史文化传承，学习国学知识；您可以带着孩子到首旅北京绿野晴川动物园，坐坐小火车，喂喂小动物，来一次京郊游。100条线路，每条线路都各有特色，“有趣、有料、有爱、有故事”——这就是此次活动想要传递的“温度”。

（资料来源　《首都国企首次集体亮相　万名市民走进百家国企》，新华网，2016年05月15日）

案例11.5　驻港部队开放日

香港回归以来，驻港部队每年都会举行军营开放活动，持续加强与香港市民的沟通与交流。驻港部队每次“七一”开放军营都大受欢迎，开放前派送参观券的地点经常大排长龙，有市民出动全家通宵轮候，唯恐错过。开放日当天可见参观者队伍扶老携幼、欢声笑语，成为香港盛夏的一道火热盛景。截至2018年7月，已是驻港部队第30次举办军营开放活动，21年来累计接待约73.1万名市民入营参观。驻港部队的开放是为了进一步增进社会各界对驻港部队的了解，加强相互沟通与交流，彰显国家和军队形象，与香港同胞分享国家荣耀，促进人为交流，提升香港同胞的国家认知和民族认同。

案例11.6　作为“国礼”的天津飞鸽自行车

天津“飞鸽”自行车成为国际名牌就是一例。天津“飞鸽”自行车在国内享有盛誉，是轻工部“金龙”奖得主，但在外国人眼里不过是“阿斯匹林车”，即骑上去就累得满头大汗，可治感冒。改变国外公众对“飞鸽”品牌的不良印象是“飞鸽”进入世界市场的关键。一个偶然的机会，天津自行车厂得知老布什总统将携夫人访华，就立即决定通过赠车表达中国人民对美国人民的友谊。他们选出造型美、重量轻、骑着方便的“84”型和“83”型两辆彩车送到钓鱼台国宾馆。老布什夫妇仔细地看了车子，连声夸赞，还兴致勃勃地骑上车子，让众多的记者拍照。对此，国内外有上百家报纸进行了报道。很快，“飞鸽”变成了“总统喜爱的车”，“国家元首级的礼品”，在美国，一时间兴起争买“布什”型和“芭芭拉”型“飞鸽”牌自行车的热潮。“飞鸽”一朝改变了40年的品牌形象。

（资料来源 百度百科）

案例11.7 李宁的赞助活动

李宁品牌的体育服饰曾花费20亿元拿下CBA联赛5年球衣赞助权，2018年仅花费10亿元就拿到了CBA新一个5年的球衣与球鞋赞助权。除了篮球之外，李宁也开始涉足足球，为了减少风险和资金投入，李宁选择赞助中乙球队。2018赛季中国足球职业联赛球队陕西长安竞技选择跟李宁牵手。自2018年1月1日起，李宁成为长安竞技装备赞助商，这是李宁近些年首次进军国内职业足球。李宁之所以选择西北狼——陕西长安竞技，是因为陕西长安竞技是中乙球市最好的俱乐部，球迷多意味着广告效果不会太差。李宁的体育赞助活动是李宁公司公共关系的重要手段。

思考题：

1. 公共关系专题活动的特点是什么？
2. 开放参观的注意事项有哪些？
3. 如何组织展览会的具体工作？
4. 如何组织新闻发布会？
5. 公共关系专题活动策划中应注意的事项有哪些？
6. 组织庆典活动应注意的事项有哪些？
7. 公共关系谈判的基本原则是什么？
8. 公共关系谈判的程序有哪些？

第十二章　公共关系危机管理

本章概要：

公共关系危机是影响社会组织的正常进行，对社会组织的生存和发展构成威胁的某些突发事件。公共关系危机管理则是社会组织调动可利用资源，采取恰当的方法，预防、减轻和消除危机及其产生的损害和威胁，从而使潜在的或现实的危机得以解决，使危机造成的损失最小化的系列举措。

本章主要介绍公共关系危机的基本概念、特点、种类和成因，公共关系危机管理的含义、意义、预防、基本原则和基本程序等方面的内容。

第一节　公共关系危机

一、公共关系危机的基本概念

《辞海》对危机的解释是：“潜伏的祸机，指生死成败的紧要关头。”社会组织的危机是指由于组织自身或外部的某种因素而导致组织环境恶化的突发的、危及生命财产的重大事件，如台风、水灾、飞机失事、火车脱轨、地震、爆炸等恶性事故，还包括骚乱、舆论危机、恐怖袭击等。这些危机不仅给组织造成人、财、物的损失，还会损坏组织形象，使组织陷入生存和发展的困境。荷兰危机管理学家乌里埃尔·罗森塔尔认为，危机是指“一个系统的基本结构或基本价值和规范所受到的严重威胁”，“由于受到时间压力和处于高度不确定状态，这种威胁要求人们作出关键性的决策”。

危机是突然发生或可能发生的危及组织形象、利益、生存的突发性或灾难性事故、事件。危机具有三个基本的构成要件，即“威胁”（threat）、“不确定性”（uncertainty）和“紧急性”（urgency）。危机对人们的生命、健康与财产安全构成了严重的威胁，会给社会组织的发展带来极大的负面影响。这些事故、事件一般都能引起媒体的广泛报道和公众的广泛关注，对组织正常的工作造成极大的干扰和破坏，使组织陷入舆论压力和困境之中，需要管理者在紧迫的时间、巨大的心理压力下迅速地作出决策，并有效地加以应对。在全球化的背景下，危机具有很强的扩散性。美国政治学家亨廷顿指出：“一个高度传统化的社会和一个已经实现现代化的社会，其社会运行是稳定而有序的，而一个处在社会急剧变动的、社会体制转轨的现代化之中的社会，往往充满着各种社会冲突和动荡。”高速发展加上社会转型导致各类危机频发，将危机转化为塑造组织形象的契机是对社会组织公共关系工作水平最具挑战性的考验。

公共关系危机作为危机的一种，又被称为公关危机，是指由于社会组织自身或者组织外部社会环境中某些事情的突然发生，影响社会组织的正常进行，对社会组织的生存和发展构成威胁，导致组织在公众心目中的形象受到严重破坏的某些突发事件。公共关系危机现象有很多，如：交通失事等引发的重大伤亡事故，以及厂区火灾、食品中毒、机器伤人等引发的重大伤亡事故；地震、水灾、风灾、雷电及其他自然灾害造成的重大损失；由于社会组织的政策和行为引起的信誉危机；等等。对这些危机事件处理不当，将会对社会组织造成灾害性的后果。凡是危机事件都有共同的特点，即重大损失的突发性，导致困难的难以预测性，影响甚大、危害严重的灾难性和涉及面广、引起不良后果的严重性。它既有重大的财产损失，也有严重的人员伤亡，还包括利润的急剧下滑，甚至严重亏损，也可能是以上几方面的全面爆发。无论是哪种情况，都会使社会组织在社会公众心目中的形象受到严重伤害，诸如重大伤亡事故、严重的意外灾难、大规模的事件纠纷、社会组织由于某些因素造成的信誉危机，等等。

随着经济全球化的发展，危机出现了全球化的趋势，如：2001 年美国“9. 11 恐怖袭击事件”；2002 年俄罗斯人质事件；2004 年印度洋地震海啸；2011 年日本大地震；2014 年马来西亚航空公司 MH370 客机失联事件和韩国岁月号沉船事件；2018 年印度尼西亚海啸；2018 年美国加利福尼亚州山火等。现阶段我国正处于一个经济、社会转型时期，同时也进入危机的频发时期，危机的频繁发生也会影响我国经济的发展和社会的稳定，甚至早有专家预言，中国在2010年前后就进入“危机多发期”。近些年，我国也发生了各种各样的危机，如：2003年SARS事件；2008年三聚氰胺事件和汶川大地震事件；2009年甲型H1N1流感；2010年青海省玉树藏族自治州玉树县7.1级地震；2011年“7.23”甬温线动车事故；2015年天津港爆炸事件等。如何在恶性突发危机事件中转危为安，化险为夷已成为我国政府面对的重大课题。

不仅是政府面对各类不同的危机，企业也是面对着各类不同的危机。2017年11月8日中午，年某在微博上公布了两段幼儿园（携程亲子中心）虐童的录像，随后这则消息便快速在网络上引起了广泛传播。携程亲子中心的建立本来是企业给员工的一项福利，但是因为疏于管理和监督，导致了虐童事件的发生，严重损害了企业形象，是一次典型的企业公共关系危机。

二、公共关系危机的特点

（一）突发性

公共关系危机事件是突发性事件，在社会组织没有准备的情况下突然爆发，它的发生往往意想不到，具有不可预见性或不可完全预见性。社会组织是开放的，每时每刻都处在与外界的交换和流动之中，组织的任何一个薄弱环节都可能因某种偶然因素而致失衡，进而给社会组织带来危机，而且社会组织危机爆发的具体时间、规模、发展态势和影响深度是难以预料的。2006年1月国务院颁布的《国家突发公共事件总体应急预案》规定：“根据突发公共事件的发生过程、性质和机理，突发公共事件主要分为以下四类：（1）自然灾害，主要包括水旱灾害、气象灾害、地震灾害、地质灾害、海洋灾害、生物灾害和森林草原火灾等；（2）事故灾难，主要包括工矿商贸等企业的各类安全事故、交通运输事故、公共设施和设备事故、环境污染和生态破坏事件等；（3）公共卫生事件，主要包括传染病疫情、群体性不明原因疾病、食品安全和职业危害、动物疫情和其他严重影响公众健康和生命安全的事件；（4）社会安全事件，主要包括恐怖袭击事件、经济安全事件和涉外突发事件等。”突发性是这四类事件的典型特点。

（二）必然性

危机的发生是不可避免的，只要有公共关系就会有公共关系危机，因此危机的发生有其必然性。危机的形成是必然的，这是自然界和人类社会无可改变的客观规律。一方面，随着自身的发展，组织自身的构成要素和运作规则越来越复杂，而运营管理和资源配置能力则永远具有局限性；另一方面，社会组织赖以生存的外部环境越来越复杂，自然灾害、突发事件等都会对组织造成挑战和威胁，使危机的产生成为必然。社会组织自身作为一个系统，包括很多彼此联系的复杂的子系统，不确定因素的复杂性增加了危机发生的必然性。人类认识能力的有限性，决定了人们认识规律和驾驭规律方面不可避免地会存在偏差。因此，任何一个社会组织都会在其发展过程中遇到各种大小和表现形式不同的危机，而公共关系危机则是众多危机中的一种。1985 年，美国莱克西肯传播公司对美主要企业领导人的一项调查表明，89% 的领导人认为“企业发生危机如同死亡和税收一样，都是不可避免的”。因此，社会组织应该要采取有效措施预防危机的发生，并且在危机发生后要及时有效应对。

（三）聚焦性

公共关系危机往往在短时间内突然爆发，就像一颗突然爆炸的炸弹，造成巨大影响，组织在短时间内立刻处于紧急状态，而且往往会在短时间内成为社会和舆论关注的焦点和讨论的话题，尤其是在互联网和手机新媒体快速发展的今天，信息传播速度大大加快，各类信息，尤其是坏消息会在社会中迅速扩散开来，正所谓“好事不出门，坏事传千里”，迅速成为新闻媒体争相报道的内容。如果对公共关系危机处理得当，则会成为社会组织发展的契机，从辩证法的角度来看：危机=危险+机遇。如果危机处理不当，则会成为社会组织走向衰败的转折点。

（四）紧迫性

随着计算机的出现和逐步普及，信息对整个社会的影响逐步提高到一种前所未有的地位。信息量、信息传播和处理的速度以及应用信息的程度等都以几何级数的方式在增长。在这种大背景下，信息的传播速度不断加快，尤其是危机类信息的传播比危机本身发展要快得多。随着新媒体的出现以及互联网技术的不断发展，危机信息的传播速度大大加快。对社会组织来说，公共关系危机一旦爆发，如果得不到及时、正确、有效的处理，其影响就有可能从小变大，从可控制到不可控制，从一般性影响到破坏性影响，尤其是其破坏性影响会被迅速扩散，并呈快速蔓延之势，如果危机不能得到及时有效的控制，会急剧恶化，并会使社会组织遭受重大损失。

（五）破坏性

公共关系危机往往具有“出其不意，攻其不备”的特点，必然会不同程度地给社会组织造成一定的负面影响。从公共关系危机给社会带来损失的表现形态看，可以分为有形影响和无形影响。公共关系危机的有形影响是给社会组织带来直接而明显的、可观测的损失，如房屋倒塌、爆炸、交通事故等造成的人员伤亡或财产损失。2014 年 3 月 8 日，从马来西亚吉隆坡飞往中国北京的 MH370 客机在飞翔途中失联，成为一个天下瞩目的客机失联事件，MH370 航班上载有 227 名乘客（其中，中国大陆 153 人、中国台湾 1 人），机组人员有 12 名，MH370 的谜团一直未解开，该事件所造成的影响也将长期存在。公共关系危机的无形影响是给社会组织带来的损失表现得不明显的危机，如给社会组织形象带来损害的危机。2008 年，加拿大歌手 Dave Carroll 在自己名贵的吉他被美联航的行李运输工摔坏后，历经 9 个月索赔未果，制作了一首名为《美联航摔坏吉他》的音乐视频并上传到 YouTube 上。这部视频竟在短短 3 天内就获得了近 50 万人次的点击量，成了互联网上最红的视频之一，压力之下美联航被迫赔偿。同时，美联航为此付出了巨大代价——股价暴跌 10%，相当于蒸发掉 1.8 亿美元市值，而且还被数以百万计的人指责。最终，美联航一改过去的冷漠和推诿，付给了卡罗尔赔偿金，还声称要用这个视频培训员工提高服务水平。此次危机的应对不力，不仅给美联航带来了形象上的损失，而且给其带来了巨大的经济损失，也就是此次危机给美联航带来了深刻的有形影响和无形影响。为了有效应对危机，社会组织必须在短时间、巨大的心理压力下和信息的不确定情况下做出决策，往往易导致决策失误，给社会组织带来不利的甚至破坏性的影响。

三、公共关系危机的成因

美国危机管理专家诺曼·奥古斯丁形容说："危机就像普通的感冒病毒一样，种类繁多，难以一一列举。"在现实生活中，公共关系危机往往是由多种因素共同引发，公共关系危机的应对必须准确地找到原因并对症下药。分析公共关系危机发生的原因，对于制定正确的预防和处理对策有着十分重要的意义。公共关系危机产生的原因总体可以分为内部原因和外部原因两个方面。

（一）内部原因

社会组织内部中能导致公共关系危机的因素很多。对企业而言，企业的领导人知识水平一般、领导能力差，会影响其对员工的威信和号召力；很多企业员工需要直接接触外部顾客，言行上的不慎都可能在顾客中造成不好的影响，从而带来企业公共关系危机；企业自身缺乏危机管理意识，组织管理机制不完善，造成企业技术标准不严、员工不讲职业道德；企业经营方式不当也会导致企业公共关系危机的发生，如雀巢在发展中国家的促销方式不当会导致企业公共关系危机；企业所提供的产品和服务质量存在问题，例如，奶粉、食品等行业的大巨头出现食品安全问题，这些企业自身存在问题，极易导致公共关系危机的发生。2008 年 5 月 20 日，一条控诉三鹿奶粉质量问题的帖子出现在天涯社区，发布者是一名女性，她 13 岁的女儿因为喝了三鹿奶粉而导致身体发育异常。此后不久，更多起投诉事件指向三鹿奶粉。三个月后，三鹿集团送检的 16 个婴幼儿奶粉样品中，15 个检出了三聚氰胺的成分，毒奶粉事件轰动一时。2009 年 2 月，石家庄三鹿集团股份有限公司宣告破产。这家曾经全国最大的奶粉生产企业，就这样土崩瓦解了。

对政府而言，政府工作人员的言行不当、政府应对公共危机不力和政府的决策及其实施出现问题也会导致政府公共关系危机的出现。在 2003 年“SARS”事件之前，我国根本没有系统的公共危机应对机制，因此，危机预防与管理机制缺失问题在“SARS”公共卫生危机期间集中暴露出来。政府的危机管理缺乏系统的预防战略和政策规划；缺乏系统化和制度化的教育、训练、组织保障；缺乏整合和协调的机制，政府与医疗机构之间的协调配合欠缺；缺乏有效的信息支持和信息沟通机制，信息传播渠道不畅通；缺乏制度化的财政资源保障和人力资源保障；与国际组织和地区组织的合作有待完善；等等。与此同时，由于政府公共危机预防与管理观念欠缺，应付突发性危机事件的心理准备不足。2005 年因中国石油吉林石化公司双苯厂发生着火爆炸导致松花江污染，但从爆炸发生到哈尔滨市宣布停水有整整 10 天时间，当时的国家环保总局的污染报告记录却始终为零，而松花江沿江的各地各级政府均未采取任何有效应对措施。政府在这些事件中的缺位不仅给社会带来了巨大危机，也给政府自身带来了很大的信任危机，损害了政府形象。

（二）外部原因

当前世界政治、经济、军事、社会和外交环境瞬息万变，市场竞争也日益激烈，社会组织所处的环境更加复杂多变。对企业而言，现在行业之间的竞争越来越激烈，企业间的不正当竞争会导致公共关系危机的发生。在激烈的市场竞争中，有些竞争对手采取不正当手段，在网络或者外界各处散布谣言，造成企业负面信息比较多，用歪曲事实、散布谣言、恶意中伤别的企业等方式，以达到破坏对方品牌的目的，如前面提及的蒙牛公司未来星产品经理联合北京一家公关公司造谣恶意中伤伊利 QQ 星产品。政策体制转变、舆论错误导向会导致社会组织公共关系危机的产生。另外，一些不可抵抗的天灾人祸，也会给企业带来公共关系危机，如 2011 年的日本大地震所导致的福岛核电站泄漏事故给东京电力公司带来了巨大的公共关系危机。

四、公共关系危机的种类

从不同的角度划分，公共关系危机有以下几种类型。

1. 从危机和社会组织的关系看，公共关系危机可分为内部公共关系危机和外部公共关系危机

（1）内部公共关系危机

发生在社会组织内部的公共关系危机称为内部公共关系危机。这种危机的发生主要是由该社会组织成员直接造成的，危机的责任主要由该社会组织内部的成员承担。内部公共关系一般波及的范围不太广，主要影响本组织的利益，相对来说容易处理。内部公共关系危机发生在社会组织内部，主要是由社会组织成员或者有关规章制度等内部原因直接造成，如：社会组织内部沟通渠道不畅所导致的危机；社会组织福利分配不公平所导致的矛盾；制造过程发生意外而引起的危机；产品或服务质量引起的危机；营销或广告行为引起的危机；劳资纠纷引起的危机；企业合并后的整合危机；商业秘密泄露导致的危机；内部管理人员的丑闻引起的危机；企业重要管理人员的重大变故（如突然死亡等）引起的危机等。

（2）外部公共关系危机

外部公共关系危机是相对于内部公共关系危机而言，危机波及的范围相对较广，不可控因素较多，较难处理，需要有关危机的各方面密切配合、共同行动。外部公共关系危机产生的原因发生在社会组织的外部，如一些不可抵抗的天灾人祸，竞争对手的不正当竞争、政策体制转变、舆论错误导向等可能导致社会组织外部公共关系危机的产生。例如，2012 年 9 月，日本政府不顾中方反对，决定从 2012 年度预算的预备费中拨出 20.5 亿日元，“购买”钓鱼岛及其附属岛屿的三个岛屿，将其非法进行“国有化”，引发中日争端升级，已经由领土争端波及中日两国经贸领域，中国多地爆发的反日活动给日系车的生产商带来了巨大的损失，已经超过 2011 年 9 级地震带来的重创，受此影响，在华日企纷纷停产或减产，导致日系车 9 月份在华销量急速下滑。

内部公共关系危机和外部公共关系危机的划分并不是绝对的，有些内部公共关系危机可能会转化成外部公共关系危机，而有些外部公共关系危机也可能转化为内部公共关系危机。2005 年，吉化双苯厂发生爆炸事件，这本来是企业自身的危机，但由于灭火时将苯的残留物冲刷到了松花江中，污染了江水，企业危机演变为外部的公共危机，又因为松花江是中俄两国的界河，俄罗斯方面对水污染事件提出严重抗议，国内的公共危机又升级为国际危机。丰田汽车召回事件所引发的不仅是一个企业的危机，在

全球金融危机的条件下，甚至引发了人们对世界经济复苏的担忧。有些公共关系危机的发生，内部和外部原因都有，对于这类危机的处理需要更加谨慎、全面和周全，如谣言、自然灾害、恐怖破坏活动、政府政策等引起的企业外部公共关系危机可能演变为内部公共关系危机。

2. 从危机产生的影响来看，公共关系危机可划分为一般性公共关系危机和重大公共关系危机

（1）一般性公共关系危机

一般性危机主要是指一些影响不大的、常见的公共关系危机。这类危机不会给社会组织造成真正的、较大的影响。只要及时发现并采取正确的措施处理，一般不会转变为重大的公共关系危机。例如，针对客户的某一次有关于企业所提供的商品质量存在问题的投诉，只要正确应对，一般不会产生重大的影响，但是如果应对不当则有可能从一般性的危机转变为影响较大的危机。

（2）重大公共关系危机

重大公共关系危机，主要是社会组织遇到的影响重大的公共关系危机，一般需要公共关系工作人员采取及时、有效和系统的方法加以应对，否则将会给社会造成毁灭性影响。例如，企业的重大工伤和生产事故（作业中的粉尘处理不当所导致的爆炸、天津港爆炸事件）、企业产品质量出现重大问题（2008 年蒙牛和伊利品牌奶粉中发现对人体有巨大伤害的三聚氰胺）等。

3. 根据危机表现形态看，公共关系危机可分为有形公共关系危机和无形公共关系危机

（1）有形公共关系危机

有形公共关系危机一般会给社会组织带来直接的负面影响，这种负面影响能很容易被观察到，如地震导致企业厂房倒塌、爆炸，重大交通事故导致企业的人员损失和财产损失；又如，2016 年，日本南部地震后造成部分汽车生产零件的短缺，世界最畅销汽车制造商丰田汽车公司被迫暂停其日本工厂的大部分生产，其他日本汽车制造商也都由于工厂地震受损被迫停工。

（2）无形公共关系危机

无形公共关系危机给社会组织带来的负面影响表现不明显，不容易被观察。给社会组织形象带来损害的危机，都属于无形公共关系危机。例如，南京电视台零距离节目曾经曝光南京政府工作人员在上班时间闲聊，工作态度散漫，讨论与上班无关的话题，这无疑影响政府在老百姓心目中的形象。如果不采取及时有效的措施积极应对，无形公共关系危机将会转

化为有形公共关系危机。

第二节　公共关系危机管理

一、公共关系危机管理的含义

任何一个社会组织在发展过程中都会遇到或大或小的危机，在危机爆发之后，不同的社会组织，或者说社会组织的不同处理方法，导致了危机对社会组织的影响有很大的差异。对有的组织而言，在遭遇危机后一蹶不振，而有的组织在经历危机之后反而更加强大。危机对任何一个社会组织的发展有着直接的影响，而且绝大部分情况下是消极的影响，但社会组织对危机事件进行了有效的处理，就可以把危机的损害降低，甚至能把危机转化为机遇。危机管理大师诺曼·奥古斯丁对此是这样评价的："每一次危机本身既包含导致失败的根源，也孕育着成功的种子。"

汉语中的"危机"一词包含着"危险"与"机遇"两个方面的含义。从辩证法的角度看，任何坏事情都有向好的方面转变的可能性，危险可以化为机遇，但这种转变并不是一个自然而然的过程，它需要人们学习如何应对危机，对危机进行恰当的管理。公共关系危机管理是指社会组织调动可利用资源，采取恰当的方法，预防、减轻和消除危机以及其产生的损害和威胁，从而使潜在的或现实的危机得以解决，使危机造成的损失最小化的系列举措，包括危机的规避、控制、解决以及危机解决后的恢复等不断学习和适应的动态过程，公共关系危机管理对于国家、企业、个人等都具有重要作用。

公共关系危机管理和公共关系危机有着本质的区别。公共关系危机是一种现象，是指由于社会组织自身或者组织外部社会环境中某些事情的突然发生，影响社会组织的正常进行，对社会组织的生存和发展构成威胁，导致组织在公众心目中的形象受到严重破坏的某些突发事件。公共关系危机管理，也称危机公关，是指在社会组织出现公共关系危机时，公共关系工作人员或组织采取的应对危机的一系列手段和方法。公共关系危机是一种状态，是对所出现的问题的描述，而公共关系危机管理则强调的是一种行动过程。

当前中国所处的发展阶段是一个问题凸显期，各类危机不断出现，应该要注意研究快速发展及社会转型时期的各类危机，做好政府的危机公关工作。在危机发生越来越频繁的今天，一个国家要预防和减少危机的发生，并在危机发生后降低危机的损失，提高政府应对危机效率，必须建立起系统的危机管理机制，系统的危机管理包括危机的预防与应对。有效的危机管理机制，能够将政府的危机管理纳入一个有序、规范、条理的轨道中，保证政府在危机发生时能在最短时间内有效调动社会资源，将危机带来的损失减少到最低程度。

公共关系危机对社会组织来说是随时都可能爆发的，公共关系危机管理是现代管理领域的一个重要课题。现代组织的公共关系工作人员必须了解公共关系危机产生的原因，树立公共关系危机意识，做好公共关系危机的预防工作，并能根据公共关系危机管理的原则、程序、策略，妥善处理各种危机事件，使组织转危为安。公共关系危机管理是公关关系学和管理学结合的产物，是运用公共关系学的基本原理和方法，科学地处理组织潜在的或现存的危机，从而把“大事化小，小事化了”，甚至变坏事为好事的一种管理行为。公共关系危机管理还能重塑组织在公众心目中的良好形象，更好地协调与公众的关系，为组织的发展带来机遇。

二、公共关系危机管理的意义

随着市场经济的发展，竞争的深入，市场竞争压力越来越大，危机无处不在，尤其是信息技术的深入普及，互联网和新媒体的出现使信息传播速度的提升，社会组织一旦发生危机，危机信息就会呈现出裂变式的传播。不论社会组织的危机是由何种原因造成的，只要危机一旦发生，社会组织就会立刻面临困境，因此及时着手处理就显得非常重要。面对危机四伏的环境，良好的公共危机管理可以有助于危机的解决，甚至可以把危机转变为社会组织发展的契机。公共关系危机管理通过危机应对和总结教训，预防社会组织发展过程中所面临的各种危机，任何组织想要立于不败之地，必须进行科学有效的危机管理。危机对任何一个社会的发展有着直接的影响，而且大部分情况下是消极的影响，但社会组织对危机事件和新闻进行有效处理，就可以把危机的损害降低，甚至能把危机转化为机遇，这是公共危机管理的价值所在。

（一）良好的公共关系危机管理能够消除或减少危机给组织带来的负面影响

社会组织的危机发生后，会对其社会形象及相关的生产经营和服务产生或大或小的负面影响，尤其是某些重大突发性事件的出现，更是可能给社会组织带来致命的打击。如果能够妥善地处理危机，有效地控制各种危险因素的发展，就能把危机给社会组织带来的直接或者负面的影响降到最低。通过公共关系危机管理，可以发现社会组织运行中存在的问题，能够帮助社会组织建立或者完善危机的预警机制，增强企业内部团结，扩大企业对社会的影响。

（二）良好的公共关系危机管理能够提升组织形象，扩大组织影响

不管对政府还是企业而言，良好的形象都是组织生存和发展的宝贵的无形资产，都必须要想方设法地维护和提高组织形象。危机不管大小都会给组织造成不同程度的形象损失，使组织在社会公众中的信誉度和美誉度降低，因此必须妥善地处理好社会组织的公共关系危机。在组织发生危机后如果能够及时地采取正确措施挽回不利局面，通过各种积极措施，迅速控制危机事态，理顺与各类公众和社会环境的关系，解决危机问题，扭转危机状态，也能够提升组织形象，为组织的发展带来机遇。

（三）良好的公共关系危机管理能够增强组织内部凝聚力

危机管理大师诺曼·奥古斯丁说："每一次危机本身既包含导致失败的根源，也孕育着成功的种子。"正确的公共关系危机管理不仅可以减少组织损失，挽回和提升组织形象，还能起到凝聚组织的作用。社会组织成员团结一心、同舟共济，尽一切努力解决问题、消除危机、改善局面，就能为组织危机的解决创造有利的内部条件，组织成员也能在解决危机的过程中增进了解和互信，增加对组织的荣誉感、归属感和忠诚度。这是社会组织生存和发展的宝贵的无形财富，也是应对各类危机强有力的保障。

三、公共关系危机的预防

公共关系危机产生的原因是多种多样的，多数危机的产生有一个从量变到质变的过程。如果社会组织相关人员有敏锐的洞察力，根据日常收集到的信息，能及时采取有效的防范措施，就完全可以避免危机的发生或降低公共关系危机造成的损害和影响。事前的预防胜于事后的准备，预防公共关系危机是公共关系危机管理的首要环节。几乎所有的危机管理方法都必须要做好危机预警。危机预防着眼于未雨绸缪、策划应变，建立危机预警系统，及时捕捉社会组织危机征兆，及时为各种危机提供切实有利的应对措施。危机预警体系必须是一个由具有较高专业素质和较高领导职位的人士组成的危机管理小组来建立、改进和维护。

（一）树立危机意识

社会组织进行公共关系危机管理应将危机的预防作为日常工作的组成部分，危机的预防有赖于全体员工的共同努力，要通过恰当的方法帮助社

会组织全体成员树立危机理念，营造危机氛围，使员工充满危机感，为此必须对员工进行公共危机管理方面的培训，还可以模拟危机管理。模拟危机管理的意义就在于平时做好充分准备不仅有备无患，而且在灾难降临时往往更清醒、更容易做出明智的选择。除了进一步强化员工的危机意识外，更重要的是通过培训帮助员工掌握公共关系危机管理的相关知识，提高在应对公共关系危机时的心理素质与技能，只有这样才能做到全员应对公共关系危机，从更广泛的层面上预防和应对危机。另外，在实际工作过程中，社会组织应该与社会各界保持良好的沟通，建立自我诊断制度，从不同层面、不同角度进行检查、剖析和评价，及时关注与自身发展密切相关的信息，及时发现问题，并及时做出应对，消除危机隐患。

（二）成立危机处理机构

成立危机处理机构是发达国家的成功经验，是顺利处理公共关系危机、协调各方面关系的组织保障。在社会组织的日常运行过程中就要根据自身规模以及可能发生的危机的性质和概率，建立起独立的或者跨部门的公共关系危机管理机构，配套专项经费，制定出公共危机管理的有关法规，尤其是公共危机管理的具体程序，明确责任分工，根据社会组织可能发生的不同类型的危机制定详细的危机预案。对企业而言，危机处理机构的职权应为处理危机事件的最高权力机构和协调机构，它有权调动企业的所有资源，有权独立代表公司做出任何妥协、承诺或声明。一般情况下，公共关系危机处理机构应由组织最高责任人担任负责人，其他成员至少应包括：公司法律顾问、公共关系顾问、管理顾问、业务负责人、行政负责人、人力资源负责人和小组秘书及后勤人员。

（三）建立公共关系危机监测系统

危机的预防离不开全面、及时、准确的危机监测信息系统，它可以随时搜集社会组织内外的各种信息，并及时加以分析和处理，及时发现危机隐患，努力把危机消灭在萌芽状态。预防危机需要重点做好以下信息的收集与监测：对企业而言，企业应该及时、全面、系统地收集有关于行业发展、政府相关政策、竞争对手情况和外界媒体对于本企业消息的报道，主动关注和处理这些信息，及时发现问题并合理应对；作为政府而言，政府也应通过各种渠道及时发现相关预警信息，比如通过政府电话热线、网络问政平台等方式收集相关信息并予以及时处理。

在危机到来之前能预防并避免是成本最低、风险最小的办法，也是最明智的办法。就像对待疾病一样，危机防范的首要问题就是提高社会组织的免疫力。对企业而言，公共关系危机的预防除了要强化全员，特别是企业主要管理者的危机意识外，还要加强企业信用管理，树立企业在公众心目中的良好形象，加强产品质量管理，努力做到所有产品零缺陷，加强营销管理，做好售后服务。加强公共关系管理，在危机出现之前充分开发公共关系资源，强化企业团队精神，努力争取员工对企业的忠诚；提高主要管理人员的管理能力，强化他们对企业的责任心。此外，企业的高层还要有自觉分析反思企业弱点的习惯，企业公共关系部门要经常与企业内外公众沟通，定期或在关键时期与企业内外公众沟通、探讨，虚心听取他们的意见和建议及对企业可能出现的危机提出的忠告。

四、公共关系危机管理的基本原则

公共关系危机管理是一种非常态下的行为，需要遵循一些基本原则才能保证其目标的有效实现。这些原则制定需要充分考虑公共关系客体——受众的心理特征，从而使危机公关在处理危机的过程中发挥积极的作用。公共关系危机管理的基本原则主要有以下两种比较有代表性的观点。

（一）公共关系危机管理的5S原则

1. *承担责任原则*（Shoulder the Matter）

当社会组织的危机发生后，公众会关心两方面的问题：一方面是社会组织是否承认错误，这是原则问题；另一方面是社会组织在承认错误后，为弥补错误所带来负面影响的具体举措。这两个问题是公众关注的焦点。对于公共关系危机管理来讲，无论是何种性质、类型及起因的危机事件，社会组织都应主动承担责任，积极应对。对于危机的产生，是社会组织该承担的责任，必须毫不犹豫地及时承担责任；不是社会组织的责任，是受害者的责任，社会组织也不应首先追究受害者责任，危急时刻绝对不是争辩是非曲直的时候，不论责任应该由谁承担，也不应急于追究，否则会加深矛盾，引起公众的反感，不利于问题的解决。这两点是社会组织处理危机的基本态度问题，也是公众和媒体对于社会组织处理问题的最基本的期待。

社会组织在危机发生后主动承担责任，毫不犹豫地把社会公众利益放在首位，站在受害者的立场上对其表示同情和安慰，有时社会组织最高层领导人亲自出面公开道歉和进行抚慰以示诚意，充分考虑受害者的感情需要，可以帮助社会组织赢得公众的理解和信任，从而有利于危机的解决，从长远的角度看有助于社会组织良好形象的建立。1982年美国强生公司发生了“泰诺”中毒事件，强生公司获悉后当即决定，不惜损失1亿美元的代价，全部收回市场上所有的此种止痛片，并花50万美元向有关的医生、医院和经销商发出警报。强生的做法体现了企业的社会责任感，受到了消费者的好评，强生还因此获得了美国公关协会颁发的银钻奖。强生在危机管理中始终将社会责任和公众利益放在首位的企业经营理念和信条，不仅有助于危机的顺利解决，而且从长远看为强生的发展赢得了很好的口碑。

2. 真诚沟通原则（Sincerity）

真诚沟通是处理危机的基本原则之一。通常情况下，任何危机的发生都会使公众产生种种猜测和怀疑，媒介的作用也会扩大事件的传播，社会组织必须认识到只有诚恳的态度才是挽救自己的有效途径。美国危机管理专家奥古斯丁曾用一句话概括危机处理的经验："说真话，马上说。"处于危机漩涡中的社会组织是公众和媒体关注的焦点，公众和媒体希望从社会组织那里获得尽可能多的关于危机及危机处理的有关消息，这是保障公众知情权的重要举措。社会组织与公众和媒体及时有效的沟通，说明事实真相，双方互相理解，能够消除双方的疑虑与不安，有助于公共关系危机的顺利解决。任何遮遮掩掩、欲盖弥彰，或傲慢无礼、推诿责任只会招致公众更大的反感，给社会组织造成更大的损害。

为了体现出社会组织解决危机的诚意，顺利推进危机的化解，在沟通中要努力做到"三诚"，即诚意、诚恳、诚实。第一，诚意。在危机发生后的第一时间，社会组织高层应向公众说明情况，并致以歉意，勇于承担责任，争取赢得公众的同情和理解；第二，诚恳。社会组织在处理危机时，不回避问题和错误，及时真实地与媒体和公众沟通，重新赢得公众的信任和尊重；第三，诚实。社会组织在公共关系危机处理过程中必须诚实地与公众沟通，才能推动危机的有效解决。

3. 速度第一原则（Speed）

"好事不出门，坏事传千里。"社会组织在发生危机后，有关于危机的消息会以裂变方式高速传播，而这些消息中真实的往往不多，更多的是谣言和猜测。危机事件爆发的突发性和极强的扩散性决定了危机应对必须要迅速、果断。危机消息一旦出现，伴随着大众媒体的介入，会立即引起社会公众的关注。由于媒体的消息来源渠道是复杂的，可能会出现对同一危机事件的传播，在内容上产生很大的差异。而公众对危机信息的了解愿望是迫切的，他们密切关注事态的发展，并且在接收信息的时候本着宁可信其有、不可信其无的心态，常常对危机中的社会组织以及其产品或服务采取回避和抵制的态度。

在危机发生时，社会组织应以最快的速度设立危机公关处理机构，选调训练有素的专业人员，配备必要的设备或工具，迅速全面调查、分析危机产生的原因及其影响程度，并及时通过媒体把危机的真相公之于众，以确保危机消息来源的统一，必须及时地掌握话语主导权，当机立断、快速反应、果决行动，消除公众对危机的各种猜测和疑虑。越早发现危机并迅速应对，越有利于危机的妥善解决和降低各方利益损失，使其不扩大、不升级、不蔓延，尽可能掌控危机处理的全局是公共关系危机管理的关键所在。双汇集团一直在广告中自称“开创中国肉类品牌”，是行业诚信的标杆企业，但在2011年3月，央视《每周质量报告》报道了双汇集团济源公司收购屠宰喂养瘦肉精的“健美猪”的事件后，双汇做出了很好的危机公关，在危机爆发的24小时内发出第一封公开的声明来“致歉”，及时安慰媒体和民意。在第三天，再次发表声明，处理了相关责任人，让舆论向正面方向发展。

4. 系统运行原则（System）

公共关系危机的处理是个系统问题，需要从多方面综合系统应对，绝不能顾此失彼，只有这样才能全方位、深层次地化解危机。危机的系统运作主要是做好以下几点。

第一，组建专门的负责机构。公共关系危机的处理需要建立一个由社会组织高层、公共关系工作人员及相关部门人员组成的机构，专门应对危机的处理，这是危机公关的组织保障。同时，根据事态发展的实际情况，最大限度地集中使用资源，迅速做出有关危机处理的合理决策，系统部署，付诸实施。

第二，统一内部观点。在危机发生后，无论是对内，还是对外，社会组织都要迅速统一观点，保持前后言论的一致，言词一致是建立可信度相当重要的因素，这样才能更好地应对各种危机，才能更好地稳住阵脚、万众一心、同仇敌忾。如果不能传递一致的信息内容，会引发更多对社会组织不利的谣言和不必要的疑惑，而使岌岌可危的社会组织信誉和形象更加脆弱。

第三，合理借助外力。社会组织自身积极主动的危机公关是必要的，但是合理借助外力，尤其是企业应充分和政府部门、行业协会、同行企业及新闻媒体配合，能够推动危机的化解，从而增强社会组织的公信力和影响力。

5. 权威证实原则（Standard）

在危机发生后，单靠社会组织自身的极力证言是远远不够的，为了提高社会组织解决危机的公信力，必须有效地借助可靠的、权威的第三方组织为社会组织危机的解决证言。香港导游辱骂内地游客给香港旅游业带来了很大的负面影响，香港当局借助国家旅游总局比较好地减少了此次危机带来的负面影响，还有王老吉的夏枯草事件和大白兔奶糖的甲醛事件，都是在借助政府机构或者权威的第三方机构推动危机的解决。

（二）3T原则

3T原则也是公共关系危机处理的一个法则，是由英国危机公关专家里杰斯特在《危机管理》一书中提出，有三个关键点，因为这三点的英文翻译首字母均以“T”开头，所以称之为3T原则。3T原则强调危机处理时把握信息发布的重要性。

1. Tell You Own Tale（以我为主提供情况）。它强调社会组织在公共关系危机处理过程中牢牢掌握信息发布主动权。在危机发生后，社会组织应该在第一时间快速的，以自己的立场发表态度，或是积极主动表示自己的态度，以此来增加信息的保真度，从而主导舆论，避免发生信息真空和失真的情况。

2. Tell It Fast（尽快提供情况）。它强调危机处理时社会组织应该尽快不断地发布信息。危机发生后，尽快向公众和媒体提供消息，直接关系着社会组织与社会之间的信任程度，并且每次消息的公布都要有充分证据的支持，或者权威机构，或者有信服力的名人或媒体的帮助。

3. Tell It All（提供全部情况）。它强调信息发布全面、真实。信息快速传播的时代，想要永远隐藏信息是不可能的，越是隐瞒真相越会引起更大的怀疑。只有全面、真实地向公众和媒体传播信息，才能更多地获得支持，为危机的解决赢得社会信任。

五、公共关系危机管理的基本程序

（一）建立专门的危机处理机构

在危机爆发之初，往往是危机公共关系管理的最佳时刻。社会组织当务之急是在第一时间建立或启动危机管理领导小组的工作，让它充当组织危机管理的核心，协调指挥，全盘把握。社会组织危机处理机构的建立可以分为两种：一种是常设的危机管理机构；另一种是危机发生后建立的临时性的机构。危机处理机构的成员应包括社会组织高层管理者、相关的职能部门乃至外部专家组成，明确规定危机处理机构成员之间的职责分工、相应权限和沟通渠道。危机处理机构一般有以下几个重要的职能。

1. 科学决策

作为社会组织常设的危机处理机构主要职责是制定危机管理的政策、制作本组织的《危机管理手册》，主持定期的危机管理工作会议，负责处理重大的危机事件等。临时性的危机处理机构也需要在充分掌握有关危机信息的基础上做出合理决策。

2. 搜集信息

作为社会组织常设的危机处理机构，应该负责危机管理各项工作的贯彻和落实，定期收集信息，监控市场，及时发现与本组织有关的、有价值的信息，并从中筛选出有可能造成组织危机的信息，定期组织高层汇报相关信息，为组织的危机公关提供及时的预警。临时性的危机处理机构在危机发生后也应该全方位地搜集和危机有关的信息，在此基础上做出及时的应对。

3. 日常培训

社会组织危机的处理是一个系统性问题，不是单靠危机管理机构就能解决。作为常设危机管理机构的一个日常工作就是对全员进行有差别的危机应对技巧培训，培训讲师可以是企业内部的专业人员，也可以是危机公关机构的专业人员，他们可以帮助组织成员掌握危机应对的有关知识。

4. 媒体沟通

任何社会组织危机的有效解决离不开与媒体的沟通合作。媒体虽然不会决定公众的观点，但是媒体却会左右公众的观点，媒体在危机处理过程中起着至关重要的作用。因此，社会组织的常设危机处理机构日常工作中就应该和媒体建立定期的联络机制，与媒体保持良好的关系，努力提高自己的媒体应对素养。在危机发生后，不管是常设的还是临时的危机处理机构都应该及时、真实、全面地向媒体提供有关危机和危机处理的相关信息，极力争取媒体的信任和支持，这是危机解决的重要条件。

（二）进行全面的危机调查

危机发生后，社会组织的危机处理机构应在组织高层领导人的带领下，亲临危机现场，指挥危机应对的相关工作，并委派专业人员全面深入调查危机事件，明确危机事件发生的时间、地点、原因、人员伤亡和财产损失等情况。在危机发生后，组织的高层管理人员亲临危机现场是成功的危机公关的重要表现，这有助于社会组织在公众心目中塑造一种负责任、有担当的良好形象，有助于危机的解决。例如，2011 年甬温线特大铁路交通事故发生后，时任中央政治局常委、国务院总理温家宝带病查看事故现场，探望伤员，对遇难者家属亲切慰问，悼念遇难者，与中外媒体记者见面并回答中外记者提问，塑造了负责任的政府形象，展示了中国政府处理危机的决心和诚意。甬温线事故发生后，国务院立即成立了独立的事故调查组，它包括安监部门、监察部门、检察部门，这个小组通过现场勘测、技术取样、科学分析、专家论证来全面调查此次事故。

（三）确定危机应对策略

一旦确认了危机，危机处理机构必须在最短的时间内对可能给社会组织带来的影响和后果，对危机事件的发展趋势，对社会组织能够和可以采取的应对措施以及对危机事件的处理方针、人员、资源保障等重大事情做出初步的评估和决策。在企业发生危机后，需要在第一时间做到以下几个方面：告知企业的全体员工，统一口径，避免企业员工在面对采访时不知所措；组织危机涉及部门迅速采取措施调查事件真相，新闻发言人发布采取的应对措施安抚公众，组织律师对受害者事件进行处理；把真相告知政府部门或者相关权威机构，进行公众信心的树立；疏导媒体，让媒体沿着良性的方向进行危机的报道。因此，对危机进行全面深入调查后，在社会组织高层人员的直接参与下，还可以在相关公共关系咨询机构协助下，对所获第一手资料进行科学研判与分析的基础上，确定应采取的相应的措施，也就是确定危机处理方案。这个危机处理方案应该包括：媒体应对策略、与相关公众的沟通策略、危机受害者的赔偿策略、危机处理各阶段的工作重点、危机后如何再塑和提高组织形象等。

（四）全面应对危机

自危机发生后，公众和舆论不仅要看社会组织的宣言，更看重社会组织的行动。在确定危机应对策略后，就应该对危机展开系统的应对。通过危机发生后的全面调查缓解，找出主要危机或者危机的重点，首先解决危害性较大、紧迫的问题，这样的公共关系危机处理才是有效的。第一，必须掌握危机信息发布的主动权，做到以我为主，主动、及时和全面地提供信息，谨慎选择新闻发言人，主动通过新闻发布会或记者招待会的方式与媒体和公众真诚沟通，主动抵制各种不利于危机处理的谣言，掌握危机处理舆论的主导权。第二，社会组织的高层管理人员必须要亲临一线，安抚受害公众，领导现场危机处理工作，解决公众的当务之急。第三，危机的处理，还必须积极争取其他社会公众、权威的第三方机构或者相关政府部门的支持，合理依靠外界力量推动危机的解决。这一阶段是危机处理的中心环节之一，直接关系到危机处理的成败。

（五）总结危机处理的经验教训

在危机处理基本结束后，危机处理机构应该对危机处理进行全面的调查评估，并将危机处理的评估结果向高层汇报。通过对危机处理过程和结果的全面调查评估，总结经验教训，及时发现并改进组织在危机管理方面存在的具体薄弱环节，完善组织原有的危机应对计划或者危机应对预案，加强对社会组织全员的危机应对培训，提高组织全员对危机的重视程度和应对能力。

六、公共关系危机中不同公众的应对之策

在某一次危机发生后，社会组织需要面对不同的公众，不同的公众在同一事件中既有共同的关注和利益需求，也会有很多不同的关注和利益需求，社会组织只有在对不同公众的需求展开充分地调研和了解的基础上，采取不同的应对措施，才能有效地应对危机。总体来看，可以分成组织内

部公众对策和组织外部公众对策两个方面。

(一) 组织内部公众对策

社会组织发生危机后，应该在第一时间对组织内部公众采取有效措施，团结一心，共同应对危机。第一，要迅速成立处理危机事件的专门机构，使处理危机事件的最高权力机构和协调机构，有权调动组织所有资源。第二，危机管理机构要及时制定处理危机事件的基本原则、方针、具体的程序与对策，通告全体职工，统一口径，统一思想认识，协同行动，保持前后言论的一致。第三，从组织内选拔专业人员组成调查团队调查危机事件产生的原因、造成的负面影响，并及时对外公布。第四，对危机的直接和间接责任人应该要给予相应的惩罚，以示惩戒；对于处理危机有功的员工应该给予恰当的奖励，以示激励。

(二) 组织外部公众对策

危机发生后，组织外部公众对策主要从危机受害人、新闻媒介和上级领导部门展开。

1. 危机受害人对策

危机发生后，危机受害人是利益直接受害者，他们在感情上需要被更多的关注和关爱，需要看到社会组织解决危机的诚意，要需要看到社会组织解决危机的实际有效举措。因此，社会组织在危机发生后应该及时成立危机处理机构，并对危机进行全面调查，在认真了解受害者情况后，尤其是由社会组织的高层管理者作为代表诚恳地向受害者及其家属道歉，并实事求是地承担相应的责任，耐心而冷静地听取受害者的意见，给受害者安慰与同情，并尽可能提供其所需的服务，尽最大努力做好善后处理工作。为了对受害者进行赔偿，要了解、确认和制定有关赔偿损失的文件规定与处理原则，向受害者及受害者家属及时公开补偿方法与标准，并尽快实施。社会组织还要避免与受害者及受害者家属发生争辩与纠纷，即使受害者有一定责任，也不要在现场追究。

2. 新闻媒介对策

社会组织在发生危机后，应该与新闻媒介保持及时有效的沟通，争取新闻媒介的支持。社会组织在与新闻媒介的沟通中应该始终保持口径统一，避免说出相互对立的言论，不要给出未被授权或者不切实际的承诺，准确、及时地向媒介发布信息，让自身成为媒介的主要信息源。向新闻界公布危机事件，公布时如何措辞，采用什么形式，有关信息怎样有计划地披露等，应事先达成共识。社会组织要成立记者接待机构，专人负责发布消息，集中处理与事件有关的新闻采访，向记者提供权威的资料。为了避免报道失实，向记者提供的资料应尽可能采用书面形式。介绍危机事件的资料要简明扼要，避免使用技术术语或难懂的词汇。社会组织要通过新闻媒介始终表现出对公众的关注和理解，始终强调为解决问题而正在实施的行动，始终对媒体及时传递最新信息。另外，社会组织要避免同媒介发生冲突，合作而非对抗是压倒一切的任务。

社会组织为了与新闻媒介就危机处理展开更好地沟通，通常可以设立新闻发言人，作为组织的权威发言渠道。社会组织的危机新闻发言人必须具有良好的心理素质和人格修养，特别是能够承受巨大的压力。新闻发言人在发布有关危机处理方面的信息方面，除了尽量依靠团队的力量外，新闻发言人自身的分析能力、判断能力和应对能力显得更加重要。危机新闻发言人往往不能只设一人，特别是重大危机中必须赋予多人以发言人的职责。危机新闻发言人所承担的任务，往往不仅限于新闻信息的发布，在危机信息的采集、加工、分析等诸多环节，在危机预警、处理以及恢复管理等不同阶段，新闻发言人始终担负着调研、策划、沟通和发布等多重的任务。

3. 上级领导部门对策

社会组织在发生危机事件后，应以最快的速度向组织直属上级领导部门实事求是地报告，争取他们的援助、支持与关注，并在危机处理过程中定期向上级领导部门汇报事态发展的状况，以获取上级领导部门的指导。在危机事件处理完毕后，也需要向上级领导部门详细地报告事件发生的原因、危机处理的经过、解决方法等，并提出今后的预防计划和措施。

案例 12.1　捷蓝航空的“2 月危机”

2007 年 2 月 14 日，一场灾难性的冰雹袭击了美国捷兰（JetBlue Airways Corporation）航空公司的基地——纽约市约翰·肯尼迪国际机场，造成多趟进出港航班延误，数百名旅客被困机舱，最长达 9 小时。继旅客滞留机舱数小时事件之后，捷蓝航空又取消了 1000 多趟航班。

这次天灾让捷蓝的整个管理系统陷于混乱，公司也深陷公共关系危机之中，至 2 月 20 日星期二，捷蓝航空公司股票下降了 66 美分，收于 12.90 美元。但捷蓝并没有以天气原因为事件做解释，而是主动承担责任。公司 CEO 尼尔曼立即决定在 YouTube 上发布道歉视频并参加电视节目《大卫·莱特曼晚间报道》。尼尔曼通过传媒就旅客滞留和飞机延误航班取消等事件非常诚恳地做了道歉。2 月 20 日，捷蓝航空以书面形式对外公布了一份保障顾客权利的公告。对于事件本身而言，捷蓝向在 2 月 14 日事故中的旅客赔付了 1600 万美元的免费机票券，并承担 400 万美元的其他开支。

2007 年 6 月 19 日，美国最为知名的市场调研机构 J. D. Power and Associates 公布了《2007 年北美航空公司满意度调查》报告，数据显示，捷蓝航空公司以810点（共1000点）的总满意度指数连续第三年总体排名第一，并继2006年后再次获得低票价航空公司最高的客户满意度。

（资料来源　《“航空小霸王”上演2007年度经典危机公关案例》，中国电子商务，2007-08-09）

案例12.2　2011年日本大地震波及全球汽车产业

日本汽车对于全球汽车产业的影响，从2011年3月的日本大地震中即可窥见一斑。当时发生在日本的里氏9级地震，使得日本三大汽车巨头宣布全面停产，除了全球日系汽车供应受到影响外，由于零部件供应问题，还波及到了全球汽车产业。日本大地震发生后两三天，丰田、日产、本田三大汽车巨头就有15家主要工厂先后因零部件供应不上而停产。之后几天，停产范围迅速扩大，马自达、斯巴鲁、铃木等主要在日本西部地区布局的企业也因为零部件供应的短缺先后停产。在地震的重创下，日本国内汽车生产全面停滞。同时，由于来自日本的零部件供应不上，日本车企在欧洲、北美等地区的产能先后缩水，甚至停滞。

地震发生一个月后，丰田汽车决定其在欧洲的5家工厂（英国整车及发动机工厂、法国和土耳其整车工厂、波兰发动机工厂）临时停产，并取消5月份的加班计划，由此导致减产规模达5万辆。2011年4月20日，在公布中国减产决定的同一天，丰田公司宣布其北美14家工厂也有类似的减产计划。日本大地震使日本汽车工业遭到重创，全球日系车的供应都受到了影响，其中也包括中国。日本地震发生后，丰田、本田和日产在华合资企业的零部件供应也受到影响，广汽丰田将每日生产率下调70%，直接导致货源缩减到原来的三成，消费者需花上较长一段时间才能提车。在汽车生产全球化采购的今天，2011年的日本大地震波及到了全球汽车产业。地震后，无论是美国的通用、福特，还是法国的PSA、雷诺，都受困于车用电子元器件的短缺而相继减产甚至停产。而一些原本是要在欧美国家和地区销售的汽车，由于在日本设厂生产，也没有躲过地震的冲击。

德国汽车制造商和汽车配件供应商也因日本特大地震带来的零部件短缺影响相应地缩小了汽车产量。美国最大汽车制造商通用汽车公司受来自日本的进口汽车零部件短缺影响，暂停了旗下两家欧洲工厂的汽车生产活动。沃尔沃汽车因日本大地震造成的零部件供应短缺，该公司位于瑞典哥德堡的托斯兰达（Torslanda）工厂和比利时根特（Gent）工厂的生产受到了影响。法国、韩国、印度、泰国车企均表示由于受到日本强震冲击，部分车企考虑寻找替代供应商。

（资料来源　孙金凤：《日本地震波及全球汽车》，北京晨报，2014-09-10）

案例12.3 惠普“蟑螂门”

2010年“3.15”晚会上，央视对两款惠普笔记本电脑的质量问题进行了报道，其DV2000、V3000系列笔记本存在严重产品质量问题。其后，惠普客户体验管理专员表明称，惠普笔记本发生故障原因是“中国学生宿舍的蟑螂太恐怖了”。在此后，惠普2010年3月17日召开紧急新闻发布会，承诺在今后的30天中展开综合整顿计划，但对于惠普客服人员将电脑发热归罪于蟑螂的说法未直接回应，而整个发布会也只用了20分钟左右便匆匆收场。面对2008年10月就发现的质量问题，惠普的应对不仅迟缓而且“傲慢”。他们甚至把罪责推卸给蟑螂。“我们谁都解决不了的，是中国学生宿舍的蟑螂，那是非常恐怖的。”惠普客户体验管理专员表明在央视的暗访中表述。此番言论在央视“3.15”晚会上一经播出，立即引起各方热议。由此，被多方关注的惠普“质量门”事件演化为“蟑螂门”。在当时这一系列言论，使惠普深陷舆论漩涡，品牌形象受到很大影响。

（资料来源 《惠普质量门》，MBA智库百科）

案例12.4 “水源门”：康师傅揭露行业潜规则

2008年8月，一篇名为《康师傅：你的优质水源在哪里?》的文章在网上广为传播，该文章作者称曾潜入康师傅杭州水厂“探秘”发现，康师傅矿物质水广告中声称的“选取的优质水源”，原来竟是自来水灌装的。文章一发布，众多网友纷纷指责康师傅涉嫌虚假宣传。而康师傅方面向《每日经济新闻》承认，其杭州生产基地所生产的矿物质水确实是城市自来水净化而成的。更令人吃惊的是，有业内人士向记者透露，用自来水加工生产矿物质水在业内已成普遍现象。9月2日，康师傅饮品控股公司，首次就其矿物质水广告涉嫌虚假宣传一事公开道歉。公司称在推广中，没有解释清楚“优质水源”的原意，从而造成了认知上的差距，导致部分消费者和媒体产生误解，为此表示遗憾和抱歉。从后续发展中看，康师傅公司此次危机公关举措较为合理，且效果较好。

案例12.5 北京和颐酒店劫持事件

2016年4月5日，女网友弯弯在微博自曝通过携程预订如家旗下北京望京798和颐酒店，4月3日晚在酒店遭陌生男尾随挟持、强行拖拽、掐脖……整个过程持续6分钟。酒店的安保人员未阻止，保洁人员只是看着，多人围观，还是路过女房客出手相救，该男子才逃走。2016年4月5日，女网友称事发后酒店经理关机态度恶劣；投诉携程未反馈；派出所录完笔录无下文，接线员称“这事儿不归我们管”。2016年4月6日下午，如家酒店集团召开新闻发布会，介绍女生和颐酒店遇袭事件最新进展。如家酒店集团在声明中表示，通过对各方面情况的核查，北京望京798和颐酒店在事件处理中的确存在安保管理、顾客服务不到位的问题。酒店管理和服务人员对顾客的关注度和处理问题的响应效率也存在缺失。同时，如家酒店集团在声明中向当事人及社会公众再次表示道歉。这是一次典型的因突发事件导致的企业公共关系危机。

案例12.6 天津港爆炸事件

2015年8月13号晚11点多，天津港发生爆炸，吸引了全世界的目光。在事件发生后的4小时后，8月14日凌晨3点52分，天津政府在官方微博“天津发布”发布了第一条信息；1分钟后，第二条信息发布，内容为领导在现场。一直流传着应对突发事件“黄金4小时”的说法，可天津官方很快发现自己陷入了被动之中，原因在于在事件发生的第一时间内社交媒体上流传爆炸的各类信息，包括图片与视频。因为这些信息，天津市民陷入恐慌。

“黄金4小时”已经过时，因为突发事件几分钟内就有可能传遍全世界。如果不能在第一时间内表达态度以及把掌握的事实公布出来，就有可能产生谣言及小道消息。

在事件发生的第一时间内，天津卫视与平常一样，没有此次事件的任何信息，主持人依然微笑，被网友批判没人性。很快天津政府举办了新闻发布会。第一场新闻发布会，因为准备不充分以及新闻发言技巧的欠缺，很多领导面对记者的提问，非常被动、尴尬。新闻发布会现场的组织工作做的也不如意，记者的提问散漫，现场秩序混乱。后面的几场发布会都存在不同程度的问题，要么失语，要么责任官员缺席，要么答非所问等，直到第十场才有闪光的地方。在此次危机处理中，有两点值得关注：一是新闻发言人的素养有待提高；二是新闻发布会没有起到应该有的正确导向作用。

案例12.7 青岛天价虾事件

2015年10月4日，四川广元的游客到青岛旅游，点了一盘大虾，结账时发现这盘虾是以只来计算的，一只38元，总共1520元。游客发现被宰后，立即报警，民警表示这事不归他们管，就离开了，再报警，派出所干脆就不出警了。后来，老板拿棍子威胁，反报警说有人吃霸王餐，警察来了后，还是不管。警察不管，游客打电话给物价局，但当地物价局表示，现在不上班，等节后上班再说。被宰是4日，8号上班，要等4天，危机处理的最佳时机就被耽搁了。青岛相关政府机构方面没有第一时间响应游客，没有解决游客的困惑，也没有安抚好游客的情绪。游客只能求助于网络了，很快微博上出现了被宰的信息，引起了全国人民的关注。在传播的过程中，呈现出娱乐化的倾向，比如点了一盘花生米，最后以个来算价钱；去理发店理发，最后以根来算等。在网友调侃的过程中，青岛大虾事件得到了最大范围的传播。山东政府花巨资营造的“好客山东”形象被大虾毁于一旦。危机处理不是一个部门的事情，各个部门应该联动起来，在事件发生的第一时间内，根据应急预案的设置，来成立危机公关团队，并进行信息的收集，根据收集的信息，进行口径的规划与统一。口径的统一完成之后，由新闻发言人进行对外发布，其他人没有被授权，则不允许对外发言。

案例 12.8　东京电力公司的欺瞒行为

自 2011 年 3 月 11 日日本本州岛海域地震发生后，东京电力公司始终站在舆论的风口浪尖。地震发生后，东京电力公司未意识到问题的严重程度，没有在第一时间发布福岛核电站冷却系统失灵的消息。12 日，福岛 1 号机组厂房爆炸后，东京电力公司也没有第一时间把消息向日本当局汇报。这两个节点是以最小代价解决核电事故的关键，但都被延误了。日本核危机爆发之初数小时里，因担心可能让花费巨大建起的核电站毁于一旦，东京电力还在犹豫是否使用海水冷却反应堆，东京电力被质疑贻误救援时机。东京电力公司的所作所为欺骗了日本民众和政府，给日本社会造成了巨大灾难的同时，也给企业带来了巨大的危机。

思考题：

1. 公共关系危机和公共关系危机管理的区别是什么？
2. 为什么要进行公共关系危机管理？
3. 如何建立公共关系危机预警系统？
4. 如何做好公共关系危机调查？
5. 公共关系处理机构的职能是怎样的？
6. 公共关系危机管理中如何与媒体沟通？
7. 如何理解公共管理危机应对的真实原则和真诚原则？
8. 危机公关应该如何应对媒体？

第十三章　新媒体时代的公共关系

本章概要：

新媒体技术的飞速发展为组织的公共关系传播提供了新的机遇，同时也带来了新的挑战，如何把握机遇、应对挑战，从而更好地实现公共关系传播是当今社会组织要面对的一个重要课题。

本章主要介绍了新媒体时代的公共关系，包括新媒体的定义和特点、新媒体时代下公共关系面临的挑战和机遇及其应对，并阐述了新媒体时代对公共关系危机管理的影响及对策。

第一节　什么是新媒体

一、新媒体的概念

（一）媒体的概念

媒体是一个综合的概念。1943 年，美国图书馆协会的《战后公共图书馆的准则》一书中首先出现了“媒体”这一术语，现在已成为各种传播工具的总称。从这个意义上说，媒体也称为媒介，它是指在信息传播过程中，从传播者到接受者之间携带和传递信息的任何物质工具，如计算机、光盘、网络、电影、电视、无线电广播、录音、录像、图片、幻灯片、投影片和印刷材料等都属于媒体。同时，“媒体”还包括“媒介组织”的概念，它是指依托书籍、报刊、广播、电影、电视、网络等媒介，把图文声像的信息进行有效组合、传播和营运，并对其拥有完整所有权和经营管理权的机构，如报社、杂志社、出版社、电影厂、电视台、广播电台、网站等。它是文化产品传播的主要形式，是地域文化表达的文化实体，是一种生产和传播信息内容的经济单位。从这个角度讲，媒体也是采集、生产、销售（传播）信息和知识产品的社会组织，或者简略地说，媒体是指专门从事大众传播活动以满足社会需要的社会单位或机构。概括来说，媒体一词有两层含义：第一层指具备承载信息功能的物质实体，是传递信息使用的工具；第二层主要指向的是信息传播的单位组织，也就是传媒机构。

（二）新媒体的概念

1967 年，美国 CBS（哥伦比亚广播电视网）技术研究所所长 P·戈尔德马克（P. Goldmark），发表了一份关于开发 EVR（电子录像 Electronic Video Recording）商品的计划，其中第一次提出了“新媒体”（New Media）一词。1969 年，美国传播政策总统特别委员会主席 E·罗斯托（E. Rostow）在向尼克松总统提交的报告书中，也多处使用新媒体一词。由此，“新媒体”一词开始在美国社会上流行，并且这个词在不久以后扩展到了全世界。然而与以往的传统媒体不同的是，“新媒体”一词极具弹性。随着数字技术的急速发展，几乎每隔几天就会出现一种新的媒介产品，这些产品未经精确定位就都被归为新媒体一类之中。而新媒体所包含的媒介形式仍然处在发展之中，并且还在不断膨胀的趋势之中。

目前，世界上对于“新媒体”的定义远未统一，专家们也是各执一词。若干年前，联合国教科文组织关于新媒体有过一个定义，即新媒体就是网络媒体。美国的俄裔新媒体艺术家列维·曼诺维奇（Lev Manovich）认为，新媒体将不再是任何一种特殊意义的媒体，而不过是一种与传统媒体形式没有相关的一组数字信息，但这些信息可以根据需要以相应的媒体形式展示出来。清华大学新媒体研究中心主任熊澄宇教授认为，新媒体是个相对的概念；新是相对于旧而言的，相对于报纸，广播是新媒体；相对于广播，电视是新媒体；相对于电视，今天的网络又是新媒体。综合现阶段对新媒体的不同定义，根据信息化技术的最新发展，可将其定义为：所谓新媒体，指的是在数字化信息技术时代，在新的技术主导下应运而生的一种全新的媒体形态。它是与传统媒体相比较而得出的，是一个相对的概念。它包含几层意思：

1. 新媒体是一个动态的概念，它是互联网技术和数字技术的发展而衍生的媒体形式，因此，其内涵本身就是在不断发展和变化的，我们应该用发展的眼光去看待新媒体，而不能以静止的思维去认识它。

2. 新媒体的载体是科学技术发展的最新成果，主要包括互联网新媒体、手机新媒体、户外新媒体以及衍生新媒体等，其中以手机和计算机作为信息载体的新媒体对社会的影响最为深刻，任何行为个体都可以应用它们来达到获取信息、分享信息、生产信息、表达感情等目的。

对新媒体的认识，不能简单停留在学术层面，而应该把它具体运用到现实社会生活中。用发展的眼光去认识新媒体，用理性的态度去审视它，以大众媒体的眼光去看待它，拓宽新媒体信息的渠道，净化新媒体的环境，不断发展和创新新媒体。

二、新媒体的特点

（一）即时性

传统媒体均囿于出版和播出的周期，如：报纸信息的更新速度是按天计算的，要受制于交通工具和发行环节，因此日报上刊登的大多是昨天的新闻，周报的时效性则更差；电视基本上可以保证播发当天的新闻，也能做到重大事件的现场直播报道，然而由于技术设备的限制和后期制作环节，不可能做到每条新闻都现场同步直播。网络信息的更新是以秒计算的，基本上可以做到新闻稿件即时发布，即时传播，即时到达。由于缺少了发行周期和后期制作的限制，网络新闻可以不间断发稿，给受众第一时间传递最新鲜的资讯。

（二）互动性

新媒体的互动性不仅体现在传受双方的互动，还体现在广大受众彼此之间的互动交流。新媒体时代的受众不再是传统媒体时代一盘散沙式的大众，他们根据自己兴趣爱好、共同话题，借助新媒体技术迅速聚集，形成自己的网络社交圈子。越来越多的社交网站的出现，更将人们在现实生活中的社会关系转移到虚拟的网络世界，从而加固了网络社交关系，使互动行为更加深入。比如很多大型公司都有自己的即时通信工具，供员工在工作中进行即时交流。新媒体环境下，传播方式发生了很大的改变，经典传播方式断裂，“刺激—反应—控制”的理论不再有效。受众能够参与到沟通过程中，甚至还会成为信息的制造者和发布者，信息的反馈和交互更加及时有效，公众在公共关系中的地位获得很大提升。

（三）渗透性

这里讲的渗透性包括两个方面：一方面是指新媒体的规模发展迅速，覆盖面广，渗透到各行各业、各个领域、各个阶层的人群；另一方面是指随着新媒体技术的不断发展，媒体融入大众日常生活的渗透性不断加强，并日益成为大众化生活中不可或缺的重要部分之一。新媒体技术的日新月异，新媒体门槛的日益降低，新媒体所带来的越来越多的便捷性，这些都使得新媒体有效地渗透到我们日常生活的方方面面。

三、新媒体的基本类型

据不完全统计，目前比较热门的新媒体话题不下30种，如数字电视、卫星电视、移动电视、IPTV、网络电视（Web TV）、电线上网、温暖触媒列车电视、楼宇视屏、移动多媒体（手机短信、手机彩信、手机游戏、手机电视、手机电台、手机报纸等）、网上即时通信群组、对话链（Chatwords）、虚拟社区、博客（Blog）、播客、搜索引擎、简易聚合（RSS）、电子邮箱、门户网站等。这其中既有新媒体形式，也有不少属于新媒介硬件、新媒介软件，或者新的媒体经营模式。但是，关于新媒体的基本类型，不同的专家和学者根据不同的标尺划分出不同的类型。根据新媒体的载体和技术手段的不同，一般把新媒体分为互联网新媒体、手机新媒体、户外新媒体和衍生新媒体四种。

（一）互联网新媒体

互联网新媒体是以互联网为传播渠道的，它是新媒体主要的类型，无处不存在人们的日常生活中，例如，互联网参政议政、电子商务、网上银行、网上缴纳生活用费等。互联网新媒体又主要分为新闻网站、门户网站以及IPTV三种形式。

1. 新闻网站

2000年11月6日国务院新闻办公室和信息产业部联合公布的《互联网站从事登载新闻业务管理暂行规定》对新闻网站作了解释：新闻网站即“中央新闻单位、中央国家机关各部门单位以及省、自治区、直辖市和省、自治区人民政府所在地的直属事业单位依法建立的网站”。这里所说的新闻网站重点指的是一些高质量、高浏览率、对社会的舆论能产生重大影响、社会效益较好的新闻网站，如人民网、新浪网、凤凰网等。新媒体时期，新闻网站也采用互动形式，对网站的内容和形式不断创新，以此来满足用户的新需求。

2. 门户网站

门户网站基本上已经覆盖到新闻、时尚、视频、财经、体育等多领域，诸如人们常见的新浪、腾讯、搜狐、网易等。门户网站具有信息交流、检索、传递的功能，不仅是通向和打开互联网空间的“门户”，而且为个体提供了互联网空间的多项服务。同时，门户网站还具有新闻服务、媒体舆论监督、娱乐等功能，在互联网空间担当重要的任务。

3. 交互式网络电视（IPTV）

交互式网络电视（IPTV，Internet Protocol Television）是集互联网、通

讯、多媒体等多种技术于一体的崭新技术。目前，家中的计算机和网络机顶盒普通电视机就是 IPTV 的应用形式。它不仅能够为用户提供海量的信息，同时还为用户体验个性化服务。由于 IPTV 被广泛运用在娱乐、信息咨询、商业以及教育中，因此它具有十分强劲的竞争力。

（二）手机新媒体

手机，又叫移动电话。手机新媒体是一种以随身携带的手机为载体的新兴的媒体形式。它集互联网、电话、小说、报纸、信用卡、电影等为一身，具有强大的功能。一经推广，迅速成为新媒体时代的“宠物”。目前，人们主要运用手机的文字传输功能和影像传播功能，手机文字传输包括手机小说、手机新闻、手机短信以及手机杂志等，其中，短信和新闻受到人们的青睐。手机影像传播包括手机电影、手机电视以及手机本身具有的摄像和摄影功能等。另外，人们还可以利用手机聊天、听歌、交友、发微博、发微信等，手机不仅改变了人们的生活方式，而且也在潜移默化地对人们的社会行为和思维方式进行改变，深刻影响了整个社会的发展。

（三）户外新媒体

户外新媒体，是一种户外传播信息资源的媒体，它在维基百科的概念是指一般人们能直接看到的数字电视等新媒体，比如，移动电视、LED 彩色显示屏等，是区别于广告牌、车体、灯箱等传统户外媒体形式，主要依附于公交、地铁、航空、轻轨这些出行工具上，它的主要内容是广告。这些户外新媒体正以生动的影像资料吸引着人们的眼球，刺激着人们的购物欲望，它在商业广告中被成功运用。目前，户外新媒体已经成为一种发展趋势。

（四）衍生新媒体

衍生新媒体，是在应用 Web 2.0 技术的基础上衍生而来的维基、博客、Dig、SNS 等新媒体。

1. 维基（Wiki）。它是一种超文本系统，是面向社会群体的协作式写作的协作工具，支持多人的维护，甚至可以是任何访问者，用于多人共同维护的一套复杂的网站文档，便于知识的分享。其中，维基百科是其最著名的站点，这是一套完全由网民免费建立起来的网上百科全书。目前，维基百科已成功收录了近 3000 万条词条，网页达到了近 1 亿页，参与编辑的用户已超过 4000 万。维基百科以其内容严谨、词条丰富、更新及时、免费使用的优势，击败了竞争者，赢得了市场。

2. 博客（Blog）。博客是继 Email、BBS、IM 之后盛行的第四种网络交流工具，是网络时代的个人的“读者文摘”。更重要的是，博客是广大网民在互联网平台发表观点，表达自己的个性化意见的重要窗口，是一种网络话语权向平民阶层的转移。但是由于博客系统的社交属性偏弱，表达形式过长，不利于快节奏生活的时代，导致写的人少，看的人多，博客只盛极一时便“低调”下来。

3. Dig。Dig 的中文翻译为“掘客”或者“顶格”。2004 年 10 月，美国人凯文·罗斯创办了 Dig 网站，这是第一个掘客网站。Dig 网站采用新闻系统的模式，是一个任何人都可以对新闻资讯进行评论的站点，它的独特之处在于没有职业编辑，内容完全来源于用户，将权力全部下放给用户，用户可以随意提交文章，然后由阅读者来判断该文章是否有用，收藏文章的用户人数越多，说明该文章越有热点，即用户认为这篇文章不错，那么 dig 一下，当 dig 数达到一定程度，那么该文章就会出现在首页或者其他页面上。这样的网络站点有砖家网、抓虾网、爱友、开路网、红亭子，帮助了普通网民快速发现有趣信息。

4. SNS。SNS，英文全称是 Social Networking Service，即社会性网络，或称社会化关系网络。1967 年，哈佛大学的心理学教授米尔格伦（1933—1984）创立了六度分离理论，内容为：“你和任何一个陌生人之间所间隔的人不会超过六个，也就是说，最多通过六个人你就能够认识任何一个陌生人。”按照六度分离理论，每一个个体的社交圈子都在不断地放大，最后成为一个大型的网络，它侧重的是具有爱好相同、职业相仿、出身相似、亲戚关系或者具有其他共同点的一类群体，其实质就是把现实生活中的社交圈子迁移到互联网中。新媒体时期，我国常见的社交网络一般包括微博、人人网、微信、Facebook、Yammer、环球人脉网以及开心网等。社交网络中人们之间的交流方式主要表现为点与点的交互，这种社交网络是为所有注册用户提供的一个相对平等和公平的机会，每一个人都可以通过网络发展自己的影响力，这些影响力还可以向下发展线下力量，以此来扩大自己的影响度，赢得经济效益。由此，用户就可以把自己作为供应商媒体，提供信息、生产、共享以及传播等一整套服务，这就是“自媒体”。

另外，衍生新媒体还包括即时通信、搜索引擎、维客、播客等，衍生新媒体的出现创新了新媒体的外延，推动了新媒体向更深层次发展。

第二节　新媒体时代公共关系的机遇和挑战

公共关系的实质是社会组织为了树立良好形象，谋求组织内部凝聚力的增强与社会公众的谅解和支持，遵循一定的原则，通过双向的信息沟通而形成的一种组织与公众之间良好的、互动的社会关系。公共关系的三要素是社会组织、公众、传播，其中传播作为组织与公众沟通的渠道，好比一座桥梁连接了公众与组织的关系。传统媒体时期，这座桥梁好比是单行道，组织与受众之间并没有实现完整意义上的双向沟通，而新媒体赋予这三者新的环境、新的改变，将传播带入了更加积极的状态中。因为它的传播手段日益增多、信息发布渠道呈现多元化、受众自主权得以扩大，所以，公共关系一直强调的“双向沟通”才得以真正实现。

新媒体技术的飞速发展为组织的公共关系传播提供了新的机遇，同时也带来了新的挑战，如何把握机遇、应对挑战，从而更好地实现公共关系传播是当今社会组织要面对的一个重要命题。

一、新媒体时代公共关系的机遇

（一）拓宽传播渠道

新媒体拓宽了传统媒体的传播渠道，并且大大降低了传播的时间成本和经济成本。各类传统媒体，如报纸、杂志、广播和电视等传播媒介都使用新媒体，借助互联网和手机平台，将信息进行再次制造和传播。任何一个社会组织都可以在博客、公司网站等新兴传播媒介发表自己的观点，受众可以更加便捷地接收信息，如果能提出有极大的潜质并能够引导社会主流舆论的观点，不用组织自己宣传推广，也会被公众广泛传播。

（二）丰富传播内容

新媒体时代是一个信息爆炸的时代，新媒体是思想文化信息的集散地。以往人们获取外部信息的渠道十分有限，常见的途径有报纸、广播和电视等几种。但是在新媒体时代，互联网、计算机、智能手机等得到了全面普及，各种新闻讯息可以在新媒体平台上进行广泛的传播。新媒体承载着丰富的内容，包括文字、图片、视频、音频以及交互式体验等，为公众提供了可以快速分享内容的环境，如贴吧、论坛、社交网站、微博、微信等。来自这些平台的种类繁多的信息充斥着人们的日常生活，人们可以自主选择自己感兴趣的信息阅读、讨论和转发。新媒体的多样性、参与性、交互性为公共关系的传播提供了更多的平台和手段，社会组织加以整合运用，可以创造出更加新颖、生动的宣传方式。

（三）增强公众和社会组织的互动性

新媒体时代的公共关系活动中，公众往往出于自愿参与互动，且信息沟通以感情维系为基础，参与者可以直接通过新媒体以图片、视频、音频等生动多样的形式将自身对品牌的直观感受向社群传递体验、分享信息，这不仅有效地提升了公众对品牌的信任度，而且有可能使普通用户转化为潜在客户，潜在客户转化为正式客户，正式客户转化为品牌的忠诚用户。同时受众参与组织的公共关系活动后留下的相应行为数据可供组织分析利用，以求更长远的收益和回报。

（四）提升信息传播速度和范围

新媒体具有即时性、便捷性和快速传播性。在新媒体环境下，人人都是中心，人人都可以发布信息和表述观点。根据相关机构统计，截至2017年底，我国网络用户数量已经达到7.8亿，不仅用户基数大，而且网络传播速度快，一旦信息暴露在网络上，人们便可通过社交媒体平台展开大量评论、转发，短时间内接收此信息的人群急剧增长，话题像病毒似的迅速蔓延。一些热点新闻往往能够在发生的瞬间，同步到各个角落，迅速引起人们的反响。除了信息的病毒式传播，公众与社会组织互动交流的渠道变得更加丰富、更加直接。互联网提供了包括社会组织官方网站、官方微博、微信公众号、移动客户端在内的多种沟通渠道，公众可以任意选择自己喜欢的方式与社会组织进行“对话”。另外，社交平台上拥有大量的讨论区，公众可以在论坛上发帖、回帖、贴图、搜索、留言等，或者将自己拍摄的视频或图片上传，与其他公众交流体验心得。相较于组织自身发布的信息，人们觉得其他用户的评论更加真实，大量的潜在客户由此产生。

（五）聚合具有共同偏好的人群

传统媒体时代，公共关系动态的发布一般都是通过报纸、电视、广播，大量公众被动阅读这些信息，反馈量极少，组织很难确定目标公众，呈现出一种“点对面”传播的形式。而在新媒体时代，避开了传统通信渠道的制约和层层审查的繁复过程，公众拥有了更多的自主权，每一个用户都可以成为自己的“发声筒”，可以表达其个性化的需求，也可以接收个性化的信息。用户可以通过互联网平台找到共同兴趣社群以及共同兴趣用户，强化网络新媒体的聚合性。使细分市场、选择受众成为可能。社会组织可以对目标公众进行一对一的服务和沟通，公众可以与组织进行直接“对话”，减少了中间环节，“点对点”的传播形式随即形成。互动性使得过去“公关到群体”的传播模式转变成为“公关到个人”的传播模式。传播范围与速度上的优势、有效的互动、多样的表现方式使组织制定出更精准的、可衡量的、高回报的公关计划，更高效地进行公共关系传播，提高信息传播速度，增强传播的针对性和精确度，并有效收集反馈。

（六）突出意见领袖的作用

在新媒体环境下，意见领袖在组织公共关系中起到了关键的作用。他们在网络上处于特殊地位，并且对社会组织公关活动有着非常大的影响。任何一个组织建立起来的网络交流群都会有意见领袖的存在，无论是贴吧、论坛，还是博客、微博、微信，都有着意见领袖的身影存在，他们可能是专业的公共关系工作人员、新闻从业人员、各界明星，也可能只是一个网站的频繁使用者。意见领袖在网络上处于一种特殊的领导地位，他们发布的言语往往会引来众多追随者的附和，在一定程度上引导着舆论的走向。因此，组织可以与意见领袖建立良好的关系，利用意见领袖的引导作用和辐射效应，保证公共关系活动的顺利进行。

（七）提高组织管理效率

在组织公共关系活动中，新媒体也能有所帮助。首先，在公共关系活动调研过程中，新技术将带来海量的信息，使组织在短时间内更为快捷有效地收集数据、建立数据库并进行分析；其次，在公共关系活动开展过程中，能够更为快速有效地划分、联络员工，以便及时传达组织信息，在节省传播成本的同时也更适合多样化的传播推广；最后，在公共关系的评估阶段，新技术的运用简化了评估流程，使评估结果更为准确，尤其是在有巨大的信息量及大范围受众的情况下，结果反而会更为精准。

二、新媒体时代公共关系的挑战

（一）传播信息不可控

传统媒体时代，社会组织的公共关系本质上是“操纵舆论”和“制造同意”。对于大众而言，他们可以享受的权利是沉默和反对，但他们不能直接主张什么，公共关系信息的发布和传播可受控制。新媒体是信息的时代，也是智能手机广泛应用的时代，在社会大众拥有话语权之后，人手一台智能手机使得信息的传播出现了前所未有的光速传播态势。通过亲历者和围观者的拍摄、上传至社交网络平台，并通过这些平台转发、分享，任何事情都可以在几分钟甚至几十秒的时间内传播开来。特别对于危机事件的处理，公众传播信息的速度已经远超公共关系工作人员了解事情真相的速度。当其传播的信息对公共关系主体有利时，自然具备很好的宣传效果，但其中更不乏偏见、情绪化言论的出现并不断被放大，这些言论的散布往往会带来负面影响，对公共关系主体十分不利，而这些对于公共关系主体而言的计划外信息的传播具有很强的不可控性。为了不让舆论呈现扭曲的态势，公共关系工作人员必须有全面的应急预案，并在危机爆发时，第一时间做出反应，这就给公共关系工作人员带来了极大的挑战，导致监管难度大大增加。

（二）公共关系对象不可控

新媒体的飞速发展和持续创新几乎彻底颠覆了传统媒体信息的传播秩序。公众不再是传统媒体环境中单一身份的信息接受者，每个人都是一个自媒体。新媒体传播逐渐成为社会大众乃至媒体记者获知危机事件的首要渠道，引起危机爆发。在数字时代前期，对于企业公共关系工作人员而言，不断打交道的其实是拥有控制信息传播的媒体人员，并非是企业的客户，因此公关显得很轻松。而新媒体时代的到来，使每个人拥有了话语权，公众会自主挑选自己需要的信息。每个人的需求不尽相同，对于信息的接纳程度也不尽相同，公共关系工作人员所面对的一个大众群体变成无数个个体，让公共关系活动的进行变得异常艰难。这就要求公共关系工作人员“一对一”地提供差异化服务，针对性地发布内容，以期满足每个消费者的需求。

第三节　新媒体时代公共关系的应对

新媒体的出现给公共关系工作提出了挑战，同时也给公共关系工作提供了新契机。越来越多的公众使用新媒体的现实，使拘泥于传统方式从事公共关系的社会组织毫无竞争优势可言，因此也促进公共关系工作的新发展。新媒体传播环境要求社会组织在公共关系实务中，要敢于创新和善于创新，根据新媒体的特征和消费者使用新媒体的行为特点，创新性地展开公共关系工作。

一、充分运用新媒体传播渠道

新媒体具有多样化的传播渠道，丰富的、具有个性化和亲和力的传播内容。依照新媒体平台上内容的发布特点，整合利用以上这些优势，创新性地进行公共关系传播。

（一）把握多元的传播主体

公共关系传播主体一般包括两种类型：企业、个人等需求主体和代理多种特定公共关系工作的社会组织。在新媒体环境的影响下，公共关系主体除了这两类以外，还包括公共关系从业人员。新媒体环境下的公共关系工作人员，要求掌握传统媒体和新媒体双重传播工具，并能够运用丰富的媒体资源提升自身的专业素养、业务能力和从业水平等。一个完整而又成功的公共关系活动的策划和实施需要很多因素的保障。为了达到与传播对象建立良好关系的目标，公共关系工作人员要做到以下几点：（1）把握传播主体的多元化；（2）将三种类型传播主体的关系加以协调；（3）熟练掌握公共关系理论及技能，尤其注重网络公共关系；（4）发挥主观能动性；（5）开拓创新各种新的公共关系活动。

（二）丰富新媒体公共关系内容

新媒体的特征决定了其公共关系的传播内容必须按新媒体的要求作出调整和创新，由此才可占尽公共关系先机。新媒体公共关系内容需要短小、精致、丰富、生动、准确。准确一直都是新媒体最缺乏的，要想在新媒体上有跳跃式的进步，提高其准确性是必须要跨越的障碍。因此，若想提高一个组织的形象，除了适应新媒体形势，开创数字品牌，如开设微博，在传播品牌之余，其信息必定是要准确、生动的，必须与公众相贴近，是他们喜闻乐见的，符合人们碎片化阅读的需求，如企业可以发布企业的大事记、公共关系活动、知识解答等，否则其公关效果将会适得其反。此外，新媒体环境下社会组织及其领导随时随地都可能被千万双眼睛盯着，任何一个细节的言行都可能被放大招致网友赞许或是谩骂。因此，无论是组织中的领导，还是员工，都应培养公共关系的高度敏感性以及信息制造和发布时的高度责任感，谨慎发布信息。

（三）拓宽公共关系传播渠道

新媒体形势下，随着门户网站、论坛、社交网站、即时通信、微信、微博、游戏等新媒体平台的广泛运用，拓宽传播渠道的意识已渗透到公关领域。公共关系传播主体在进行媒介事件策划时，可以借助于强大的搜索引擎，官网、微博、微信等新媒体平台建立一个庞大的关系网络，创新性地运用多种媒体形态，使得公关传播渠道丰富化，让公共关系的传播更具活力。虽然传统媒体不会因为新媒体的发展而消亡，但随着新媒体传播力量的不断提升必将影响原有的媒体环境，传播主体也将越来越相信新媒体的传播力量，使其得以广泛推广和应用，并在建立良好关系的过程中，很容易就能够将海量信息传播给相应的对象，实现信息的有效传播。

论坛、博客和微博是新媒体时代重要的网络传播媒介，充分利用社交网络的力度来推动社会组织公共关系的发展是相当必要的。

1. 论坛

论坛是新媒体时代衍生物，它是围绕一个特定主题创建起来的，可以发布信息、发表评论和交换思想的网站。目前，有许多社会组织已经拥有了自己的论坛，以此来吸引公众的关注，企业可以通过在论坛上建立经验累积奖励机制，鼓励公众参与论坛交流讨论。此外，当公众提出意见和不满时，也可以在论坛的意见反馈机制中通过及时有效的沟通防止其扩大到其他网络渠道中而导致公共关系危机的爆发。

2. 博客

博客最初是一个由个人创建，可以随时发布新的文章、图片或视频的网页日志。用户可以通过博客这个平台来表达情感或传递信息，简单随意地与他人进行交流。目前，博客应用的核心已转向公共关系和营销传播，并且已经被证明将是商业博客应用的主流。社会组织也可以创建渗透自己组织文化的博客，通过这样有特色的博客与公众进行交流沟通，认清公众对本组织目前情况所持的态度，更有目的性地确定社会组织公共关系策略及方案。社会组织的博客想要真正被公众认可，关键是认识到博客不只是简单的宣传广告，而是与公众进行交流和分享的地方，因为只有这样才能迅速发挥其作用。

3. 微博

在极短的时间内，微博就已经成为收集公众建议和意见的重要渠道，也为政府宣讲政策，改进公共治理提供了新平台。同时，微博平台市场也成为各个企业竞争的重中之重，大批企业启用官方微博，以高频率的发布微博信息，来不断吸引公众关注。因此，如何利用微博多元化的传播方式使得社会组织不断发展壮大是其建立良好公共关系的关键因素。微博可以更好地帮助社会组织扩大知名度，因为微博推广过程与整个社会舆论的大环境有着紧密的联系。社会组织适当地利用微博进行宣传推广必能取得非常好的效果。因此，务必要将前期工作做好，合理利用微博效应。

二、整合传统与新型公共关系手段

新媒体形势下，公共关系的最终目的还是通过实现传播业务和传播模式的创新来达到大众的认同，因此并不能顾此失彼。毕竟在新媒体形势下，传播环境复杂化，当人人都有发言权时，市场上一定需要一个把噪音和真正有分量的声音分出的机制，而该机制就当今环境下来讲，必定要由传统媒介来承担。目前，很多人对网络公共关系的认识比较片面，导致其在实际应用上陷入一个狭隘的状态。真正的网络公共关系本质上是基于网络新媒体的整合应用。具体地说，就是以互联网的兴起和运动为特征，将传统整合营销的思想，根据互联网优势和受众特征的双重属性，进行的系列性营销、公共关系创新。事实上，网络新媒体的应用和网络营销的兴起，不是说要抛弃传统的广告、公共关系、事件、促销等手段。完整的公共关系手段，是一种无缝传播，以追求实效为目的，线上加线下，传播加传媒的全景整合营销。

三、加强公共关系活动的针对性

新媒体时代的公众相较于以往更加重视个性化需求的满足，企业为了迎合消费者的需求要更新传播方式，进行差异化传播。信息的丰富性导致传播对象的注意力很难集中，那么，针对个体的精准式传播方式更加适用于这个时期的公共关系活动的推广。在社交媒体的影响下，公众更乐于将自己的消费体验分享给其他公关传播对象，通过口口相传，传递品牌信息和产品信息。公共关系工作人员的任务在于找到目标公众并对其分类，争取与目标公众进行互动，提供有趣的沟通方式，挖掘每一类公众的需求点，针对这些需求点提出切实可行的公共关系策划方案。个性化传播，是伴随新媒体而来的新的传播概念，说明新媒体适应了以人为本的社会理念。许多企业让CEO、骨干员工写博客，让他们与目标公众沟通，这说明了个性传播的成功。就组织战略而言，应该有一个目标一致的战略，在执行层面，以开放性的传播机制，让更多的组织文化代言人执行与目标公众互动性、趣味性的沟通，形成良好的互动沟通局面，这才是公共关系根本目标所在。新媒体固然不能取代"关系管理"，但新媒体可以帮助实现个性化关系管理。真正达到战略多元化和策略个性化，关键问题在于从双方需求中找到它的平衡点。公共关系工作人员的责任，就是要在公众需求和组织需求中找到平衡点，制订切实可行的公共关系问题解决方案。

四、组建专业的公共关系团队

社会组织是一个整体，社会组织公共关系绝非一人所能完成，各种传播手段的整合使用需要一批具有公共关系专业知识并且熟知新媒体平台操作的公关人员，组建成一个强有力的品牌公关班子，还需要企业内部形成"全员公关"的形势。一方面，社会组织公共关系部的专业公共关系工作人员应该有全新的分工模式，比如让一部分人负责管理网络社区（BBS、贴吧等）、博客、微博、微信，一部分人负责制定策略、制造话题，一部分人负责与媒体记者沟通。另一方面，公共关系部的工作人员要定期对企业员工进行公共关系专业知识培训，引导所有人形成公共关系意识。在日常工作中注重自身形象和组织形象的塑造，用各自的自媒体平台为组织发声，宣传组织的正面形象，当危机出现时，不慌不乱，运用日常所学的公关知识与其他部门的同事协同合作，共同对外。

此外，基于新媒体传播速度快、范围广、影响力大等特点。组织公共关系活动中应做到实时关注、快速反应、真诚沟通。实时关注就是要随时关注关于自身及竞争对象的最新报道及相关评论，扫描环境，关注组织生存的心理环境，审时度势，制订发展策略，或者将问题解决在萌芽状态，未雨绸缪，监控负面信息的出现。新媒体时代还要遵循"快速、诚实、负责"三原则。快速即需要第一时间做出反应；诚实即真诚相待，避免刻意隐瞒，以真相示众；负责即以负责任的态度对待问题，并强调企业将会主动承担起自己应有的社会责任等。

第四节　新媒体时代的公共关系危机管理

一、新媒体和公共关系危机

社会组织的公共关系危机是指突然爆发的，对社会组织形象造成极大的负面影响，并给组织带来非常大的经济和形象损失的事件，如负面信息、舆论指责及恶性事故等。由于公共危机事发突然并且影响范围广，会让社会组织措手不及并且瞬间陷入舆论旋涡，让公众对社会组织的信任度和好感度大大下降，甚至影响到社会组织未来的发展。

随着我国社会经济的不断发展，传播媒介也在不断向多元化发展，新媒体在我国的舆论传播中起到了非常大的影响作用。新媒体不同于传统媒体，它没有严格的审查制度，新闻只有注重时效性和爆炸性，才会吸引眼球，吸引更多人关注。由于互联网传播具有速度快、参与性及匿名性强的特点，很多信息在传播之前并没有向当事组织求证，并调查事件发生的前因后果，而是直接在新媒体平台上进行传播。这就使得本来是一件社会组织完全可以自己处理的事件，由于新媒体的传播，导致事件不断被发酵，甚至会有很多虚假消息掺杂其中，最终演变成较大的公共危机事件。

二、新媒体对社会组织公共关系危机的影响

社会组织公共关系危机管理总是在特定的媒体环境下展开的，必然带有不可磨灭的环境烙印——从内部到外部的所有危机管理活动都不可避免地要受其影响与制约。而新媒体带来了许多不同于传统媒体的“新”特征，这也就注定在新媒体传播的环境之下，社会组织的公共关系危机管理要出现许多“新”变化。新媒体对社会组织公共关系危机的影响表现为以下几个方面。

（一）新媒体传播可能引起公共关系危机的爆发

新媒体的飞速发展和持续创新几乎使得每个个体皆可成为信息发布者，彻底颠覆了传统媒体信息传播秩序。一直以来由传统媒体编辑部门承

担的“把关人”角色和权力迅速转向成千上万的普通大众。以互联网和手机为例，个体发布的信息大部分没有经过筛选和过滤，个体可以自由地表达自己的意见和评论别人的观点，信息在一个公开透明的环境之下横向地转移、自由地流通。这几乎颠覆了以往社会组织信息操控的全部理念与措施，社会组织的危机传播管理难度大大提高。新媒体传播正逐渐成为社会大众乃至媒体记者获知危机事件的首要渠道，甚至直接引起危机的爆发。2008年，几乎使整个中国乳制品行业全军覆没的三鹿“毒奶粉”事件的传播即由网络开始。从三鹿毒奶粉事件传播路径分析中可以看出：网络社区在2008年9月1日就开始怀疑三鹿奶粉导致婴儿患结石，而各地方媒体是10天以后才开始相关报道。各大网络社区、论坛、门户网站关于奶粉致幼儿肾结石新闻的跟帖迅速以几何级数的速度增长，人肉搜索引擎的启动进一步形成扩散效益。可以说以网络社区、论坛、门户网站为代表的新媒体，在三鹿危机事件的爆发阶段，扮演了诱因的角色，促使危机事件更快地浮出水面，成为最直接的导火索。

（二）新媒体加快了公共关系危机事件的扩散

新媒体传播带来的“快捷”是前所未有的，也是传统媒体无法企及的。无论是信息的发布，还是信息的传播，完全突破了以往媒体信息传播的时空限制的新媒体都表现出惊人的“快”。高传播速度及传播广度缩短了原本就非常短暂的危机反应时间，使得管理者对危机传播的掌控能力受到极大挑战，尤其在目前搜索引擎、网络社区发展正盛且舆论领袖作用凸显之时，以互联网为主力的新媒体犹如催化剂，急速地扩大了危机事件的传播范围和影响程度，刺激了危机的传播进程，大大增强了公众对事件的关注度，对危机的传播和扩散起到了推波助澜的作用。

（三）新媒体为公共关系危机管理提供了重要的沟通工具

在新媒体传播环境下，利用新媒体的即时性与互动性，社会组织在发生危机后可迅速通过新媒体在第一时间及时地表明自己的态度，还可以随时关注来自公众的反馈与信息并及时做出调整修改，与受众实现良好的双向对等的沟通互动，这就使新媒体成为危机传播管理中不可或缺的重要工具。对于社会组织而言，危机沟通最为有效的媒体是互联网，其次才是报纸、电视、广播等。网络媒体的双向沟通性与时效性，便于社会组织及时解答公众疑问，及时获得公众舆情反馈，并形成有效沟通措施。

三、新媒体时代社会组织公共关系危机管理的对策

（一）树立并强化危机意识

进行危机文化建设，树立良好的危机意识，是解决公关危机的前提。

社会组织要让每个员工在面临公共关系危机时都能够临危不乱，避免从内部发生分歧，导致内外部都发生危机的可能性，重点在加强沟通体系建设，要建立全方位的沟通体系，其中，可以邀请相关应急管理专家，定期对员工进行危机意识教育，或是直接聘请外部机构的专业人士作为组织的公共关系顾问，在发生危机时通过授权制度来处理。另外还要建立新闻发言人制度，并对组织的危机处理规则和发言的要求有所掌握。

（二）完善公共关系危机预警方案

在大数据时代，社会组织必须建立一个完善的且时效性强的公共关系危机预警机制。新媒体的传播特点注定了危机的不可预测性，社会组织不可能知道由新媒体传播所引发的危机在何时、何地，以何种形式、何种规模发生，所以必须在专门人员的指导下，于危机来临前就建立和健全社会组织危机新媒体传播预警机制。对于各大媒体网络，如微博、微信、贴吧、空间等自媒体平台进行规律性的监控，这样就可以通过网络实时对每天与组织有关的网络信息进行梳理，并且对信息进行过滤，提取有效信息，一目了然地发现组织出现公共关系危机的关键信息，并及时传达给公共关系危机负责人员，提前进行预防，并做好危机事件处理预案。同时配套风险等级制度，按照预警程度，分为蓝色预警、黄色预警、橙色预警、红色预警四个级别。蓝色预警为自媒体上规模性的负面消息；黄色预警为互联网上出现大量的负面新闻，并伴随着少量的客户投诉；橙色预警为大众媒体广泛报道负面消息，并伴随着大量的客户投诉；红色预警为政府和法院相关部门介入干预调查的危机事件发生。危机等级制度应当直接纳入舆情评估报告。

（三）及时采取有效措施应对危机

1. 成立专门的公共关系危机事件处理小组

应对新媒体环境下的危机事件，要在社会组织内部成立一个以企业高层领导为负责人，新媒体安全专员带领新媒体技术部门、生产部门、公共关系部门、客服部门和法律部门等各方组成的专门公共关系危机处理小组。由于新媒体危机形式的多样性和复杂性，该小组必须由各个相关部门的同事组成，这样可以确保处理危机时需要的各项资源和专门知识。发生公共关系危机事件时，及时沟通事件的进展情况，并提出对策建议。同时，在危机事件处理的整个过程中，为了保证工作的有序展开，不宜随意更换负责人员，直到事件处理完成。

2. 采取有效措施，优化搜索引擎

这是企业在新媒体环境下开展危机传播管理的一个重点技术应用领域，搜索引擎使网络行为模式变得更加捉摸不定，当危机出现时，人们希望看到组织自身的说法，希望解决问题、消除顾虑。但通常情况下在搜索引擎中往往看不到来自社会组织及时发布的回应或者说明，这就在现实中增强了大众对“危机”的认同，主要原因是发生危机的社会组织对搜索引擎的认识不够。危机出现时，可以优化搜索引擎，在技术层面上使得公司的声明、新闻、相关链接等排在关键词搜索的前列，以此方法来化解危机。

3. 发挥社会组织网站的公共关系作用

危机传播管理活动是一场激烈的争夺话语权的战争，很多社会组织在危机发生时求助于公信力较强的传统媒体，希望它们能够发出有利于组织的声音。但传统媒体往往有自身的运作规律，社会组织对于这些媒体的操控力在危机发生时更为薄弱。危机发生时，对于自己网站的利用往往也很重要，这是社会组织掌控力最强的新媒体。危机发生时可以在组织网站上及时地发表正面的声明，并即时更新危机处理的信息，保证信息的透明化，使利益相关者随时了解事态的发展，以便及时采取相应处理措施，同时也可以借助网站的论坛来鼓舞员工的士气，以团结一致面对危机。

4. 通过博客优化社会组织形象

博客是一个相对较自由的沟通方式，博客的内容时刻处于更新当中，能使对博客内容有较强兴趣的群体不断参与，再加上博客良好的互动性、信息更新快等自身固有的优势，用户可以方便地在博客中相互交流、相互访问，从而建立起一个立体的沟通系统。博客这种新的交流方式，改变了社会组织传统的公共关系传播方式。博客以其自身独特的低技术门槛、传播特征以及可能产生的巨大影响力，成为社会组织在开展危机传播管理时不可忽视的手段。由于博客沟通可以很好弥补组织“生、冷、硬”的非人性化缺陷，赋予个体在参与组织社会活动中的人本意义。因此，当危机发生后，社会组织可以通过博客开展同危机中利益相关者的人性化情感交流。

5. 加强对新媒体意见领袖的引导，培养危机应对的正面力量

互联网飞速发展的同时，网民也日益成熟，对互联网的驾驭能力越来越强。他们不但是社会组织的公共关系传播对象，亦是潜在的批判者、评论人，他们已经由传统媒体时代单纯的信息接受者，发展成为信息的制造者、传递者。在这样的传播环境下，新媒体中的舆论领袖更会产生巨大的引导作用。以互联网为例，网络意见领袖与现实世界中通过社会地位、长期权威积淀等方式形成的意见领袖不同，他们可能是在很短的时间内形成的，这个群体需要一个走向成熟的过程。社会组织在开展危机传播管理时，要着力去聚合这些新兴的新媒体舆论领袖的力量，通过他们的舆论引

导，扭转危机发展态势，减轻危机破坏力。

6. 确定社会组织的新闻发言人

在社会组织公共关系危机事件发生后，除积极借助新媒体发布相关信息、积极引导舆论外，传统的信息发布方式的重要性也不可忽视。相比于新媒体信息传播的碎片化和复杂性，由社会组织指定的正规新闻发言人提供的信息更加正式、更具说服力。因此，在发生危机时，应指定一名新闻发言人，向社会公众及时传达事件发生的前因后果及调查进展。同时，将相关信息及时传达给各媒体，并接受与事件相关的采访，向媒体记者提供真实权威的资料，以确保新闻报道的真实性。只有这样，才能将社会组织全力处理危机事件的态度和责任感告知公众，以尽量获得公众的信任，并降低危机事件可能带来的负面影响。

在新媒体环境下，无论是新闻的传播方式，还是大众的资讯接收方式及思维模式都在发生转变。因此社会组织也要快速适应新媒体时代的这一传播特点，提前做好公共关系危机事件发生的预案，一旦发生公共危机事件可以及时应对，并降低危机给社会组织带来的负面影响，保持组织的良性发展。

案例 13.1　云南"躲猫猫"事件

2009 年 2 月 12 日，被拘押的昆明市晋宁县李某在看守所内死亡。究其死因，警方称因与狱友玩"躲猫猫"游戏不小心撞墙而致。这一死因回应引来了媒体及广大网友的强烈质疑，舆论认为当地政府没有承担责任，给出的回应缺乏可信度。透过轻浮的死因回应，公众认为有关部门显然是在推卸责任，陷于被动之中是难免的。如何以有效方式揭开事件真相，给广大公众一个满意的答复，是摆在有关政府领导面前的最大难题。

2 月 19 日，云南省委宣传部高调介入此事，借助网络手段，征集网民和社会各界人士代表作为调查委员会成员参与事件调查，得到了网友的称赞，社会各界报名异常踊跃。2 月 20 日，当地公安部门依然擅自发布通报，称李某系游戏意外受伤致死，媒体与广大网友开始质疑报告，舆论压力再次形成。2 月 27 日，云南省检察、公安两部门联合召开新闻发布会，公布了事件调查结论，认定李某系因同监室在押人员殴打、拳击头部后撞击墙面，导致受伤死亡，至此，还原了事实真相。公众普遍接受检察机关调查结论，有关责任人也被追究了责任，至此事件结束。

"躲猫猫"是一起典型的政府危机事件，前期地方公安部门推卸责任，给出了缺乏可信度的回应而陷于被动之中；后期云南省有关政府部门借助网络手段，创新性地采取了公众参与的调查委员会形式来还原事实真相，借助媒体与公众进行真诚沟通，最终得到了广大网友与媒体的支持，经受住了这次公众舆论大考。

案例 13.2　搜索引擎优化

公共关系搜索引擎优化（简称 PRSEO，其中，PR 为公关的英文简称、SEO 为搜索引擎优化的英文简称），主要表现以互联网为平台，根据企业现状、产品特点和行业特征，综合利用各种网络媒体资源平台对企业新闻稿进行合理优化，使软文获得搜索引擎稳定的较前排位，从而达到有效宣传推广且带来意向客户的行为。对于优化软文新闻稿主要从标题关键词设置、内容关键词密度、发布渠道、超链设置等方面入手。与之相关的一个概念是“搜索引擎营销”，是基于搜索引擎平台的网络营销，利用人们对搜索引擎的依赖和使用习惯，在人们检索信息的时候尽可能将营销信息传递给目标客户。搜索引擎已经成为网民访问的重要入口，搜索引擎营销的重要性日益凸显。

案例 13.3　小米手机的网络营销

小米手机在本质上是一个电子商务的平台，而其电商系统的本质是对用户需求的把握。据了解，小米在米聊论坛建成了一个“荣誉开发组”，从几万人的论坛中抽一批活跃度相当高的用户，大概 200~300 人，他们会和小米内部人员同步拿到软件更新的版本。最后，内部和外部的人一起同步测试，发现问题随时修改。这样一来，小米就很好地借助了外力，把复杂的测试环节很好地解决了。同时，通过 MIUI 论坛、微博、论坛等进行营销，对发烧友级别的用户单点突破，成功实现口碑营销，避免了电视广告、路牌广告等“烧钱”式营销。

小米自己开发了微信操作后台，通过微信联系的米粉极大地提升了对小米的品牌忠诚度。小米手机每周会有一次开放购买活动，每次活动的时候就会在官网上放微信的推广链接，以及微信二维码。据了解，通过官网发展粉丝效果非常之好，最多的时候一天可以发展三四万个粉丝。

案例 13.4　“海底捞勾兑门”危机公关处理

2011 年 8 月 22 日信报报道《记者卧底“海底捞”揭秘》，直指骨汤勾兑、产品不称重、偷吃等问题，引起社会轩然大波。当日，海底捞官网及官方微博发出《关于媒体报道事件的说明》，语气诚恳，承认勾兑事实及其他存在的问题，感谢媒体监督，并对勾兑问题进行客观澄清。此微博被转发 1809 次，评论 690 次，用户基本接受海底捞的态度。紧接着，海底捞官网及官方微博发出《海底捞关于食品添加剂公示备案情况的通报》，笔锋更加诚恳，“多年厚爱、诚惶诚恐”之类的词语多次出现。

2011 年 8 月 23 日，海底捞官网及官方微博发出《海底捞就顾客和媒体等各界关心问题的说明》，就勾兑问题及员工采访问题进行重点解释。海底捞掌门人张勇发表一篇微博："菜品不称重偷吃等根源在流程落实不到位，我还要难过地告诉大家我从未真正杜绝这些现象。责任在管理，不在青岛店，我不会因此次危机发生后追查责任，我已派心理辅导师到青岛以防该店员工压力太大。对饮料和白味汤底的合法性我给予充分保证，虽不敢承诺每一个单元的农产品都先检验再上桌，但责任一定该我承担。"此篇微博瞬间转发近4000次，评论1500次，在如今遇事自保、互相推诿、丢车保帅的职场中，张勇的敢担当、人情味十足的人格魅力化解掉此次事件80%的危机。随后，海底捞邀请媒体记者，全程记录骨汤勾兑过程，视频、照片瞬间布满网络，事件就此暂时画上句号。

案例13.5　可口可乐玩起歌词瓶

继"昵称瓶"大获成功拉动销量20%后，可口可乐继续发力，推出"歌词瓶"。从周杰伦到五月天，歌词瓶上的歌词大多出自人们耳熟能详的歌曲。此外，消费者扫描瓶上的二维码，便可观看小段音乐动画，并在社交平台上分享。让年轻人们通过瓶上的歌词或音乐来表达自己的心情。经过"昵称瓶"后，可口可乐对"歌词瓶"的推广更显轻车熟路。可口可乐公司先是在类似于潘石屹、任志强等KOL的微博进行定制化产品投放，利用其名人效应让更多消费者熟知。而后，在自身的微博上发布与歌词相关的内容，与产品配合。于是，未出多久，我们便看到不少朋友在自身的社交平台上也晒起了有意思的歌词瓶。

案例13.6　ofo小黄人微博营销

作为无桩单车共享模式的首创者，ofo小黄车也已成为全球最大的、估值最高的共享单车平台。环球影业堪称世界最强影业公司，作为旗下最强品牌IP，小黄人的合作对象几乎都是成名的大牌企业。在暑期档《神偷奶爸3》上映前，ofo"认领"了大眼萌萌的小黄人，借力这个全球知名的IP，在微博上进行大量传播，开启了新的互联网品牌赋能和联合营销范式。配合活动节奏，以"黄"为切入点，通过"我们黄在一起""小黄人入侵ofo""全城搜集小黄人"等热门话题，引爆海量关注。在最能发挥明星传播力的微博平台，借力代言人鹿晗、参与电影配音的大张伟的粉丝效应，将活动推向高潮。

案例13.7　政府机关单位常用的网络舆情监测分析工具

民生领域是舆情高发领域之一，一旦爆发民生网络舆情事件，会在短时间内被快速放大传播，从而演变成严重网络舆情危机，给政府部门和领导的声誉造成严重影响。为做到及时发现舆情，合理应对，及时处置，政府机关单位需做好网络舆情监测分析工作。以下是一些政府机关单位常用的网络舆情监测分析工具：

(1) 搜索引擎。利用百度、360、谷歌等搜索引擎，输入关键词搜索最新的或者一段时间内的网络舆情信息，根据搜索引擎的搜索数据，进行人工整理、筛选和分析。

(2) 鹰击早发现系统。鹰击早发现系统以大数据思维监测和分析海量的社交网络数据，为各级政府机关单位提供社情民意、民生热点或突发事件等各类舆情的发现与分析。系统还可将关注的信息通过微信、邮件和短信等方式通知到用户，实现早预警。

(3) 鹰眼速度网系统。鹰眼速度网系统可实现全网平台 7＊24 小时实时监测，追踪重点舆情话题的发展态势，基于全网范围分析挖掘舆情的来源、传播声量、传播分布途径、来源、传播媒体、网民转载情况、网民情感态度和区域分析等，帮助各级政府机关单位全面了解发展的路径、脉络和态势，为舆情分析报告制定提供数据支撑。

上面列举的网络舆情监测分析工具，第一个适用于网络上基本的数据查询，后两个工具属于智能化网络舆情监测分析工具，支持全网自动实时监测，具体的舆情数据分析挖掘功能，是收费的，但可免费试用。各级政府机关单位可以根据自身的情况，选择适用的网络舆情监测分析工具。

思考题：

1. 新媒体时代的特点是什么？
2. 新媒体的基本类型有哪些？
3. 新媒体时代公共关系面临的机遇有哪些？
4. 新媒体时代公共关系的挑战有哪些？
5. 公共关系应如何应对新媒体时代的挑战？
6. 新媒体时代对公共关系危机的影响有哪些？
7. 如何利用新媒体解决公共关系危机问题？

参考文献

[1] 居延安．公共关系学［M］．上海：复旦大学出版社，2001.

[2] 袁维国．公共关系学［M］．北京：高等教育出版社，1993.

[3] 熊源伟．公共关系学［M］．合肥：安徽人民出版社，1997.

[4] 毛恒才．现代公共关系学教程［M］．南京：东南大学出版社，1990.

[5] 郑渊等．新编公共关系学［M］．北京：金城出版社，1995.

[6] 方宪轩．公共关系学教程［M］．杭州：浙江大学出版社，1991.

[7] 吕钦文．公共关系纵横［M］．长春：东北师范大学出版社，1995.

[8] 何修猛．公关实务教程［M］．上海：复旦大学出版社，1998.

[9] 查灿长．公关实务与案例分析［M］．青岛：青岛出版社，1994.

[10] 纪曙春．成功之谋［M］．北京：中国广播电视出版社，1992.

[11] 白巍．公关警策200谈［M］．北京：农村读物出版社，1994.

[12] 白巍．公关成功典范200例［M］．北京：农村读物出版社，1994.

[13] 白巍．公关语言技巧200赏析［M］．北京：农村读物出版社，1994.

[14] 邱伟光．公共关系实务［M］．北京：高等教育出版社，2000.

[15] 邵守义．演讲学［M］．长春：东北师范大学出版社，1991.

[16] 张利庠，等．现代广告学［M］．大连：大连海事大学出版社，1996.

[17] 李道平，等．公共关系学［M］．北京：经济科学出版社，2011.

[18] 胡百精．公共关系学［M］．北京：中国人民大学出版社，2009.

[19] 唐钧．政府公共关系学［M］．北京：北京大学出版社，2014.

[20] 荣晓华．公共关系学［M］．大连：东北财经大学出版社，2015.

[21] 居延安．公共关系学［M］．上海：复旦大学出版社，2013.

[22] 吴开松．公共关系学［M］．上海：上海财经大学出版社，2015.

[23] 张克非．公共关系学［M］．北京：高等教育出版社，2014.

[24] 唐雁凌，姜国刚．公共关系学［M］．北京：清华大学出版社，2011.

[25] 冉戎，吴颖．公共关系学［M］．重庆：重庆大学出版社，2012.

[26] 丁桂兰．公共关系学［M］．武汉：华中科技大学出版社，2010.

[27] 齐小华．政府公共关系案例精析［M］．北京：中国人事出版社，2012.

[28] 褚云茂．公共关系与现代政府［M］．上海：上海大学出版社，2006.

[29] 陈军，李晓，陈有真．公共关系学［M］．北京：清华大学出版社，2018.

[30] 周安华．公共关系——理论、实务与技巧［M］．北京：中国人民大学出版社，2016.

[31] 胡苗苗，胡柳．公共关系学［M］．武汉：武汉大学出版社，2017.

[32] 樊帅．企业公共关系案例解析［M］．北京：清华大学出版社，2017.

结　　语

公共关系学是一门工商管理类专业的基础课程，这门课程具有非常强的实践性。公共关系学这门学科对于提高大学生的综合素养，加深大学生对于社会的认识具有很重要的作用。这门课程的学习和教学，不仅需要加强对相关理论的研究，而且需要对公共关系相关实践领域有敏锐的观察力和理解力。随着公共关系媒介的不断发展，公共关系的发展出现了很多新的特点，这需要公共关系学这门学科的研究和教学也能够做到与时俱进，尤其是在案例更新这一点上。

本书于2005年出版了第一版，经过十三年的时间，无论是公共关系理论与实践的发展，还是编者教学经验的累积，都非常有必要对本书进行结构的完善和内容的更新。本书编者在该书的改编过程中，不仅保留了第一版的经典案例，而且特别注重对近两年相关案例的更新。本书一部分案例是来源于对互联网相关资料的搜集和整理，为此，本书编写组在此对相关网站和作者表示万分感激。

本书的编写以陶海洋教授编著的《公共关系基础理论和实践》（第一版）为基础，陶海洋教授在百忙中负责整书结构和内容的把握。在本书的编写过程中，其他编者深切地感受到陶海洋教授对青年教师的关心和无私帮助，尤其是其严谨的治学态度，值得青年教师学习借鉴。

本书的具体编写工作如下：第一章和第二章由解瑞红、阚为、李海东、陆海燕负责编写；第五章由郭红燕、郭炳南、崔祥民负责编写；第七章由孟芳、刘亚红、胡伟负责编写；第八章由孟芳、赵丽娜、吴雨才负责编写；第六、九、十一、十三章由郭红燕负责编写；第三、四、十、十二章由孟芳负责编写。本书由孟芳和郭红燕负责统稿工作。

本书在改编过程中得到了王安琪、姚倩、叶丽梅三位同学的帮助，在此一并表示真挚的感谢。

本书在改编过程中得到了江苏科技大学人文社科学院相关领导和老师的关心，他们给本书的编写和出版提供了很多具体的指导和帮助，本书编写组在此表示诚挚的感谢。本书的改编不仅是对第一版的完善，也是所在学院相关专业进行专业建设的重要组成部分。

本书编写组

2018 年 12 月

图书在版编目(CIP)数据

公共关系基础理论与实务/孟芳等主编. —合肥:合肥工业大学出版社,2018.12

ISBN 978-7-5650-4339-0

Ⅰ.①公… Ⅱ.①孟… Ⅲ.①公共关系学 Ⅳ.①C912.31

中国版本图书馆 CIP 数据核字(2018)第 294272 号

公共关系基础理论与实务

孟 芳 等主编　　责任编辑 朱移山

出 版	合肥工业大学出版社	版 次	2018 年 12 月第 1 版
地 址	合肥市屯溪路 193 号	印 次	2018 年 12 月第 1 次印刷
邮 编	230009	开 本	710 毫米×1010 毫米 1/16
电 话	总 编 室:0551-62903038	印 张	24
	市场营销部:0551-62903198	字 数	423 千字
网 址	www.hfutpress.com.cn	印 刷	安徽昶颉包装印务有限责任公司
E-mail	hfutpress@163.com	发 行	全国新华书店

ISBN 978-7-5650-4339-0　　定价: 58.00 元